芸编焕彩

古籍保护修复新探索

陈红彦 刘波——主编

田周玲 胡泊——副主编

上海书画出版社

敦煌遗书修复前后对比

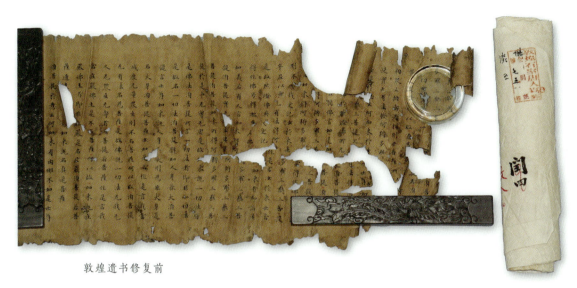

敦煌遗书修复前

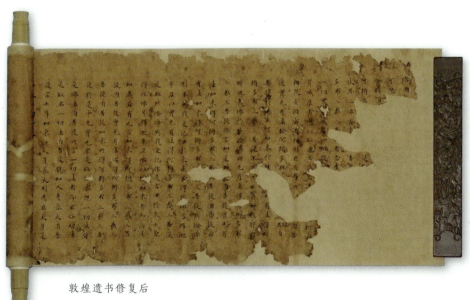

敦煌遗书修复后

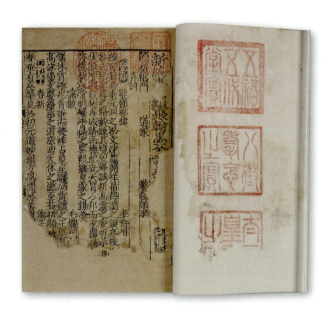

文献修复对比图1

文献修复对比图2

国家图书馆馆藏
《清代绢本祖先画像》修复前后

文献修复前

文献修复后

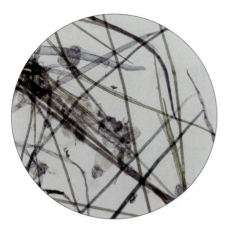

纸坊1生料竹纸（a）纤维显微

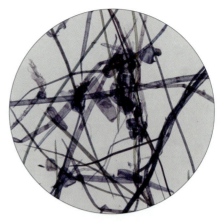

纸坊1生料竹纸（b）纤维显微

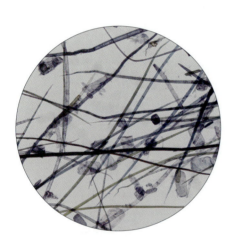

纸坊2生料竹纸（a）纤维显微

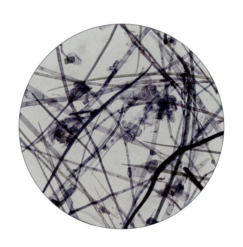

纸坊2生料竹纸（b）纤维显微

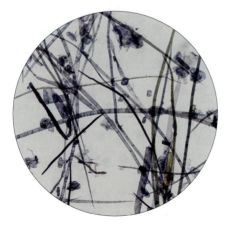

纸坊3生料竹纸（a）纤维显微

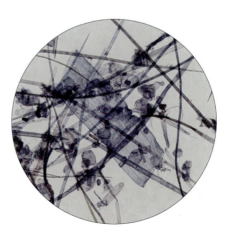

纸坊3生料竹纸（b）纤维显微

显微镜下所见衬纸上的霉菌孢子

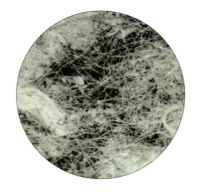

显微镜下衬纸断裂处纤维形态

衬纸粉化处纤维图

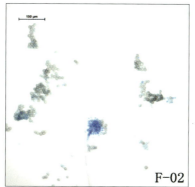

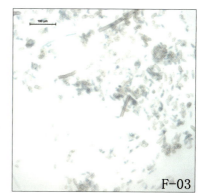

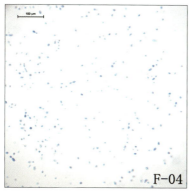

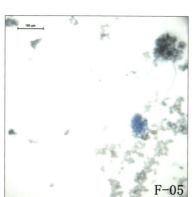

显微镜下的真菌形态特征

文献修复保护中心建设

国家图书馆文献修复室实景图

文献脱酸保护实验中心智慧脱酸设备

序：芸编焕彩 穿越千年

在中华民族文明史上，有素称发达的农业和手工业，在一千九百多年前，中国发明了造纸术。造纸术的发明促进了书籍的生产，也催生了印刷术的发明。大约在一千三百年前，中国发明了雕版印刷术。在九百多年前，中国又发明了活字印刷术。雕版印刷术和活字印刷术的发明与应用，不但使书籍的社会生产跨进了一个新的时代，也使人类文明跨进了一个新的时代，这是中华民族为人类文明进步做出的伟大贡献，也因此有了文明之母的美誉。

中国有许多伟大的思想家、科学家、政治家、军事家、文学家和艺术家。以记录史实、传播知识、介绍经验、阐述思想、宣传主张为目的中国古籍，记载了一个不断发展的统一的多民族国家的历史，反映了我国从远古到近代的政治、经济、社会、文化、科学的发展进程。如果从最古老的甲骨刻辞、青铜器铭文、石刻文字算起，中间经过竹简、木牍、帛书的发展阶段，后来出现了写在纸上的书、雕版印刷的书、活字排印的书，其数量之丰富、历史之悠久，世所罕见。

中华古籍浩如烟海，承载了中华文明，也极大促进了人类文化的发展。典籍的历史可以说就是一部文明发展史。

然而，现存如此宏富的古代珍贵典籍，其实只是中华祖先创造的全部文化财富的一小部分，由于人为破坏和自然灾害，许多典籍早已荡然无存。明叶盛说："夫天地间物，以余观之，难聚而易散者，莫书若也。"历代学者多有研究书厄者，故有五厄（隋牛弘）、续五厄（明胡应麟）、再续五厄（近人祝文白）之说，以为藏书之鉴。

历史上，兵燹火厄等天灾人祸，让古籍不断散佚、损毁。同时，先贤们也在不断抢救、修复、保护古籍，延续其生命。中国古籍流传的历史就是生产、损毁、保护并存的历史。

古籍的修复和保护几乎与古籍的产生同步，前贤对古籍的倾力保护，使我们仍然可以用浩如烟海形容现存的古籍。

一、古籍修复保护初发展

人才、材料一直是古籍保护修复的瓶颈和困扰。

75年前，新中国成立。以周叔弢与徐森玉等先生为代表，前辈们就关注到大量古籍在虫蛀鼠啮、兵燹火厄等因素下形成的各种病害，以及修复人员的严重不足等问题，他们曾联名向全国人民代表大会提案，建议设立古籍修复培训班，培养修复人才，使传统技术不致失传。其后由政府组织的业界培训每一轮次历时两年，小班授课，安排"整修古旧书籍各工序的操作规程"、"我国历朝装订形式的发展过程"、"历朝版本和纸张的区别"、"装订用各种纸张名称"等课程。除修复师手把手的教授和学员日复一日的练习外，还请赵万里先生讲授"我国善本书在文化遗产上的重要意义"和"怎样装修善本书"两个专题。主体是经验的传授，甚至是南北不同流派的传承。那时受训的修复人员之后成为骨干力量。

新中国成立后国家图书馆的第一个修复工程——"赵城金藏"修复，曾得到中央政府从政策到资金以及人力资源的全方位支持，也奠基了国家图书馆新时期的文献修复事业。1949—1965年，十六年，日复一日，四千多个经卷从布满黑霉，粘连形成木炭状到得见天日。韩魁占、张万元、徐朝彝、张永清四位揭裱高手，功不可没，其间形成的"整旧如旧"原则至今还为修复行业所遵从。但是部分经卷被换掉了褙纸；很多经卷被全卷托裱，使经卷原状被遮盖；修复工作没有留下任何的文字记录和图片资料……这些都成为遗憾。其后的"敦煌遗书"修复，将修复原则丰富为"救命为主、治病为辅"，"最小干预、过程可逆"，给文献修复保持原状提供了更多的可能。但是归根结底，新老修复师之间是经验的授受，手法的传承。

二、古籍修复保护受关注

面对依然不清的古籍家底，依旧短缺的古籍保护修复专业人才，十八年前的今天——2007年1月19日，国务院办公厅发布《关于进一步加强古籍保护工作的意见》（国办发〔2007〕6号），拉开了中华古籍保护计划的帷幕，古籍修复保护受到全社会前所未有的关注。国家图书馆加挂国家古籍保护中心的牌子，在文化部的领导下统筹全国古籍保护工作。全国的古籍保护工作从2007年起进入快车道，那一年我担任国家古籍保护中心办公室的第一任主任，全国的古籍保护工作高速运行，夜以继日甚至不眠不休是我深刻的记忆。今天回顾十八年的发展，最真切的体会是古籍修复保护正在实现从经验到科学的提升。

作为中华古籍保护计划启动的标志，《关于进一步加强古籍保护工作的意见》中明确指出当时我国古籍保护存在的突出问题，最受关注的就是古籍老化、破损严重，古籍修复手段落后，保护和修复人才匮乏等等。《意见》要求加强古籍修复工作，培养一批具有较高水平的古籍保护专业人员。

在古籍修复开始得到普遍重视的大环境的促进下，一些流失的修复人员回归到修复队伍，一些硕士博士毕业后到修复保护岗位工作，以"保护好古籍"、"为千年古籍延寿"作为自己的职业理想，国家古籍保护中心的培训班成为新人入职后学习技术的第一步，而随后建立 QQ 群讨论遇到的问题成为行业交流的常态。当时的缺憾是缺少可参考的理论研究的论文，于是2008年，古籍馆编的《古籍保护新探索》将当时可以集中的论文结集，由浙江古籍出版社出版，成为同行的参考。

这时，古籍修复事业发展的瓶颈依然一是人才，二是材料。2011年文化部《关于进一步加强古籍工作的意见》再次强调多途径加强古籍专业人才建设，提高工作队伍的整体素质——落实专家制度、修复师资格认证，建立古籍保护教学培训基地和中华古籍保护实践基地；发挥国家级古籍修复中心的作用，促进修复工作科学化、规范化，古籍保护制度化、规范化、科学化；发挥国家级古籍保护实验室作用，开展古籍保护关键技术研究，为修复鉴定提供科学依据，开展民国文献脱酸和加固技术的研究。这是经历了四年古籍保护的实践后，又提出的新发展目标。

三、古籍修复保护新阶段、新举措

2011年我从古籍保护中心办公室回到古籍馆，针对这些目标开始了新阶段的拓展。作为全球中文古籍最大的存藏单位，古籍馆可以说是全国古籍工作的龙头，如何通过努力让古籍修复和保护更加规范化和科学化，推进行业的发展，成为我们工作的重点。随着工作的推进，国家图书馆古籍修复组先后成为全国12家国家古籍保护人才培训基地之一、成为国家级古籍修复技艺传习中心（现在的47家国家级古籍修复技艺传习所皆为中心的辐射）、全国专业技术人才先进集体、拥有三位全国技术能手，还陆续与高校合作，开展古籍保护人才培养——与北京大学、中国社会科学院大学、中山大学、复旦大学、人民大学等或合作课程、教材，或联合培养研究生等，和古籍保护中心办公室的业内人员培训形成三驾马车，共同培养了一批古籍保护专业人才。

经过十八年的发展，如今全国古籍修复人员数量已逾千名，而国家图书馆的古籍修复人员的队伍结构也在悄然发生着变化，硕士研究生毕业的青年人成为主要力量。2008年古籍修复技艺成为国家级非物质文化遗产代表性项目，2013年在国家级古籍修复技艺传习中心成立仪式上拜非遗传承人杜伟生为师的胡泊、谢谨诚等8位年轻人以及之后拜朱振彬为师的崔志宾，通过参加"天禄琳琅"专项修复、西夏文献专项修复、三件早期印刷品修复、文保基金花呗专项的敦煌遗书修复、文保基金字节跳动专项的《永乐大典》等70件珍贵文献修复等项目，获得老师手把手的教授，技艺已臻成熟。而在修复中开展的材料分析、技术研发创新、理论研究等成为新时期古籍修复人的特征。

天禄琳琅专项中，依托古籍保护科技文化和旅游部重点实验室的先进仪器设备，青年古籍保护与修复人员对藏书的原有材料、破损情况以及修补材料等进行科学检测与分析。这使得以往以主观判断为主的修复工作开始有客观检测凭据作为辅助。天禄琳琅藏书所用纸品多样，破损类型亦非常复杂，仪器检测可帮助修复人员更准确判断古籍各方面情况，形成更加精准的修复方案，大大提升修复工作的客观性、合理性、科学性。这使得此次修复工程在传承老一辈技艺经验的基础上，又融入了新时代文献保护的科学理念，不仅修复取得了良好的预期，也让国图古籍修复工作科研水平得到进一步提升。

修复材料用量最大的是修复用纸。传统的手工纸制造，是将麻、韧皮、竹、草等植物纤维原料通过堆沤发酵、煮料、洗料、晒白、打料、捞纸、榨干、焙纸的加工流程制作而成，周期长。采用中国传统工艺造出的纸，其 pH 值显示为中性或弱碱性。又由于处理方式温和，纤维完整，纸质柔软，确保了手工纸的耐久性和抗老化，加之入潢等工艺的防虫作用，纸寿超越千年而仍然触手如新的文献大量遗存。而这种造纸工艺经过两千多年，已经成为国家急需抢救的非物质文化遗产，寻找合适的纸张成为修复古籍的关键。在文保基金花呗专项支持的敦煌遗书修复项目中，我们挑选了 20 件破损严重的敦煌遗书。敦煌遗书中有大量早期麻纸文献，现在麻纸的生产几乎绝迹。如何找到匹配度高的修复用纸困扰着修复师们。

为解决这些困扰，青年修复师们设计的小切口的古籍保护技术科研项目在文化和旅游部、国家图书馆及社会资金支持下陆续开始。"古籍文献及修复用纸张纤维原料与显微图谱"、"古籍修复用纸自行抄造研究"、"修复用小麦淀粉自制"、"瓷青纸制作"、"粉蜡笺制作"等多项工艺获得突破，有些填补了国内相关研究空白，在提高古籍修复质量、工作效率，让修复更科学、更规范等方面产生了显著效果。原来修复用的浆糊是买成品的小麦淀粉调制，为让藏品更安全，大家一起遴选优质面粉，利用离心机等设备将淀粉部分二次分离，最终取得纯净度较高的修复用小麦淀粉。为获得匹配度高的修复用纸，年轻人去纸张生产厂家学抄纸技术，用显微设备分析藏品纸张纤维和涂布材料，经过不断的研究试验，在实验室抄制出匹配度极高的修复用纸。而之前仅见于文献记载和实物留存、市场上无从寻觅的纸张种类，年轻人通过对文献记载的挖掘、实验室的无数次试验、向专家的多次请教、同行的不断探讨、跨界的协作，也几近复原。

年轻团队学古不泥古、破法不悖法。在字节跳动专项支持的 70 件珍贵文献修复中，《永乐大典》的修复是一个经典案例。修复过程中实现了跨学科的协作。不仅书叶纸张自行抄制，书衣用绢也实现了自行织造，经过高倍放大镜观察、显微镜分析、织布机上的多次试验，织出了与原件非常接近的绢丝。为了保证藏品安全，在仿制的一册书衣上多次试验后，才对原件一根丝一根丝地对接。新一代的修复师在科技助力下把书衣和内页的补全和加固做到近乎天衣无缝，被专家誉为现阶段纸本文献修复技术的天花板。青年群体的努力得到了社会的认可，2023 年修复组获得"全国青年文明号"荣誉，并经过评比成为首批文化和旅游技能人才提升基地。

还有"名家手稿纸张脆化研究"、"外文及民国文献修复室建设研究"、"古籍库房和装具改善调研"、"典籍博物馆展柜及展览环境调研"、"各国保护技术追踪"、"古籍文献及修复用纸张纤维原料与显微图谱"、"甲骨加固的实验研究"、"红外光谱法对墨水痕迹在不同老化条件下消褪过程的研究"等科研项目，意在探明机理，针对性实施保护措施，让古籍文献得到更好的保护。

以需求为导向、以问题为导向，十几年间一些专利产品也解决着修复中的难题：古籍文献整理拷贝台、高清摄影文献修复台……纸浆补书机，在实践中发现问题，用所学知识解决问题，成为新发展时期的特征。

我们的古籍保护实验室基于文献保护现状和发展需求，自建立起就致力于基础理论研究、保护技术研究及标准规范研究，着力解决古籍保护中存在的问题，使古籍保护工作更科学、更规范。

实验室于2014年被评为古籍保护科技文化和旅游部重点实验室，将科研与文献修复保护实践合为一体，给修复保护以强有力的理论支撑，不仅制定发布标准，还让脱酸技术实现突破，进入了实际操作阶段，实验室纸本批量脱酸技术使得1850—2000年这150年间的酸化文献批量脱酸成为可能，拯救的是一个时代的国家记忆。实验室的带头人被评为"全国杰出专业技术人才"。以保护修复技术为核心的国家标准、行业标准逐渐规范着古籍保护工作。《古籍修复技术规范与质量要求》（GB/T 21712—2008）、《古籍特藏破损定级标准》（WH/T 22—2006）、《古籍保护修复档案记录规范》（WH2016—04）、《图书馆古籍特藏书库基本要求》（GB/T 30227—2013）、《图书冷冻杀虫技术规程》（GB/T 35661—2017）……一个个标准的出台促进着行业的规范化、科学化发展。

2022年古籍保护写入《政府工作报告》，中办、国办联合发布《关于推进新时代古籍工作的意见》再次把古籍工作导入新时期的快车道。

2023年6月2日在文化传承发展座谈会上有效地推动中华优秀传统文化创造性转化、创新性发展的要求，更是提振了古籍保护在新时期发展的信心。

四、古籍修复保护探索心得

2017年，为让古籍修复保护技术的研究成果普惠更多的古籍保护工作者，我们曾经编辑《芸香芬馥——古籍保护探索与实践》论文集，在上海远东出版社出版。出乎预料的是，书出版不久便脱销，网上甚至出现溢价出售。这也说明了交流分享修复案例、新的保护技术成为行业发展的需求。

为与同行分享我们在古籍保护科研和实践方面的探索与心得，共同推进古籍保护事业，我们以《芸编焕彩》为题，遴选2018年以来发表的古籍保护与修复方面的前沿研究成果、最新实践经验总结，再次结集出版。本书选收论文42篇，分为八类编排，即：文献保护修复综论、重大修复项目经验总结、文献修复案例分析、古籍装具材料与制作、纸张检测与脱酸、挥发物检测与分析、有害生物防治、文献保护新材料与新方法。论文的作者均为国家图书馆古籍馆从事古籍保护、古籍修复的工作人员，他们长期奋斗在古籍保护修复工作第一线，深爱着自己从事的工作，既有较高的学历和较好的专业素养，同时在长期具体工作中积累了大量的经验并加以提炼总结。他们代表了古籍保护修复行业新一代的新探索、新发展，为古籍保护修复行业提出了清晰而富有前瞻性的探索和发展方向，相信他们的思考和实践对古籍保护与修复事业的发展具有一定的参考和应用价值。我们更热切地希望这部论文集可以起到抛砖引玉的作用，让更多同行的经验、思想和技术形诸笔端，嘉惠古籍保护事业，在新时期的快车道上共同加速发展。

古籍修复事业是为古籍续命，功德无量。这项工作看似枯燥，但是换一个角度，沉默的书医们，用指尖触摸古籍，一眼千年，了解书中那些古人和往事，也在日复一日的修炼中升华了自己的生命。从这个意义上讲，保护修复好穿越千年的楮墨芸香，让古籍在今天这个时代焕发新的光彩，无疑是今天古籍人最好的修行。

陈红彦

2025 年 1 月 19 日

目 录

第三辑　文献修复案例分析

第四辑　古籍装具材料与制作

第七辑　有害生物防治

第八辑　文献保护新材料与新方法

第一辑　文献保护修复综论

国家图书馆古籍文献修复保护近年发展回顾与未来发展的思考

陈红彦

中华古籍浩如烟海，承载着中华文明，经历史上兵燹火厄等天灾人祸，数量不断减少。2006年文化部曾经委托国家图书馆进行过统计，存世古籍未经普查，底数不清，总体数量估算为3000万册件，其中破损数量大致为三分之一。当时能够进行古籍修复的修复人员在100人以内，在古籍静止不再继续损坏的前提下，完成古籍修复需要1000年。古籍保护的技术研究当时几乎为零。2007年1月，国务院办公厅发布《关于进一步加强古籍保护工作的意见》（国办发〔2007〕6号），国家图书馆加挂国家古籍保护中心的牌子，在文化部的领导下统筹全国古籍保护工作，古籍保护工作从2007年起，在全国开展古籍保护的大背景下得到了快速发展，古籍保护修复更是得到了快速发展，2008年国家图书馆将善本特藏部和分馆普通古籍合并为古籍馆，本文回顾古籍馆古籍保护修复发展的同时，对未来的发展也做思考和展望。

一、中华古籍保护计划实施以来国家图书馆古籍修复保护工作的发展

（一）古籍修复工作趁势而为

根据全国古籍保护工作发展的需要，根据国家图书馆业界引领的工作定位，古籍馆从修复人员队伍建设和修复技术总结提升入手，着力提高古籍文献修复规范化、科学化水平。

1.取得多项荣誉，见证快速发展

在快速的提升中，国图古籍修复的发展得到了公众的认可和上级领导的肯定，截至目前，古籍修复主要取得了以下荣誉：

2008年，国家图书馆古籍修复技艺入选第二批国家级非物质文化遗产代表性项目名录。

2009年，国图古籍修复组被文化部确定为"国家级古籍修复中心"，全国共12家。

2012年，国图古籍修复组杜伟生先生入选第四批国家级非物质文化遗产代表性传

承人。

2013年6月，文化部（文化和旅游部）非遗司委托国家图书馆成立"国家图书馆古籍修复技艺传习中心"，8位具有硕士研究生、本科学历的年轻人拜杜伟生为师，传习修复技艺。此后国家古籍保护中心又陆续在各地建立了47家修复技艺传习所。经过师徒传承、培训、学历教育等各种途径，目前全国可以从事古籍修复的人员达到近1000人，传习导师32人，其中出自国家图书馆古籍馆修复组的传习导师就有7人。

2014年，古籍馆修复组被中组部、中宣部、人力资源和社会保障部、科技部联合授予第五届"全国专业技术人才先进集体"；同年古籍馆修复组朱振彬被中组部、中宣部、人力资源和社会保障部、科技部联合授予第十二届"全国技术能手"。

2015年，古籍馆修复组获得文物局可移动文物修复资质；同年古籍馆作为修复国家古籍保护人才培训基地。

2016年，古籍馆修复组刘建明被中组部、中宣部、人力资源和社会保障部、科技部联合授予第十三届"全国技术能手"。

2017—2018年度中央国家机关授予古籍馆文献修复组"青年文明号"称号；

2020年，国家古籍保护中心组织"全国古籍修复技艺竞赛"，修复组在五个一等奖中占据三席，另获一个二等奖，一个三等奖。

2021年，"传统书籍装帧技艺"入选第五批国家级非遗代表性项目名录。"敦煌遗书修复技艺""甲骨传拓技艺"项目成为北京市文化和旅游局第五批北京市非物质文化遗产代表性项目。同年古籍保护科技文化和旅游部重点实验室田周玲获得"全国杰出技术人才"奖。

2023年，文献修复组获得一星级"全国青年文明号"。

2023年，修复组组长胡泊被中组部、中宣部、人力资源和社会保障部、科技部联合授予第十六届"全国技术能手"。

2023年5月，文化和旅游部经选拔在国家图书馆设立古籍保护技能人才提升基地。

2024年，古籍保护科技文化和旅游部重点实验室的"纸质文献大批量整本脱酸一体化装备"获评2024年全国文化和旅游装备技术提升优秀案例。

2. 科研成果频出，迎来修复新时代

在继承老一代修复师经验的基础上，年轻一代修复师让新技术融入修复工作。与经验的累积结合，厚积薄发，古籍馆人员为主，几年中相关标准规范从制定推行行标到升级实施国标，一批以实验数据支撑的科研成果产生并逐步应用到修复工作，一批专利产品研发生产并投入使用，推广到全国，甚至走向世界，文化与科技融合，产学研一体，古老的技艺以新技术、新模式守护中华文明，服务社会。可以说经验与科学并举，新一代大国工匠引领着修复行业的新时代。

国家图书馆文献修复组成功研制"纸浆补书机"，在全国投入使用，提高了修复效率；

"高清摄影修复台"则让大幅面文献修复在纸的另一面多了一双眼睛，科技助力，提升了修复质量；产学研结合，让科研成果高效转化，投入了应用环节。先后申请修复设备实用新型专利七项：

古籍文献整理拷贝台，专利号：ZL201120065349.5

高清摄影文献修复台，专利号：ZL201220142247.3

古籍修复淀粉提取机，专利号：ZL201220142246.9

古籍修复浸染机，专利号：ZL201220142248.8

古籍修复多功能工作台，专利号：ZL201220142245.4

古籍修复拉染机，专利号：ZL201220142244.x

一种纸浆补书机，专利号：ZL200620167453.4

为使修复更加规范，古籍文献修复的一系列国家标准、行业标准制定出台：

《古籍修复技术规范与质量要求》（GB/T 21712—2008）

《古籍特藏破损定级标准》（WH/T 22—2006）

与此同时，"古籍文献及修复用纸张纤维原料与显微图谱""古籍修复用纸自行抄造研究""西文古籍传统烫金技术研究""修复用小麦淀粉自制""修复用补纸自行抄造""瓷青纸制作""粉蜡笺制作"等多项工艺技术获得突破，填补了国内空白，在提高古籍修复质量、工作效率、修复技艺传承效果等方面产生了显著作用。

近年来，通过对业务的不断总结与钻研，国图古籍文献修复团队又取得一批兼具实用性与前瞻性的学术和科研成果。先后出版了《中国古籍修复与装裱技术图解》《古籍修复案例述评》《中国古籍装具》《国家图书馆藏西域文献的修复与保护》《国家图书馆三件早期雕版印刷佛经修复与保护》《国家图书馆藏法帖修复与保护》等专业书籍，编辑了《芸香芬馥——古籍保护探索与实践》修复保护论文集。修复师的论文更是大量发表在相关刊物上。

3. 开放共赢，跨越发展

在修复技术方面，修复组加强国际合作，与英、法、日及非洲多国一些图书馆开展交流合作，取长补短。古籍装订等技法引起国际友人兴趣，对国外的技术、材料、制度等借鉴交流，也有力地推动中华优秀传统文化、技艺走向世界，并与国外修复技术有机融合，交流互鉴。

在人才培养方面，除导师传习外，与北京大学、中山大学、复旦大学、中国社会科学院大学、天津师范大学等教学机构合作开展古籍修复相关专业教学，培养古籍修复的后备力量。国图尝试吸引高校学子关注古籍修复技艺，广泛招募实习生、志愿者体验学习古籍修复技艺，并通过举办专题研修班与业界同行针对具体问题进行研讨，相互启发学习，共同提高。近年在文化和旅游部非遗司支持下，举办的相关技艺研修，受到业界的欢迎，许多学员表示收益良多，希望有更多这样的研修机会。

2023年国家图书馆获评古籍保护技能人才提升基地，当年11月即成功承办文化和旅游高技能人才研修班（古籍保护专业），2024人社部、文化和旅游部人事司委托的专业技术人才知识更新工程项目"古籍修复方案编写制作高级研修班"，研修班坚持问题导向，深入调研，希望解决行业发展中的问题。

近年修复技艺、修复工作也引发了社会的极大关注，通过电视、报刊等媒体传播，几乎每周都有来自国图修复的声音。在中央电视台《焦点访谈》《回声嘹亮》《开讲啦》栏目中，在《我在国图修古籍》专题片中，在新闻联播"奋斗者正青春"专题中展现修复师的风采、展示修复工作的技艺，让全社会了解古籍修复，共同担负古籍保护的使命和责任。

4. 专题修复，集中攻关

2010年，国家图书馆和天津图书馆联合开展天津图书馆藏殁翁旧藏敦煌遗书、宋元本零叶的修复。双方工作人员联合学界专家一起，鉴定古籍版本、探讨修复方式，开展新技术助力下的纸张检测、装具配制等，并对大量的修复档案、修复技术进行记载、分析、探讨，将几年的修复成果形诸笔墨，出版了《天津图书馆藏敦煌遗书残片的保护修复》等书。

2005年起，国家图书馆先后六次征集入藏和田等地出土的西域文献，数量达七百余件，建立了西域文献专藏。这些文献年代从公元4世纪到10世纪，跨度长达六百年；文种众多，有汉文、梵文、佉卢文、于阗文、龟兹文、突厥文、犹太波斯文、藏文等；内容丰富，涵盖政府文书、私人信札、契约、典籍、佛经等；为丝绸之路历史文化、中外关系史研究等领域带来了新的研究课题，提供了珍贵史料。西域文献入馆时状况不佳，存在表面污迹、焦脆、烟熏痕迹、糟朽、絮化、褶皱、卷曲、虫蛀、双层粘连等问题，不经过修复无法提供给学者使用。这些文献载体材质与形态多种多样，有纸质、绢质文书，木简、函牍、桦树皮文书，以及带有封泥的契约、书信；比较全面涵盖古籍修复的不同类型。国家图书馆联合北京大学段晴、荣新江等学者针对内容研究、指导修复，修复组工作细致认真，创新技法，结集出版的《国家图书馆藏西域文献的修复与保护》因此具有更广泛的参考和分享价值。之后入藏的三件早期印刷品，也采取相同的模式完成修复，出版了《国家图书馆三件早期雕版印刷佛经修复与保护》，与业界分享修复的技法。

2013年，国家图书馆在对馆藏"天禄琳琅"珍籍进行整理及破损情况分析中发现，所藏270余部3500余册古籍中约百分之十即300余册存在严重的纸张糟朽、絮化、粘连、装帧解体等问题，破损严重，急需抢救性修复。同时我们对"天禄琳琅"破损书进行分析，认为"天禄琳琅"待修书同时还具有时间跨度长、破损类型多、涉及材料丰富等特点，适合边修复、边研究、边教学。这一年国图修复传习中心刚刚成立，启动项目，如天假机缘。2013年8月27日，"天禄琳琅"修复项目启动。在首席专家全国技术能手朱振彬的带领下，修复组克服场地、"新冠"疫情种种不利因素，2021年完成了修复的预设指标。经过8年，一批青年修复师成为骨干，一批基于"天禄琳琅"书皮、纸张材料的科研项目也陆续开展，逐步完成，填补断档工艺的成果将对修复材料的生产提供支撑，而《"天禄琳琅"修复案例》也即将完成编纂，将与业界分享更多的修复技艺，吸引更多的关注。

2015年经由保利拍卖公司收购的三件早期印刷品在修复师的共同努力下完成修复。修复中未解决材料难寻的问题，开展科研纸张自行抄造研究，经过三件早期印刷品和敦煌遗书的修复，实验室级别的高端纸张制作出来，攻克了高端纸张市场匮乏的难题。

5. 社会关注和助力，让文献修复后劲更足

随着对古籍文献修复的宣传，吸引了越来越多的社会公众关注修复行业，也吸引着关注公益，热心文物保护的企业。

2015年5月，一批珍贵的西夏文古籍入藏国家图书馆，其中纸本文献有18包。这批文献距今七八百年，跨西夏和元朝两个时期，既包含诸多刻本，也包含大量写本。经初步检查，装帧形式涵盖卷轴装、经折装、包背装、缝缋装等多种早期装帧形式，文献内容涉及宗教、政治、经济、语言文字、艺术社会生活等诸多方面。这是近年来发现的数量最大、内容最丰、版本与装帧类型最多的西夏文文献。

经中国社会科学院学部委员、西夏文化研究中心主任史金波先生的鉴定和初步分析，确认这批文献具有极其重要的研究价值、艺术价值、文献价值。其中，保存较为完整的抄本《碎金》，国内仅有敦煌研究院收藏，西夏谚语《新集锦合辞》则属国内首见，此次文献入藏填补了我国西夏文献典藏的空白，是国内外西夏学研究的一手资料。

然而这批西夏文献历经数百年沧桑，破损十分严重，入藏时状态极差，普遍存在较为严重的撕裂、絮化、水浸、污损、粘连、鼠啮等多重病害，表面附有大量谷物、泥沙、尘土、毛发等。85%的文献依据《古籍特藏破损定级标准》（WH/T 22—2006）可认定为一、二级破损。如不及时干预，部分病害还有可能进一步恶化。

恰在此时，浙江财通证券股份有限公司与刚刚成立不久的中国古籍保护协会联系，希望以企业公益基金支持古籍修复和保护，于是财通证券、古保协会、国图古籍馆一拍即合，在国家图书馆（国家古籍保护中心）的批准下，财通证券给予连续五年的资金支持，让修复工作有序开展。在史金波先生的指导下，全国技术能手刘建明带领青年修复师一起，日复一日，创新修复方法，历时五年完成修复，顺利结项。2023年，"国家图书馆西夏文献保护修复成果展"成功举办。修复后的西夏文献，不仅为世人展现了一段段尘封的历史记忆，更得到西夏学专家的赞赏，为学界打开了一扇崭新的文献之门，有力地推动国内外西夏学研究。此外，参与项目的国图青年修复师的技艺亦得到迅速提升，极大地推进了国家级非物质文化遗产的保护传承工作。2020年起，更多的企业开始以专项基金的方式通过文物保护机构支持古籍修复，文保基金花呗专项支持了20件严重破损的敦煌遗书的修复，字节跳动则支持了一册《永乐大典》以及"样式雷"图档等珍贵藏品的修复。更多的修复成果会随着时间的推移得以呈现。

（二）古籍保护，重点发力，成效显著

1. 建设古籍保护实验室，明确研究发展目标

国家图书馆自2008年起，注入古籍保护经费，陆续开展古籍保护实验室建设。经过三年的努力，到2010年，实验室基本建成，为理顺工作流程，从国家古籍保护中心办公室划归古籍馆。

实验室从建设开始就明确了研究范围和发展目标。实验室定位面向古籍保护技术领域开展基础理论研究和实用保护技术研究、制定标准和规范；针对古籍保护提供新材料、新设备研发；提升古籍保护科技领域重大关键、基础性和共性技术的攻关能力；为古籍保护科学技术的创新技术集成与应用提供技术准备；为传统古籍保护及修复技艺的科学化、规范化提供指导与支撑；培训古籍保护领域需要的高质量技术和研发人员；实行开放服务，与国内外相关机构开展委托研究和检测服务，并提供技术咨询服务；结合国外智力引进工作，在古籍保护研究方面全方位地开展国际合作与交流。

实验室目标：建设成为全国领先，国际一流的专业从事古籍保护政策和标准制定、技术研究和应用研究的开放型国家重点实验室。

由于目标明确，定位清晰，工作扎实，成果频出，2014年被文化部公布为第一批"古籍保护科技文化部重点实验室"，后更名古籍保护科技文化和旅游部重点实验室。

2. 小切口的研究项目，解决保护中的实际问题

近年实验室基础理论研究主要基于以下几个方面：

①对文献载体的研究：包括文献载体的成分和结构，载体变质、变色、老化、氧化、降解、酸化的化学反应过程和反应机理；文献载体霉变机理；字迹的颜料、染料或墨水成分和结构的褪色、变色问题；文献载体和字迹的相互作用、相互影响机理；对装订材料的研究，如粘结剂的研究，研究并改进修复用的小麦淀粉；光线，尤其是紫外线对文献载体、字迹及装订材料的影响；其他可影响文献保存寿命因素的研究。

②对文献保护技术研究：包括文献的防虫防霉、防光、消毒、除虫灭菌等新技术；文献脱酸技术及设备的研究；文献载体的各项加固技术；文献载体修复技术的研究；文献字迹的加固及恢复技术的研究。

③对文献收藏条件研究：包括温湿度、室内各种有害气体及霉菌等环境因素的研究，以及其它非常规环境的保存技术方法研究。

④对文献再生性保护内容转移的新型技术研究，减少再造技术对文献原件的影响等。

目前完成项目或课题主要有：名家手稿纸张脆化研究，外文及民国文献修复室建设研究，古籍库房和装具改善调研，典籍博物馆展柜及温湿度，光线展览环境调研，各国保护技术追踪，保护技术简报，古籍文献及修复用纸张纤维原料与显微图谱，古籍修复用纸自

行抄造研究，西文古籍传统烫金技术研究，甲骨加固的实验研究，红外光谱法对墨水痕迹在不同老化条件下消褪过程的研究等科研项目，大部分研究成果探明机理，对古籍文献保护发挥了作用。

2024年，又新开展"古籍纸张用生物除霉剂的有效性和安全性评价"、"古籍纸张加固技术研究：以细菌纤维素为加固材料"等项目研究。

3. 填补空白，解决"卡脖子难题"

1850年起，我国纸本文献的印制纸张开始使用西方传来的机制工艺制作，因其使用材料中木质素含量较高，致使随着时间的推移，发生严重的酸性水解，自1850年到2000年间，约有5000万册图书文献纸张酸化，大量文献纸张的 pH 值已经低于5，有些呈现一触即碎的状况，保存寿命已不足百年，有些严重者不足五十年，亟待脱酸，将其从濒危状态抢救回来。书籍之外，同时期的珍贵档案、革命文献也是如此。

国外在上世纪五六十年代已经开始文献脱酸工作，以拯救濒危的文献。但国外的脱酸设备价格动辄上千万，单页纸张平均脱酸价格高达几十元，对于中国的经济状况和待脱酸文献数量来说，难以承受，文献脱酸面临卡脖子的境遇。实验室致力于文献脱酸的研究，先后进行了文献纸张酸化的检测技术研究、酸化情况调研、国外批量脱酸技术跟踪。自2015年起，在总结国外工作经验的基础上，自主研发了具有创新性的文献纸张脱酸技术。该技术采用无水液相方法进行脱酸，可进行整本、批量、一体化脱酸。采用的脱酸液体安全、无闪点，脱酸剂粒度更小，渗透性强，脱酸效果好。文献经过整本脱酸后无液体残留，干燥快，不变形，对各类字迹材料没有影响。价格不到国外价格的四分之一，脱酸效率更高，安全性更强，对人和环境都非常友好。这个脱酸成果推广后不仅摆脱对国外技术的依赖，而且能在为国家节省了大量的资金的前提下拯救濒危的酸化文献，使其继续完好保存下去。这对延续中华文脉有巨大作用。

在国家和项目经费支持下实验室自主研发的文献脱酸技术获得两项国家发明专利。脱酸后文献纸张的 pH 值得到显著提升，具有一定的碱储量，干热加速耐老化研究表明脱酸后纸张的保存寿命延长二三百年。脱酸科研成果得到了各级领导和业内专家的一致认可。脱酸工艺、脱酸设备和脱酸液实现了自主研发，实现了"0"的突破，具有独立的知识产权。该成果是图书馆行业的一项重大创新成果，是国家图书馆乃至我国科研能力的有力证据，是我们文献脱酸抢救的重要里程碑。文献脱酸技术成果的取得使文献的抢救、继续生存成为可能。下一步加大成果的推广，让我国自1850年至2000年这150年间承载在机制纸上的历史文明和文字记录继续生存下去。

4. 标准制定、科研成果落地，让古籍保护更加规范。

实验室人员为主，主持参与制定了相关标准的制定、解读，并逐步推广实施。先后参加制定标准如下：

《图书馆古籍书库基本要求》(GB/T 30227—2013)

《图书冷冻杀虫技术规程》(GB/T 35661—2017)

《古籍函套技术要求》(GB/T 35662—2017)

《信息与文献 图书馆和档案馆的文献保存要求》(GB/T 27703—2011)

《信息与文献 文献用纸 耐久性要求》(GB/T 24423—2009)

《信息与文献 档案纸 耐久性和耐用性要求》(GB/T 24422—2009)

《图书馆古籍虫霉防治指南》(WH/T 88—2020)

《图书馆民国时期文献特藏书库基本要求》(WH/T 95—2022)

《图书馆纸质文献脱酸工艺有效性评价方法》(GB/Z 42964—2023)

此外，实验室亦申报成功多项发明专利与实用新型专利：

一种纸张含氟脱酸液 ZL 202211378637.5 国家发明专利

一种纸张脱酸剂及其纸张脱酸系统和方法，ZL 201510416162.8，国家发明专利

一种纸张脱酸液及其制备方法，ZL 2016102575712，国家发明专利

纸张酸碱度检测笔及其检测方法，ZL 2008102264244，国家专利

一种脆化书籍除尘装置，ZL 2019220767391，实用新型专利

纸张酸碱度检测笔，ZL 200802001236242，实用新型专利

以实验室人员为主编纂出版的《文献保护中英文双解词语手册》《中国古籍装具》《中国古籍与传统手工纸植物纤维纤维图谱》等书均为填补空白之作。

实验室还几乎每年参加科技周活动，向中小学生普及造纸、印刷、古籍保护相关知识，这也是推广中华优秀传统文化、切实增强文化自信的举措。而实验室人员对纸张的分析解读，也引发着更多的专业人员、爱好者的兴趣，都会为下一步继续发展奠定基础。

5.上级重视，支持力度大是实验室发展的有力保障

文化和旅游部对实验室科研经费给予支持，主要项目有：古籍纸张近红外光谱无损检测系统研究、烷基烯酮二聚体（AKD）取代明矾在纸质文献修复中的应用研究，并在政策指导等方面给予推动。

国家图书馆（国家古籍保护中心）保障了实验室运行经费，并对实验室人员的科研项目给予立项和经费的倾斜。国家图书馆的馆级科研项目经费也给予实验室重要支持，未来将推动更多成果的产生。

二、发展中的困惑

（一）待修古籍文献的数量依然庞大，状况堪忧

当年统计待修古籍1000万册是在静止的前提下，而古籍文献存在着不断老化的自然状

态，待修数量的统计不能只用简单的算术来计算。人员、待修文献分布不均衡，多数处于"待修文献等修复师"的状态，一些民营机构希望可以承接修复任务，机制的不灵活又限制了他们的加入。

以国家图书馆为例，2020年内，国家图书馆修复中心接到各类公私文献收藏机构甚至境外机构的文献抢救性修复咨询近3000册件。现有修复人员在技术水平虽能够达到修复要求，但受人员数量、场地、机制、设备等方面的制约，年均可修复完成的中度以上破损善本古籍数仅约300册件（以国标《古籍修复技术规范与质量要求》为修复验收标准），全部修复数量在20000叶左右。国图文献修复工作部门长期超负荷运转，仍无法满足实际修复需求。

随着对国家弘扬中华优秀传统文化各项部署的贯彻落实、古籍保护相关政策的持续推动，以及社会各界"让书写在古籍里的文字活起来"等热情的不断高涨，抢救性修复的同时，对展前维护、数字加工前后进行维护的需求也在呼唤修复师的参与，开展古籍修复维护的需求呈井喷式增长。

需求与实际修复力量的不匹配，不但造成大量文献难以得到及时的保护修复，病害恶化还会进一步加剧，未修复的破损文献无法开展后续展览、出版、数字化工作，开发利用也严重受限。

（二）与时间赛跑的古籍文献修复保护，技术成熟人员严重不足

修复师们为古籍文献续命，被比喻为与时间赛跑。2006年，当时古籍修复人员不足百人，待修古籍不低于1000万册件，需要1000年才能修完，而纸寿千年，令人感到传承无望。

经过十几年的努力，修复人员数量近千，修复取得阶段性成绩。但是相对于待修古籍数量而言，修复师数量依然不足，而对文物级古籍的修复而言，成熟的修复师更显匮乏。珍贵古籍属于不可再生的文物，修复人员技术不成熟、操作不规范的情况下，盲目修复，对文物本身也存在较大风险。目前全国传习导师部分年事已高，体力上力不从心，技术成熟的中青年拔尖人才数量有限。

就机构而言，据初步统计，我国目前有能力开展纸质文献修复业务的正规公立及私营修复机构近50家，但修复能力水平参差不齐。近年业界联合发力，开展了许多专题大型古籍修复项目，如国家图书馆的"天禄琳琅修复"、陕西省图书馆的"《古今图书集成》修复"、天津图书馆的"敦煌残片修复"等，成为培养修复人才，跨单位技术交流，跨部门攻关协作，集中优质资源修复保护珍贵古籍的有益尝试。国家图书馆古籍馆在文化和旅游部非遗司支持下举办研修班，为公私修复机构修复人员修复水平的提高，修复师技术的交流进步发挥了作用，传承了修复技艺。国家古籍保护中心的培训和传习与高校的正规学历教

育也在形成三位一体的配合。但是，各单位用人机制、学生分配政策、职称评审的方式等等依然让修复保护人员的数量增长不如人意。

目前国内的古籍文献修复机构中，拥有15名以上修复人员的不足20家。除国图等少数几家大型文献修复机构以外，国内多数修复机构规模很小，只能承担零散的修复工作，每年的藏品修复数量多在100册件以下，难以有效分担文献修复压力。特别是遇到破损状况复杂的珍贵古籍，多数机构没有所需资质，甚至私下租借资质，出现盲目修复，威胁文物的安全，有造成无法逆转损失的风险。这也使得很多古籍文献收藏机构虽有开展大型修复项目的需求和计划，却无法寻找到合适且有能力的承接单位。

古籍保护计划实施以后，民国文献保护项目启动。相对于古籍而言，民国文献更加脆弱更需要抢救，一些文献酸化程度之高，几乎触手即碎，亟待脱酸、修复，还其旧貌，延续生命。

（三）修复保护材料短缺

众所周知，造纸是中国古代四大发明之一。中国手工纸历史悠久，源远流长。纸发明并用于书写、印刷，成为文明传播的主要载体。

传统手工纸常分为麻、皮、竹、草四大类，涉及的植物种类大致有三四十种，常见有十余种。依照原料的不同，可将传统手工纸分为麻纸、皮纸、竹纸、草纸和混料纸五种类型。早期麻纸文献，在敦煌遗书中有大量遗存。国家图书馆收藏的《律藏初分》，写于417年，距今已有1600余年。而现在麻纸的生产几乎绝迹。在敦煌遗书修复时纸张的选择一直存在困惑。

皮纸使用韧皮植物纤维抄造，其原料种类繁多，主要有楮（构）皮、桑皮、檀皮等，占皮纸产量的绝大部分。早期构皮纸，亦当以敦煌遗书年代最早。现在备受关注的《永乐大典》，其纸张据记载是明永乐年间建于江西南昌府西山的西山官局所造高级楮皮纸。而国家图书馆在2002年寻找《永乐大典》修复用纸时也费尽周折。

早期文献常见的麻纸、构皮纸、桑皮纸等经黄檗染制、涂蜡、砑光等工序加工而成，"颜值"高，还有防虫增强韧性等作用。其后竹纸、混料纸大量使用。民族地区的腾冲纸、东巴纸、狼毒纸也各具特色。

另外，还有用作书皮的瓷青纸、粉蜡笺、发笺等更是异彩纷呈。

但上述类型的纸张加工工艺多未能完整保留，特别是原材料、加工周期等，因时过境迁，已经难以重现，修复配纸的困境显而易见。曾经在中华古籍保护计划启动时设计过古纸库，希望将古籍用纸少量取样，通过科学分析，获取"古纸基因"建立纸样库，指导当代造纸，制作修复古籍文献的适配纸张。遗憾的是，由于早期珍贵文献具有文物性质，取样无法实现，真正基于古纸基因分析的古纸库难以实现。

除纸张外，丰富的古籍刷印、书写材料，也是在修复材料中最需要分析制备的。2008年在古籍保护计划实施后的第一批"国家珍贵古籍名录"展上，我们看到西藏博物馆的珍贵古籍使用珊瑚汁等天然颜料书写，寻找适配的材料成为困惑，对其修复只好暂时搁置。同样一些丝绢材料也需要分析定制方可获得。

与材料同样遇到问题的还有修复工具等。解决材料工具等问题，不但能够增强修复的科学规范性，也会加快速度，提高效率。

（四）理论研究的欠缺

修复所需材料工艺、科学检测、修复科学理论的研究近年快速发展，为古籍文献的修复保护提供了依据和强有力的支撑，但距离需求还存在明显的欠缺，也制约着纸本文献修复保护的科学规范。

国家图书馆古籍保护科技文化和旅游部重点实验室自建立后基于文献保护现状和发展的需求，致力于基础理论研究、保护技术研究及标准规范研究三个方向，虽已取得了丰硕的成果，但距离文献保存保护的需求还有很多亟待开展的工作。

如修复用纸、水、染料等标准尚未建立，操作规程规范等亦需要加强。以配纸染色为例，目前配纸染色沿用传统方法，即选用原料、外观、性能相近的修复用纸或库存旧纸，必要时以染色补足色差的办法进行修复用纸的准备和选择。橡碗子染色是之前常用的方式，但近几年经检测，这种染料为酸性，有碍古籍文献长期保存，哪些染料和制备操作更科学，则需要深入研究。

三、未来发展的思考

（一）机制创新，整合资源

如前所述，我国现有的古籍文献修复机构大多规模较小，人员和设施配备不足，难以满足文献修复基本要求。修复是与时间赛跑，但现在难以有效阻止文献老化致损的脚步。一些民间修复机构的设立，虽然对修复力量的补充起到一定作用，但是收藏机构的信任度不够，一些重要项目难以委托，反之也制约这些机构和人员的进步。一些学校相关专业设立，但是学生参加实践的机会有限，而入职的渠道和机会更是难得。在国外，民间文献修复机构一直与公藏修复机构并存，发挥着不可或缺的作用，日本还成立了国宝修复师联盟等行业组织，研究实施重要国宝级文献的修复，其机制有效运行，值得我们借鉴。

如今，在面临人力不足、待修古籍文献数量巨大的情况下，整合力量，建立灵活有效、规范运营的新型机制，值得探讨和实践。

如公藏机构的修复保护中心与民间机构的配合，体制内人员和体制外人员结合，技术取长补短，完善修复师注册评级，经认定后建立人才库的方式可以尝试。有修复任务时选取合适的人员或机构，由有资质的公藏机构监管，人员合同制、工作项目制，开展、承接修复项目，既能对文献及时保护修复，又响应了社会各界对文物保护文献修复事业的积极和热情，另一方面也可以不断探索科学合理的修复团队人员结构与运营模式，统一规范社会各修复机构的修复水平和标准，进一步推动修复行业的繁荣和振兴。依托公藏机构的保管条件和修复水平，也可充分保障藏品的安全。因此，规模化的机构建设、全方位的统筹协作、人员设备效能的最大化成为行业发展的必须。

对于相关经费的投入，从机制上也可以整合。以国家图书馆古籍保护修复为例，近年文化和旅游部拨付实验室项目经费，国家图书馆给予运行经费，古保、民保项目专题技术研究经费。国家文物保护基金会、中国古籍保护协会等机构吸纳社会资金，注入古籍修复和保护，还有一些单位的有偿委托修复维护等，有效补充了国拨经费的不足，均可以作为有效的机制继续推广。

（二）科技赋能，提升效能

古籍修复行业有着悠久的历史传承，但面对着科学技术高速发展的新时代新环境，积极引入科学方法、寻找技术突破是行业未来发展的客观需求。以国图在近年来修复领域的探索和创新经验判断，明确的需求、多专业、规模化的人才团队和实践机会、跨界联合产学研一体的研发机制等都是促进创新思维、提高研发效率的有效路径。搭建多学科、多领域共同参与的研发团队，聚焦工作需要和适配新技术的集合进行创新研发，成为下一步工作的重点。我们有出色的研发成果，能够推进行业发展、提升修复保护效能，对这些成果的效能、质量进行安全检测、实践验证，有利于在全国范围内进行推广和应用，并形成世界影响力。

新技术的应用，如纸浆补书机、修复用纸检测配补系统等提高了补书选纸的效率，而正在探索的人工智能补书系统将大大提高修复方案和基本操作的效率，提高修复的规范化科学化程度，纸张分析得出的时间、材料及工艺的多维度数据对版本鉴定、古纸技术复原衍生的功能应用前景广泛，可以预期未来将带动学科发展。

国家图书馆古籍保护科技文化和旅游部重点实验室，已经将科研与文献的修复保护有机结合，给修复保护以强有力的理论支撑，未来的文献保护将更科学、更有效。

（三）人才聚合，学科建设

古籍保护人才队伍的改善。经过十八年的累积，古籍保护人才数量持续增长。主要来源于高等院校培养的相关专业人才的注入、新员工入职后的再选择和根据业务发展需要参加的进修、师徒间技艺传承等，多措并举，多种途径使人才不足的状况得到初步缓解。

存在的问题是，拥有不同知识背景的毕业生在学校阶段多是单一专业，缺少复合性人才。以修复人员培养为例，古籍修复是一门综合学科，也是交叉学科。需要文史知识以对保护对象的历史背景有所了解，也需要物理化学知识对其制作书写材料的分析，同时还需要与展陈保管相关的一些知识，如国外展览的展品运输、展前维护、布展等环节等，均必须有修复师参与，以确保展品的安全，对过程中涉及的法律、伦理等也必须了解并遵从。

以国家图书馆古籍馆为例，近年入职修复保护的年轻同事为古典文献、历史、文学、化学、美术史、书画修复、考古、古籍修复、材料学等专业毕业，但专业训练单一，在工作中无法全过程贯通。如学修复、化学等对中国古代书籍史和古籍的内容缺乏了解，在修复过程中特别是制定修复方案时缺少自信，付诸文字时难以下笔。学文献专业的对修复保护机理了解欠缺，无法了解纸张的内部结构和操作过程中的一些机理。

相比较而言，我国文献保护与修复的学历教育在课程的设置上存在一定的欠缺，这与我国的学校教育高中阶段即开始文理分班有关，目前了解北京大学考古文博学院为文理兼收，其他大部分高校相关专业属于文科专业。与古籍保护密切相关的历史文献学、考古学与博物馆学、中国古典文献学、材料学等均属于二级学科，分属于历史、中文、化学等不同的一级学科；修复需要的文史法律相关课程，以及修复过程记录、材料分析等需要的理工科的内容在学历教育的安排上很难实现统一。这是下一步发展中必须解决的问题。

古籍保护学科建设的社科基金重大课题目前正在中山大学、天津师范大学联合开展，希望对这个问题的解决有所推进。

笔者曾对开设古籍修复专业的几家教育机构的课程设置进行调研，学校设置的通识课以外课程主要有：中国通史、中国美术史、世界美术史、中国古代典籍史、古代汉语、版本目录学、书画修复装裱、古籍装帧、校雠学、民国文献保护、文物摄影、古籍数字化、古籍鉴定、古籍保护、文献编纂学、国画技法、书法篆刻、目录学、档案保护技术、古籍信息系统开发、古籍修复、美术基础、印刷工艺、博物馆管理、中国文化史、文化人类学、文物保护技术、博物馆设计初步、博物馆陈列艺术设计、博物馆陈列内容设计、博物馆藏品管理、图书馆学、艺术品收藏鉴定等。针对未来可能的工作应用，实操仍嫌不足。

古籍修复鉴定方向的专业硕士学习期间有5—6个月的实习，既为入职打基础，又在一定程度上补充了修复机构的人力，还为毕业时的双向选择打下基础。

但在学校教育与职业需求的错位中，用人单位需求、进人机制的限制形成了一道难以逾越的鸿沟，极难做到学以致用，使本来就缺乏的专业技术人才从毕业开始就流失。

基于目前的状况，工作过程中不同专业背景的人员协作以及跨界跨专业的科研联合成为目前工作的必须。

（四）终身学习，行业提升

目前，国内保护修复人才数量特别是具有高水平修复技术、教学能力的人才数量还严重不足，难以满足日益增长的修复需求。扩展技术团队，以多种方式提升现有人员的水平，培养面向未来的能够解决修复中遇到复杂情况的修复人才成为必需。

希望可以通过短期培训、进修等多种方式，查缺补漏，完善修复工作者的知识结构，成就更多高素质高水平的大国工匠，进一步推动古籍修复保护技术的传承和行业的可持续发展。

2014年，笔者在对国内外古籍修复保护人员在职培训的调研中发现，在职培训一直是古籍保护人员知识、技术更新的重要途径。国际图联专设了继续专业发展和实践学习小组（Continuing Professional Development and Workplace Learning Section），研讨社会及职业培训教育问题和方向。该小组经常与其他专业小组或核心项目合作，召开研讨会，开展相关培训工作。在文化遗产保护方面居于世界领先地位的法国档案学院、法国国立遗产学院、全国公务员中心和几乎所有的部级单位都能组织修复工作者的培训。有永久性的培训，有进修学习以及为期1—3天的小型研讨会；意大利国际文化财产保护修复中心开设两年一届的文化遗产保护课程，为不同学科、不同文化背景的专家们提供了平台，交流保护修复知识和相关经验，谈论修复实践政策的制定、概念和工具等内容。日本国会馆短期培训馆员有关保存的基本理论和修复破损材料的基本技术，还利用互联网开展远程培训，把培训办到国外。国外很多收藏、研究机构对工作人员的在职培训时间和内容都有明确的要求。

根据加拿大图书档案馆2004年举办图书和绘画文件保护者相关化学基础培训的课程表。该培训主要面向图书和纸张保护者，课程的目标是向学员介绍相关化学基础。培训的时间为5天，培训班的人数控制在15人，课题分为理论和实践操作两个部分。课程设置如表1所示：

表1　加拿大图书档案馆化学基础培训的课程表（2004年）

时间	课程内容
第一天上午	化学基础概述；材料的结构；原子，分子，聚合物和化学分子方程的基础理论；电离基础；
第一天下午	材料老化的原因；能量；光和环境理论；
第二天上午	纸张材料的结构、化学成分、降解的原因；
第二天下午	纸张材料：纸张测试；表面施胶；纸张酸度的检测；
第三天上午	皮革和羊皮材料：结构，化学成分，老化原因，胶原蛋白的测试，丹宁酸的检测，皮革修复温度。参观加蒂诺保护中心；
第三天下午	聚合物，粘结剂和加固剂基础知识；聚合物的分类：天然高分子，合成高分子；聚合物的物理和化学特性；
第四天上午	水的结构，性质，pH值的概念； 水溶液：溶解，水溶液，分解，浓度（质量，摩尔的基本原理）；

续表

时间	课程内容
第四天下午	溶剂定义和概述：溶剂术语； 溶液的能量：溶解性，溶解参数，浓度三角形； 挥发性：定义和概述，混合溶液的挥发性； 粘度； 职业健康和安全：易燃性，闪点，爆炸性，毒性；
第五天上午	手工和批处理的主要技术及其原理（清洗、脱酸、消毒、干燥）；
第五天下午	材料分析技术、污垢测试； 物理化学分析技术：紫外可见光谱仪，红外分光光谱仪，色谱（薄层色谱，液相色谱，气相色谱），质谱仪。

这样针对性的专业在职培训，就中国的古籍保护修复行业的现状来说，或许是最为适合的，经过调研得到修复师欠缺又是行业发展亟需的专题，短时间进修，解决问题，使得修复师在操作时既知其然，也知其所以然，提升其科学素养，也是为珍贵古籍文献增加了保护层。每年设置相关的专题培训，持之以恒，一支具有良好职业素养，具备职业所需科学知识的修复师队伍，终究会成就行业良性发展，塑造出的大国工匠群体，将成为中华文化遗产的守护神。

可喜的是，2023年国家图书馆成为人社部和文旅部认定的古籍保护技能人才提升基地，开始了以查漏补缺为重点的教学研修活动。研修已经举办了2期，后续还会继续坚持问题导向，解决实际工作中遇到的问题，形成长效机制。

在学历教育和在职培训之外，同行间的交流研讨也是古籍修复保护人才培养的重要渠道和方式。同行间面对共同问题的思考研究，通过交流互相启迪，对事业的发展是极大的推进。在近年国家图书馆古籍馆与天津图书馆合作的周叔弢旧藏敦煌遗书及宋元本残片的修复研究项目即取得了良好的效果，其作用不仅在修复藏品本身，还探讨了纸张、装具、修复方式的科学合理选择，实现了效能最大化。

补课不应局限于专业知识和专门技术，相关的新政策、新材料、新技术的推广也非常必要。

近两年中国国家图书馆与英国国家图书馆的修复师通过网络录播共同关心的专题文献修复技法的模式，效果良好，网络专修课程或许也可以成为研修交流的途径之一。

根据修复的特点，仅仅靠补专业知识还不够，修复不同类型破损文献的面对面交流，是必须的。以专题工作室的模式开展专门修复人员培养，也是可行的模式。如条件允许的情况下，设置珍贵古籍修复工作室、拓片修复工作室、舆图修复工作室、手稿修复工作室等，邀请擅长相关技艺的修复、文献研究及保护技术专家共同开展教学、修复、传习、研究等，人员架构为导师、导师助理加学员的梯队模式，也会取得良好的效果。

对公众保护意识的培养、对学生修复知识的普及也是促进修复行业发展的途径。通过定期有限额预约开放参观通道，开设绫绢织造、造纸染纸、古籍装帧与修复等体验活动，组织讲座，举办展览，加强与广播电视、报刊、互联网等新闻媒体的合作等方式，将古籍修复展示给更多人认识和了解，努力营造全社会共同保护古籍的良好氛围。特别针对青少年，让孩子们了解古代的书籍、古人的读书生活、古人的爱书传统、现代修复知识，对古籍相关工作产生兴趣，甚至作为之后职业的选择，对培育未来的潜在的文献修复师颇有助益。

四、结语

实现上述目标，需要能够开展上述工作的适合的场所，配置良好的设备设施、工具材料满足古籍文献的保护修复研究的基本需要，拥有一支知识结构合理的跨界跨行业合作的团队，满足提升需求，需要经费和政策的支持，能高效科学开展工作；同时需要全社会的关注，成就行业高速发展的更多可能。

近日，中共中央办公厅、国务院办公厅印发了《关于进一步加强非物质文化遗产保护工作的意见》（以下简称《意见》），要求各地区各部门结合实际认真贯彻落实。《意见》指出：非物质文化遗产是中华优秀传统文化的重要组成部分，是中华文明绵延传承的生动见证，是连结民族情感、维系国家统一的重要基础。保护好、传承好、利用好非物质文化遗产，对于延续历史文脉、坚定文化自信、推动文明交流互鉴、建设社会主义文化强国具有重要意义。并提出要求，利用文化馆（站）、图书馆、博物馆、美术馆等公共文化设施开展非物质文化遗产相关培训、展览、讲座、学术交流等活动。

古籍修复保护涉及多项非遗项目的传承，涉及中华优秀传统文化的有效传承，更好地设计、发展，正当其时。

原载《文津流觞》第二辑，广西师范大学出版社，2022年 *

---

* 本书中所收文章，此次出版时均有不同程度的修订，下不一一标注。

科技赋能，古籍修复保护进入快速发展时期

陈红彦

2007年1月，国务院办公厅发布《关于进一步加强古籍保护工作的意见》（国办发〔2007〕6号），指出当前我国古籍保护存在不少突出问题，如现存古籍底数不清，古籍老化、破损严重；古籍修复手段落后，保护和修复人才匮乏，地方各级人民政府和有关部门要从对国家和历史负责的高度，充分认识保护古籍的重要性，进一步增强责任感和紧迫感，切实做好古籍保护工作。

2007年至今，科技助力成为中国古籍修复保护的显著标志。

下面以国家图书馆的几个典型修复为例，和大家分享科技的力量对古籍保护发挥的的作用。

一、科技赋能，文献修复科学化程度大幅提升

古籍修复和保护几乎与古籍的生产同时。以备受瞩目的敦煌文献为例，123年前，敦煌藏经洞的发现，让4—11世纪的纸本文献面世。这些珍贵的文献中，就留下了前人修复的痕迹。其修复成果显示：修复者用手边能找到的废纸作裱补纸，配纸时基本不加选择。工艺也较为粗疏，如补原卷残缺处时，补纸的纸纹应与原卷纸纹的横竖一致，既可使原卷在裱补后协调，又可以保持写卷的平整，敦煌古代修复者尚未意识到这点。在修复之前，裱纸应根据原卷破损部位的大小裁剪整齐，而在敦煌写卷中，很多补纸不整齐，有的随手撕就，显得非常粗糙。找不到裱补纸的，还用麻绳连缀。

BD14129《三界寺见一切入藏目录》卷中有发愿文"长兴五年岁次甲午六月十五日，弟子三界寺比丘道真，乃见当寺藏内经论，部帙不全，遂乃启颡虔诚，誓发弘愿。谨于诸家函藏，寻访古坏经文，收入寺中，修补头尾，流传于世，光饰玄门，万代千秋，永充供养"。道真四处募集废纸，以及缺头断尾的佛经，以它们来大规模配补、裱补、修复三界寺的佛经。

上述修复尽管以现在的眼光看既不美观，也不科学，但是让破损的文献得到加固，也是功德无量。

1. 敦煌遗书的修复

国家图书馆藏敦煌遗书16579件，大规模修复是从1991年开始的。当时参考了前人、英法等国修复师的经验，吸取教训，在任继愈、冀淑英、方广锠等前辈与修复师一起经过反复论证，制定了"救命为主，治病为辅"的原则，与最小干预、过程可逆、材料可辨识等国际通行的原则一致。修复效果得到国内外的普遍认可并广为效仿。

2021年5月，国家图书馆与中国文物保护基金会签署协议，使用中国文物保护基金会花呗文物守护专项基金修复国图馆藏20件敦煌遗书。选择的20件敦煌遗书均为卷轴装，由于年代非常久远，纸张老化、酸化问题突出，机械强度较低，很多部位或残片酥松发脆。文物外观不够完整，存在断裂、缺损、褶皱、水渍、污渍等病害。

古籍保护科技文化和旅游部重点实验室的精密仪器，让修复师拥有了可以洞穿一切的眼睛。他们对敦煌遗书进行修复前信息采集及分析，对纸张纤维成分、纸张涂布及染色材料等开展无损检测。检测后却发现市场上没有适配材料可供使用。

针对适配材料短缺问题，我们开展敦煌遗书修复用纸自行抄制的实验室化研究，并建立功能完备、产量适宜、能够与传统手工纸产地制作工艺对接的实验室化小型纸张抄制设备。通过向专业抄纸技师学习，成功开展敦煌修复用纸自行抄制，使敦煌遗书有了最安全、适配的修复用纸。

2.《永乐大典》的修复

近年关注度很高的《永乐大典》，其修复也展现出科学的力量。国家图书馆藏有《永乐大典》224册，早在上世纪20年代京师图书馆时期，《永乐大典》修复即已开展，但受当时人力物力条件所限，只是小规模零散修复，1926—1948年间修复27册。1983年，山东掖县发现的一册《永乐大典》入藏北京图书馆，但破损状况严重，当时北图指派修整组（2000年后改称修复组）的肖顺华师傅对该册《永乐大典》进行了修复。

2003年，《永乐大典》编纂600年，国家图书馆对馆藏《永乐大典》进行了整体修复。这次修复中发现，几乎所有大典都存在不同程度的破损。破损类型包括：火烬、水渍、缺损、撕裂、粘结剂失效等。其中，没有书皮的3册，原有书皮但书皮脱落的61册，书皮残缺一半的5册，书皮纸板由于浆糊失效已完全软化的5册。另外书口开裂的15册，天头部分整册缺损近5厘米的1册，有人为损坏破洞的1册。其中前人修复过的40册中，有3册被全书托裱，有8册被改为线装，3册还被改装为蓝皮，19册书皮所用丝织品材料被更换，并且颜色呈暗红色，有3册换成了纸质书皮。

这次方案拟定除了坚持"可逆性原则"、"可区分原则"、"最小干预原则"外，突出强调了"整旧如旧"原则，修复中创造性地使用掏补技法，尽量保持书籍的原始面貌。这次修复中最大的难题是封面材料，当时的组长张平老师骑着自行车跑遍北京的绸布店，最终找到大致匹配的材料。

2013年，一册《永乐大典》从加拿大回到中国，入藏国家图书馆。2022年在中国文保基金会字节跳动专项的支持下进行了修复。这一册《永乐大典》的书叶保存状况整体较好，局部有污渍，书角处有卷曲和磨损，绢质书衣边缘磨损严重，书脊部分几乎完全缺失，表面有污渍，纸板老化分层。因《永乐大典》需保留原装帧不拆解修复，过程较为复杂：首先确定装帧细节，本册《永乐大典》书脊处磨损严重，书脊、书角等位置原装帧形式模糊不清，为保证最大程度复原，对本册书脑、书脊等处残存装帧信息做详细调查，并结合书库中保存的已完成修复的《永乐大典》实物和保留下的相关文字及图像资料做辅助，研判本册书原装帧形式，以便最大限度保存原状。

准备修复材料时根据书芯用纸纤维的显微图谱与现有纸张比对，发现现存纸库中并无高匹配度纸张可用，为保证古籍安全和修复效果，按照检测结果自行抄造纸张用于修复工作。修复中几个重点实验室纸张小型抄造设备和技术发挥了重要作用。

之前最大的困扰——书衣的材料在本次修复中得到了很好的解决。《永乐大典》书衣用绢的检测结果显示，其竖向的经丝及横向的纬丝均较粗，均为单根丝线，不存在并丝现象，且纬丝略粗于经丝，部分经、纬丝粗细不均，项目组根据所得数据开展材料的仿制，成功织造出封面用绢，实现了最为理想的修复效果。修复中借助高倍放大镜等仪器设备对原件正面绢丝进行微调，毛笔蘸清水轻划在需要调整的绢丝上，使用针锥将毛茬挑拨整齐，终于超越了以往各次修复效果，展示出科学的力量。

二、研发辅助设备，古籍修复保护提质增速

十八年中，修复团队根据需要，联合科研团队和高新技术企业研发制作了多种修复保护辅助设备，促进了修复规范化和科学化。期间修复人员发表古籍保护修复相关论文50余篇，制定颁布国家标准1项、行业标准3项，科研项目9项，取得实用新型专利7项和外观设计专利1项。专利技术设备从不同侧面为修复提供便利。特别是高清摄影文献修复台，对大幅舆图、拓片的修复而言，为修复师增加了一双透背的眼睛。

2007年起陆续筹备，2014年被命名的古籍保护科技文化和旅游部重点实验室是全国公共文化系统首个从事古籍保护科技研究的专业型实验室，下设化学实验室、耐久实验室、物理实验室、生物分析室、精密仪器室、显微分析室和脱酸实验室等。

实验室开展修复用纸的安全监测，为修复安全提供保障。时时监测库房状态，以确保珍贵古籍文献安全。

2015年首次研发国内自主知识产权、专利归属国家图书馆的脱酸设备和脱酸液，不仅保证人书安全，还大大降低了纸本文献脱酸成本。

目前，团队正在研发智能补书设备，其设计理念一是解放修复师的颈椎和眼睛，二是在藏品绝对安全的前提下大幅提升修复的效率和质量，提升修复的精细化程度。

三、新技术应用在文化传播服务中，既实现古籍的再生性保护，亦便利读者使用文献。

中国之所以成为文明大国，与整理典籍的传统有关。中国历史上有识之士加工阐释，条编整理古籍，并使之广泛传播承继，正所谓"为往圣继绝学，为万世开太平"，大大推动了文明的进程，也使典籍在岁月的长河中不断传播。历代的作者、注释者、抄手和出版者在再生性保护古籍方面功不可没。孔子删述六经，《永乐大典》《四库全书》的编纂均为经典案例。也正因如此，中国典籍的数量在历经兵燹火厄等自然因素、人为因素破坏后，依然以无与伦比的数量存于世间，并继续发挥作用。著名学者钱存训先生曾说："中国书籍的产量，直到十五世纪末年，比世界上各国书籍的总数还要多。而中国丛书、类书卷帙之浩繁，亦少有其它文字的著作可以比拟。"这也是中国的文化自信和中国骄傲。

对古籍信息进行迁移，通过出版、数字化、展览、影视甚至游戏有效地传承文明，减少对原件的动用，这种保护方式我们称之为古籍的再生性保护。

近年来，再生性保护的方式越来越多，新技术的加持，也增强了传播的力度。在政府的提倡下，不仅各出版机构影印出版古籍作为传统方式如雨后春笋，积极配合了国家文明溯源等文化战略，古籍数字化成果的公布则成为新的历史时期应用最广的再生性保护方式，为古籍传播利用插上了翅膀。国家图书馆的数字方志率先以全文公开的方式提供读者服务，成为国图网站上点击率最高的数据库，之后依托国家图书馆的丰富馆藏，国家古籍保护中心通过国图自建、征集外单位数据结合的模式，联合发布"中华古籍资源库"，超过10万部（件）古籍及特藏数字资源，免登录在线阅览，实现了任何时间、任何地点的无差异服务，极大满足了不同受众对古籍资源的需求。2024年国家图书馆古籍馆的《山海经》知识库代表着智慧图书馆的发展，让用户对传统文化有可视可听的体验，数字中国中的古籍元素将点亮传统文化的传承、普及和创新。

随着国家科学技术新成果的不断出现，了解、应用相关新技术，跨界合作，深度挖掘古籍中蕴含的内容，创新保护修复技术、传播应用渠道，让科技赋能文化遗产保护，在古籍文献鉴定、修复、保存甚至被称为再生性保护的传播等方面拥有更科学、更有效的辅助手段，值得我们期待并为之努力。

（本文在2023年第十八届东盟文化论坛主旨报告稿基础上修改而成。）

原载《文津流觞》第三辑，广西师范大学出版社，2022年

图书馆文献修复室设计工作探析

胡　泊

　　修复室是修复人员开展修复、科研及教学工作的场所。一个设计科学合理、高标准的文献修复室，能为文献修复人员提供安全、高效、怡人的工作环境，对进一步提高古籍修复工作水准、培养高素质专家型修复师具有重要作用。

　　2011年，国家图书馆一期馆舍维修改造工程启动。借助这一契机，国图对原有文献修复室按照专业化、科研化、功能化、规模化、人文化的建设思路，进行了全面改造。改造后的修复室，场地面积扩充至640余平方米。经过两年多的试运行，各项修复工序运转顺畅，场地、设备、人员配备均达到了较为理想的运行效果。

图1　国家图书馆文献修复室实景图

　　笔者全程参与了此次修复室改造工程。设计改造过程中，笔者认识到，修复室是专业性很强的功能性建筑，其设计建设涉及文献修复、文献保护、建筑设计、环境控制、安保消防等多个领域。创建一个考虑全面、依据充分的设计方案，需要设计团队准确掌握修复室的规模定位、功能需求、历史背景、人文特色，以及修复工作的工艺流程和修复人员的操作习惯；需要采集大量的设备参数、环境指标等等。伴随设计方案的实施，我们形成了一系列值得总结的成果和经验。而对这些成果、经验的科学分析和总结对今后的修复室设计、建设、发展、完善具有重要的参考价值和实践意义。

然而笔者发现，由于国内文献修复室的正规化建设起步较晚，相关探讨和研究成果比较少见，修复室设计建设相关资料的整理工作亟待加强。

本文以文献修复人员的视角，在总结国家图书馆文献修复室设计心得的基础上，结合对故宫博物院、上海图书馆、天津图书馆、中山大学图书馆等多家国内重点修复机构所做的实地调研结果，从文献修复室运行特征、修复室建筑设计原则、修复室的整体设计要求三个方面，对文献修复室设计工作中需要把握的一些要点做了初步探讨，希望能够为业内同仁提供些许参考。

一、文献修复室的典型运行特征

由文献修复工作的业务需要所决定，文献修复室在安全、管理、布局、功能、环境控制等方面形成了一整套运行特征。这些特征不是凭空想象出来的，而是数十年的实际操作积累甚至是经历深刻教训而换来的，是支撑修复工作健康运行和平稳发展的宝贵财富。因此，设计人员应当对修复工作中一些典型运行特征有着充分的理解和体会，从而将这些特征融入到修复室的设计中。

（一）重中之重的藏品安全工作

文献修复室日常多存放有正在及等待修复的珍贵典籍文献。因此修复室的安全工作不容有失。但实际工作中，由于交流、参观、采访等经常有外部人员进出，以及修复室内日常存放有大量易燃的修复材料和化学药品，这些都对修复室安全工作带来了挑战。

修复室内的安防、消防体系由硬件设施和管理制度两个方面组成。其中，硬件设施上应按照图书馆、博物馆安全设施标准，配置完整、先进的防火、防盗设备，如入侵报警系统、烟感报警器、自动喷淋系统等。

制度建设上，修复室应针对文献修复业务特点设计专门的安全管理制度，如藏品交接制度，修复室布、撤防制度，水电、门窗、设备安全责任制度，会客采访制度，工具材料领取制度及突发事件应急预案等。

（二）功能愈趋多元

文献修复事业发展到今天，传统的文献修复室功能定位已经受到新的修复室功能理念的冲击。在修复工作全方位快速发展、社会各界对于文献修复工作的关注度持续提高的大背景下，文献修复工作的范畴在不断扩大。

如国家级修复中心修复室，每年要定期举办规定学时的古籍修复教学培训课程，经常性地为配合相关展览提供技艺展示服务，不定期地参与完成各类媒体采访和拍摄任务，以及随时承接参观交流活动等。

可以说，如今的先进修复室除了传统意义上的文献修复功能外，在藏品保存、档案记录、实验检测、材料存储、材料加工等深化功能以及在展示图书馆文献保护修复业务水准、培养古籍保护人才、增强公众古籍保护意识、普及古籍保护常识等外延功能方面，已开始发挥更大的作用。

（三）科学合理的功能布局

文献修复工作涉及藏品类型多，工艺流程复杂，修复室在有限的空间内集中了大量的人员、设备和材料。科学合理的功能布局可以使修复分工更为明确，流程更为有序顺畅，有利于修复室的维护、管理，为提高藏品修复效率、修复品质和确保修复安全提供了保障。

修复室功能布局必须符合文献修复工作的各项流程特点及规律。做到既互不干扰，又可彼此支援；既可独立运行，又是一个整体；既分工明确，又联系紧密；既整洁美观，又符合修复人员工作习惯。

此外，文献修复室是一个不断生长、变化着的有机体。随着社会的发展、科技的进步，修复工作的内容在不断拓展延伸，科技含量不断提高。人员的扩充，新设备、新技术的不断引入等，使得对修复室建筑的使用情况需要不断进行局部调整，以适应新的发展要求。因此，修复室建筑空间通常较为开阔，内部布局应具有充分的可塑性，能够较为方便地做出调整，灵活变换使用功能。

（四）健全的设备配置

随着业务的深化和功能的扩展，文献修复室内配备大型设备的种类和数量逐渐增多。这些修复设备与修复建筑相辅相承、互相依存，共同构成现代修复室的硬件设施主体。

修复室内大型设备按功能可划分为传统大型修复设备、办公设备、材料加工设备、实验设备、分析检测仪器、扫描拍照设备等。这些大型修复设备有着不同的特点，对空间及环境有着不同的要求：如裱画案重量大、体量大，同时漆面"娇贵"易损；切纸机、压力机等大型电器设备，需要固定安装并加装动力电；显微镜、电子天平、翻拍架等需要防震、防尘；通风橱、镭射切割机等需要加装通风管道；洗染水槽需要加装热水器等等。同时为满足修复工作设备正常运行的需要，还要配备有健全的水、电、空调、通风等管路设施。这些应先告知设计师，在施工建造的时候尽量考虑周全，避免事后返工。

此外，在考虑交通便捷、功能集中、最大限度地满足设备安装和使用的环境要求、减少对周围区域影响的前提下，设备布局应尽可能地为修复人员提供一个便利和温馨的环境。

（五）适宜的温度和湿度

修复室室内温度一般以20℃—24℃为宜。这样可使修复室与善本书库的温度差别相对平缓，以防止由于温度剧烈变化对文献造成的损害。材料库房的温度可以相对更低，有利于防止生物病害的发生。

修复室相对湿度在45%—60%为宜。湿度过高容易滋生霉菌，也会使修复人员感到闷热、不适。湿度过低，空气干燥，水分蒸发快，会增加揭裱、裱件贴墙等修复工序的喷水次数，影响工作效率，也容易导致贴墙后的裱件开裂。

由于对建筑的整体密封性要求高、能耗高等原因，目前国内只有少数几家纸质文献修复机构能够实现室内温湿度可控，但温湿度可控仍是未来修复室建设的大方向。因此，应注意借助科学的建筑结构设计，尽量发挥建筑本身的环境调控机能，降低对设备的依赖，降低能耗。

（六）采光与照明

修复室内的采光与照明需要根据不同区域的使用功能而定。出于染纸、对色、全色等工序的肉眼识别需要，修复区域应尽可能多地引入柔和的自然日光。但同时也要通过加装遮阳板、遮阳帘等方式，防止强光直射藏品。材料库房等区域则应尽量减少光照照射。藏品库房、拍照间可不设采光窗。

目前尚未有针对文献修复室照明光源的相关标准和要求，国内多数修复室的照明光源也仍然以普通日光灯管为主。但光照因素对于文献安全的影响已经开始受到业内重视。随着照明技术的发展，安全防爆、低红外光、低紫外光、显色性好、节能环保的新型光源已开始在国内文献修复室中得到应用。

（七）科学严谨的工作流程

文献修复室有着一整套科学严谨的流程：藏品进入修复室、藏品暂时存放、拍摄修复前图片、建立修复档案、藏品理化资料检测、修复材料加工处理、开始实际修复、修复结束、归还藏品、设备及场地打扫、废料回收和处理、整理修复档案等。

（八）安静的工作氛围

安静的工作环境可以让修复人员工作更加专注、修复效果更好、效率更高，关系融洽，也更有利于修复人员分析思考工作中遇到的问题。因此修复室应努力营造出安静的工作氛围。修复室应选址在安静的区域，以免遭受外界噪音的干扰。修复室内应禁止大声喧哗、聊天，各道工序也应尽量避免产生大的震动和声响。同时可通过合理的设计和布局，尽量减少设备杂音的影响。

（九）平稳有序的工作节奏

在修复人员每天修复和维护的古籍中不乏珍本、孤本。同时，随着各界古籍保护意识的提升，对于古籍修复的需求与日俱增，这就要求修复人员需要兼顾修复安全、修复效果和修复效率。

修复方案必须是成熟稳妥的，经过长期实践验证的。主持完成藏品修复工作的同志必须熟练掌握各项修复流程，并具有丰富的修复经验。这些因素相互迭加，共同作用，使得一件藏品的修复工作，自始至终是平稳连贯的。而对于整个修复室而言，则表现为平稳但不缓慢、高效但不忙乱的工作状态。

长期实践证明，这样有条不紊、按部就班的工作节奏最为科学和理想，不但可以保证藏品的修复安全、修复效果，同时，可以避免失误，减少返工，效率也是最高的。

（十）清洁整齐的工作环境

无论过去还是现在，清洁整齐都被列为修复室管理的一项基本要求。传统技艺中，老师给学生教授的第一课并不是修复藏品，而是擦案子、扫地等卫生清洁工作。这一方面是为了培养年轻修复人员的良好业务习惯，同时也是由清洁整齐的工作环境对于修复室和修复工作的重要性所决定的。

清洁整齐的工作环境是保证修复品质、修复效率和修复安全的必要条件，因为整齐能让修复流程更加有序顺畅。清洁明亮的房间，干净整齐的设备，令人心境平和，有利于修复人员发挥正常水准。杂乱无章的工作环境，不但影响修复人员的情绪，也容易造成工作上的失误，甚至可能造成对藏品的次生损害。

清洁整齐也是修复室文化建设、职业道德建设的反映。一个环境优美、秩序井然的修复室，表明其人员素质和管理水准是好的，这样的修复室也一定会赢得藏品所属方的信任。

在修复室建设中，既要有严格的规章制度进行约束，也要通过精心设计的配套设施来创造便利条件，以便于修复人员自行开展经常性的清洁维护工作。

二、修复室建筑设计原则

在明确修复室的业务特征，掌握修复室对于建筑的功能需求之后，需要设计人员与修复人员一同确定出修复室的设计原则，以便为设计方案勾画轮廓和指明方向。

（一）文献安全第一原则

要把文献安全问题放在修复室设计工作的首位。在建筑结构、布局设计、设备设施以及材料、工艺的选择等各个方面，都要坚持安全第一原则。要兼顾藏品安全、人员安全、施工安全，实行安全工作一票否决制。以确保建成后的修复室能够为文献的修复安全、科研安全、保存安全及人员安全提供可靠的硬件保障。

（二）确保业务功能需要的原则

要把确保业务功能需要作为修复室各项设计的出发点。每项设计都要以功能需要为依据。要有理可循，要能够在确保安全、完善修复品质、提升工作效率、推进科研创新、传承修复技艺等方面有切实的作用，避免脱离功能需要，华而不实。

（三）经济原则

设计要考虑节省投资、节约用地、提高有效使用面积，兼顾节约管理人力、节约能源、便于维护、降低修复室维持费用。要综合考虑使用效果、单位价格、使用频率、使用效率、使用周期及维护费用。当然，只顾眼前不顾长远的片面节约观点，必然不经济也不实用，也是不可取的。

对于可以继续使用的设备、材料应尽量保留利用。尤其是很多可以展现修复工作发展历程的老设备，可以作为文物加以保护。

（四）科学先进原则

修复室从设计、建造、改进直至运行需要一个很长的周期。一旦建成，短时间内通常不会做大的变动。因此，设计方案应当经过广泛考察和科学分析，尽可能采用科学的、先进的、具有前瞻性的设计理念、设计标准。尤其要注重修复室结构布局、基础设施、设备方面的先进性，各个部分的组合必须是精心安排的、合理的、科学的。努力做到设计方案在20年内不过时。

（五）保护历史遗存原则

在修复室发展建设的各个阶段，留下了很多不同时期各具特色的修复设备、家具、工具，以及工艺、资料、档案等物质和非物质文化遗存。它们能够被保留和沿用至今，在品质、性能、使用效果等方面是经过历史检验的，是修复室的宝贵财产，具有重要的实用价值、史料价值、教育价值。因此，在修复室设计建设过程中，在追求先进性的同时，要做好修复室历史遗存的保护、修缮，在设计和布局时要仔细考虑，使其实用价值得到延续，历史文化价值得到展现。

（六）美观协调原则

运用设计和装饰技巧，尽可能营造出与之相协调的人文环境风格，与藏品、设备、人员相协调，塑造出与图书馆整体风格相呼应的、具有修复室自身特色的功能之美、技艺之美、文化之美。

（七）考虑发展的原则

设计在立足于当前使用功能的同时，要为可预见的发展做出充分的预留。应把当前与长远恰当地结合起来，为未来20年修复室在修复工作量、人员构成、设备引进、物料储备等方面可能发生的变化做出预判，并在设计中予以体现。使修复室建成后具有灵活的可变性和充裕的升级空间。

（八）因地制宜的原则

因地制宜是一种基于本地条件的科学发展原则。修复室设计应立足于各图书馆整体发展规划，根据各自的经济条件、技术条件、人员条件，藏品修复需求等因素，制定符合自身需要的修复室建设规模和标准。要避免盲目超前、超出图书馆承载力的奢华工程、形象工程。

同时，不同修复技术流派的形成，很大程度上是由于不同地域在历史、人文、地理、气候、物产等方面的差异所造成的。因此，修复室的建筑设计、设备选择，要与当地地理、气候环境相适应，要有利于地域特有传统修复技术工艺的传承。还要努力探索能够反映地域文化特色的元素、手法去展现自身的历史、人文特点。要防止千篇一律、简单模仿。

（九）协同配合的原则

文献修复室的设计建造是一项系统工程，它涉及建筑、结构、电气、空调、给排水、安防、古籍修复等多类专业知识。修复室的设计需要文献修复部门与图书馆、设计单位，以及规划、施工诸方面的密切配合。修复方面应指派专人参加设计工作，并积极发挥主导作用。

（十）顾及整体发展的原则

文献修复是所在单位各项工作中的一环。为推动文献修复工作持续健康发展，应站在全单位整体发展的高度去审视修复室的建设。在设计时既要做到高标准、严要求，又要兼顾与其他部门的相互协调、共同发展。特别要注意减少对相邻部门工作的干扰，如噪音、震动、有害气体排放等。设计团队应当及时与单位领导沟通，在发展规划、场地面积分配、经费预算等重要问题上做到与全馆整体发展思路保持一致。

（十一）符合规范的原则

由于还没有文献修复室设计和建设的相关标准正式出台，因此设计工作在符合《图书馆建筑设计规范》的前提下，在安防、建筑要求、照明、环境控制等方面可参考《图书馆古籍书库基本要求》《博物馆藏品保存环境试行规范》《建筑照明设计标准》《采暖通风与空气调节设计规范》等行业标准。

（十二）及时改进，不留遗憾

在图纸设计、建筑施工及设备安装调试阶段，文献修复人员应全程参与监督。发现问题及时反映，并经集体讨论，尽快找出解决方案，经设计部门确认可行后，通知施工方及时整改，争取尽善尽美，不留遗憾。

三、文献修复室的整体设计要求

修复室不同于普通的民用建筑，在功能分区、设备配置、建筑结构、配套设施等方面对建筑有许多专业性要求。下面根据国图文献修复室的设计和建设经验，介绍文献修复室的主要设计要求。

（一）修复室的功能分区及设备配置

文献修复室应选用正房（坐北朝南），由南面开窗进光。大型文献修复室的功能区划分应包括：修复区、理化实验室、材料库房、电器设备间、藏品拍照间、藏品暂存室、洗染区、个人物品存放区、对外教学区等。

1. 修复区

修复区按照修复藏品类型、所需环境条件、场地面积可进一步细分为：册装古籍修复区，字画、舆图修复区，大型藏品压平区，西文文献修复区等。由于日常大部分修复工作都要在这一区域开展，因此这一区域的光照、温湿度等条件应当得到优先保障。其他各功能区应围绕优先保障这一区域内的工作进行配置和布局。

（1）册装古籍修复区

这一区域主要用于开展对线装、蝴蝶装、包背装、册页等传统册装形式古籍的修复。由于文献修复工作中修复藏品的类型以册装古籍为主，因此册装古籍修复区是文献修复室日常使用频率最高、人员驻留时间最长的区域，修复人员的大部分工作时间要在这里度过，修复工作的大部分流程要在这一区域完成。因此可将册装古籍修复区划设在光照、通风等环境条件较好的修复室南侧临窗区域。

该区域应设立有个人修复工位。单个工位不应小于8平方米，包括古籍修复桌、保险箱、个人工具收纳柜、电脑桌、个人压书桌、压力机等修复设备。

（2）字画、舆图修复区

该区域用于集中开展对字画、舆图、摩崖拓片等大型藏品的修复工作。

主要设备包括大型红漆裱画案、裱画大墙、灯桌、晾纸架等。如日光由修复室南侧进入，大墙则宜东西长，面向南，这样可使墙面区域光线较为充足，便于观察裱件。当然，其他方向也并非不可使用。为防止裱件干裂，大墙位置应尽量避开大门、通风口等多风区域，并可在大墙周边加装防风帘。为方便裱件贴墙，裱画案宜邻近大墙摆放。同时，案子周围应为挪动裱件留出充足的操作空间。

（3）藏品压平区

书叶及契约、拓片等单幅藏品修补好后需要进行压平。压平工序需要较大的工作区域，因此除个人压书桌外，修复室内应开辟出较大的区域作为公用藏品压平区，并配备公用大压书桌。公用压书桌的规格尺寸应尽量一致，桌面边缘应平直，这样在需要的时候可以将多张压平桌拼接成大型压平桌，可以对摩崖拓片等大型藏品进行压平处理。

（4）西文文献修复区

由于西文文献修复工作所采用的设备工具及材料与传统中文古籍修复区别较大，因此修复区内宜单独设立专门的西文文献修复区。西文文献修复区内应配备有修复桌、起脊机、压力机、整理夹、锁线架、西文文献修复工具存放柜等常用修复设备设施。

2. 理化实验室

该区域主要用于开展纸张纤维分析、pH 值检测及其他与文献修复相关理化实验、分析工作。考虑到化学试剂气味对修复人员的影响及安装通风设备的需要，实验室宜设置在临窗且距离古籍修复区较远的区域。此外，实验室内存放有多种精密仪器，为减少外界震动干扰，选址应与切纸机等振动源保持一定的距离。

3. 材料库房

材料库房的选址宜避开日光直射的区域，以便于温湿度的控制；宜远离水源，不易滋生霉虫；宜临近运货通道，便于物资运输。

库房内存放物品种类众多，为方便领取和保持库房整洁有序，库房应划分出专门的纸张存放区、丝织品存放区、工具存放区和材料存放区。每一区域内的材料还应按照种类的不同进一步区分摆放。如修复用纸的存放，可按宣纸、竹纸、皮纸、机制纸等类型分别存放到相应的纸柜内，每组纸柜内的纸张又可按照品牌、规格、颜色等指标进一步划分。

如条件允许，材料库房可分为小库和大库。为便于物资领取，将小库划设在修复室内，存放日常常用的修复材料和工具，存储量满足日常消耗即可。大库可单独设立在修复室以外的区域，用以存放纸张等可以长期储备的大宗物资。

4. 电器设备间

电动切纸机、重型压力机、纸板倒角机、镭射切割机等大型电器设备在运转时会产生噪音和震动，因此电器设备间宜划设在距古籍修复区较远的区域，并应设计相应的隔音设施。设备间宜临近修复室入口，以便于设备安装和废料清运。

5. 藏品暂存室

藏品暂存室用于临时存放待修或修复完成的藏品，因此安全级别与善本书库相同，其设计和选址也应以安防为重点。暂存室墙体须为加厚混凝土实体墙，建议只设防盗门，不设窗。周边安全缓冲区应为修复室内部区域或馆舍建筑内部区域。内部设有大型保险柜、视频监视器、红外探测器及烟感探头。

6. 藏品拍照间

用于对藏品修复前及修复后状况进行标准化拍照。为便于藏品存取，拍照间可设立于藏品暂存库出口处。建议拍照间不设窗，只设门，因关门后可形成暗室，有利于为拍摄提供稳定的光线环境。拍照间内应配备有大型翻拍架、高清数码相机、专业拍照灯、电脑及印表机。

7. 水橱区

由于古籍修复几乎每一流程都与水有关，因此，科学合理地布设上下水路及水橱，对于保证修复安全及提高修复效率都大有好处。

修复室面积较大时，为减少修复人员取水倒水的路程，可在修复室内设置多个水橱区。其中，可将含有多个水槽的主水橱区设置在通风相对较好的近门口区域，以防止滋生霉菌、下水道返味，及其他卫生问题。同时，可在裱画区、实验室、设备间等位置设置副水橱区。

为便于日常清洁维护，除实验室水橱采用防酸碱材料外，其他水橱推荐采用不锈钢材质。台面高度以80厘米为宜，水槽内径尺寸的选择以便于洗书叶托板、染纸托盘和常用接水容器的匹配使用为原则。水槽下水口加装滤渣斗。所有水橱区墙面均应做防水处理。

除主副两类水橱外，为满足清洗书画及拉染大幅纸张需要，修复室内还应配备有大型水槽。考虑到使用频率和节省空间，大型水槽可设计成移动式。为便于日常扫除、拖地，修复室内还应设有专用的拖把池。

水橱区水源须为冷热水。其中主水橱用水量较大，应配备大型热水器。副水橱配备水量较小的厨房用厨宝热水器。

修复室内须设有总水闸，每个水橱设有一个支阀，这样在个别水管出现问题时，维修过程中不会影响其他水池的使用。

（二）建筑结构相关指标

1. 房高

修复室层高宜在3米以上，较高的层高可以营造宽敞明亮、空气清新的工作环境，有利于缓解工作压力。同时，由于多数立轴形式藏品的高度在3米以内，因此3米的层高及裱画大墙高度也是由修复工作的实际需要决定的。

2. 窗

为便于采光，修复室窗子的尺寸可尽量大一些。但为便于温湿度控制、窗子的密封性、隔热性要好。

在窗子的设计上，国内外已建成的大型文献修复室中，不乏特色鲜明且美观实用的案例。如天津图书馆新馆修复室采用通体玻璃幕墙，中山大学图书馆修复室采用落地窗，室内自然光线充足，能满足配纸、染色等工作对于光线的需求。英国国家图书馆将修复室设在建筑顶层，为便于采光，屋顶按一定角度建造了多组玻璃天窗，使日光可以呈漫反射照进修复室内。

3. 通道及大门规格要求

修复室通往馆区外部的通道应规划设计成无障碍通道，通道及大门要宽敞，宽、高应能满足裱画案、切纸机等大型设备的进出及货物的运输。

（三）修复室的建筑配套设施

建筑配套设施指与建筑一体化、不可分割，需要与建筑同步设计、同步施工的设备设施。主要包括：空调系统、排风系统、照明系统、供电系统及安防系统等。

1. 空调系统

空调系统用于调节修复室的温湿度。为防止过大的温湿度变化对文献造成损害，理想的修复室温湿度应与善本古籍库房、善本阅览室及藏品运送过程温度相衔接。目前国家图书馆修复室通过空调系统，将温湿度控制在23℃±2℃和45%—60%的区间。

在设计修复室空调系统时，应将修复室划分成若干控制区域，各区域内温度可自行独立调节和启停。这样一方面可使修复室的温湿度控制更为精准，同时便于节能降耗。更重要的是，当有裱件贴墙时，可以及时关闭空调，以防止"崩""拔"等隐患。空调系统的设计可参考《图书馆古籍书库基本要求》（GB/T 30227—2013）《博物馆藏品保存环境试行规范》《采暖通风与空气调节设计规范》（GB 50019—2003）中列出的相关指标要求。

2. 排风系统

为满足修复室的通风换气及修复工作的强排风需要，在进行基建设计时应为通风厨等通风设备一并确定好管路设计方案，包括天花板内通风管道走向、风机安装位置、风机功率、外立面通风口位置等。

3. 照明系统

照明对于文献修复工作是必不可少的，但光辐射对文献的潜在危害又是客观存在的，如光照引起的光化学反应和光热效应会诱发或加速纸质文献的老化损坏。因此，修复室照明设计在考虑修复工作需要的同时，必须顾及文献保护的要求，使光照对文献的损害减少到最低程度。在选择照明光源的类型时，原则上应选择低紫外线、低发热的光源，并积极寻求减少光辐射危害的有效途径和措施，从而减少照明开启时产生的紫外线和热辐射危害。同时，光源发出的可见光宜具有近似日光的光谱功率分布，以便于对色和全色。

修复室照度标准值及照明功率密度限值可参照《建筑照明设计标准》（GB/T 50034—2024）中对办公室、实验室的相关要求，公共区域可以照度值300lx、照明功率密度值18W/m² 为参考值。修复桌台面及纸墙区域需要更为充足的光照，照度可相应提高。出于节能考虑，应分区域设置照明控制台。照明控制台应设置在修复工位附近，以减少修复人员的走动距离。

4. 供电系统

修复室内配备有大量电器设备，在确保修复室用电安全的前提下，电路布局应配合各功能区内的设备需求来设计。为使设计更加合理，修复人员应积极参与修复室的电路设计工作，如：民用电点位布设及总功率预估，动力电点位布设及总功率预估，电话及网路埠点位布设等。

民用电点位布设主要指220伏电源插座位置。修复室应设置足够多的插座，以避免使用过多过长的明线。既不美观，也不利于藏品安全。电源插座的数量和位置应根据每个工作区域需要来安排，并作出充分预留。电源插座位置宜设置在设备附近的墙面或立柱上。如用电设备距离墙壁或立柱较远，则需在地面设置防水地插。插座类型上，除常用五孔插座外，水厨区应为电热水器设置10A电源插座。水橱台面以上墙面应为电磁炉等用电设备配备和预留防水插座。

除220伏民用电外，修复室内还应根据设备配置情况，为电动切纸机、通风厨、鼓风机、干燥烘箱等大功率用电设备配备380伏动力电，且设计总功率应为拟安装设备提前做出预留。

为满足修复室智慧化、信息化建设及修复档案管理等方面的需要，修复室内应在修复工位及互联设备附近的墙面及柱面配备足够多的电话及网路埠，必要时应加装地插。

修复室应在入口处设置有电源总开关，以便于布防后对修复室进行整体断电。

5. 安全系统

修复室内日常存放有大量待修复的珍贵文献，其安全标准及设施配置应等同于善本书库。修复室安全系统主要由防盗系统和防火系统构成。相关器材的类型选择、安装位置、安装数量，应由本单位保卫部门按照相应的国家标准设计确定。可供设计参考的标准包括：《火灾自动报警系统设计规范》（GB 50116—2013）《建筑火器配置设计规范》（GB 50140—2005）《建筑设计防火规范》（GB 50016—2014）《入侵报警系统工程设计规范》（GB 50394—2007）《文物系统博物馆安全防范工程设计规范》（GB/T 16571—1996）《博物馆和文物保护单位安全防范系统要求》（GB/T 16571—2012）等。

（1）防盗系统

修复室配备的防盗设备设施应包括：

a. 所有通往修复室以外区域的通道口和藏品暂存库房入口加装防盗门及门禁系统；

b. 所有窗户加装防盗护栏；

c. 红外线报警探测器；

d. 无死角视频监控系统；

e. 破窗报警探测器；

（2）防火系统

修复室配备的消防设备设施应包括：

a. 烟感探头；

b. 自动喷水灭火系统；

c. 消防栓及干粉火器；

d. 出入口处设手动报警按钮，手动火灾报警按钮旁设置消防电话塞孔。

四、结语

修复室是文献修复、保护体系中最基本的要素，修复工作的科学化、规范化建设很大程度上来源于修复室条件的不断改善。近年来，随着国家对古籍保护工作的日益重视和各项投入的加大，古籍修复工作在各方面得以快速发展。特别是2010年以来，12家国家级古籍修复中心先后建立。在此带动下，各级文献保护修复机构的设施条件得到了显著提升，一批现代化的文献修复室建成并投入使用，同时也积累了很多成功的修复室设计和建造经验。对这些宝贵经验进行科学的分析验证，并加以归纳总结，必会对文献修复室的专业化、标准化建设发挥积极的推动作用。当然，由于我国幅员辽阔，不同地区修复技艺各具特色。因此在修复室的设计上必然会存在一定的差别。但不论是新建还是对原有文献修复室进行改造，目的都是为文献修复创造良好的环境，为修复人员提供便捷、人性化的工作空间。修复室设计建造的原理是相通的。只要我们充分把握文献修复室的运行特征，遵循科学的修复室设计原则，并严格执行专业化的修复室设计指标和设计要求，将藏品、人员、工艺、设备、环境、规章制度等要素结合成一个有机的整体，发挥出最大效能，就一定能设计出一个安全、实用、先进、美观的文献修复室。

参考文献：

①《图书馆建筑设计规范》（JGJ 38—99），中国建筑工业出版社，1999年。

②《博物馆建筑设计规范》（JGJ 66—2015），中华人民共和国住房和城乡建设部，2015年。

③《图书馆古籍书库基本要求》（GB/T 30227—2013），中国标准出版社，2013年。

④杨正旗：《中国书画装裱大全》，山东美术出版社，1999年。

⑤张秋、杨玲：《国外图书馆战略规划调研分析及其启示》，《图书馆情报工作》2016年第9期。

⑥冯永斌、周志勇：《办公楼与展厅电源插座设计与安装》，《现代物业》2015年第7期。

原载《文津学志》第十一辑，国家图书馆出版社，2018年

文献脱酸保护实验中心建设纪实

张立朝

一、建设背景

几千年来，中华文明虽历经沧桑，饱受磨难，却绵延不绝，历久弥新，这其中，浩如烟海的典籍、档案功不可没。纸张作为典籍、档案的重要组成部分，其质量对典籍、档案的保存寿命起着决定性作用。我国古代多采用手工造纸，手工造纸的原料以麻、树皮等为主，纤维素成分高，耐久性好，且生产过程中处理条件温和，不使用强碱、强酸、强氧化剂，对纤维损伤小，纸张耐久性强。18世纪末期，西方国家率先开始化学造纸，化学造纸浆可以除去原料中的大部分木质素及其他杂质，但在施胶过程中带进了酸，使得纸张呈现酸性。此外，加上近代造纸使用原材料、造纸工艺、环境污染等因素影响，加剧了纸张的酸化现象。纸张酸化已成为影响文献长久保存的世界性问题[①]。中国也不例外，2004年，中国国家图书馆开展了《馆藏纸质文献酸性和保存现状的调查与分析》研究，结果显示，馆藏的67万册民国文献中，约96.7%的图书存在不同程度的劣化、霉蚀、酸化等情况，大部分20世纪二三十年代的民国文献，pH值已接近于4。南京图书馆民国文献pH值在5以下的占比超过95%[②]。如果对这类酸化严重的文献不进行有效的脱酸处理，这些文献在50—100年后就会面临不可逆的损毁。除民国文献外，红色革命文献及1949年到2000年出版印刷的书刊报、国家重要的纸本档案也存在不同程度的酸化问题。

依托古籍保护科技文化和旅游部重点实验室，国家图书馆古籍馆近年持续致力于文献脱酸关键技术及脱酸溶液的创新研究，取得了一系列科研成果，并申请了数项发明专利。在此基础上，开展多批次民国文献脱酸的技术验证，成效显著，实际脱酸效果及稳定性已达到国内领先、国际先进水平。

---

① 田周玲：《文献用纸脱酸方法之分析》，《图书馆工作与研究》2009年第9期，72—74页。
② 陈立：《民国时期文献酸化及保护的地域差异性研究》，《图书馆界》2014年第3期，29—31页。

在国家图书馆的倾力指导支持下，为更好地将文献脱酸科研成果进行市场化转化，更广泛应用于包括红色革命文献在内的文献抢救保护工作中，以文献脱酸保护为主要使命的国有控股企业——北京国图创新文物保护科技有限责任公司（以下简称"国图文保"）于2022年11月正式成立。公司采用国家图书馆独家授权的、国际先进的纸质文献无水液相脱酸专利技术，研制建设集系统集成、智能操控、批量脱酸、远程监管于一体的智慧化文献脱酸保护实验中心（以下简称"中心"），可实现百公斤级文献一次性脱酸处理。中心于2023年4月正式开业运营，陆续承接国家图书馆、青海省图书馆等单位文献脱酸保护业务，初见成效。

二、文献脱酸保护中心建设

文献脱酸的主要工艺流程为将酸化的纸质文献从库房取出后进行编目、拍照留证，必要时进行除尘，之后通过喷涂或整本浸泡的方式让纸张与国家图书馆古籍馆自主研发的无水有机脱酸溶液充分接触，中和纸张中的酸性成分，实现纸张的酸碱度值在中等碱性区间范围内，以提高纸张在未来相当长时间内的抗酸性，保证纸张纤维和字迹的稳定性。

在整套工艺流程中，稳定有效的脱酸液、安全智能的脱酸系统最为关键。脱酸液除了能够有效中和纸张中的酸性成分外，还要做到对纸张无损，比如纸张无明显变形、字迹不褪色、纸张白度无变化等。脱酸系统则需要在确保文献绝对安全的情况下，对不同品相的文献做到整本、批量脱酸，整个脱酸过程需要经过图书放置、药液浸泡、药液回收、干燥等流程，且全过程药液回收率达95%以上，避免药液污染操作间，实现人机友好。

1. 脱酸系统的研发

为了适应各类装订及不同尺寸文献的脱酸应用，并且实现一次性百公斤级文献的脱酸处理，根据工艺流程的需要，整个系统的组成部分包括：立、卧两种脱酸室，配套的储液罐、储油罐、集气罐、集液罐等压力容器，各容器之间的连接管道、阀门和输送泵、加热、冷却系统，以及配套的自动控制系统等。各部分功能如下：

脱酸罐是进行脱酸作业的载体，为适应不同品相图书脱酸的需要，分为立式和卧式两种形式。其中，卧式罐内的书框采用摆动方式实现文献典籍与脱酸液的充分接触，立式罐内的书框则采用定时正反转方式实现纸、液的充分接触。书框的摆动或旋转均采用变频传动方式，速度范围为摆动10—100次／分钟或旋转10—100圈／分钟。罐壁及罐底为双层结构，需要加热干燥时夹层内注入热硅油，以加速罐内残余脱酸液的挥发与回收。

储液罐用于配置和储存脱酸液，其容量大于4台脱酸罐同时作业所需的脱酸液用量体积总和。在脱酸作业前，需对脱酸液进行搅拌，使脱酸溶质充分溶解在脱酸剂中，然后通过送液泵将脱酸液注入待作业的脱酸罐内。当脱酸浸泡完成后，通过回液泵及过滤器将脱酸液回收到储液罐内。

集气罐、集液罐是二级残留脱酸液回收的重要附属设施。利用脱酸液的易挥发性，采用加热和冷却双重作用，使脱酸液经过气化和液化两个物理形态的转变过程，充分将脱酸液回收到集气罐和集液罐内。在实践操作中，脱酸液的回收率可达95%以上。

此外，系统还配置有储油罐，其作用是储存导热硅油，在脱酸作业的干燥阶段，通过油泵将经过加热的导热硅油循环注入脱酸罐夹层，用以烘干罐内的文献典籍。加热过程须严格控制罐内温度，防止文献典籍因温度过高而损坏（图1）。

图1　文献脱酸保护实验中心智慧脱酸设备

为实现脱酸系统的工作全过程监测，系统还配置了必要的仪表用于检测各个子系统的运行参数，如液位、温度、压力和成分传感器。在软件系统方面，采用PLC控制系统，系统的各项运行参数（包括成分、温度、液位、压力等）均由相应的传感变送器转化为电信号接入PLC的模拟量输入通道，再由采样程序还原参数信息，在人机界面（HMI）上呈现。在文献典籍脱酸处理过程中，PLC系统根据工艺流程实现对所有受控设备（包括搅拌器、摇摆器、泵、电动阀）按顺序控制或连续调节，整个处理过程可实现无人化操作。

脱酸系统的运行操作主要是通过人机界面（HMI）进行。人机界面（HMI）提供了可视化的图形界面，将所有的设备及仪表参数以友好的动态图画方式呈现，给人以直观的感觉，为工作人员操作该系统开展脱酸工作提供了便利条件。

为适应各种运行工况的需要，系统还提供了手动、半自动和全自动多种操作运行模式。其中，手动操作模式主要用于设备调试和维检期间对设备进行单独测试；半自动操作模式可根据各个脱酸罐的作业子过程进行独立选择；全自动模式下，系统可根据设定的参数时序化地执行各个作业子过程。此外，系统还实现了脱酸全过程运行记录和日志记录，在自动脱酸作业时，每个投入工作的脱酸罐的每个脱酸作业子过程，以及系统的各项参数指标，如成分、温度、液位、压力等，都会按照一定的频率进行记录存档，为文献脱酸保护的全过程提供数据支撑。

2. 药液配置

中心采用的脱酸液采用国家图书馆独家授权的国家专利技术"一种纸张脱酸液及其制备方法"（专利号：ZL201610257571.2）进行配制，它使用兼具适度碱性及碱储量的纳米级氧化镁，持续分散处理使其在化学惰性好、表面张力低、疏水疏油的全氟烷烃溶剂中分散均匀，最终形成稳定的分散液，对文献中的任何部分均不会造成损坏，对文献材料、字迹材料等无伤害，处理后纸张的白度、厚度、耐折度、抗张强度基本保持不变，处理后的纸张不变形、不褶皱、不膨胀、不发黄，不改变纸张原有的平滑度和柔韧度，文献经脱酸后无褪色、渗色现象产生。该脱酸液无刺激性气味、不可燃、不爆炸、无危害、具备安全性，即脱酸反应的中间产物、副产物和最终产物均无毒、无害，脱酸操作对操作者与环境无危害，且纸张脱酸完成后的文献对读者和文献管理员无危害，已通过大鼠急性吸入毒性试验、家兔皮肤刺激性试验、家兔眼刺激性试验、豚鼠皮肤致敏试验以及小鼠急性经口毒性试验。脱酸液至今已取得了一系列研究成果和显著的保护成效，脱酸效果达到国际先进水平，并具有 MSDS 化学品安全说明书。

三、标准体系建设

中心在结合业务开展实践推进文献脱酸操作 SOP 体系建设的同时，联合国家图书馆、北京理工大学参考 ISO/TS 18344 制定国家标准《图书馆纸质文献脱酸工艺有效性评价方法》（GB/Z 42964-2023），并于2023年8月6日正式发布实施。这份文件旨在建立基于国内文献特点的、包括工艺验证和常规监测在内的文献脱酸工艺评价方法，推动国内图书馆文献脱酸的规范化和标准化，加快纸质文献脱酸抢救的速度。本标准文件的制定弥补了国内该领域的空缺，为进一步规范图书馆纸质文献脱酸评价工作，促进文献脱酸工作的快速健康发展奠定了基础。

四、市场应用前景

2023年4月28日，在国家图书馆的指导下，在国家图书馆古籍馆的全程参与协助下，国图文保正式对外营业，与此同步，文献脱酸保护实验中心正式挂牌成立并顺利投入运营，为国内文献、档案等存藏单位的脱酸需求提供了稳定可靠的国产技术选项，开创了国家图书馆文献保护科技成果社会化合作与市场化应用新篇章。建成后的文献脱酸保护实验中心，日满负荷加工能力可达200余册，2万余页。开业以来，中心得到了来自社会各界尤其是文献、档案存藏单位的高度关注，并陆续承接了国家图书馆、青海省图书馆、海淀区档案馆等单位及个人收藏相关文献的脱酸保护业务，共计10万余页，经脱酸前后对纸张的 pH 值、纸张白度、耐折度等关键数据的检测、比对，脱酸效果明显，且做到了对纸张无损、无害。

在此基础上，中心进一步优化了便携式脱酸设备的配置，以及脱酸液的生产加工流程，逐步降低市场应用成本，并进一步延伸了国图文保的主营业务，从文献脱酸业务延伸至文献修复、保存、活化利用，并与其母公司——北京国图创新文化服务有限公司主营的图书馆文化创意产品开发相链接，逐步形成了文献保护与活化利用的综合解决方案。

习近平总书记在中国人民大学考察时强调，要运用现代科技手段加强古籍典藏的保护修复和综合利用。未来，国图文保将站在为中华民族赓续文脉的高度，充分依托市场实践，加大技术研发投入，不断提升文献保护技术与服务水平，以科技助力文保，让文献历久弥新。

第二辑　重大修复项目经验总结

国家图书馆敦煌遗书修复
在古籍修复事业发展史上的承上启下意义

胡泊　萨仁高娃

1910年劫余敦煌遗书自甘肃运至京城，入藏京师图书馆（国家图书馆前身），在百余年的整理与研究过程中，国图敦煌遗书的修复一向为古籍修复界和敦煌学界所关注。其修复的成功与否，直接影响着敦煌遗书的寿命以及整理研究进程。2020年正值敦煌藏经洞发现120周年暨敦煌遗书入藏国家图书馆110周年，回顾国图藏敦煌遗书的修复保护历程，总结其在古籍修复事业发展史上的特殊意义，很有必要。

一、敦煌遗书修复项目之前国图的古籍修复工作
——"整旧如旧"修复原则的提出

国图古籍修复史上，具有开创意义的工作是《赵城金藏》的修复。《赵城金藏》是金熙宗皇统年间（1141—1149）潞州（今属山西长治）民女崔法珍在山西、陕西部分地区断臂化缘、募资所刻汉文大藏经。因发现于山西赵城（现已并入洪洞）广胜寺，故称之为《赵城金藏》。1942年春，侵华日军企图抢劫这一稀世珍宝，八路军某部闻讯后派员夜入古刹，连夜将经卷运出，避免了这批文献被日寇夺掠。1949年4月30日，这部《大藏经》被运送到北平图书馆（今国图）入藏。由于这部佛教典籍曾长时间存放于潮湿的煤窑中，大半霉烂破碎，已无法展卷阅读，必须进行全面的抢救性修复。北平图书馆接收《赵城金藏》后不到一个月，即向中国人民解放军北平军事管制委员会文化接管委员会递交了"拟具增设技工四人（技工二人、学徒工二人）整理赵城藏"的呈文。此时的北平图书馆只有4名修复人员，平时的修复任务都难以满足,《赵城金藏》的修复工作更无从谈起。很快，北平图书馆的请示得到了上级批准，从此开始了《赵城金藏》的修复工作。

《赵城金藏》修复之初，国图修复部门明确地将"保持古籍原样"作为修复目标，而"保持原样"即是当前公认的"整旧如旧"修复原则的早期表述形式（图1）。

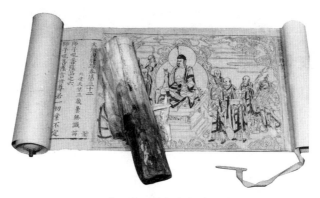

图1　《赵城金藏》修复前后对比

从修复步骤来看，国图对《赵城金藏》的修复基本保留了其原始装帧形式，这对于古籍版本研究者而言意义重大。这次修复耗时长达16年，最终让破损严重的佛教典籍重新获得了生命。当然从今天的角度来看，当时的修复尚存许多不足："一、部分经卷被换掉了褙纸；二、很多经卷被全卷托裱，使经卷大大加厚；三、经卷上下两边被裁齐，使原有的纸张受损；四、部分经卷的天地杆被换下，影响了修复效果；五、国图收藏的《赵城藏》一共有4000多卷，其修复过程长达16年修复工作没有留下任何的文字记录和图片资料。而前前后后没有留下一个字的工作记录、一个字的档案，这对于国内第一个大型文物修复工程来说，不能不说是一个遗憾。"[①]因此，《赵城金藏》的修复虽然大体上遵循了"整旧如旧"的修复原则，但囿于当时的客观条件和修复理念，在具体操作过程中，仍然未能完全保留文物的原始信息。事后发现的这些修复缺陷，在国图敦煌遗书的修复工作中一一得到了修正。

二、敦煌遗书的修复
——四项修复原则的形成

国图藏敦煌遗书达16579号，写卷长度为世界各大藏家之首。敦煌遗书作为中古时期写本时代的遗物，时间跨度长，为我们留下了各种不同时期、不同地域、不同原料的纸张，为研究中国造纸术的产生与发展提供了珍贵资料。采用不同装帧形式的敦煌遗书，也展示了中国古代早期书籍装帧形式的发展演变过程。但是由于年代久远，这批极具价值的珍贵文献在民国战乱中长期处于颠沛流离、秘密封存状态，入藏国图后也长期保存在几十个战备木箱中，限于当时的条件，一直未能得到较好的保护和修复。整体面貌较为残破：

---

① 杜伟生：《〈赵城金藏〉修复工作始末》，《国家图书馆学刊》2003年第2期，59页。

有的卷子纸张老化，影响展阅；有些卷子曾被泥土、油脂、水侵蚀，造成纸张脆硬或糟朽。因此，大量的敦煌经卷急需抢救性修复。

1991年3月，在时任馆长任继愈先生的领导组织下，敦煌遗书的修复工作被列入国图"八五"期间重点工作。这是国图继修复《赵城金藏》后，第二个大规模的文献修复项目。此次修复成果在国图古籍修复史上具有十分重要的意义。其与之前修复《赵城金藏》有极大的不同，不再是一开始便凭借传统经验进行大规模修复，而是经过反复讨论、实验和总结，充分调研国际上敦煌遗书修复方法的利弊，明确修复原则后，才启动了实际修复工作。当时国图善本特藏部（现古籍馆）古籍专家冀淑英首次提出"抢救为主、治病为辅"的指导方针，要求在整治敦煌遗书时突出重点，解决了修复破损古籍的先后问题，使修复工作由无序变有序，也标志着古籍修复开始向科学化迈进（图2）。

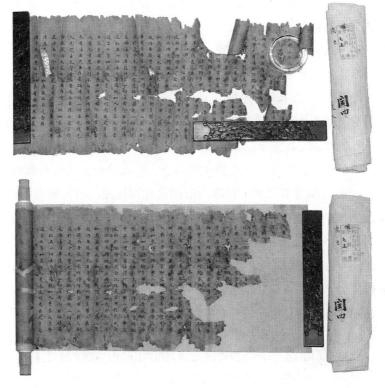

图2　敦煌遗书修复前后对比

敦煌遗书具体修复原则为以下四点：

1.在指导思想上，严格贯彻"整旧如旧"的原则，尽可能保持写卷原貌。

此前《赵城金藏》更换褙纸、裁齐经卷上下两边、更换天地杆、整卷托裱等方式，在敦煌遗书的修复中都摒弃不用。另外，对"整旧如旧"的概念也不能片面理解成为恢复到某年代的原始状态，而是保持目前所看到的状态，使其不再发生改变。

2. 在修复方法上，坚决摒弃传统的通卷托裱方式，采用以局部修补为核心的全新修复方法，即"最少干预"。

这种做法，一方面可保护卷子背面的信息，另一方面做到最少干预原则。在具体操作中，虽没有通卷整托，但仍然在没有轴杆的卷子上加了新轴，用来确保卷子不会因受到外力挤压、得不到支撑而发生断裂损坏；同时选用质地结实又有一定年份的乾隆高丽纸作为包首，将卷子虚卷起来，最大限度保护卷子。

3. 在外观效果上，要求修复时附加的裱补纸比原卷略浅，以此对补纸和原卷加以区分，目的是避免过度修复而干扰原有信息，妨碍后人的研究。

4. 在保留处理上，要求修复工作本身是可逆的。

中国传统修复方法往往未能考虑修复处理的可逆性，欧美一些国家的图书馆也曾使用化学粘合剂、丝网加固、纳米镀膜等不可逆的方式修复敦煌遗书，影响了文献的长久保存。因此，要求所有的修复手段、修复材料均不会对原件造成任何损害，以备将来有更好的保护技术出现，可随时恢复修复前原貌。

在以上四项修复原则的指导下，国图使用中国传统修复技法，历经20余年，抢救性地修复完成了数千件破损严重的敦煌遗书。

国图藏敦煌遗书常见的破损情况有：毛边、破口、缺损。修复后，原来破损的地方都用相近质地且无酸的纸张（构皮纸、桑皮纸）补好，毛边处也通过粘接宽纸边的方式使其得到完整留存；原卷的装帧形式、正反面文字信息、卷轴乃至前人缀合时所用的线绳都得到了妥善保存；一些敦煌遗书添加了乾隆高丽纸包首和拖尾，但没有与原件粘连在一起，只起到内卷外包的保护作用；残片采用平铺方式保存，用手工宣纸制作相应规格的纸夹，每100张装为一函；民国时期的包装与原卷存放在一起，以存留收藏史信息。

在"整旧如旧"理念的基础上，敦煌遗书修复原则得到了进一步完善和科学化。这不仅对敦煌遗书修复工作意义非凡，同时也适用于所有古籍的修复，得到了各国修复专家的认可和赞赏，在古籍修复史上具有承上启下的意义。

三、敦煌遗书修复项目之后国图的古籍修复工作
——修复技艺的更加完善与灵活运用

国图古籍修复工作有了敦煌遗书成功案例后，其后的古籍修复工作在采用四项修复原则的基础上，不断完善修复技艺，根据藏品实际情况，灵活使用修复手段，更加注重修复与研究的有机融合。

（一）西夏文献的修复与修复档案的建立

国家图书馆是西夏文献藏量较大的机构之一，所藏西夏文献主体是宁夏灵武县西夏文

佛经。入馆之始，这批西夏文献破损严重，需进行修复方可为学界服务。为保护这批珍贵文献，促进西夏学的进一步发展，2003 年，国图善本特藏部在敦煌遗书修复期间，对馆藏西夏文献也进行了全面修复。

西夏文献的修复，从调研、论证到修复完成，历时一年。期间除在修复指导方针上严格遵循古籍修复四项基本原则之外，其创新突破有以下几点：

1. 对西夏文献用纸进行了纸张纤维检测

在修复工作开始前，提取西夏文献的纸样（取已经脱落的无文字残渣），利用显微镜和纸张纤维分析系统进行了纸张成分分析。这一操作有助于修复人员更加科学地选用修复材料，直接影响到文献修复后的品质。以往修复人员选择修复材料，主要用眼看、手摸，凭借经验选择。经验固然重要，但如果有更客观的科学技术辅助支持，会让这一工作事半功倍。而且在此次纸张检测中发现，西夏文献所用纸张中，除了麻纸、皮纸之外，还有竹纸。这说明，纸张分析不仅有助于准确选择修复配纸，也能为研究西夏的经济、文化发展提供客观资料。

2. 建立电子修复档案

20 世纪修复《赵城金藏》时，没有建立修复档案，留下了巨大的遗憾。因此在西夏文献修复过程中，以修复敦煌遗书时留下的图文并茂的修复记录为基础，建立了用电脑管理的"古籍修复档案管理系统"。主要包括三个方面的内容：文献参数（尺寸、酸碱度等）及修复前破损状况的文字记录、修复前后的数码影像记录、纸张纤维检测结果（纸张纤维图）记录。存入资料库的电子档案可随时调出，留下了宝贵的参考资料和研究信息。

3. 专家全程参与

这批文献的装帧形式全部为经折装，但大多折口部分已经断裂。褙纸上保存有大量文字，其中有的被印刷史专家们认为可能是最早期的泥活字和木活字印刷品。特别是从数层相粘的书皮纸上发现了多种文字的文书资料，对西夏学研究有重要价值。而如何做到既能将文献完整呈现，又能保持其原有面貌，成为修复西夏文献的难点。另外，西夏文字早在清代就成了几乎无人能识的"死文字"，文献的排列顺序及残片的准确归位也是难点之一。针对这些问题，当时善本特藏部请来西夏文专家史金波先生，从修复方案的制定、修复用纸的选择，到最后残片的处理，都认真听取了史先生的意见。自始至终有专家参与，意义重大。实践证明，这对于修复工作十分有利。

4. 修复方法灵活

在修复技术方面，始终运用传统修复方法。针对部分西夏文献前人用有文字的纸作为托裱纸的情况，此次修复处理方式是将托纸揭开，拍照后再进行归位。这样一来方便向专家学者提供文献内容，二来保持了文献原状。

这批文献中还有大量封面是用带有文字的纸张层层裱糊而成，将其逐叶揭开后，发现其上书写或刻印有西夏文和汉文文献。其中汉文文献包括大量的佛教文献，是研究西夏佛教的重要资料。所以对封皮纸板中写有文字的裱糊纸，采用两种处理方式：一是将部分书册封皮纸板层层揭开，按残片形式编号装订成册；二是将纸板中有文字的纸张揭开扫描，然后再将其复位。

经过努力，馆藏西夏文献修复工作历经一年时间得以顺利完成，为修复2015年新购藏的西夏文献奠定了良好的基础。

（二）西域文献的修复与镶接法的运用

自2005年起，国图先后6次征集入藏从和田等地发现的西域文献近千件，建立了"西域文献专藏"。这些文献年代从4到10世纪，跨度长达600年；文种众多，有汉文、梵文、佉卢文、于阗文、龟兹文、突厥文、犹太波斯文、藏文等；内容丰富，涵盖政府文书、私人信札、契约、典籍、佛经等，为丝绸之路历史文化、对外关系史等研究领域带来了新的研究课题，提供了珍贵史料。

然而，西域文献入藏时状况不佳，尤以纸质、绢质及桦树皮文献为甚。大部分纸质文献存在脏污、残损、揉皱等问题，如不进行修复保护，很难提供学者们研究利用。经与文献研究专家、古籍修复保护专家共同研究，国图古籍馆文献修复组制订了稳妥的修复方案，对纸质、绢质文献进行了科学检测和全面的修复。与此同时，国图组织制作了木质文献的装具，大大改善了西域文献的保存状态。

文献入藏之初，国图古籍馆邀请西域文献研究专家和古籍修复专家，就如何进行保护和修复展开商讨。专家们在考察文献入藏状况的基础上，明确强调了修复的基本原则，即对文献进行有效保护的同时，最大限度地保留文献入藏时的原貌，保留文献表面遗留的历史信息。具体有两个方面的要求：（1）对于文献表面的污迹，如不会造成文献的继续损害，则不必去除；（2）对编号不同但可以缀合的残片，修复时不进行缀合处理，按原编号分别修复、保存，而将缀合工作留到下一步的文献研究环节中进行。

根据修复原则和文献研究专家的指导，结合西域文献的时代、出土地点、载体材质、保存状况等方面都与敦煌遗书残片有较多的共同点，在制定修复方案的过程中，充分参考了国内外敦煌遗书残片的修复手段，最终采用国图修复敦煌遗书残片的方法进行修复，并对技术手段稍作完善。具体包括常用的除尘、去污、展平、补破、缀合、镶接、压平、存放等步骤，采用改良之后的纸夹存放法保存修复后的残片。其中镶接法是此次修复中采用的一种新方法，它有效地解决了残片残损边缘字迹的保护问题，同时展阅正背两面文字也不受影响（图3）。

图3　西域文献修复前后对比

西域文献的修复堪称典范，在敦煌遗书、西夏文献的修复经验基础上，又有了突破：

1. 文献研究专家的全程参与指导

此次修复，国图邀请北京大学段晴、荣新江、萨尔吉、叶少勇等文献研究专家全程参与，并进行指导。如前所述，在制定修复方案时，专家即建议在不影响文献保护的情况下，最大限度保留其入藏时的原貌，保留文献上遗留下来的历史信息。在制定修复方案、修复细则及技术路线时，都严格按这一要求进行；修复过程遵照"整旧如旧"的原则；使用材料相似但有明显区别，修复过程可逆；修复方法不对文物造成进一步破坏。修复后的残片表面颜色未变，基本保留了文献入藏时的原貌；整体面貌则大为改观，外观干净、平整，裂口和残洞都已补牢，强度增加，有利于文献的长期保存。能取得这样的成果，与文献专家的参与是分不开的。

国图藏西域文献大多残损严重，有的严重扭曲；而西域文献语种众多，修复人员不能辨识梵文、佉卢文、于阗文等写本残片，无法参照文字笔迹进行部件重定、纸屑缀合等工作，这都需要文献研究专家的指导。段晴教授及其研究团队在这方面给予了很多支持和帮助。修复人员碰到残片缀合、纸屑复位等类似问题，便将图片发给段晴教授，请其指导、确认；萨尔吉、叶少勇老师还曾专程到访国图古籍馆文献修复室，现场指导缀合、复位等工作。有了专家指导，避免了修复工作的失误，提高了修复工作的品质，达到了比较理想的效果。

2. 对于"最少干预"原则的准确解析

"最少干预"原则是指导古籍具体修复工作的一条非常重要的原则，它要求修复工作应尽可能少地改变古籍修复前的原貌，这意味着古籍修复工作始终要控制在最小范围，要最少量地添加修复材料，避免过度修复。

贯彻"最少干预"的修复原则，也要防止片面、机械的理解，即走向"不干预"的极端。就西域文献残片而言，残片保存在纸夹中，可能会有一定幅度的移动，造成残片边缘磨损，尤其是边缘写有字迹的残片，可能会造成文字笔划的损伤。翻转移动残片时，特别是翻动双面书写的残片时，不可避免会用手或镊子接触残片。因此，基于对文献保存安全的考虑，在修复时，修复人员采用镶接法对残片进行修复。

需要特别说明的是，镶接法本身是可逆的，残片四周镶接的皮纸可以很方便地随时去除，恢复修复前的原貌，不会对文献产生损害。遵循"过程可逆"原则的镶接法，确保了文献原貌得以完整保存，从另一个角度实现了"最少干预"原则。

3. 建立完备的残片修复档案

在以往的修复工作中，详细的残片档案记录是比较缺乏的。国图开发的古籍修复档案系统资料库，初步弥补了这一缺憾。该资料库还可以将所有资料打印出来，以纸质形式保存，提供参考。建立古籍修复档案系统资料库的做法已得到国内同行的认可，正在逐渐向全国推广。西域文献残片修复档案是这方面的一个成功样例。

4. 修复案例的编辑出版

西域文献纸张、形制、文字及破损状况等特殊性，恰好可以比较全面地涵盖古籍修复的不同类型，因此这一修复案例具有更广泛的参考价值。西域文献的修复全过程都有详细记录，为方便业界借鉴，国图编纂了《国家图书馆藏西域文献的修复与保护》，2017年由国家图书馆出版社出版。

（三）三件早期刻本佛经的修复与先进仪器设备的介入

2015年，国图入藏三件唐末五代时期刻本佛经：后唐天成二年（927）刻本《佛说弥勒上生经》、晚唐至北宋初刻本《金刚经》和《弥勒下生经》。三件刻本均为卷轴装，修复工作依旧采用敦煌遗书修复原则，并结合先进仪器设备，修复工作又有了较大的突破（图4）：

图4　后唐天成二年《佛说弥勒上生经》修复前后对比

1. 古籍保护重点实验室发挥重要作用

此次佛经修复工作，依托文化和旅游部古籍保护重点实验室的先进仪器设备，由国图的青年古籍保护修复人员独立完成了佛经原件及补纸纸张成分检测、佛经用纸涂布材料分析、原件与补纸色差分析等一系列检测工作，体现了国图古籍修复工作向更深更广领域发展的趋势，也全面展示了新一代古籍保护修复人员的综合科研能力。

2. 补纸自行抄造

为进一步提升修复效果和修复效率，此次修复过程中，首次尝试将自行抄造的修复用纸用于藏品修复。修复人员首先采集了佛经原件用纸的纤维成分、纸张厚度、帘纹宽度等指标参数，之后自主开展修复用补纸小样的抄制实验。在取得满意的效果后，聘请专业抄纸技师，按照修复人员提供的纤维成分配比、纸药用量、帘纹样式等相关指标参数，采用古法手工造纸工艺批量抄制修复用补纸。采用这种方式配置修复用纸，一方面大幅提升了修复用纸与藏品原件的匹配度，同时节省了修复人员用于寻找理想补纸的时间，提高了修复效率。

3. 装具的改良

在吸收敦煌遗书装具式样优点的基础上，针对这三件佛经的具体特点，采用了更为科学合理的夹套收纳形式，既保留了佛经原有的细木杆，同时又避免了由于卷尾收卷过紧造成新折痕的问题。

四、结语

国图藏敦煌遗书的修复工作，在总结《赵城金藏》的修复技艺和经验得失的基础上，提炼出修复工作的四项原则：整旧如旧、最少干预、修补区域可识别、过程可逆，成功修复了亟待抢救的数千卷敦煌遗书。这四项修复原则，为其后的西夏文献、西域文献、三件早期刻本佛经等珍贵文献修复项目完整采纳。通过敦煌遗书修复工作培养出来的一批修复师，现已成为国图古籍修复工作的中坚力量，一次次高品质地完成了重要古籍修复任务。敦煌遗书修复在国图乃至国内外古籍修复事业发展史上具有重要的承上启下意义。

原载《文津学志》第十五辑，国家图书馆出版社，2021年

国家图书馆新入藏西夏文献保护修复述要

谢谨诚

一、文献概况

（一）文献价值

2015年5月，国家图书馆入藏了18包珍贵的西夏文古籍文献，这些文献距今大约七八百年，横跨西夏和元朝两个时期。以入藏时的状态初步判断，该批文献的装帧涵盖卷轴装、经折装、蝴蝶装等多种早期装帧形式，既包含诸多刻本，也包含大量写本。文献内容涉及宗教、政治、经济、语言文字、文化艺术等诸多方面。部分文献较为珍稀，如保存较为完整的西夏童蒙读物《新集碎金置掌文》为国内罕见，西夏谚语集《新集锦合辞》更为国内首见，另有写本《三才杂字》及品类丰富的西夏文佛经。这是近年来发现的数量较多、内容丰富、版本与装帧形式多样的西夏文献。

（二）主要病害

新入藏的西夏文献历经七八百年沧桑，破损十分严重。入藏时状态极差，普遍存在较为严重的撕裂、缺损、絮化、虫蛀、水浸、污损、粘连、板结等多重病害。多数文献表面附有谷物、泥沙、尘土、毛发等附着物。依据《古籍特藏破损定级标准》（WH/T　22—2006），这批文献约有85%可认定为一、二级破损。大部分文献入藏时已无法展阅，仅按其大小大致分为18包，具体数目尚待整理。因未经编目整理，暂无文献名称及藏品号。为便于存藏保管、保护修复、文献数字化等工作有效开展，暂以"入藏时分包编号－修复顺序号"作为文献编号。

以下选取病害较有代表性的文献说明这批西夏文献的主要破损情况。

1.8–4号文献

8–4号文献是第8包文献中的一件残叶，推测应为卷轴装，首尾缺损，轴心等装帧部件缺失，全卷多处撕裂，部分纸张及文字已缺损。因水浸等原因，通卷多处褶皱，部分残损边缘已有絮化现象，有多处浅褐色不明污损，并有少量虫蛀（图1）。

图1　修复前的8-4号文献

新入藏的西夏文献中，已无装帧完好的卷轴装文献，轴心完整的仅余两件。上述残叶中的各病害较为普遍，部分文献正反表面还附着泥沙等异物。

2. 第5包文献

第5包文献为一册残本，单独分为一包。书芯四周磨损、缺损，已无法判断装帧形式。文字缺损处可见絮状异物，其间夹杂谷壳，书叶稍翻开后可见泥土、石块、毛发及白色霉蚀等附着物，部分附着物已嵌入纸张。上半部分文字处有水渍且呈中度板结，所幸纸张仅破损的边缘处轻微脆化，整体仍有一定韧性。文献下半部分有少量虫蛀缺损，部分已贯穿书芯（图2、图3）。

图2　修复前的第5包文献（局部）　　图3　修复前的第5包文献（局部）

新入藏的西夏文献中，成册装帧的文献四周均有不同程度的磨损、缺失，仅三册仍有书衣残留。并且装帧部位磨损严重，很难判断原有装帧形式及尺寸。因水浸等原因，局部已中度板结，逐页揭开时需小心处理，避免文字产生较大位移。此外，部分文献褶皱严重，边缘处撕裂并有虫蛀。

3.7-1号文献

7-1号文献是第7包文献中的一件残叶，四周磨损、缺损、撕裂严重，已无法判断原本装帧形式及尺寸（图4）。新入藏的西夏文献中，此类文献最多。书叶正反表面可见多处褐色污渍及白色霉蚀，一些缺损边缘已不同程度地脆化、絮化。根据纸张大小、版框尺寸、文字样式等初步判断，部分残叶或许原为一件，但因撕裂等原因而断开，是否相连尚待研究确认。

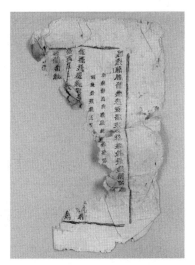

图4 修复前的7-1号文献

（三）装帧形式

西夏时期，书籍装帧形式多样而且富于变化，卷轴装、经折装、缝缋装、粘叶装、蝴蝶装、包背装等宋代常见书籍装帧形式均有使用。为了方便阅读，西夏人对部分装帧做出了改进。比如在装订某些包背装文献时，先订线再包封面，以期解决翻阅时散页的问题①。又或将单张纸左右对折后再上下对折，或上下对折再左右对折，折缝最外缝缀起来成册，装订后再书写②，装帧样式与蝴蝶装颇为相似。此类改进下的西夏文献，其装帧形式极为复杂多变，加之存世实物较少，考证工作较为困难。新入藏的西夏文献破损普遍较为严重，装帧部件多已缺失，本节试举其中较有代表性的几例并予以简要说明。

1. 卷轴装

新入藏的西夏文献中，卷轴装文献多已严重残损，无法断定成书时是否有轴心，如前文所述的8-4号文献。但第9包及第10包中有两件轴心尚存的文献（图5、图6），卷轴装特征较为明显。

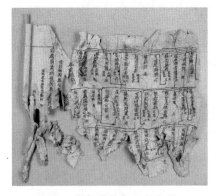

图5 修复前的9-4号文献

图6 修复前的10-4号文献

---

① 刘澜汀：《西夏刻书活动及其装帧钩沉》，《出版发行研究》2015年第10期，109—111页。
② 梁松涛：《黑水城出土西夏文〈明堂灸经〉残叶考》，《文献》2017年第3期，16—19页。

两件文献入藏时虽卷尾缺损但轴心仍在，卷首已缺失。轴心直径仅为3—5毫米，材质尚待进一步检测。质地较坚韧，虽严重弯曲但未完全断裂。

2.经折装

第13包文献均为散叶、残叶，与第4包文献中的部分残叶规格、文字特点近似，修复时将与之一起处理。如图7、图9、图10所示，装帧形式与经折装类似。前书衣为丝织品，并以墨书写题名，后书衣缺失。但书衣与书芯已不相连，且尺寸略小于部分书叶，无法断定是否为同册。书衣托纸共五叶，图8为其中两叶，托纸均有文字，且字体、版框、纸张均不相同。

书叶为正反两张纸，均有文字。背面（无字面）相向托在一起，揭开后可见白色不明残留。对比两面字迹，一面字体较大，一面较小。为便于说明记录，将大字一面记为正面（图9），小字一面记为背面（图10）。

与常见经折装不同，此件文献折口位置多在文字中间，且每叶行数不尽相同。背面折口处贴有纸条，推断其目的应为加固。部分加固纸条写有文字，有字一面贴在文献上，并造成严重的字迹遮挡。

新入藏的西夏文献中，与之类似的散叶、残叶另有数十叶，因尚未编目整理，无法判断是否可以缀合归类。两张纸托在一起的书叶较少，但在折口处以纸条加固的处理方式极多。折叶方式不规范，折口常在文字中间，且折叠后书叶宽度不等，有3—5毫米的差距。以此推断，部分文献或原为卷轴装，后人出于便于携带等目的，将其改为经折装并加装书衣。为防止反复翻阅后断裂，在折口处贴以纸条。以当今通行的装帧技法及标准而言，这种改装虽便于携带，但因折口不避让文字，会影响阅读。此外，改装时或因缺乏纸张，将刻写有文字的废弃纸张用于托书衣及加固。

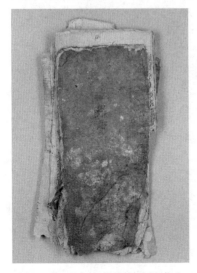

图7　第13包文献修复前的书衣

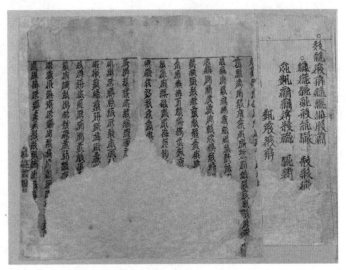

图8　第13包文献修复后的书衣托纸

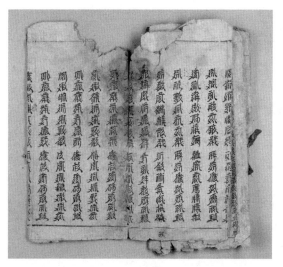 

图9　第13包文献修复前的书叶（正面）　　　图10　第13包文献修复前的书叶（背面）

3. 缝线装帧

11-2号文献为一册残本，黄色书线保留完好，缝线方式较具特色（图11）。为保留其装帧，修复时未拆解（图12）。装帧方式虽与蝴蝶装较为类似，但缝有书线并且书衣与书叶缝在一起，且因缝线造成压字（图13）。书口及天头地脚处前后页已不相连，因病害严重，无法判断是装帧时裁开还是病害造成的断裂。因修复时未拆解书线，加之书背处也有残损，书叶折叠方式无法准确判断，装帧形式有待进一步讨论。

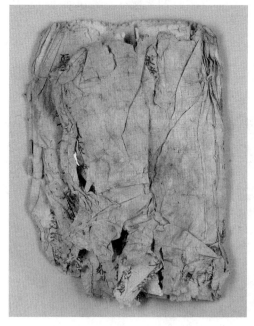 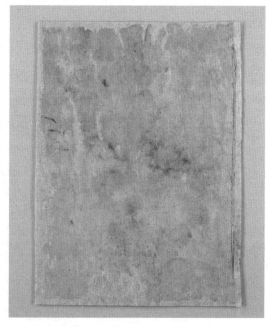

图11　修复前的11-2号文献　　　　　　　图12　修复后的11-2号文献

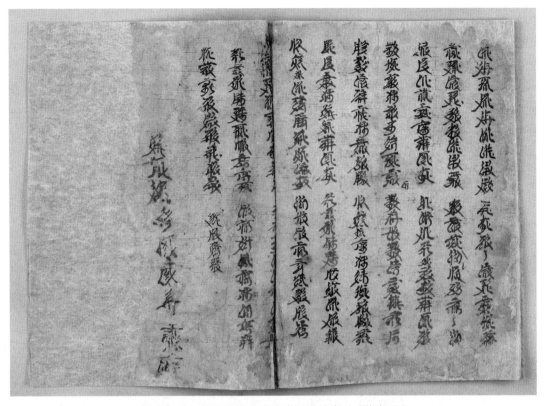

图13　11-2号文献缝线造成压字的书叶（修复后）

新入藏的西夏文献中，书线完整保存的另有五册（件），但缝线方法各有不同。

除11-2号文献与蝴蝶装类似外，还有于书叶中缝处缝线，实物与文献所载缝缋装颇为相似的书册①。有研究称："一页前后两面文字不相连接是缝缋装最大的特点……缝缋装是分迭缝缀，连迭成册的，是在折缝处穿线，多次完成的。"②与文献比较考证，新入藏的西夏文献装帧有相似之处，但也有诸多不同，或因残损、撕裂等病害而无法准确判断，准确装帧尚待编目工作及进一步论证。

此外，缝线后造成压字的现象也较为普遍，推测部分文献或为成书后，后人出于加固目的而缝线。

4. 小册子

12-4号文献全册仅6页。书衣保存完好，书叶首页、末页为一张纸对折，折缝处与书衣粘接。内叶4页较为特殊，为一张纸上下对折后再左右对折，外侧折缝与首末页折缝处粘接（图14、图15）。如上一小节所述，若按内4页折叠方式判断，有研究将此类装帧归为

① 杜伟生：《中国古籍修复与装裱技术图解》，中华书局，2017年，456—463页。
② 牛达生：《从拜寺沟方塔出土西夏文献看古籍中的缝缋装》，《文献》2000年第2期，84—107页。

缝缋装，但也有文献称之为"双蝴蝶装"[①]。不同之处在于，此件未用线缝合，且未见明显线眼。

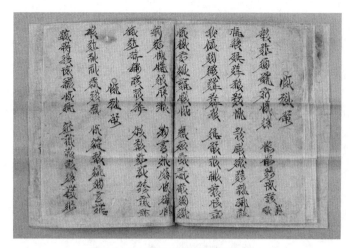 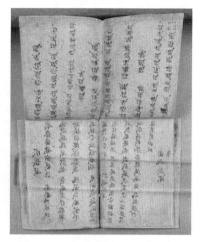

图14　12-4号文献修复后的书叶　　　　图15　12-4号文献修复后的书叶

新入藏的西夏文献中，另有数册小册子，但破损严重，尤其装帧部位严重缺损，原装帧形式已难判明。

二、工作方案

（一）修复原则

根据新入藏的西夏文献病害及装帧特点，结合国家图书馆古籍修复原则[②]，明确修复原则及主要目标。

其一，整旧如旧，尽可能保留文献原貌，不以美化为目的改变现有形态。因新入藏的西夏文献装帧形式较为特殊，如条件允许，尽可能在不破坏装帧部位的前提下完成修复工作。但在实际操作中需灵活掌握，如前述经折装中造成字迹遮挡的加固纸条等部件就不予保留，而是移除后另行妥善保存。

其二，最小干预，尽可能减少修复工作对文献造成的影响。新入藏的西夏文献普遍病害较为严重，对应修复步骤繁多，在制定具体修复方案时应具针对性，并尽可能减少修复操作以及操作过程对文献的影响。

其三，抢救为主，治病为辅。明确修复目标，在修复操作中优先解决严重影响文献

① 牛达生：《西夏刻书印刷事业概述》，《宁夏大学学报》1999年第3期，28—35页。
② 杜伟生：《中国古籍修复与装裱技术图解》，中华书局，2017年，3—6页。

利用及文献寿命的病害，对污损等影响美观的病害则根据情况适度处理，同时避免过度修复。

其四，过程可逆，修复技法及相关操作具备可逆性，以备更为科学合理的技术手段出现时可再次修复。操作过程中所使用的材料应与原件残留部分有明显区别，以便研究人员可清晰辨别，避免修复操作对文献原始信息造成干扰。

（二）工作模式

1. 新老结合

本次修复实行首席技术专家制，委任具有40余年修复工作经验的"全国技术能手"刘建明为项目首席技术专家。借助国家图书馆国家级古籍修复技艺传习中心的人才培养机制，带领数名青年修复师完成修复工作。工作实践中，首席技术专家指导青年修复师制定修复方案，并协助完成技术难点、要点。青年修复师则将自身所具备的化学、美术学等学科优势运用到修复工作中，提升整个项目的科学性。

2. 学者参与

参考2010—2013年开展的西域文献修复等既往工作经验，聘请史金波等西夏学专家担任学术指导，萨仁高娃、全桂花等少数民族文字古籍专家全程指导修复工作，协助修复人员辨认部分文献文字，以保证缀合等工序的准确性。此外，部分修复方案制定过程中修复人员及时与学者专家沟通，确保修复后的文献可满足研究利用需求。

3. 科研支撑

近年来，随着古籍修复行业的快速发展，关联科研项目显著增多，使行业发展更为科学化、规范化。此次新入藏西夏文献保护修复项目推进过程中，使用或借鉴了多项科研项目的成果。纤维检测环节参考了馆级科研项目"现代显微技术在古籍鉴定与修复中的应用"的研究成果；档案记录工作参考在研文化行业标准制修订项目"图书馆古籍保护修复档案记录规范"的部分成果，生成的修复档案成为该项目的试用对象之一；修复用纸选配参考文化行业标准化研究项目"文献修复用纸选配规范标准化研究"的部分理论；修复用纸加工试用馆级青年科研项目"文献修复用纸植物染色应用研究"中论及的改进方式；部分修复用纸试用馆级科研项目"古纸仿制工艺研究——古籍修复用补纸的自行抄造"的实物成果。同时，此次修复过程及检测数据也为部分科研项目提供了研究依据。

4. 社会支持

经中国古籍保护协会组织协调，此次修复工作得到财通证券股份有限公司（浙江）的公益资助。有力的经费保障，使修复工作在材料购买、硬件改良、工作记录、成果发布等多方面均得到较大提升。

三、技术要点

（一）全程记录

借鉴西域文献等修复工作的成功经验，对本次修复实行全程记录，并提高记录标准。根据2016年文化行业标准制修订项目"图书馆古籍保护修复档案记录规范"（未结项）的部分成果，以图文结合模式规范记录文献状态、修复操作、材料使用等信息（图16）。对于涉及技术关键、技术要点的部分内容，尝试采用视频拍摄模式。得益于社会资金的助力，记录设备得以改进，部分拍摄记录工作委托专业团队（图17），为成果发布及宣传推广等后续工作积累了大量素材。

图16 制作古籍修复档案

图17 拍摄古籍修复视频

（二）修复用纸

根据俄藏西夏文献及宁夏拜寺沟出土的西夏文献纸样的检测结果，西夏社会主要造纸原料应为麻与韧皮[①]。对新入藏的西夏文献进行纤维抽样检测后，发现样品多为构皮纸（图18、图19）。

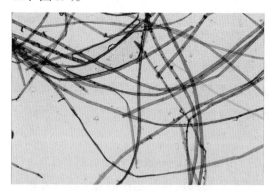

图18 第6包文献抽样纤维图像（10倍）

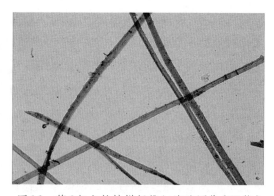

图19 第6包文献抽样纤维细胞腔图像（20倍）

---

① 王菊华等：《中国古代造纸工程技术史》，山西教育出版社，2006年，214—215页。

2010年开展馆藏西域文献修复时，也曾检测文献用纸，纸张多为麻纸、皮纸。该项目使用贵州丹寨构皮纸作为修补用纸，使用马尼拉麻纸作为镶接、加固用纸[①]。本次选择修复用纸时，综合上述文献调研、检测结果、修复经验，选取国家古籍保护中心配发的丹寨构皮纸作为修补用纸，使用三桠皮纸作为镶接、加固用纸。

除纤维检测外，修复过程中检测了大部分西夏文献的厚度、白度、表面 pH 等指标，基于所得数据及修复需求选取适宜材质、适宜厚度的纸张用作修复纸张。为达到理想修复效果，修复团队还尝试改良、自研抄造少量修复用纸。组织人员考察多家造纸工坊，选定具有多年古法造纸经验的从业者深度合作，从原料采购、技法研究、工艺监控、样纸试制、细节调整等环节逐一把关，定制了一批具有良好指标、能满足修复要求的纸张。

同时，青年修复师依托馆级科研项目自行研制的小型手工纸张抄造设备投入使用（图20），抄造皮纸用于部分修复工作（图21）。

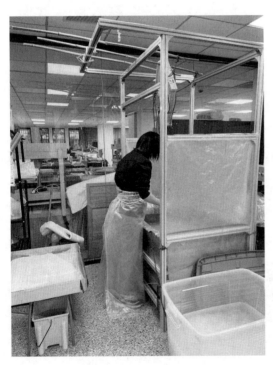

图20　自研抄纸设备

图21　自制修复用纸

经检测，新入藏的西夏文献纸张 pH 均值约在6.5，呈现良好保存性。但因经年历久，加上多重病害，普遍呈深黄色或褐色。为使修复后的文献外观和谐，需将修复用纸染色。

---

① 国家图书馆古籍馆编：《国家图书馆藏西域文献的修复与保护》，国家图书馆出版社，2017年，31—36页。

染旧色时，北方惯以橡碗子（橡树果）作为原料调制染色液，但经检测该种染液 pH 较低，染色后影响纸张保存性①。结合文献内容与馆内科研项目，修复团队尝试改良染色工艺。试用板栗壳代替橡碗子，并在染液中加少许碱性物质调节 pH 值，提高修复用纸保存性。

（三）清洁、揭展

新入藏的西夏文献表面多有谷物、泥沙、尘土、石块、毛发等异物附着，且有水浸等病害引起的黄褐色污渍，对字迹形成遮挡（图22）。修复时，用小毛刷轻扫正反表面，对嵌入纸张的附着物用针锥、手术刀等小心剔除（图23）。附着物对研究文献流转或有参考价值，故选取部分放入自封袋内留存。部分已无完整字迹且无法判断原本位置的残片，也放入自封袋内编号留存。

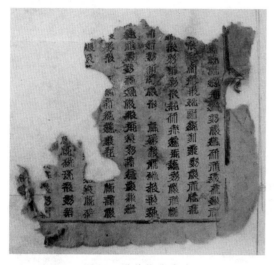

图22　附着物清除前

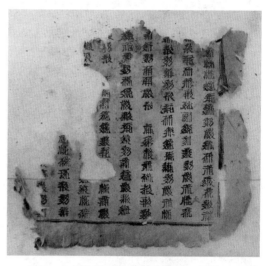

图23　附着物清除后

污渍以热水漂洗法清除②，取40—50℃温水，以毛笔蘸取淋洗在污损部分，并用撤潮纸吸走污水，反复3—4次，直至污损处颜色变浅。文献破损处或边缘处如已呈碎片状或有絮化，需加固后再做漂洗（图24、图25）。如遇撕裂极为严重、重度脆化、文字处纸张絮化等情况，则放弃清洁工序，以期所载信息最大限度完整保留。

依据最少干预原则，操作时尽量减少用水量。板结粘连的文献纸张、文献托纸及加固纸条等，主要以干揭法揭展分离。部分粘连严重的，使用湿揭法。揭展工作与清洁及局部加固工作同步进行，确保文字完整。

---

① 巩梦婷、陈刚：《几种植物染料染色修复配纸的适用性研究》，《文物保护与考古科学》2013年第3期，9—15页。
② 潘美娣：《古籍修复与装帧》，上海人民出版社，2013年，100页。

（四）补破

文献缺损部位使用皮纸补破。修复用纸略薄于所修文献纸张，通过染色使其与文献纸张色调一致，颜色略浅。补纸与破损边缘的搭口宽度根据破损处文献纸张强度而定，因本次修复的西夏文献的破损处多伴随絮化、脆化等病害，搭口视情况留2—6毫米。

修复成册装帧的文献时，如缝合部位破损较轻且对压平、裁切等后续工序影响较小，则借鉴"掏补"技法[①]，在不拆解文献的前提下完成补破等操作。以前述11-2号文献为例，以此方法修复后，虽平整稍欠，但最大程度地保留了原有装帧（图26、图27）。若文献破损严重，存在如整册板结、难以分离的情况，则仍需拆解后逐叶修补。

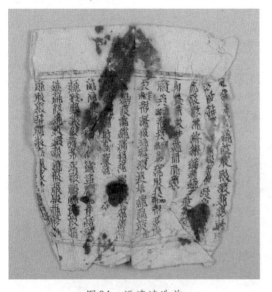

图24　污渍清洗前

图25　污渍清洗后

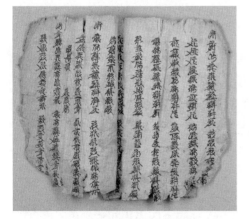

图26　11-2号文献修复前

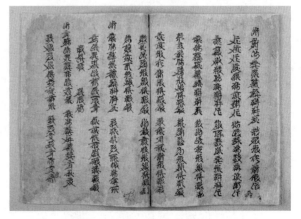

图27　11-2号文献修复后

---

① 张平、吴澍时：《古籍修复案例评述》，国家图书馆出版社，2012年，第57—60页。

卷轴装、小册子及大部分散叶、残叶采用相同规则补破。使用脱筋小麦淀粉糨糊。

（五）缀合加固

加固、缀合用纸采用三桠皮纸（定量7—8克），刷染至适宜颜色备用，使用脱筋小麦淀粉糨糊加固。

处理撕裂处时，根据病害情况灵活调整修复方案。如未完全断裂分离的，则用颜色较浅的三桠皮纸缀合加固，如图26、图27的11-2号文献上部撕裂处。但如已缺损或纸张较厚，需较强支撑的，则用构皮纸修补。对磨损、絮化、脆化处，也以三桠皮纸加固。

部分文献虽因撕裂等原因造成分离，但破损边缘可完全拼合，且纸张颜色、质地，文字笔画、大小均较为吻合。经专家组合议，此种情况可先缀合，并在修复档案中注明，以便后续整理（图28、图29）。因修复操作秉承过程可逆的原则，如发现缀合有误，也可再次调整。

图28　10-4号文献撕裂处　　　　　　　图29　10-4号文献预拼接

前述经折装，如第13包文献，书叶多已互不相连。此类文献中最长一叶为5折，各叶间内容是否连贯、前后顺序如何，尚无法断明。因此，仅将修复前原本相连的书叶原位缀合，选用厚度适宜的构皮纸连接加固。完全断开的书叶不做缀合处理，但补破加固时左右边缘各留1厘米左右余幅，以便确定连接顺序后相互缀合。

（六）装帧

1. 残叶

残叶装帧时曾尝试技术革新。即整页以三桠皮纸补破加固，四周用相近颜色、厚度的三桠皮纸镶接。托三层构皮纸，绷平风干后于中心位置挖裁出适宜大小空白，将残叶连同四周三桠皮纸粘于纸框背面。取一张构皮纸，以同样尺寸挖裁，覆于三桠皮纸背面。以此方法修复后的文献保留了出土时的原貌（图30、图31）。因入藏时残叶分散于多包文献中，随着整理编目工作的推进，或涉及进一步缀合、拼接等操作，此法也有利于相应工序的进行。

此方案优点明显，极大程度地符合了"整旧如旧"、"最少干预"、"过程可逆"的修复原则，且便于后续修复工作的开展。但少批量修复后，弊端也逐渐显现。其一，因三桠皮纸较薄，伸缩性与纸框、文献纸张相差较大，遇水后极难展平，幅面越大越为明显，影响外观；其二，残叶边缘多不规整，局部缺损较大，导致文献边缘与纸框间缝隙较大，反复取用时较易破裂。

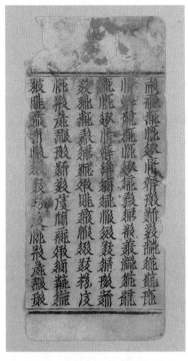 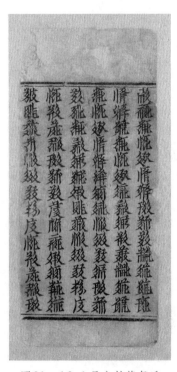

图30　12-1号文献修复前　　　　图31　12-1号文献修复后

经反复研讨，上述方案仅用于长度在20—40厘米间、缺损较少的文献。幅面较大或破损较为严重的文献，按"补破"一节所述方法处理后，四周稍留余白裁切、压平后保存。

2. 卷轴装

如前文所述，新入藏的西夏文献中，卷轴装多已缺失轴心。装帧时根据存藏条件将其分类处置，长度小于60厘米者，补破、裁切后平放。以前述9-4号文献为例（修复前图片见图5），原轴心极细且已弯曲，不适宜用作文献保存，修复后放入中性纸托制的信封平放（图32）。

长度大于60厘米者，根据现有存藏条件无法平放保存，修复方案参考敦煌遗书[1]。

---

[1] 张平、吴澍时：《古籍修复案例评述》，国家图书馆出版社，2012年，27—30页。

图32　9-4号文献修复后

　　主要修复工序完成后，订制直径2厘米的木轴作为轴心。文献下方衬一张皮纸，天头地脚大于文献边缘各1厘米，卷首尾各留出10厘米余白，卷尾余白卷于木轴。将皮纸与文献一同卷于轴心上，卷好后的文献放入木匣存放（图33、图34）。

图33　11-1号文献修复前

图34　11-1号文献修复后

3. 经折装

如前文所述，新入藏的西夏文献中，部分经折装或为卷轴装改装而成，且折口位置多处在文字中间。依据"整旧如旧"的修复原则，应将其原样折回。但尝试后发现，部分书叶因托纸、加固步骤中糨糊使用欠妥，加之病害影响，折口位置已变硬发脆。折口处文字已有缺损，如反复折叠恐再生损伤。出于延长文献寿命，保护文献信息完整的修复目的，暂将其平放保存。仍以第13包文献为例（修复前的情况见图7至图10），部分书叶为两张有字纸张背面相向托合，修复时将其揭开修补后，清除糨糊残留，分别平放保存（图35、图36）。

图35　修复后的第13包文献（正面）

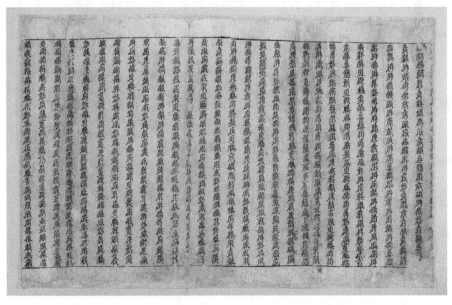

图36　修复后的第13包文献（背面）

4. 其他装帧

书线尚存的文献，如11-2等，不经拆解可直接修复的仍保留其原有装帧（图12、图13）。如必须拆解则仍尽量复原其装帧。小册子等以同样原则处理（图14、图15）。

四、主要成果

（一）修复成果

截至2021年10月，已修复完成84册（件）新入藏的西夏文献，经国家图书馆存藏科组及国家图书馆善本特藏库清点后，归库妥善存放，数字化等工作已启动。另有30余册（件）已完成修复操作，尚待确认修复效果并制作信封等装具。5册（件）文献因病害严重，且装帧形式极为复杂，修复方案尚在调整完善。因部分残叶、碎片等有缀合可能，上述数量仅为修复工作的初步统计结果，具体文献数目有待进一步整理统计。

（二）数据检测

为提升修复工作的科学性，修复操作前后均依据国家标准，科学检测厚度、白度、酸碱度等数据。为保证文献安全，部分粘连、脆化严重的文献，以及面积过小的残片未进行检测。根据修复补纸选配需求，抽检部分文献纤维。所得数据不仅为修复操作提供了科学依据，也为相关科研项目提供了研究数据。

（三）设备改进

在各级领导的支持、各方宣传及社会资金助力下，新入藏西夏文献的保护修复工作得以高标准开展，修复条件也有了较大提升。用纸选配环节，除使用高品质构皮纸外，还派员学习手工造纸技艺，并自主研发抄纸设备，自制部分修复用纸。工作记录环节，购置部分视频摄录设备，记录技术关键环节，并委托专业人员拍摄纪录视频。

（四）技艺传承

通过新老结合的工作模式，一批青年修复师在此次修复实践中快速成长。2020年9月，国家古籍保护中心举办"全国古籍修复技艺竞赛"，国家图书馆选送第13包西夏文献参赛，取得三等奖，该文献的修复操作由青年修复师团队完成。本次修复实践中，运用了古籍修复技艺、传统书籍装帧技艺、敦煌遗书修复技艺等国家级及北京市市级非物质文化遗产传统技艺，实现了非遗技艺的生产性保护。

五、结语

国家图书馆新入藏西夏文献因病害情况复杂、装帧形式多样，修复过程颇为繁复，本文仅择其重点简单阐述。此批文献修复工作已于2023年完成，现存于国家图书馆善本特藏库。因西夏时期文献装帧颇具特色，且多数文献损毁严重，仅根据残存部分难以准确判定原装帧形式，随着编目、整理、研究等后续工作的开展，部分存疑点有待多方合力共同解决。

作为近年来国家图书馆重点修复项目之一，新入藏西夏文献的保护修复工作取得了诸多工作经验，随着文献编目工作的有序推进，经验成果有待进一步整理公开。修复方案制定及修复技法使用，也有待文献学、西夏学等各方专家意见论证。

原载《文津流觞》第二辑，广西师范大学出版社，2022年

国家图书馆藏BH4-333号西域文献的修复

侯郁然　胡玉清

西域是自汉代以来对玉门关、阳关以西广大区域的总称，狭义的西域大致为我国新疆地区，此处自古便是东西文化交流的枢纽。自2005年起，国家图书馆先后六次征集入藏和田等地出土的西域文献，总数量达700余件，国家图书馆以此为基础建立了西域文献专藏。文献形成时段大约为公元四到十世纪，文种涵盖汉文、梵文、佉卢文、于阗文、龟兹文、突厥文、犹太波斯文、藏文等，材质有纸本、简牍、丝织品、封泥等，具有极高的历史和文化价值。文献的破损情况复杂多样，经过修复后的残片保存形制、装具也各有千秋。本文仅对其中残片数量众多且杂乱无序的BH4-333号文献的修复和保存方法做一简单的介绍。

一、BH4-333号文献的基本信息

BH4-333号文献入藏国家图书馆时为118片残片，未经过筛选和整理，杂乱无序，被置放在一个纸包中。残片尺寸不一，其中最大的长7厘米、宽6.3厘米，最小的长2.3厘米、宽1.4厘米。多数残片上有墨迹，文字种类多样，除汉字外亦有西域地区的其他文字（图1、图2）。

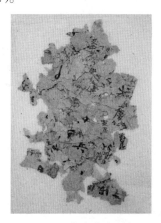

图1　残片修复前

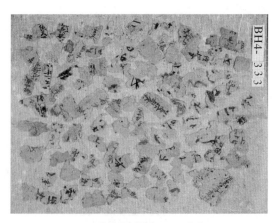

图2　修复前简单展开残片

二、修复计划

BH4-333 号文献的文字种类不同且残片数量众多，经过初步整理发现，个别同种文字残片间存在缀连和拼接的可能性，但这需待专家后期进行专门的研究后才能定论和处理。所以，此次修复并不能同时完成对文献的连接和缀合，只适宜对其进行基本的整理和保护工作，为将来的进一步研究、拼合和修复做好前期的准备。

（一）修复方案

经过研究，BH4-333 号文献有三种比较可行的修复方案：

1. 整体装袋保存

保存原状，只对残片进行初步的整理、修复，尔后整体装袋保护。待后期请专家对文字进行确认、拼对后再进行下一步缀合修复。这种方法虽然简易，能保存原貌，但残片间仍存在相互挤压、磨损的状况。已经存在破损的残片也无法得到有效的保护，存在进一步破损的可能。同时，杂乱存放也不利于后期研究人员的翻阅与研究。

2. 无酸纸袋分装

将每一个残片分装在无酸纸小袋子中，依次排列粘贴在纸板上。最后再把这几页纸板做成一个书状的形制，便于翻开阅读。但由于残片数量庞大且尺寸不一，每一残片单独装袋必然会造成体积的相应增加，对后期的装具保存可能造成一定影响。另外，残片装在无酸纸保护袋中，字迹并不能直接被看清，对日后学者研究时的取出、阅读都会造成一定不便。

3. 集邮册式装具

采用类似于集邮相册的形式，用几层夹宣托好的厚纸板作为装具的底板，再选用马尼拉麻纸或者其他薄皮纸作为罩在残片表面的纸张。先用一整张薄皮纸自上而下整个包裹纸板，并从背面点糨糊粘贴将其固定。将另一张马尼拉麻纸按测量好的残片高度裁成宽度平均的长条，将皮纸条的底边和左右粘贴于包裹的皮纸上，形成长方形的口袋。随后再根据残片宽度将长方条分成几个小格子，左右边缘涂稀糨糊。成品比较像装邮票的集邮册（图3）。底板被分成很多小格，每格上面敞口，下面和左右两侧均被固定贴实，残片依次放入小格子内。由于残片都由透明的马尼拉麻纸包裹，研究人员在观察时可以较容易地看清残片上的字迹，不需要把残片取出

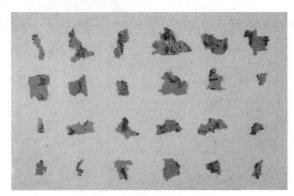

图3　集邮册式装具成品

（大多数残片为单面有字）。即便需取出研究也很容易，减少了对残片的磨损和进一步破坏的可能。

经对比研究，第三种方案更能达到最大限度对原件进行保护的效果，故最终决定采取该种方案对原件进行修复和整理。

（二）基本修复步骤

1. 拍照、档案记录；

2. 表面清洁等；

3. 润潮、展平；

4. 修复整理破损处并压平；

5. 制作特殊形制的装具；

6. 标注编号、装册。

三、修复实践操作

（一）试验检测

对墨迹和纸张颜色牢固度进行测试。墨色、纸张遇水均不掉色。

（二）修复过程

1. 残片的初步整理

由于文献残片数量庞大，先将残片按一份二十个左右的数量进行分份，每份单独用纸包好，一份一份分批整理。逐批进行表面清理、局部润潮、展平，修补粘贴破损和断裂处等工作（图4）。

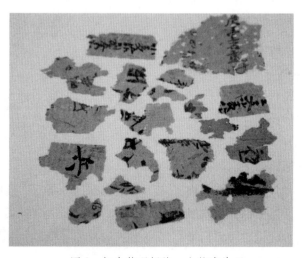

图4 初步整理好的一小份残片

2. 托装具（底板）

（1）准备：裁好需要大小的宣纸，留出一定余量以备上墙，调好稀糨糊备用；

（2）润潮展平第一层托纸；

（3）在纸张上刷匀糨糊；

（4）上第二层托纸，再上一遍稀糨糊；

（5）上第三层托纸，用鬃刷垫纸排实；

（6）四周打浆口，留启口条；

（7）上墙绷平、待干；

（8）纸张下墙，备用。

3. 装具制作

（1）用三层宣纸托裱好后，根据计算好的残片数量及尺寸，裁成长40厘米、宽30厘米的硬纸板，用作底板。

（2）在托板的正面包裹压平的皮纸，反过来在背面一边用稠糨糊粘贴固定，压住绷平。再在另一边刷糨糊粘贴固定，待干。选用的薄皮纸需比较柔软，接触残片不会造成损伤（图5）。

（3）马尼拉麻纸也需事先经过压平处理。经测量计算，将薄软透明的马尼拉麻纸裁成5条长约35厘米、宽4厘米的纸条备用（图6）。

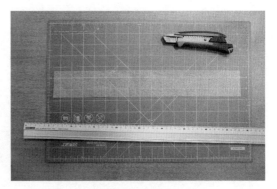

图5　贴好薄皮纸的底板　　　　　　　　　图6　裁切马尼拉麻纸条

（4）把5个马尼拉麻纸条按相等的距离粘贴在托板上，涂糨糊的面要窄，只在纸条的底边和两端各涂2毫米宽即可。可用长尺取直，小毛笔涂浆。

（5）用糨糊笔在纸条上点几点糨糊，隔出数个小格，两格之间间隔约为3厘米（视残片大小决定）。选用稠浆子粘贴，每次只取少许，隔一段点一点，以保证纸面整体平整（图7）。

（6）将残片依次小心装进格子里，直至底板装满。如此往复，将所有残片都放置在四张底板中（图8）。

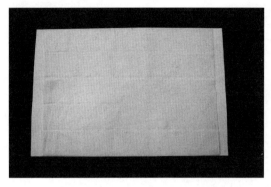

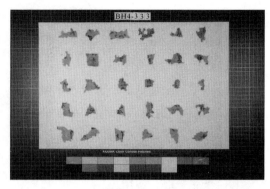

图7 贴好马尼拉麻纸后的装具 　　图8 将残片小心依次装进格子

（7）最后，将制作好的四张底板装具一起装入托好的厚纸夹信封中，集中存放保管。

BH4-333号文献按第三种方案进行保护整理后，既方便查找，又方便取用和阅读、展览等，为文献的最终缀合和复原提供了必要的前提和基础。由此，此批残片得到了极有效的保护和展示，也为之后同类文献残片的修复和整理提供了可资借鉴的经验。

原载《文津流觞》第二辑，广西师范大学出版社，2022年

国家图书馆"天禄琳琅"专藏修复札记二则

朱振彬

国家图书馆于2013年8月27日启动了馆藏清宫"天禄琳琅"珍籍的修复项目。该项目自开展以来，遵循"抢救性修复""整旧如旧"等原则，注重建立完备的修复档案，并以科学检测为依据，指导修复工作。本文介绍修复"天禄琳琅"珍籍元刻本《事文类聚翰墨全书》第四十六册修复案例，以及在明刻本《十七史详节》中发现的一种旧接背方法。

一、元刻本《事文类聚翰墨全书》第四十六册衬纸的去留

《事文类聚翰墨全书》是现存宋、元时期部头最大、影响最大的民间交际、应用类书。编者刘应李，建宁建阳（今福建建阳）人，出身于儒学世家，南宋咸淳十年（1274）进士。

（一）版本情况

传世的《事文类聚翰墨全书》有大德本、泰定本、明初本三种版本。此本为元大德本。待修复者为第四十六册（见书前彩插图第二页）。四眼线装，豆青蜡笺书衣，双鱼尾，双黑口，文武栏。半叶12行，每行20字。书宽12.5厘米，高18.6厘米。带衬，米色包角。

（二）纸张分析

经纸纤维分析测试，书叶为百分之百毛竹，竹纤维打浆度偏低，有大量未分散的纤维束。局部纤维发生明显的糟朽、碎化，老化比较严重。

（三）破损情况

通册糟朽、发霉、粘连并形成书砖。书前副叶所钤乾隆三玺残损，正文第一叶"乾隆御览之宝"残，"天禄继鉴"残。后副叶"乾隆三玺"缺，卷末所钤"乾隆御览之宝"残，"天禄琳琅"残。前后书衣残，包角残。

（四）关于此书的衬纸

由以上破损情况，可见此书破损严重。对此类糟朽、发霉、粘连状况的古籍的修复，笔者在《文津学志》第十辑发表的《国家图书馆"天禄琳琅"专藏修复案例》一文中已有阐述。在此不再赘述，而是重点谈一下关于此书衬纸的去留问题。

所谓衬纸，是在对古籍进行修复时，经溜口或修补后的书叶在锤书后书口或叶面仍然凹凸不平，必须在补过的书叶里面衬一张纸，以恢复书的平整。这便是衬纸在古籍修复中的作用。乾隆年间由四库开馆而兴的琉璃厂书肆中，一些书商为求暴利，将一册或一套线装书在原有册数的基础上进行拆分，使册数增加。书册遭人为拆分后，为保持原书厚度，便在书叶中衬纸。这种方法在当时的琉璃厂书铺中较为流行。为了节约起见，一些书铺常用废弃的旧书叶充当衬纸。

《天禄琳琅》专藏修复项目自开展以来，发现不少书都有衬纸。主要有两种衬纸方法。一种是单纯为增加厚度而衬纸，如本文所述元刻《事文类聚翰墨全书》等。另一种是"连补带衬"，就是把补和衬两道工序合二为一，这是一种不正确的衬纸方法。如《宋版玉篇》《宋版春秋经传集解》《赵注孟子》《班马字类》等。关于这些衬纸，笔者向来的观点是尽量保留。因为这些衬纸也大致有两百年的历史了。保留这些衬纸，对保证珍籍修复后旧装"味道"不变，也就是保留书的原貌，无疑是恰当的举措。故在修复《天禄琳琅》专藏过程中，虽然遇到的衬纸或大都有破损、或因"连补带衬"不易揭补，但通过补或揭，大都尽量保留了下来。

但是，也应具体问题具体分析。在《事文类聚翰墨全书》第四十六册修复过程中，便遇到了衬纸去留问题。此册与此书其他册的衬纸情况不尽相同。《事文类聚翰墨全书》破损情况大多为粘连、糟朽，衬纸整体形态还算完整，糟朽部分采取加固等技术手段后，仍可以利用。故大多数衬纸经修补后，重新归于原位。然而，对此册的衬纸做纤维检测发现，其纤维成分为青檀皮85%、稻草15%。衬纸下半部分纤维呈旋转状断裂，外观形态已改变（图1）。造成这种断裂的原因，笔者认为主要是衬纸与书叶受水浸后，书叶由湿转干的过程中，衬纸产生了收缩。又由于此册衬纸已经糟朽，同时衬纸的成份中檀皮纤维组织比较稀疏，故在遇水收缩的过程中产生了断裂。另外，在显微镜下观察，衬纸上半部分糟朽、霉菌侵蚀严重，不仅纤维韧性已完全丧失，纤维断裂，而且整个上半部分完全被菌团所覆盖，菌团

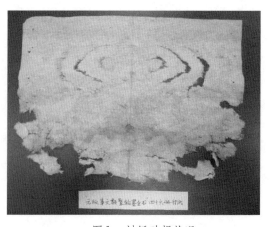

图1　衬纸破损状况

由大量的孢子和菌丝组成（见书前彩插图第五页）。

对于这样的衬纸，笔者认为应该舍弃。因为衬纸的主要作用就是保护书叶。而这种状态下的衬纸已经失去了保护书叶的功能。并且一旦环境适宜，菌团复活，将给书籍本身带来灾难性的后果。因此此书修复后没有用旧衬，而选用了楮皮、竹混料作为新衬。选择混料纸，是因为此类纸张的柔韧性与宣纸相似，而且在挑选时选择本白色，与原衬纸的颜色非常接近，所以选择此种纸张材料能够最大限度还原原貌。

通过对元刻《事文类聚翰墨全书》第四十六册的修复（见书前彩插图第二页），得到一个启示。我们在对古籍修复时，采取的一切措施，都应有利于古籍的长久保存，有利于古籍生命的延续。笔者认为，这是我们采取一切修复措施的出发点。这一认识，也体现在笔者对《天禄琳琅》珍籍修复工作的全过程之中。如对明嘉靖本《六家文选》卷四十二的修复。在修复之前，此书并没有衬纸。但是在修复过程中发现，此书絮化严重，书叶非常薄，给人一触即破的感觉。这种状态下，书叶和字迹极易受损。所以，为保护超薄的书叶，对其添加了衬纸。加衬纸后，间接增强了书叶的韧性，对字迹也起到了保护和加固的作用。另外，在对明万历刻本《丹渊集》的修复过程中发现，此书破损严重，纸张强度基本丧失。如果仍采用传统的锤书方法恢复书叶平整，无疑对已失去韧性的书叶又造成一次破坏。故笔者采取了不锤书而衬纸的办法，使书叶恢复原状。通过以上这些例子可以看出，衬纸的取舍完全是根据古籍的不同破损情况以及是否有利于其生命延续而定的。

二、明刻本《十七史详节》修复中发现的一种新的接背方法

《十七史详节》系南宋吕祖谦辑。吕祖谦（1137—1181），南宋哲学家、史学家。《十七史详节》是作者读正史而节抄选编之本，在一定程度上反映了他的学术观点和人格理想。

（一）版本情况

《十七史详节》为明正德刻本。全书应为273卷，国家图书馆藏本存29卷，10册。四眼线装，湖蓝色洒金绢衣，米色洒金书签。双鱼尾，白口，文武栏。半叶13行，每行26字。书宽14.3厘米，高22.3厘米。有前人修复痕迹（划栏、连补带衬），接背。（图2）

（二）关于此书的接背方法

此书破损情况为虫蛀、线断并叶散。从破损程度来看，并不十分严重。更值得注意

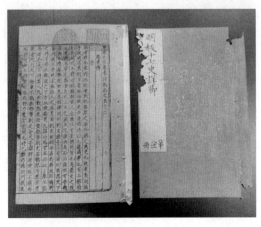

图2　明刻本《十七史详节》第八十一册修复前

的是此书的接背方法。

接背,亦称"接脑",为古籍修复术语。在古籍修复中,常常出现一种情况,就是有的书因书脑过于窄小,订线后易压边框和图文。而采用接背的方法后,狭小的书脑立见阔绰。

接背的常规方法有三种:衬纸接法、不衬纸接法、拼接法。所谓衬纸接法,就是在对书叶进行衬纸的同时,接宽书脑。清代藏书家黄丕烈在《陶杜诗选》题跋中说:"装成展读,因脑头狭小,殊不耐观。复命工易纸覆衬接脑,始可开展。"①黄跋所说的"覆衬接脑",当为衬纸接法。不衬纸接法,也叫粘接法。就是裁一些与书叶数量相等、与书叶高度一致、宽度视接背宽度而定的纸条、把纸条的左右两边,一边粘在书脑距书脊2—3毫米处,另一边回折与书脊边缘相碰、此为不衬纸接法。拼接法,又称硬接法,是一种既不用衬纸,也不用糨糊,而只用纸捻把原书与接书脑的纸条连结起来的方法。以上为古籍修复中普遍采用的三种接背方法。

笔者在对"天禄琳琅"专藏之《十七史详节》第八十一册修复中发现了一种有别于以上三种的接背方法。修复之初,以为该书采用的是拼接法,也就是俗称的硬接法。但仔细观察后发现并不是传统的硬接法。不同之处有以下两点:一是常用的硬接方法是将接背用纸裁成单叶纸条,而此书是把接背用纸叠成若干沓(图3)。二是固定方法不同,通常的硬接固定方法是采用纸捻固定。具体方法是把两头尖的纸捻,一头固定在书叶上,一头固定在接纸上。而此书接背不用纸捻固定。

图3 接背外观图

图4 第一沓与衬纸固定

此书的接背纸共有九沓。每沓六张。具体形式为:①每沓的折口都朝着书脊。②在第五叶书叶中间衬一张大于书脑的衬纸,并与第一沓在大于书脑部分点糨糊固定(图4)。③

---

① (清)黄丕烈撰,屠友详校注:《荛圃藏书题识》卷十,上海远东出版社,1999年,827页。

图5　明刻本《十七史详节》第八十一册修复后

在第15叶书叶中间衬一张大于书脑的衬纸，并与第二、第三沓在大于书脑的部分点糨糊固定。④在第24叶中间衬一张大于书脑的衬纸，并与第四、第五沓在大于书脑位置点糨糊固定。⑤在第33叶中间衬一张大于书脑的衬纸，并与第六沓在大于书脑位置点糨糊固定。⑥在第42叶中间衬一张大于书脑的衬纸，并与第七、第八沓在大于书脑位置点糨糊固定。⑦在最后钤有乾隆三玺副叶中间衬一张大于该副叶书脑的衬纸，并与第九沓在大于书脑位置点糨糊固定。

从上述操作手法中可以看到，此种接背方法完全有别于常用的三种接背形式。那么哪种古籍适合此种接背方法呢？以《十七史详节》第八十一册为例，此书接出部分只有6毫米左右。如果采用衬纸接法、不衬纸接法和硬接法三种形式进行接背，都要打捻固定。但狭窄的接出部分，没有下捻的空间。而这种接背方法无需打捻固定接出部分，只需一单捻固定在原书叶书脊处。因此这种接背方法较适合接出部分狭窄无法打捻的古籍。笔者在修复此书时原样复原保留了此种接背方法（图5）。

原载《文津学志》第十一辑，国家图书馆出版社，2018年

脆弱文献的修补、加固与补纸的选择加工
——"天禄琳琅"藏书《唐文粹》修复纪要

田婷婷

一、《唐文粹》基本情况

《唐文粹》，明嘉靖五年至七年（1526—1528）晋府养德书院刻本，半叶13行，行21字，白口，四周单边。四眼线装。待修复之册为此本第12册（图1）。开本高25.7厘米，宽16.9厘米，厚约为2厘米。秋香色绢质书衣，黄绫包角和题签。前后护叶钤"五福五代堂宝""八征耄念之宝""太上皇帝之宝"3方朱文方印。卷首钤"天禄继鉴"白文方印和"乾隆御览之宝"朱文椭圆印。卷尾钤有朱文方印"乾隆御览之宝"和"天禄琳琅"。"天禄琳琅"方印因虫蛀残缺，"琅"字缺失，"琳"字依稀可辨。

图1 《唐文粹》前书衣

二、破损状况

该册为《唐文粹》最后一册，摞放于整部书底部。前书衣局部褪色，有黑色霉斑，后书衣自上而下大半褪色，整部书天头破损严重（图2），下包角残破。内部书叶有不同程度的老化变色，尾部书叶变色尤为严重，变色范围多达十之七八。变色面积由卷尾至卷首逐渐缩小。卷首仅书口的边角部位轻微变色，地脚有些许水渍。根据这种现象，结合其他几册待修《唐文粹》的情况，推测此本曾遭水浸。这是此书破损的主要原因，水浸造成了纸张的加速老化，导致书叶变色、脆化，强度下降，局部甚至糟朽，由酥脆残破的后护叶即可见一斑（图3）。另外，水浸后未及时干燥处理，造成霉变。如前后书衣，局部有黑霉附着且深入绢丝，极难去除。水浸同时造成书衣、书叶的褶皱，书口参差不齐。书口上端从卷尾开始磨损严重，磨损边缘有些絮化。书叶后半部分有虫蛀，以圆洞为主。最后几叶书口破损，而书口破损部位有补纸，说明该书曾经修复过。

图2　破损的卷尾天头

图3　酥脆残破的后护叶

三、主要修复措施

（一）两种方法结合，分离糟朽脆弱的书叶与衬纸

此册《唐文粹》因遭水浸，卷尾水浸部位衬纸和书叶糟朽并粘连（图4），需要先分离衬纸才便于修补加固书叶。由于变色部位的书叶非常脆弱，衬纸酥脆更严重，需要小心分离，全力保留书叶，尽可能使之不受进一步损伤。为此采用竹启分离、粘揭两种方法结合的方式，层层递进，小心揭除卷尾几叶书叶酥脆的衬纸（图5）。

图4　最后一叶酥脆状况

图5　最后一叶揭除衬纸后

1. 竹启分离

用自制小竹启分离书叶与酥脆粘连的衬纸，适用于粘连纸张有一定强度的情况，用于未变色部位书叶与衬纸及二者未粘连部位的揭离（图6）。此法可揭除大部分衬纸。对于无法用竹启分离且比较脆弱的部位改用局部粘揭法。

2. 粘揭法

针对粘连书叶上的衬纸，涂稀糊于衬纸残余处，随后附上一张纸，待稍微粘贴紧实，小心将纸揭去，残余的衬纸会粘贴于纸张上被一同揭除（图7）。对于残留部分可重复此操作，直至揭除干净。

用以上两种方法处理后仍局部残留的顽固小块衬纸，也可用竹启尖或镊子尖轻轻刮除。此操作宜轻宜慢，须严格掌握好力度和角度，否则易损书叶。

图6　用竹启小心分离衬纸与书叶

图7　粘揭法揭取的衬纸碎片

（二）整体托纸结合局部加固，修复酥脆书叶

古籍修复一般以局部修补为主，但对于破损非常严重的情况，尤其当书叶大面积酥脆，本身非常脆弱的时候，就需要对书叶进行整体托纸加固或局部加固处理。具体如何操作，根据具体情况区别对待。

此册《唐文粹》，卷尾书叶变色酥脆严重，后护叶仅余不足一半。对于这种大面积损伤且非常脆弱的书叶，宜进行整体托纸加固；而对于变色酥脆面积略小的书叶，宜进行局部加固处理。

1.整体托纸——针对破损严重且大部分纸张脆弱的书叶

如前所述，此册《唐文粹》尾部水浸严重，导致纸张老化变色，变色部位非常酥脆，严重者面积达十之七八。书叶用纸目测为皮纸，经纤维检测验证无误，缺损情况不十分严重，但两叶后护叶大面积缺损。对于这种残损、酥脆面积过大的，修补前、后采用整体托纸加固的方式。补托顺序根据破损情况而定：破损非常严重的书叶采用近似皮纸先托纸，后局部隐补破损部位的方式，如后护叶和最后一叶书叶；而其他破损情况稍好的书叶，先修补后进行整体托纸加固，托纸以薄皮纸为主，如溜口薄桑皮纸和三桠皮纸。

2.局部加固——针对酥脆面积略小的书叶

局部加固与整体托纸不同，加固的面积相比整托小，只是针对书叶的脆弱部位，因此对加固用纸的要求会有不同。局部加固用纸，笔者最初采用整托用的溜口桑皮纸。后发现此种纸张略厚且收缩过大，局部使用容易引起书叶的卷曲不平（图8）。笔者比较了3种常见薄型纸：溜口桑皮、三桠皮和马尼拉麻。其中三桠皮最为符合要求，薄而韧；溜口桑皮韧性过强且偏厚；马尼拉麻虽薄，但韧性相对三桠皮要差，加固酥脆书叶略显不足。于是局部加固最终采用5—6克的三桠皮纸。单张书叶加固后与未加固部分厚度差很小，书叶比较平整，整本书也没有特别明显的厚度差，加固修复效果很好。

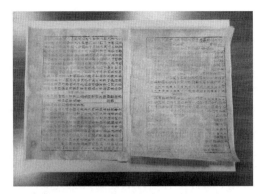

图8　局部加固用纸效果对比（左为三桠皮加固，右为薄桑皮加固）

（三）负压修复台辅助托裱、加固书叶

托书叶常用湿托的方法，在书叶背面刷稀糊托纸，操作简便。但是，此书尾部的书叶非常脆弱，不便于直接在书叶上刷稀糊，遂改用托纸上刷糊的搭托方式。搭托要求书叶平整固定，常用的一种方式是用清水将书叶吸附固定于化纤纸上，然后托纸修补。此次笔者借鉴了曾用于蓝黑墨水书写的《密信》的托纸方式[1]，用负压除尘修复台吸附固定书叶，辅助破损书叶的托纸加固，避免了书叶长时间湿水的风险，取得了良好的加固效果。操作方式如下：

1. 先将选好的薄皮纸略喷水，置于透明塑胶膜上刷稀糊备用；

2. 将已经局部修补或未补的书叶喷些许水润平（书叶下垫化纤纸，背面向上），然后将其置于除尘修复台上，打开修复台开关，开启负压吸附功能，书叶连同化纤纸即被吸附固定；

3. 将薄的托纸在塑胶膜的帮助下找准位置，轻轻覆托在书叶背面；

4. 关掉修复台，将托好的书叶置于平桌上，用棕刷垫纸排实，未事先修补的书叶可在潮湿平整的情况下进行隐补，最后压平即可。

（四）衬纸的撤换

原书从卷九十八第十二叶至卷尾有衬纸，共约34叶。由于水浸，卷尾的书叶连同衬纸糟朽酥脆严重。

衬纸，一般都是后加的，不是最初成书就有的。加入衬纸的目的一般有二：一是作

---

[1] 田婷婷：《两件新善本的修复探索》，见本书第141—150页。

为一种修复措施，曾有"以衬代补""连衬带补"[①] 的做法。破损严重的古籍修补后会凹凸不平，为了保护书叶，恢复书籍的平整度，也会加入衬纸。二是为了谋求利润，人为拆分古籍增加册数，加入衬纸以弥补厚度。据说这是早年琉璃厂旧书铺流行做法。这两种出发点和目的完全不同。此册衬纸的加入当属第一种。根据笔者观察，此册后部书叶从卷九十八第十二叶开始，衬纸出现虫蛀，但与书叶蛀洞并不重合。有些衬纸蛀洞甚至更多，而书叶虫蛀的小洞此次修复时并未发现之前的修补痕迹。书叶水浸变色情况虽似乎也从衬纸叶开始逐渐严重，但衬纸叶之前书叶也存在变色情况，并且衬纸变色与书叶变色基本同步。由此基本可以推断，衬纸为已遭虫蛀的旧纸，书叶加入衬纸时

图9　撤下的旧衬纸

也已经被虫蛀，加衬纸就是"以衬代补"或"连衬带补"，用加入旧衬纸的做法代替了修补，而水浸是加入衬纸以后发生的事情。

本次修复将原衬纸撤去，并未加入新的衬纸以替换，只在卷一百的第六、七、九叶加入新的衬纸，以平衡这几叶书叶因局部加固纸张而造成的厚度差。这样处理考虑有三：一、衬纸加入为"以衬代补"，它并不是原书最初且必不可少的附件。二、因为衬纸破损过于严重（图9），并且破损位置与书叶相同。这些部位都需要修补加固。衬纸修补加固后衬入原位置，反而不利于书叶的保护保存，尤其在此书书叶比较酥脆的情况下。三、本次修复，对书叶破损位置进行了修补，酥脆部位用薄皮纸进行了加固。修复后书叶整体强度和平整度都尚佳，并不需要整体加入新的衬纸，所以只在需要的几叶加入。

四、脆弱文献补纸的选择、加工及探索思考

（一）从强度考虑调整补纸的选择

《唐文粹》书叶的材质经纤维检测确定为纯皮纸。修复时基于常规对于补纸材质、厚度、帘纹等参数及现有库存纸张综合考虑，选用材质、厚度近似的老构皮纸染色加工后作为书叶补纸。然而，构皮纸用于修补书叶的正常部位比较合适，但对于书叶老化变脆的部

---

① 以衬代补，即用衬纸的方式代替修补虫蛀破损的做法，衬纸不与书叶粘贴固定。笔者新近待修两部"天禄琳琅"藏书《唐类函》和《文林绮绣》时，就曾见到用接近书叶的旧纸修补圆洞型虫蛀。另有一种"连衬带补"的做法。书口及虫蛀破损以衬纸修补，但一般会点浆糊固定。这两种略有不同。后者在书叶翻动过程中，固定的地方难免会对书叶造成拉扯损伤。但"以衬代补"，因为没有固定粘贴，不会有此隐患。而用旧纸只衬不补，颜色近似，看起来像修补一样，且没有修补产生的凸起不平，圆洞型蛀洞一般也不会进一步损坏，可以说还算是一种比较有利于古籍保存保护的方式。但其局限性在于要用大量旧纸，在缺乏旧纸的今天看来并不适用。

位，因其强度远远高于书叶酥脆部位，修补时很容易对修补部位周围造成新的损伤，非常不合适。所以笔者对于书叶变色脆弱部位的修补，改用强度相对弱的扎花纸作为补纸。扎花纸成分中皮纤维比例约占十之二三，虽然与书叶纸张成分及质感有差异，但强度方面更为吻合，不易对脆弱书叶造成进一步损伤，能避免补纸强度大于原件而产生的隐患，更为符合脆弱书叶的实际修补需求。

纸张强度是指纸张承受各种机械力时的抵抗力，一般包括抗张强度、撕裂度、耐折度、耐破度、表面强度、内部结合强度等。强度是纸张的一种结构性质，主要取决于纸张纤维性质与纤维结合情况。纸张老化会造成纤维性能下降，导致纸张强度降低。一般来讲，纤维长的皮纸会比纤维短的竹纸强度高，纯皮纸会比皮、草、竹等混料纸强度高，而同样材质的新纸会比旧纸强度高。

补纸强度与原件匹配对于破损处的修补非常重要。一般认为补纸强度要稍弱于原件。基于这点考虑，笔者在准备书叶补纸时选用老构皮和扎花纸两种进行染色加工。书叶颜色正常部位的修补用老构皮纸，而对于变色脆弱书叶的修补，笔者选用了纸张强度弱一些的扎花宣纸作为补纸。之所以如此调整，一是根据对书叶变色部位的强度判断。虽然书叶的强度无法通过取样检测量化，但直观感受这些变色部位已经酥脆（图10），非常容易断裂破碎，说明其强度下降很大。二是基于对纸张性能的判断。修复用老构皮纸虽也是已经存放50多年的旧纸，但强度还是要明显大于这些脆弱部位。而扎花纸是皮和草纤维的混料纸，由于皮纤维中加入二三成短的草纤维，其强度相比纯皮纸要低不少。以其作为脆弱部位的补纸，强度差不会过于悬殊，能很大程度上避免补纸强度过大而对原件造成新的损伤。通过试修，确定扎花纸强度尚算合适，修补时未对脆弱书叶造成进一步损伤。于是书叶脆弱部位最终确定用扎花纸修补，修补后再对这些部位用薄皮纸进行加固。当然，用扎花纸修补脆弱的皮纸书叶并不是最佳的选择，它与书叶在材质、外观和质感上存在差异。所幸修补都为小蛀洞，面积不大，视觉差异并不那么明显，而内在强度也比较匹配。当然最好是选用各方面近似的皮纸，但匹配的旧纸难觅，选用扎花纸只是各方面因素权衡后的一种折中选择。

（二）以汽蒸老化的方法加工补纸

文献修复虽有用旧纸进行修补的传统，但随着旧纸日渐稀少珍贵，已不能满足我们日常修复的需求，因此需要选用新纸。但新纸色新，与古旧文献颜色反差过大，通常会用染色做旧的方式先对补纸进行加工。此种

图10　书叶的变色酥脆

方式古已有之 ①，现在也比较常用。此册《唐文粹》书叶的修补即用染色做旧加工后的补纸。补纸先染色，后用汽蒸30分钟，以达到补纸固色的目的。

汽蒸固色是利用水蒸气的运动，通过温度和湿度共同作用，让色素随着温湿度的升高从纸张表面扩散进入纸张纤维内部，从而产生固着作用。根据笔者测试，汽蒸确实能起到一定的固色作用。汽蒸20分钟后，用水笔画出的水痕明显变浅。相比汽蒸前，水痕中间的掉色现象得到改善，说明汽蒸能起到一定固色作用。水笔测试掉色的方法也基本能满足常规修复时的固色要求。且随着汽蒸时间的加长，固色效果会更好一些。汽蒸固色已经被证明并应用于修复实践。另外，汽蒸的高温高湿还会加速纸张老化，根据这一原理，汽蒸的方式也可以用来加速老化纸张。另据相关研究，高温、高湿也会加速纸张老化。不连续的热老化会加速纸张抗张强度、纤维聚合度的下降。据此，笔者对于护叶补纸的加工就运用了汽蒸不连续老化的方式。

《唐文粹》第十二册后护叶破损非常严重，需要大面积的补纸补配和修补。护叶用纸与书叶不同而色浅。其纸张成分经检测主要为竹料，混有少量皮纤维。因后护叶破损严重，强度降低，笔者选用了竹料的清仿连史纸。其厚度、质感方面更接近于护叶。但清仿连史纸要比水浸破损变色的护叶颜色新。我们虽也可采用染色的方式做旧，但考虑到护叶水浸后变色老化比较严重，新纸仅仅染色，纸张强度还是会过高。因此笔者尝试用汽蒸老化的方式替代染色做旧。具体做法是将选好的补纸用几层毛巾包裹后置于竹蒸笼上进行汽蒸。每次汽蒸时间一两个小时，中间有间断，为蒸锅中续加冷水。同时也正好模拟了不连续的条件，造成温湿度的波动。汽蒸累计时间约8小时。汽蒸纸张取出后，由于汽蒸时间比较长，发现个别纸张边角有湿润的情况。这些地方纸张颜色略深，也正与水浸护叶的变色情况相合，正好用作护叶补纸。补纸的颜色和强度调整都取得了良好的效果（图11、图12），修复前后效果见图13、图14。

图11、图12　后护叶修补效果

---

① 明代周嘉胄的《装潢志》中已经提到"补缀须得书画本身纸绢质料一同者。色不相当，尚可染配"。周嘉胄是明末人，可见最晚在此之前已有补纸染色的做法。

图13 修复前

图14 修复后

（三）补纸选用在强度方面的思考

什么才是合适的修补用纸？一直以来笔者都在思考这个问题。补纸用来修补破损，笼统说要与原件纸张相同或近似。因此纸质文物修复界讲究用旧纸的传统是非常有道理的。但在旧纸日渐稀少且弥足珍贵的今天，很多时候我们只能选择新纸。在新的补纸选择方面，近些年我们比较注重纤维、厚度、帘纹及颜色的近似，也会对新纸进行一些染色做旧加工。然而强度方面却还未及注意。补纸强度关乎修复的安全性与稳定性，不能不引起重视。修补过程中的补纸撕拉、按压，压平过程的干湿变化以及保存过程中的温湿度变化等，都会有应力产生。新旧纸强度不匹配，很容易对旧纸的文献造成损伤。

从强度方面考虑，补纸强度要弱于原件，这是比较通行的认识。但这种认识在今天的文献修复实践中并没有得到足够的重视和体现。我们一般比较重视补纸的表面特质。当然这是最直观的，如纸质、帘纹、颜色等，所以会有常规的染色做旧。但染色做旧只能使新纸表面颜色接近旧纸，经染色纸张的实际强度还是明显高于自然老化的旧纸原件。这并不适宜于修补已留传几百年甚至上千年的古旧文献，尤其是一些纸张老化脆弱的文献，比如此册《唐文粹》变色部位。修复时如何使新纸补纸与旧纸原件强度匹配，这是一个亟待解决的问题。

笔者在《唐文粹》的修复中补纸的选择与加工方面提供了两种可能的解决途径。一是根据原件情况，选择强度近似的补纸，可以适当降低对纤维匹配的要求，如案例中以扎花代替皮纸修补脆弱书叶。当然这是一种折中选择，并不是最佳途径。二是对合适的新纸进行加速老化加工。这应是补纸加工的必要途径。适当老化加工可以降低新纸的抗张强度、耐折度等强度指标与伸缩性。使其尽量弱于或接近原件，从强度上更好地匹配已经老化的旧纸文献，有利于修复安全与文献的稳定性。实验室加速老化有多种方法，湿热老化、干热老化、紫外线老化等等，其实都可以借鉴使用。笔者文中提供的汽蒸老化方式其实是一种湿热老化的简单加工方法。所需设备简单，在缺乏正规老化设备的条件下，算是相对比较简单易行的一种方式，但并不是长久之计。在条件允许的情况下，笔者建议修复室适当引进老化设备作为纸张加工的必要设备来使用。根据修复需要对作为补纸的新纸进行适当的老化加工，一方面开辟了修复用纸加工的新途径，可弥补旧纸不足的缺陷，为丰富修补材料提供了可行性措施；另一方面可切实提高修复的安全性，满足文献修复日渐精细、高标准的要求。

参考文献：

①闫智培、易晓辉、田周玲：《影响纸张老化的因素及延缓措施初探》，《文物保护与考古科学》2018年第2期。

②张金萍、郑冬青等：《热老化模式对纸张性能的影响》，《文物保护与考古科学》2013年第3期。

③（明）周嘉胄：《装潢志》，商务印书馆，1939年。

④周曙红主编：《纺织品印花》，化学工业出版社，2011年。

原载《文津学志》第十二辑，国家图书馆出版社，2019年

一种特殊"接背"方法在古籍修复工作中的应用
——以国家图书馆"天禄琳琅"专藏《汉书》单册修复为例

崔志宾

"接背",也称"接书脑",并非古籍装帧或修复的必要工序,而是针对古籍中书脑部位过窄,避免纸捻或订线压住版框或字迹的情况而采取的一种补救措施,多应用于线装书。通常做法是用新的纸张把书的背脊(即书脑)进行适当的加宽,避免因装订遮盖书中内容。

一、传统"接背"方式

传统"接背"方式常见有三种:衬接法、粘接法、拼接法。现简要介绍三种操作方法:

(一)衬接法

利用衬纸来加宽书脑。衬纸方式与一般相同,即以准备好的纸张(筒子叶)逐张夹入书叶并紧贴书口、上下平齐。只不过用于接背的衬纸宽度要宽于书叶,宽出的尺寸应是预接宽度尺寸的两倍以上。衬好纸的书叶需先蹾齐书口,以重物压平固定后,再逐叶将宽出的衬纸回折,碰齐书叶边口。如书叶有破损,需将书叶修补完整并压平后再进行接背操作。在通常情况下,衬纸的厚度小于书叶,如此在折叠完成后,书脑处接宽部位的整体厚度也会低于书叶,所以还要另外裁切一些纸条,纸质与衬纸一致,长度与书叶相同,宽度也应大于预接宽书脑尺寸的两倍以上。每隔几叶,上下对齐并碰接书叶边口,以薄浆粘贴在余出的衬纸上,直到书脑处厚度与书叶一致,再整体压平,以待裁切和装订(图1、图2)。

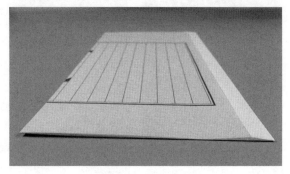

图1、图2　衬接接背法(单叶示意,白纸为接背部分,下同)

（二）粘接法

将新纸粘接在书叶边口处接宽书脑。准备好与书叶厚度、纸质近似的纸，裁切为高度与书叶相等、宽度为预接宽尺寸的两倍以上。将修补、压平、折口后的书叶平放在桌面上，10叶一组蹾齐书口。然后书脑处逐叶错开0.3厘米，面向修复人员，再找平整纸张垫放在最上一叶书叶，错开0.3厘米。摆放完成后用尺板压放在书叶中部固定。准备糨糊，浓度略高于通常补破书叶所用，用软毛刷均匀涂抹在错口部位。将裁切好的纸条从下往上逐叶贴于浆口处，垫吸水纸抚平，再以重物继续压平。待干燥、平整后，用敲锤将浆口处锤平。与衬接法相同，最后将新接的纸条逐叶回折碰边，整体压平后进行裁切与装订（图3、图4）。

图3、图4　粘接接背法（单叶示意）

（三）拼接法

也称"硬接法"，是将需要接宽的部分与原书叶用纸捻碰接在一起。此种做法无需糨糊，干预度低。要求原书芯书背处立面相对平齐，再准备与书芯厚度相当的一沓纸条（图6），裁齐一侧立面，将书背与纸条相撞，并用双头纸捻以"八"字捻方式（图5）连接，连接处不再以糨糊粘接。全部连接完毕后压平，根据适宜尺寸裁切（图6）。用"拼接法"接背的古籍必须添加包角，以固定书体与拼接纸，并使整体效果整齐、美观。

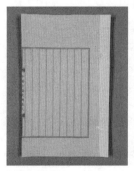 

图5、图6　拼接接背法

上述三种方式并无优劣之分，在实际工作中需根据古籍具体情况来决定使用何种方式。整体厚度偏薄的古籍，可使用"衬接法"，达到一举两得的效果；若需接背的古籍无需衬纸，即可选择"粘接法"。"拼接法"在操作过程中省时省力，但前提是该书适合包角。

在近年"天禄琳琅"修复项目中，见到书中一些前人"接背"的遗存。据档案资料记载，"天禄琳琅"自建立起，曾历经数次大规模检点、维护[①]。这期间除对书体外观进行过数次改装之外，对书中的虫蛀、缺损等问题也曾进行过修补。但因不同时期条件不同、修复工匠技艺水平参差等因素，修复质量必然存在差别。留存下来的修复痕迹形式多样、情况复杂，有些与常见传统修复、装潢方式有着明显差异。本文将讨论"天禄琳琅"旧藏《汉书》卷七十四至七十五所见前人修复所用"接背"的特殊方式，以及原接背的替换与还原。

二、《汉书》卷七十四至七十五前人接背方式

此册待修复《汉书》为元大德刻本，"天禄琳琅"旧藏。四眼线装，高28.2厘米，半叶宽18.7厘米，鹅黄洒金蜡笺书衣，包角，黄色竹纸书叶。此书曾经前人修复或改装过，其表现形式有以下几点：

第一，书叶中有前人画栏补字及抄补缺叶。后添字迹均为手抄，虽极力模仿原书雕版字体特征，但通过仔细观察仍能辨别。另外，多处书叶书口处开裂并散落出白色溜口纸。

第二，所有待修《汉书》均添加白色筒子叶衬纸。衬纸一方面是修复古籍的一种技术手段，在面对书叶过薄、纸张强度降低以及因书叶补破较多导致书面凹凸不平等情况时，添加衬纸可更好地保护书叶、延长书籍寿命；另一方面，前人亦利用衬纸增加书体厚度，使书籍更加美观。经纸张纤维成分检测分析，《汉书》中衬纸的原料成分为青檀皮与稻草。此种浆料配比出现于明中叶后，加之纸张帘丝排列极其细密，制纸工艺特征指向其制作时间不会早于清早、中期。在其他"天禄琳琅"书中，如《元版事文类聚翰墨全书》《宋板春秋经传集解》《宋板班马字类》等亦见有同种类衬纸。上文已述，"天禄琳琅"书清中后期进行过几次较大规模修缮与维护，因此这批衬纸很可能是在清中后期统一添加的。又因《天禄琳琅前编》诸书已于嘉庆二年（1797）随昭仁殿付之一炬，彭元瑞等奉旨以短短七月时间重新集聚一批珍籍，编成《天禄琳琅后编》，规模也大于《前编》书。结合当下我们见到的"天禄琳琅"书推断，很多书被添加衬纸、重装书衣、重写题签等等，极有可能是因为当时为扩充数量，将原本为一册的书改装为两册甚至三册。

第三，待修《汉书》中，有个别册在经前人添加衬纸的同时，在书脑处进行了"接背"处理。在修复《汉书》卷七十四至七十五前，即发现其书背颜色明显浅于书叶（图7），拆

---

① 刘蔷：《天禄琳琅研究》，北京大学出版社，2012年，57页。

解后发现该书曾经前人接背，接背纸与衬纸相同，亦为白色（图8）。但是其接背手法与前述三种传统方法都不相同。书中只有第15、19、20、22、26、27、30、31、32、35、36、41及44叶的衬纸宽于书叶，宽出尺寸约0.5厘米（因书叶宽度不完全一致，部分书叶上下宽度也不一致，所以为保证书体外观整齐，每一处接背位置的尺寸并不完全相同）。前后衬纸的空隙以相同白纸（平均四层为一组）对折成细条填于其中，白纸折口与原书叶书背边口相碰，再与宽出的衬纸粘合固定（图9、图10）。

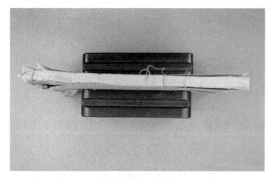

图7　《汉书》卷七十四至七十五修复前书背　　　　图8　修复前地脚处露出白色接背纸

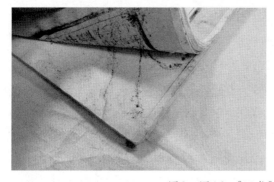

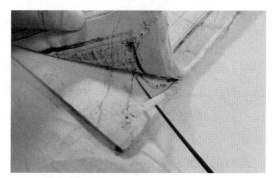

图9、图10　《汉书》前人衬纸及接背形式

　　此种接背方式，是将衬接法与拼接法相结合。首先，并非所有衬纸都宽于书叶，一册接近50叶的书只对其中13叶衬纸进行了加宽，宽出的衬纸排放也并不规律。其次，平衡接背部位与书体高度并未采用衬纸回折的方法，而是在其间夹入若干折叠后的纸条。固定纸条的方法又与拼接法不同，并不运用纸捻而是以粘合剂点粘于衬纸上。

三、《汉书》原接背的替换与还原

（一）《汉书》修复前病害状况

该册《汉书》存在诸多病害问题：

第一，整册书叶、衬纸表面呈现大量黑霉。霉菌的产生依赖于适宜的温度与湿度。当书籍处于一定的温湿度条件下，纸张中易产生微生物，主要是细菌与真菌。一般情况下，细菌对古书的破坏作用并不太明显，危害最大的是真菌。霉菌即属真菌范畴。真菌通常以古籍中的糨糊、纸间胶质等为营养，不断繁殖。被真菌破坏的纸张，短时间内就会呈现霉斑，分解纸张纤维，并代谢产生甲酸、乙酸、乳酸等有机酸，造成纸张局部酸性增强、脆度提高，同时，孢子和菌落及其分泌物会在纸质文物上形成附着力较强的黄、红、绿、青、褐、黑等色斑，非常

图11 衬纸表面的水渍、黑霉

难去除。这是因为组成霉菌的菌丝与孢子有着极强的生命力及繁殖能力，普通的消毒制剂也很难将其彻底消灭[①]。因此，藏品中一旦出现霉菌，如不及时处理，很有可能会继续生发（图11）。

第二，整册书曾经受潮，致使书叶中部与衬纸粘连严重。同时，粘连处的衬纸已经明显呈现强度降低、外观粉化的状态。衬纸粉化处纤维分析也可见纤维重度老化（图12、图13）。

 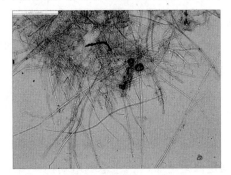

图12 书叶局部与衬纸粘连　　　　　图13 衬纸粉化处纤维图

第三，接背所用的纸条表面也已呈现霉斑，纸张断裂、粉化（图14、图15）。

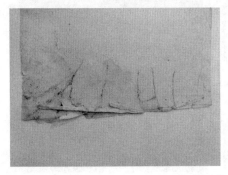 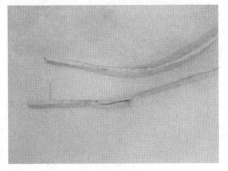

图14、图15 原接背纸条表面黑霉、局部断裂和粉化

① 刘家真：《古籍保护原理与方法》，国家图书馆出版社，2015年，155页。

（二）复原接背

本着"整旧如旧，最少干预"的修复原则，在修残补破后，该书原装帧形式应复原，原书所用材料也应尽量保留。但此书衬纸及接背纸条表面均布有大量黑霉，纸张呈糟朽状态，如继续利用，表面的黑霉在此次修复周期中通过接触空气、水分等因素，有继续生发的可能。因此，决定用新纸替换原衬纸。但本着"整旧如旧"修复原则，不对所见原装帧形式进行任何形式的改换，如此需复原原接背形式。

复原接背过程如下：

1. 以相近厚度纸张替换原衬纸。在扎花、棉连及竹皮混料纸选项中选择了最后一种。前二者虽为宣纸，但帘纹、厚度、颜色等方面与原衬纸有一定差距。新宣纸色白，使用前需要再对其进行染色做旧，但植物染料会在一定程度增加纸张酸化风险。最终在 1.0—1.2 定量的竹皮混料纸中找到特征相对近似的，其成分为苦竹与楮皮，厚度介于扎花与棉连之间，手感绵软。且该纸为本白色，白中略带微黄，颜色也接近旧纸（图16）。

2. 统一喷水压平准备好的纸张，折为筒子叶后逐叶与书叶匹配裁剪。原衬纸与书叶等大的，依样裁剪；原衬纸大于书叶的，天、地与书叶等大，宽度要大于预计宽度的一倍，方便后期统一裁切。

3. 衬纸完成后，取同样的纸张裁成与书叶等高、宽5厘米的纸条，4张为一组叠放整齐后对折，准备13组。统一以重力压平（图17）。依照原书填纸位置，将折叠好的纸条逐一填入衬纸间隙，折口处紧贴书背边口。确定位置后，用糨糊点粘于下方衬纸上。全部完成后压平固定（图18）。

4. 依照该书原有尺寸进行书背部位的裁切。旧书纸张脆弱，应避免重压导致二次损害。制定修复方案时，考虑到电动切纸机压力过大，拟定使用美工刀手工裁切。最后在原纸捻处订捻，并上下包角，保护书角，同时遮挡接背痕迹（图19）。

图16 原衬纸与新混料纸

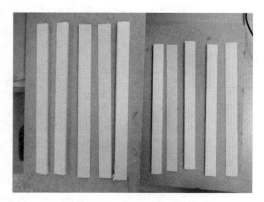

图17 折叠并压平的接背纸条

图18 接背纸条逐叶填入衬纸间隙 　　　　图19 裁切后的书背

四、小结

此次《汉书》卷七十四至七十五修复工作中新发现的不同于传统的"接背"方式，有其巧妙之处，更适用于需接宽处狭窄的情况。传统的衬接法、粘接法在装订环节仍需使用纸捻将书体与接背部分连接，否则回折的纸条在裁切后极易掉落，拼接法中纸捻更是起到关键作用。但如果接背尺寸狭窄，是无法采用纸捻衔接固定的，应用于此册《汉书》的接背方法解决了这一问题，为日后类似情况提供了参照依据。

"天禄琳琅"收录的该版本《汉书》，其中仅个别册经过前人接背。出现这种现象的原因大致有二：一是该书曾历经过书叶的分散与重组，书叶大小不一，所以需通过接背来统一尺寸；二是前人在重装此套书时进行了集中裁切，在操作过程中个别书出现了尺寸偏差，只能用接背的方式统一尺寸。无论原因为何，该书呈现出的前人操作遗存，充分佐证了"天禄琳琅"书历史上曾经修复过的事实。另外，从美观角度来看，皇家珍本竟未做到真正的整齐划一，可以想见当时的装帧整理工作较为仓促。

此次修复，为避免该册纸张继续劣变，在书叶修补完整后，将原有劣化衬纸进行了更换，对原接背方式进行了模仿复原。操作过程详细录入修复档案，原衬纸封装标记后随书入库。

 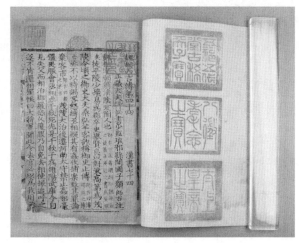

图20、图21 《汉书》卷七十四至七十五修复后的外观与首叶

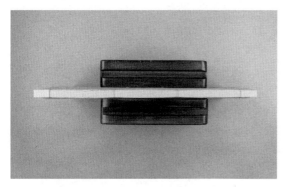

图22　装订后的书背

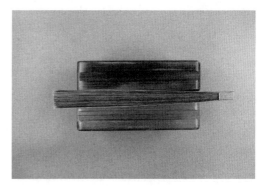

图23　装订后的地脚

（该书修复工作由朱振彬老师指导，特此致谢。）

原载《文津学志》第十八辑，国家图书馆出版社，2022年

第三辑　文献修复案例分析

横批舆图《山东运河十三闸暨引河湖坝全图》修复概要

谢谨诚

一、修复前概况

（一）基本情况

国家图书馆藏《山东运河十三闸暨引河湖坝全图》所绘运河系山东峄县（今枣庄市）江南邳州（今江苏邳县）界至江南沛县山东鱼台县界河段。绘制于光绪年间，纸本彩绘，装帧形式为横批卷轴装。图面绘制精美，文字记注翔实，信息丰富。装帧极为小巧，并配有图盒。图面保存较为完整，各装帧部件较为完好，无大面积缺损（图1、图2）。

图1　修复前图面

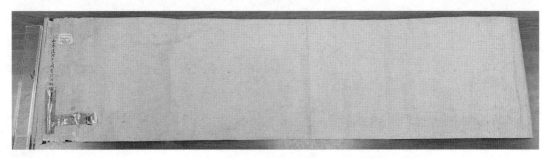

图2　修复前背面

（二）病害概要

卷首多处撕裂（图3），并可见前人修复痕迹，推断至少曾经两度修复。透过图面观察，可见图纸画芯背面有折条及补纸痕迹，可推断现有装裱与修复操作应为同时进行。此图绘制于光绪年间，此次修复、装裱时间或更晚，所用修复装裱手法已与当代技法颇为类似。但修复时过于追求卷首平整度，以修复后效果而言，河道线并未对齐，且撕裂处未完全对齐，撕裂处未做口，致使拼接痕迹甚为明显，实为遗憾。

二次修复系图面撕裂后用胶带在背面粘接裂口（图4），起到缀合加固效果。现今业内公认，以胶带修复的方法不利于藏品长期保存。操作多不可逆，且胶带去除后胶渍极难去除，化学品对纸质文献的保存也多有影响。将此两次修复列入病害一节虽不甚合适，但仅就效果而言，两次处置均有不同程度的欠妥之处。尤其经年放置后，已不利于延长舆图使用寿命，应在制定修复方案时予以修正。

右耳及上下（天地）边右端镶料磨损并有残损，前天杆处夹口纸撕裂，已有脱落风险。推测因正装天杆收卷时需将右首杆反折再系扎，多次操作后难免折裂。另外因两端均为天杆无法卷实，虽有图盒保护，但经年保存使用后仍有多处折痕。

图面多处可见轻度污损，卷首有大块红褐色污渍，中部有黄色附着物，图面多处有点状褐色污渍。图面下部左侧水面区域有少量缺损，仔细观察可见前人修补全色痕迹（图5）。

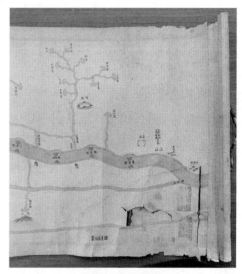

图3　卷首撕裂

图4　背面缀合用胶带

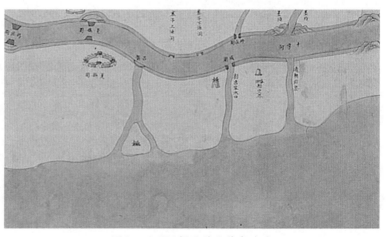

图5　画面污损及前人修复痕迹

（三）装帧样式

如前所述，从现有痕迹判断，该图现有装帧应与修复同时完成，现有装帧为卷轴装横批。全图上下宽度28.7厘米，左右横长118.3厘米。与常见横批相较[①]，镶料极小，上、下天地边宽约1.6厘米，左右耳宽约1.2厘米。

舆图画芯四周无局条。镶裱特殊之处在于：上下边及右耳为正镶，而左耳为反镶。右耳镶料也对图纸边缘造成些许遮挡，与左耳并无明显不同，尚不可考前人此举是另有意图还是失误操作。左右天杆较细，底面宽度仅有1厘米。配有蓝布图盒（图6、图7），盒体尺寸31.5×14.7×5.9厘米，以白漆书写图名。

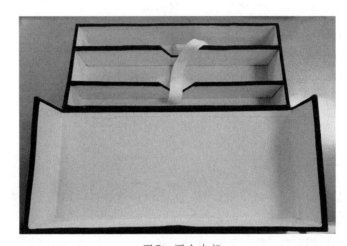

图6　图盒外观　　　　　　　　　图7　图盒内部

与常见横批装帧相较，该图背面无包首、搭杆、签条、袢等部件。虽无签条，但以墨汁书写图名于卷首背面，书写位置及大小又与横批常见签条大小、位置不同[②]。

二、修复方案

舆图保留较为完好，各部件无严重缺损，装裱特征完好留存。但前人两度修复过程中，部分撕裂处拼接不当，应考虑修正。并且以胶带缀合实为不妥，不利于长期保存利用，且影响美观，应予去除。

图面中下部前人修补、全色位置（图5）颜色较为和谐，但未做口致使边线处颜色稍深。原样保留也无明显不妥，但在揭褙过程中发现几处补纸均较薄，难以原样揭除，且用水后已变色，故此将其去除，改为隐补。

---

① 文中横批裱式部分相关术语引自杨正旗：《中国书画装裱大全》，山东美术出版社，45、103、130页。
② 杨正旗：《中国书画装裱大全》，山东美术出版社，51—52页。

图面多处污损并未明显遮挡图文信息，用温水淋洗后尽量去除，不使用化学药剂以免影响载体纸张保存性。

原图旧有镶料较为完整，依据"整旧如旧"原则应予以保留。但若保留，则需在上下（天地）边加通天边，而此图镶料极小，套边后对美观性影响较大。此外旧有镶料细小污损处较多，故未保留，而是参考旧镶料尺寸、颜色、材质配备新料。

原褙纸揭去，背面胶带随之去除，本应对修复操作及效果无甚影响，但该图无签条，图名直接书写于褙纸上（图8）。为保留图名，将该处褙纸揭下后修补托裱，作为签条贴回使用。因此需去除胶渍，以免残留化学品影响签条柔软度，对收卷、保存产生不利影响。

图8　图名书写位置

三、修复流程

（一）备料

依据图面底色染纸以做命纸。选四尺棉连数张，用姜思序堂国画颜料配置色水，颜色略浅于图面底色，加少许明胶以固色，刷染上色。自然风干后，托两层作为褙纸，备用。

选取与原镶料厚度、质地近似的绢做镶料。以五尺棉连托绢，风干后刷染成与原镶料近似的青色，上墙绷平，备用。

（二）托签条

用小块润潮的撤潮纸测试，图名处墨迹无脱落、跑墨迹象。胶带已部分脱落，用吹风机加热后沿脱落处小心揭除。胶带去除后有黄褐色胶渍，且尚有粘性，应再做处理以免收卷时粘连纸张。

以润潮的撤潮纸确认图面颜料无脱落、跑色现象。用调刀沿镶缝剥离旧镶料，部分粘贴尚牢固处用温水闷湿即可剥离。

因浆糊已部分失效，沿撕裂处用启子即可揭开褙纸、命纸。粘贴仍较为紧固处用温水稍闷润使浆糊软化，揭过图名后用启子断开褙纸后取下（图9）。此处已可见前人修复时所留折条及小块补纸。

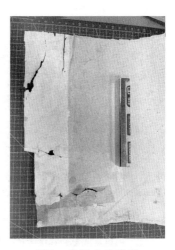

图9　揭图名处褙纸

依据修复方案，将此部分褙纸修复、托裱后用作签条。但因文字处仍有胶渍残留，影响美观，且粘性物质残留在舆图卷首题名处，展平摆放时恐其产生粘连，因此在本次修复过程中尝试去除其粘性，如有可能则将胶渍除去。

先以清水小范围淋洗，但去除效果不佳。再以吹风机加热后尝试刮除，虽使其粘性丧失，但颜色仍较深。又尝试在无字迹处以手术刀轻刮（图10），虽然胶渍可去除，但纸张表面纤维也随之脱落，故此法无法在字迹处操作。

继而尝试使用化学试剂。以毛笔蘸75%乙醇涂抹胶渍，虽然未能完全去除，但已使其颜色稍变浅。反复操作数次后，胶渍虽仍有痕迹残留，但已失去粘性。随残留物减少纸张质地一定程度上恢复柔软。

图10　去除胶渍

丙酮、乙醚等化学试剂虽然对胶带类污渍也有较强去除能力，且无法溶解炭黑系墨汁或矿物颜料，但有造成有机墨汁溶解的风险[1]。进一步尝试或可除尽胶渍，但亦有一定风险，故未做尝试。

图名右上处褙纸贴有机制纸标签，纸张较硬，且所记数字舆图盒上标签相同。如作为题签一部分保留则题签过大，不利于收卷，因此将其揭除。

胶渍去除后托一层棉连纸，晾干后用棉连纸隐补缺损处并在断裂处贴折条，再次润湿平展后贴在密度板上绷平（图11）。

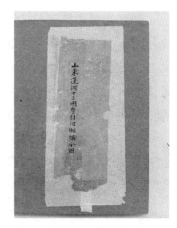

图11　托签条

（三）画芯修复

用手术刀刮除图面蝇屎及黄色附着物，但因部分附着物贴附极为紧密。过度去除恐伤及周边图文，因此仅将其刮薄至无明显凸起，避免影响图面平整度。

对图面污渍采取局部清洗法，以温水淋洗三次，以撤潮纸吸走清洗液。大部分污渍可去除，但卷首处褐色污渍较为顽固，提高水温再次淋洗仍无法尽除。继续提高水温或用化学药剂操作可能在去除污渍的同时使图面颜色变浅，因此并未尝试将其完全去除。

清洗后，采用传统的"稀薄绢吸附法"[2]揭褙，首先将稀薄绢用水平贴于桌面，将舆图

---

[1] 刘家真：《水与纸质藏品的清洁修护》，国家图书馆出版社，227—228 页。
[2] 周海宽：《故宫藏〈清代杨大章花卉图〉修复技法探究》，《中国文物科学研究》2017 年第 2 期，68—73 页。

画面向下置于绢上。用喷壶喷湿图面及褙纸，并以软毛刷刷平。加适量清水并用棕刷排实，直至其完全展平。再以干净湿毛巾撤水，使图面与稀薄绢紧密贴合，起到保护画芯的作用（图12）。

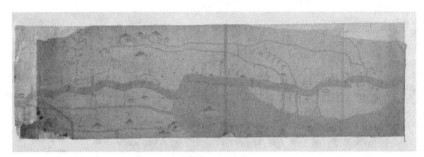

图12　揭褙

舆图在展平状态下充分润湿，浆糊软化后揭褙。原有折条较厚且撕裂处拼接有误，将其去除，加水使裂口处浮起后用毛笔轻推将河道线对正，用毛巾撤水固定。揭除命纸时，以中指搓揭，将其搓成极小的细条。原补破纸颜色脱落且纸张较薄，因此也将其去除。命纸揭除干净后，拉线确认图上下边是否平直，撕裂处是否沿河道线对齐。撤水后扫去纸屑、笔毛等。

用备好的命纸托画芯，命纸四周略大出画芯5厘米，在四周刷浆后贴5厘米左右宽的棉连纸作为隐局条，以在后续操作中保护画芯。托好后翻身，将稀薄绢小心去掉，用小毛笔蘸浆糊复位带起的小片图纸。再将画芯、命纸前后排实，使其充分贴合，避免空壳。

自然干燥后，在透光板上修补画芯。根据缺损程度使用棉连、扎花在命纸背后补破、加固。沿缺损、待加固处边缘撕掉多余补纸，并用手术刀沿边缘处刮薄做口，使之柔软成为一个整体。画芯撕裂、断折处骑缝贴折条，干燥压平后刮薄。图面缺损断折处用手术刀做口，即沿边缘稍刮薄，使其与四周形成过渡，以便于全色。

取两张稍大于舆图画芯但小于隐局条边缘的净皮纸，用清水吸附在命纸背后并排实，四周打浆口封挣上墙。待干透后，依据图面颜色、深浅变化全色（图13）。

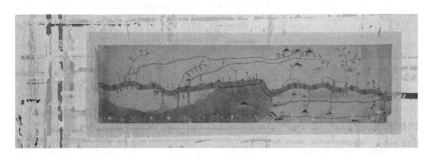

图13　上墙绷平

（四）装帧复原

上墙贴平后静置十日左右，待其随环境湿度变化反复干燥，完成全色等工序后下墙。根据图面边缘找齐、裁方，用手术刀小心刮除命纸背面隐局条。所备镶料下墙后，依照原上下边及左右耳尺寸裁切方正，并备好夹口纸。按照原有装帧形式，除左耳反镶外，其余三边仍做正镶。根据原宽度转边，贴夹口纸后覆褙上墙。干燥后在全色颜料脱落处再次全色，使图面整体颜色成自然整体（图14）。

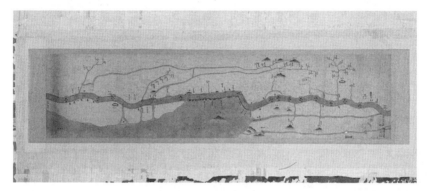

图14　覆褙上墙

原天杆极细，不易寻找相似规格新料。所幸覆褙后图面尺寸变动不大，且原杆较为平直，仍可使用。但原有绦带、封箍、封头已污损残破，故将其替换为新料，为固定绦带，随新料尺寸更换铜钮（图15）。

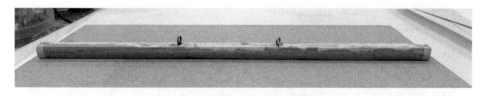

图15　天杆及原绦圈、封头

将天杆上残留夹口纸、封头、铜钮等小心刮除，使表面平整光滑。因有部分残损，以乳胶粘贴木屑修整至平直，干燥后备用。

经十日左右，随室内湿度起伏变化，覆褙后的舆图基本干燥平整。将其启下平铺于桌面，用马蹄刀剔除褙纸上夹杂的小石子等杂物，并用毛掸扫去桌面及舆图正反面纸毛等杂物。打蜡后反复摩擦推砑整幅褙纸，并推砑镶口、夹口处。使整幅舆图柔和、平软、背部光滑，以达到收卷时保护图面、减少磨损，收藏展挂时防潮、防虫。

以马蹄刀剔去多余纸边。取正夹口后，以修整后的天杆为准裁切前后夹口。后夹口做好痕记后，将两侧天杆上封头、铜钮。以"正装"①法装好天杆，上绦带、封箍、扎带（图16）。

图16　装杆

（五）贴签条

如前所述，该图镶料极小，上夹口与右耳镶缝距离较近，如在覆褙时贴签条，较难取正，因此选择上杆后干贴签条（图17）。将修补、托裱好的签条启下，以文字中线为准裁切方正。如前所述，裁切时根据图名书写尺寸以及整图尺寸，裁掉的号码、标签等放入自封袋内留存（图18）。将裁好的签条垫纸轻研，使其紧实柔和。为避免影响图面卷首处平整度，仅在签条背面四周涂抹稠浆。将其松弛地贴到卷首背面，竖边距天杆一线，上沿与转边平齐取正。贴平后上下垫纸、压纸板后以铅坨压平。

图17　签条

图18　取下的裱件及标签等

---

① 杨正旗：《中国书画装裱大全》，山东美术出版社，130页。

（六）保存建议

经冷冻处理后即可归库。因整图尺寸无明显变化，原图盒仍可使用，且取下的部件放入图盒中留存也可避免遗失。但此次装裱参照原装帧形式以"正装"法装天杆，收卷时需将右杆反折后系扎，反复操作难免再次造成夹口处断裂。并且横批卷收时不能卷实，如有挤压则会造成折痕，因此建议如条件允许尽量避免反复卷收，如能平放最佳（图19）。

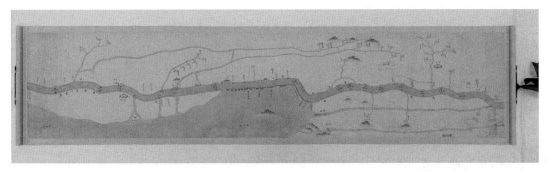

图19　修复后

四、结语

《山东运河十三闸暨引河湖坝全图》绘图精美，装帧小巧，并配有图盒，保存较为完好。可推断上次装裱与修复同时，所憾以今时标准评判，前次装裱修复有不妥之处，诸如拼合不严等小缺憾。本次修复参考现行标准再次修复装裱，修正的同时仍尽量保持原貌。原图名书写于卷首背面，虽然文字工整但位置大小稍有不妥，本次修复过程中将其制成签条，并参照现今通行方法贴于卷首背后，妥当与否尚待进一步探讨。

（本次修复过程中，得到宋玥、李屹东、胡泊等同志指导及大力帮助，特此感谢！）

原载《文津学志》第十七辑，国家图书馆出版社，2021年

旧裱料的保留与利用

——以《宁波府城至镇海关外七里屿放大全图》修复为例

崔志宾

一、舆图概况

（一）入藏背景

国家图书馆于2018年新入藏一批官绘本舆图，数量之大，价值之高，实属难得。此批舆图类型主要有海防图、沿海图、军事图、江湖水利工程图、行政区划图等，采用传统形象画法、计里画方、投影经纬法等不同绘法，尤其用等深线法表示水深，这些对于研究中国测绘史、地图学史有重要参考价值。《宁波府城至镇海关外七里屿放大全图》即为此批舆图之一。

（二）图文概况

该图纸本设色，未注绘者及绘成年代信息，图中右下方及褙纸右侧墨笔书写图名，均为"宁波府城至镇海关外七里屿放大全图"。图中绘有两处方向指示标，右下方标明比例尺及图例注记，此特征表明该图已经具备现代地图绘制要素，因此其年代不会早于明末清初。图中以浅赭色绘示海洋及水系，花青色绘示陆地，围绕入海口及水路要塞处布有营地、炮台，又有苏州码标明海深，由此可明确判断该图是作军用海图之用。图中的"镇海城"位于宁波府东北部，自古便是中国对外交往的重要口岸，也是1885年中法战争末期"镇海之战"的发生地，由于是中国近代战争史上获得全胜的一场保卫战役，使得此地在中国军事史、海防史上具有重要地位。

二、修复前貌

（一）装帧参数及破损情况

送修之始，该图以折叠形式放置。折叠尺寸约为30×17厘米，平铺尺寸宽约118厘米，高约65厘米。画芯米白色纸，宽99.9厘米，高62.5厘米。左右两侧又镶有白色纸边，右侧宽2.1厘米，左侧2.5厘米（图1）。四周裱有米黄色云纹绫边，左边宽8.5厘米，右边边缘残损，宽度在6厘米左右。左侧绫边有"前夹口"。上边宽1.6厘米，下边宽1.5厘米，转边0.3厘米。（图2、3）背面裱有覆褙，研光处理，两处写有图名。

上述特征显示，该图原装裱形式应为"横批"（传统书画装裱品式之一种），只是两侧原杆现已不存。

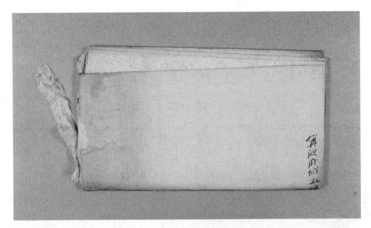

图1　修复前外观

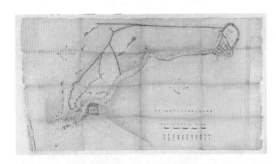

图2　修复前平铺外观（正面）

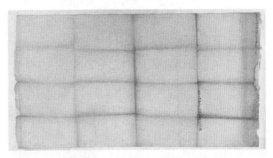

图3　修复前平铺外观（背面）

修复前破损情况：该图因折叠导致纸面多处折痕，且折痕处大都出现变色、酥脆、断裂、缺损（图4）。画芯与命纸、覆褙纸粘接度降低，局部出现"空壳"（图5）。原件画芯、命纸、覆褙托纸、褙纸酸化较严重，纸面pH分别为4.40、4.10、3.80、4.36（图6、7）。镶料（绫）残损。

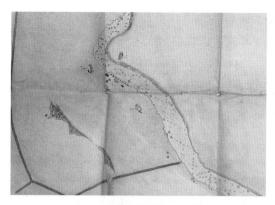

图4　折痕处裂口、缺损

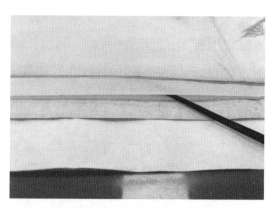

图5　画芯与"命纸"局部粘接失效

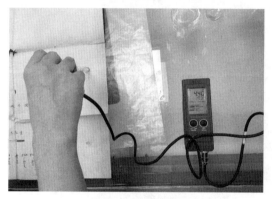

图6　画芯纸面 pH4.40

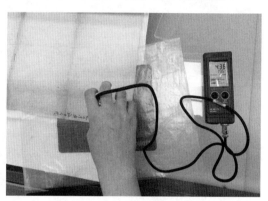

图7　褙纸纸面 pH4.36

纸张成分检测：该图用纸四层，分别为画芯纸、画芯及绫料托纸、覆褙托纸、覆褙纸。取脱落纸样残渣于显微镜下观察，得出结果为该图所用纸张均为竹纸。其中，画芯托纸纤维已呈现老化、断裂。覆褙托纸为生料竹纸，纸质疏松，呈深黄色，木质素含量高（图8—11）。

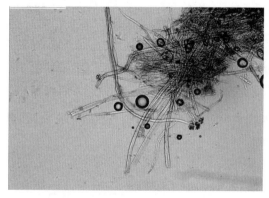

图8　画芯纸（显微放大200倍）
米白色竹纸，厚度0.061毫米

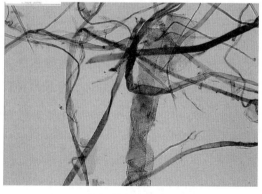

图9　画芯托纸（显微放大200倍）
米白色竹纸，厚度0.058毫米

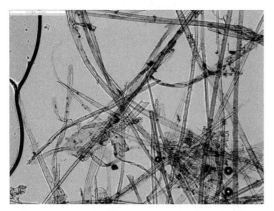
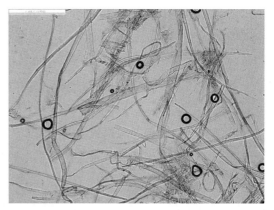

图 10　覆褙托纸（显微放大 200 倍）　　　　图 11　褙纸（显微放大 200 倍）
深黄色竹纸，厚度 0.063 毫米　　　　　　　米白色竹纸，厚度 0.059 毫米

三、修复方案与技术难点

（一）修复方案

本次修复工作以"整旧如旧""最少干预"为指导原则。

第一，除画芯外，其旧裱料也需保留延用。包括画芯两侧的白纸镶边、四边的绫料、写有文字的褙纸。

第二，需对画芯、褙纸进行脱酸处理。根据纸张 pH 检测结果判断，该图所有的载体材料均已呈现较大程度酸化，画芯用纸也出现脆化、破损，如不及时干预，仅将其修补完整重新装裱，其纸张内部所含有的酸性成分将会使纸张纤维素继续水解，直至纸张因酸化严重完全酥脆，缩短藏品保存寿命。因此脱酸处理十分必要。

第三，需对该舆图进行重新装裱。首先由于原画芯、镶料等与托裱纸张之间粘合剂失效，其次经检测显示，所有托裱用纸的 pH 皆呈较严重酸性，继续使用不利于藏品保存。

第四，该藏品原裱装形式为横批，缺失原杆，秉承"最少干预"原则，不再为其添加新杆，保持目前现状。

（二）技术难点

针对此图的修复，难点有四：

1. 画芯、褙纸的脱酸。脱酸溶液的选择及操作过程的安全性。

2. 原镶料的保留。除保留较完整的绫边镶料外，还要对有残损的绫边进行修补后再复原。另外，原绫边天、地均带有"转边"（即绫料边缘向背后回折 0.3 厘米，中间涂厚浆固定，此做法通常是为避免丝织品脱丝），但旧绫边缘早已呈现稀疏、酥脆现象，重新转边容易使其再次于转折处断裂甚至发生脱丝。

3. 原褙纸的保留。通常在重新修裱卷轴类藏品时，原褙纸多不含内容信息，同时也会存在不同程度的破损，因而往往会以新褙纸进行替换。但该图褙纸上写有两处文字信息，本着"整旧如旧"的修复原则，决定对原褙纸完整保留。该褙纸为两张不同质地的纸张托裱，在将不含文字信息的托纸揭去的同时，更需保证带有文字的褙纸完整，继而重新托裱。

4. 镶好绫边的画芯与褙纸重新粘合。因两者之间都有大大小小的裂痕、接缝等，又因原褙纸强度已远低于新纸，所以在上墙绷平干燥的过程中会存在较大风险。

四、修复步骤

（一）揭托纸

操作对象分别为画芯托纸、褙纸托纸。在绝大多数情况下，揭托纸之前须将裱件打湿闷透，用以软化其间的粘合剂，然后趁纸张湿润时将褙纸、托纸依次揭开。而该图在干燥条件下原粘合剂已近失效，采用干揭法可将部分原托纸揭下（图12、13）。

 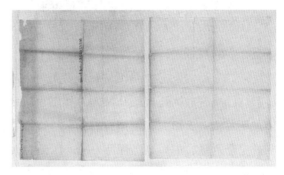

图12 将带托纸的画芯与覆褙纸分离，工具为启子　　图13 揭掉托纸后的褙纸（干揭），为两张拼接而成

（二）淋洗画芯、褙纸

此步骤的主要目的是为该藏品纸张进行脱酸，通过用水清洗将藏品上原有的有害物质，如污渍、酸性成分等进行一定程度的去除，同时在纸张湿润的情况下，将无法干揭的托纸揭除干净。

当代纸质文物脱酸方式有清水脱酸、碱水溶液脱酸、脱酸溶剂等。因该藏品纸面设色，碱水溶液或其他脱酸剂存在使画面颜料产生变化甚至脱色的风险，基于"最少干预"的修复原则，遂最终选择相对温和、安全的清水进行脱酸。水清洗方式又有浸泡、淋洗、浮洗、吸水纸清洗等方法，根据该藏品的实际情况，为避免图中色彩损失又要保证有效的脱酸效果，认为淋洗方式较为适宜。

在淋洗之前，要做纸面写印材料牢固度试验：用毛笔或滴管滴清水在图中字迹、设色处，待水滴洇开后观察颜料是否有溶解现象。笔者于图中墨字、红色、花青色、桔红色处分别进行了滴水检测，均无洇化表现。

将纯净水烧开，待水温降低。在桌案衬化纤纸，分别将画芯、覆褙纸正面向下铺平。画芯纸淋洗用水温度在30℃左右，覆褙纸因无设色，水温可在40—50℃。因为带有一定温度的水对于去除纸面污渍、泛黄优于冷水，但温度过高又会加速纸张纤维素水解。有学者做过纸张的 pH 随清洗温度变化的实验：随着水温升高，清洗后纸张的 pH 会有所增加，但是温度会对纸张的聚合度产生影响，随着水温增高，纸张的聚合度、抗张强度会随之降低[①]。藉助羊毛排笔将水徐徐淋洒到纸面，直至水面高度在0.3厘米左右，静置3分钟左右，从一侧排出污水，再继续上述动作两次。最后将纯棉白毛巾卷起，在纸面上轻轻擀压，将多余的污水擀出的同时让纸面完全平整吸附于化纤纸上。画芯、褙纸分开操作。再趁湿将画芯托纸一点点揭下。（图14、15）

图14　排笔淋洗　　　　　　　　　　图15　排出污水

干燥后分别对画芯、覆褙纸进行 pH 检测，显示结果分别为6.65、6.80，接近中性。

---

① 刘家真：《水与纸质藏品的清洁修护》，国家图书馆出版社，2019 年，190 页。

（三）托裱画芯、覆褙纸

由于原托裱纸现均已呈明显酸性，物理强度降低，不适合继续使用。又考虑到竹纸的韧性、强度及耐久性较宣纸、皮纸低，因此选择宣纸中的棉料绵连作为画芯、覆褙托纸。粘合剂均为自制小麦淀粉浆糊。

因画芯有多处残损，为便于整体色调协调及后期全色，事先将画芯托纸用传统国画颜料染色，颜色浅于画芯底色即可，四周大于画芯4—5厘米，稀浆托裱。因画芯破损处及四周边缘处均为单层，因此需在纸张干燥后，用相同大小白宣纸贴于所有单层处衬平，称为"隐补"。所有裂痕处背面也需贴0.3—0.4厘米宽度宣纸"折条"（图16）。完成后再喷水上墙贴平。

原褙纸揭裱后为两张，均有裂口、缺损，选择厚度、颜色与之接近的竹纸先补缀完整，将两张纸照原样拼接后再托裱（图17）。褙纸四周扩出5—6厘米，即托裱纸四周大于原褙纸，再用相同宽度白宣纸贴于四周单层处衬平。

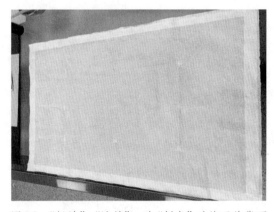 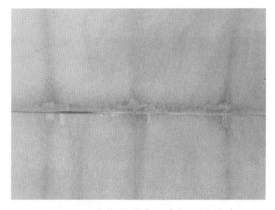

图16　"托裱"、"隐补"、贴"折条"后的画芯背面　　　图17　托裱前原覆褙纸破损处的补破

（四）画芯全色

为保持该舆图画面之整体性，上墙贴平后，对所有缺损处进行全色，颜料为传统国画色。

（五）原镶料修补

因原有镶料现均有残损、断裂、托纸粘合剂失效等问题，绫料本身也因历时日久产生脆硬、稀疏情况，在修补前需先将绫料正面向下平铺在铺有化纤纸的桌面，将之充分打湿后，将原托纸慢慢揭除，再将转边部分小心展开。与此同时，需在桌面拉细线校准，避免歪斜。

针对绫料的缺损，选择花纹接近的新绫料，以国画色染为近似颜色后进行补缺，最后整体上浆，用四周大于原件的宣纸托裱，直接于桌面绷平干燥。断裂及缝隙处同画芯，需在其后贴"折条"或"隐补"（图18—21）。

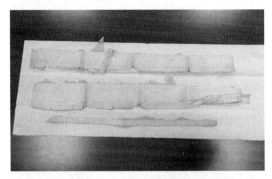

图18　拆解下来的原镶料

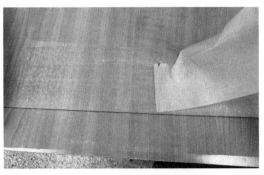

图19　揭除原托纸

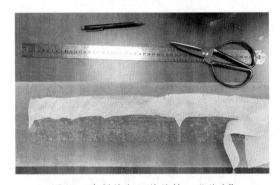

图20　染制绫与旧绫的缺口"碰边"

图21　修补、托裱完成后绷平于桌面

（六）旧镶料重裱

原装裱形式为"反镶"，即绫料边缘镶于画芯背面。此种方式是将镶料的边缘与画芯边缘直接粘贴，覆盖一部分镶料。如果继续使用此种方式，虽可最大程度还原藏品原貌，但是又有其不利之处：旧丝织品与旧纸相比，其纤维强度已大大降低，再次覆盖不仅有牢度风险，如日后进入下一修复周期，粘接处丝绫恐难以保全，且粘接画芯与镶料也会增加拆解难度。因此，为了能够使画芯与镶料都能得到最大程度保护，此次修复在画芯四周"出局条"，镶料镶于局条之上，这样可与画芯在同一层面，完整呈现二者全貌。

四周镶料粘接完成后，考虑到旧绫边已酥脆无力，不适合再次"转边"，又为避免边缘处日后有脱丝风险，在其四周用近似色薄皮纸包裹，称为"套边"或"包边"，宽度为0.25厘米（图22）。

（七）上覆褙纸

在这一步骤操作之前，要先确定好覆褙纸与画芯的位置关系，要求原位复原不可颠倒。确认好之后，再将二者托合为一体。需要注意的是，要尽量避开纸张之间的接缝处，上下两部分的接缝切不可重叠,原因是接缝重叠后不仅会增加局部厚度,也会大大增加干燥贴平过程中的风险(图23)。

(八)干燥贴平

待裱件完全干透后,再次均匀喷水、展平,于背面四周空白纸张处涂3厘米宽度的稠浆,提起裱件贴纸墙,待其均匀、完全干燥。过程中避开接缝处,在画芯及干燥过快的部位及时补水,避免四周或接缝处干燥过快出现纸面撕裂等意外。

图22 "局条"与"套边"(局部)

(九)下墙剔边

裱件在纸墙上干透并停留30天左右,将其取下。由于镶料四周"套边",下墙后不应沿裱件四边裁齐,而是"剔边",即将褙纸的废边折回套边处0.1厘米左右,用快刀剔弃。

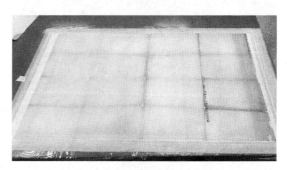

图23 褙纸复原效果

传统裱件下墙后,要在褙纸处上蜡、砑光,不仅可使褙纸光滑不涩,也有助于画幅平整。但是此次修复延用了旧褙纸,其本身已经过打蜡、砑光,并且其强度也已远远不及新纸,不适宜再次施以重力砑光。因此,剔边操作后,检查无其他问题后即完成此次修复工作(图24)。

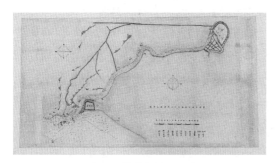

图24 修复后(正面)

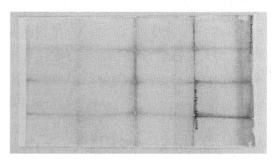

图25 修复后(背面)

五、保存方式建议

该图送修之始是以折叠形式存放,节省了储存空间,但这种形式为原本平整的纸张制造出多条折痕,折痕处断裂、纸张变色、酸化严重等问题伴随出现,显然不利于该藏品的长久保存。此外，修复之前此图各方面特征显示原裱装形式本为"横批"，用于展开挂墙或卷起存放。此次修复保持原状，亦适宜挂墙或卷放。

因此，针对此图的后续保护，建议采取平放方式，上下垫放干燥、平整、pH 中性的纸；或采取收卷方式，里外卷放上述纸张，卷筒直径不小于 10 厘米。置于温度 16 ℃—22℃、相对湿度 45%—60% 的室内环境，避免日照。

六、总结

综前所述，此件藏品对于研究明末清初至近代中国东海沿岸城防工事、航道水域等有着重要的资料价值。目前国家图书馆所藏早期及同时代同类资料仅此一份，就绘本而言，孤本传世，实属珍贵。

由于入藏时该图有纸张酸化、镶料残损等问题，又有前人采取折叠方式导致纸面折痕，使得该图存在种种继续劣化的可能。因此对其进行修补与重新装裱，继而延长其保存寿命，这在当下的工作任务中尤为重要。在此次修复工作中，笔者秉承了当代"修旧如旧""最少干预"的修复原则，通过清水脱酸提高画芯纸、褙纸的 pH 值，提升纸张强度、降低劣化风险；保留了原绫边、原褙纸，对其进行了复原性修补，以期最大程度恢复原有信息与旧裱面貌。

参考文献：

①中法镇海之役资料选辑编委会：《中法战争镇海之役史料》，光明日报出版社，1988 年。

②故宫博物院修复厂裱画组编著：《书画的装裱与修复》，文物出版社，1980 年。

③刘家真：《古籍保护原理与方法》，国家图书馆出版社，2015 年。

原载《文津学志》第十七辑，国家图书馆出版社，2021 年

水油纸样式雷图档的修复
——《外务部定准十洲尘静地盘平样》修复案例

郭志新

　　"样式雷"是清代二百多年间主持皇家建筑设计的雷姓世家的誉称。雷家八代人供职于皇家建筑设计机构"样式房"，其建筑设计图（现存约2万件）涵盖了皇家各种建筑，包含了相关建筑选址、规划设计和施工用料等方面的详情细节，对清史、古代科技史尤其是建筑史以及相关文物建筑保护和研究，均具巨大价值。中国国家图书馆现藏"样式雷"图档近1.5万件，占现存总量的70%以上。

一、文献基本情况

　　由于"样式雷"建筑档案图纸多为单幅，以折叠形式存放，在折叠处存在着不同程度的断裂。另外，图档还普遍存在撕裂和磨损，同时还有部分霉蚀现象。根据图档不同的破损原因和不同级别的破损状况，遵循整旧如旧的原则，选择恰当的修复方法和合理的保存方式，使文献停止继续损坏，进而达到保护文献的目的。

　　馆藏样式雷图档355–1863号《外务部定准十洲尘静地盘平样》被刷了桐油，表面光滑，呈浅黄色，且散发出一股桐油的特殊气味。图档修复之前是折成大小约24×12厘米的折页，破损严重。呈一叠酥脆的方饼状，折痕处有很多断裂，有的已经完全断开，形成碎片；裂口边缘齐整，一触即碎。

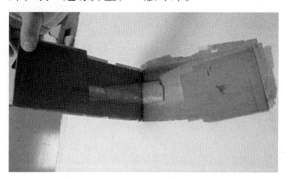

图1　呈一叠酥脆的方饼状

图2　完全断开形成碎片

二、修复方案

这件图档的纸张一触即碎，韧性差，纤维老化严重。由于图档处于折叠状态，打开之前无法看到里面的具体情况。所以只能初步制定修复方案：先托后补。

首先不进行补缺的原因是，原件碎片较多，需要进行多次补缺，为了避免补缺过程中造成新的破坏，采取首先整托的方案，以保证文献的完整性。另外，文献纸张较薄，补完后缺口边缘会透出搭口的阴影，先托后补的方法可以避免这种现象。

图3 《外务部定准十洲尘静地盘平样》修复前碎片较多

三、修复过程

这件图档的破损程度较高，修复过程也比较复杂，主要分为以下步骤：

（一）揭开

展开图档，借助竹启子揭开因潮湿而粘连板结在一起的部分。展开过程中注意补拍照片，并记录碎片对应的大概位置。

此文献包含两张图，尺寸较小、颜色较浅的是外包裹封面，上面分三竖行写有：油纸样、外务部定准廖大人交下十洲尘静地盘图样准底案、系末次交办。

另外一张大图由左右两张大小不一的图粘连拼接而成。它由单色墨线绘图并配有文字，左右两图边缘各戳印有不清晰的蓝紫色数字1863，即藏品号。为了叙述方便，我们把拼接部分尺幅稍大的简称为图A，尺幅稍小的简称为图B。

随着图档的展开，逐步完善具体的修复方案，并选择容易操作且风险小的方案进行修复：

方法一，可以把图A图B一起拼合，先连接起来，然后再托纸、隐补、覆褙。

方法二，也可以选择分别拼合图A或图B后，在背面分别托纸、隐补，然后再连接二者，覆褙。

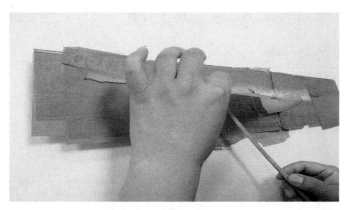

图4　借助竹起子揭开图档

该图经过多次折叠，有多处折痕、裂缝和不少碎片，整图尺幅较大，不容易平整。为了固定碎片，使折痕处的弯曲和断裂处的翘起等变得平整，从而准确拼对，达到托后平整的效果，在纸张不掉色的前提下可以选择把图润湿后展平。

由于图A尺幅稍大，断裂多处，碎片也较多，不容易在短时间内与图B拼合，又因为纸幅和帘纹方向所限制，若使用方法一，需要先拼接托纸，而且在上托纸的步骤中需要注意错开托纸的接缝和图A、图B的接缝。若使用方法二，先单独拼合其中一张图，单独上托纸，不会因为其中一张图的拼合而延长另一张图润湿的时间，对文献来说是相对安全的。经权衡考量，我们决定采用方法二开展修复操作。

（二）纸张检测，纤维分析

1.拼接的大图在电子显微镜20倍物镜下观测，纸样黄色，碘氯化锌染色黄色，不易润湿，不易分散。

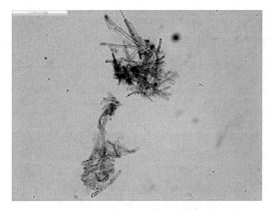

图5　《外务部定准十洲尘静地盘图样》200倍
纤维图

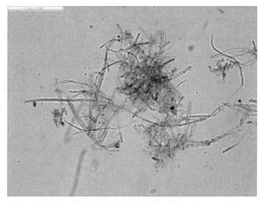

图6　《外务部定准十洲尘静地盘图样》外包裹封
面200倍纤维图

纤维老化断裂严重，一部分纤维细小，颜色偏绿，可见稻草表皮细胞。另有部分纤维较粗大，染色偏棕红，可见褶皱状横节纹。结合两种纤维特性及古代手工纸特点，该纸样为宣纸的可能性大。

2. 外包裹封面的小图纸样黄色，碘氯化锌染色黄色，不易润湿，不易分散。

纤维老化断裂严重，一部分纤维细小，颜色偏绿，可见稻草表皮细胞，推断为稻草纤维。另有部分纤维较粗大，染色偏棕红，可见褶皱状横节纹，推断可能为树皮纤维。综上判断该纸样为宣纸。

馆藏样式雷图档1863号《外务部定准十洲尘静地盘图样》纸张含有稻草纤维和皮纤维，推断为宣纸且纤维老化断裂严重。

（三）选配托纸

托纸的选用尽量与原文献薄厚、质地一样，成分上一致或接近。因原纸张脆化严重，韧性差，选用纯檀皮0.06毫米或特净皮（红星）作为托纸，以加强文献的韧性。

（四）染托纸

染过色的特净皮略厚，故不选用。染过色的纯檀皮，厚度与原件较为接近，纯檀皮作为托纸较为理想。

该图档使用的是泛着红黄旧色的油纸，推测可能是为了方便图样的复制而刷上了桐油。封面的颜色比图A、图B的颜色略浅，中间不均匀，且上下边缘发白，推断可能是因为长期包裹油纸图被桐油渗透导致的。

因此，至少需要染配同一色调不同深浅的两种颜色的纸张。外包裹封面的托纸要染得浅一些，而且不用一味追求颜色均匀。图A、图B的托纸要比外封面的托纸略深，尽量染得均匀一致。

染色颜料使用姜思序堂的片料。提前单独泡好赭石、藤黄、明胶，与少许的墨汁兑在一起。用纸条试色，自然晾干，与文献进行对比，确定各染液所需的量。搅拌均匀，过滤颜料渣、杂质。使用大排笔蘸适量颜料汁进行刷染。

图7　刷染纸张　　　　　　　　图8　晾纸

（五）展平

首先进行遇水褪色实验：把潮湿的白色宣纸条放在图上需要检验的位置，摁一会儿后拿起来检查是否褪色。

该图年代久远，底色和墨迹颜色已经牢固，经过遇水实验并不褪色。在图上分散的蓝紫色且轮廓不清晰的点，推断是图边缘部位藏品号戳印"1863"在多次折叠过程中受潮形成的。经过此次验证，颜色也相对牢固，没有晕染。

在没有全部润湿的情况下，先把图外封面、图 A、图 B 三部分连同大片碎片拼合。不能拼合的小碎片、碎渣也暂时包好保存。

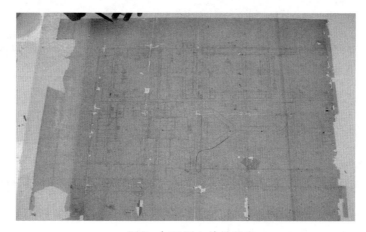

图9　打湿图 A 并展平

经过褪色实验该图不掉色，所以我们采用润湿展平的方法。首先用排笔或毛巾打湿案子，在上面铺一张吸水纸，让纸均匀地润透。将图 A 正面向上放在吸水纸上，正面向上的好处是线条比较清晰，容易拼对。让图吸水润透并展平，同时把相应碎片拼起来，对好墨迹勾勒的线条。不能确定位置的碎片或碎渣先保存在密封袋里，记录大概位置，以便进行后续拼对工作。

在图上敷一张吸水纸，使之潮湿并展平刷实。然后三张一起翻转，使正面向下。翻的时候注意不能让纸张变形，可以使用刷子，让三张纸一起平铺在案子上。小心地揭掉图背面的吸水纸，注意不要把碎片带起来。

（六）上托纸

注意观察图的帘纹方向，托纸与文献的帘纹应保持一致。该图使用的油纸发黄易碎，断口齐整，韧性很差，而且表面光滑，不易润湿，不容易吸收糨糊，所以托纸粘合剂选用未脱筋的古船面粉冲制。

上完托纸后，检查正面，确认无误后，擦干案子，在案上铺一张干吸水纸，图正面向下于纸上，用棕刷刷平排实。注意四边不要遗漏，也要刷实。

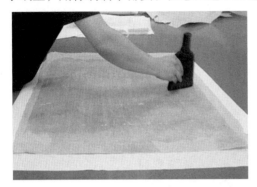

图10　上托纸

图11　检查正面

（七）隐补

本着宁浅勿深的配纸原则，托纸背面用原色纯檀皮进行隐补，以期二者托合在一起后，从正面看托纸的颜色不会发生改变。

待补纸干后，可用马蹄刀或手术刀把略大于缺口边缘对应的补纸刮薄，即"做口"。目的是使补纸与托纸之间搭口过渡自然，二者贴合得更牢固更平整。

（八）贴折条

折条的材料采用重单宣。把重单宣裁成3—4毫米左右宽的长条。用略稠一点的面粉糨糊把折条刷匀。对准折缝处和易断处贴实。为了降低风险，选择在干燥状态下进行操作。

图B参照图A的修复过程进行修复。不同的是图B尺寸较小，碎片相对较少，展平时正面向下即可。

外包裹封面的特点是碎片较多，参考图B的修复过程进行修复。

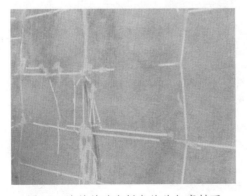

图12　隐补并贴完折条的外包裹封面

（九）连接

把贴好折条的图 A、图 B 连接起来，拼成一张。

由两张图正面原连接区域的线条判断，二者搭口处图 B 压着图 A。用马蹄刀错开原图搭口位置一点儿，刮掉两图多余的托纸，形成一个接缝，用毛笔适量补浆，使两图的接缝粘搭在一起。垫着吸水纸用棕刷沿着接缝处墩实。

图13 拼接后做口形成接缝

把图翻过来，从正面拼合之前没有拼上的碎片。

根据需要的尺寸托两张覆褙。

（十）上局条，上覆褙

把连接好的图纸润潮展平。用原色棉连裁成8厘米左右宽窄的长条做局条，刷浆撒水后，压住图档四周边缘2毫米左右，上在托纸上，使局条与托纸、局条与图档之间粘实。

把上好局条的图档正面向下展平在吸水纸上，折条和接缝处也要润潮。把提前托好的覆褙刷浆撒水后，对着图档，浆面向上，固定位置后翻过来，使浆面向下搭在托纸上，使用棕刷使四层纸粘住。翻过来检查无误后，进行排平刷实。

图14 连接好的图上局条

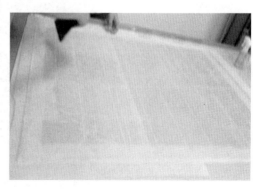

图15 连接好的图上覆褙

（十一）上墙绷平

把上完覆褙的图档润潮，平整在案子上，使用小浆刷和隔护给四周打上浆口，贴一纸条留启子口上墙绷平。

外包裹封面也需要进行（十）、（十一）的步骤。

（十二）全色、接笔

图档上墙绷平晾干后，可进行全色。

全色的颜色浅于图档的底色。用零号小狼毫蘸颜料在吸水纸上试色并吸走多余的颜料后，按一定方向全染，干后再进行下一次全色。

图16　全色

接笔指的是把大图中墨线明显断开的地方用笔墨补完整。文字则忽略不补。研墨，调好深浅备用。用笔床固定毛笔，笔床贴着木尺，对准位置，均匀用力，使线条粗细一致，流畅连贯。可以先在吸水纸上练习，动作熟练平稳后再在图上进行接笔。

为了碎片拼接准确，折条位置贴在裂缝正中，隐补的搭口更自然，以上主要修复过程都在透光台上进行。

图17　接笔

（十三）砑光

在案子上垫一张尺寸大于图档的白报纸，把图档背面的杂质挑去，用川蜡轻轻擦涂在背面。单手握住砑石，从右到左先轻轻滑过一遍。再用双手握住砑石，上下用力均匀地推砑。砑过几次后，调转图的上下边继续砑，目的是使图受力均衡、不变形。再继续砑图的接缝处和边缘。

图18　背面擦蜡

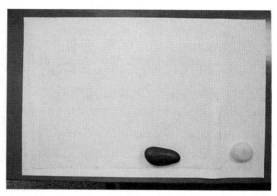
图19　研光

（十四）裁齐

为了保护文献，裁齐时图外边缘留几毫米的余边。

图20　裁齐

四、文献的保存方式

良好的存放方式会延长文献保存的寿命。此次修复的图档因为老化严重而用糨糊托过，不再适合折叠和卷轴的方式。所以最终选择了适合的装具：信夹。信夹尺寸为99×70厘米，信夹能够防尘防潮，并阻止有害气体直接接触文献表面。装有图档的信夹平放在抽屉柜中。

图21　图档修复前

图22　图档修复后

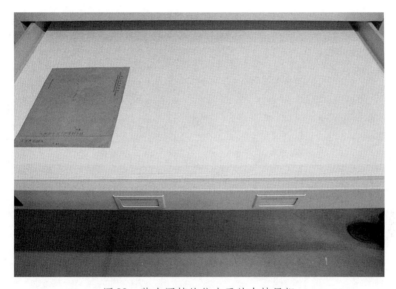

图23　装有图档的信夹平放在抽屉柜

五、完善修复档案

　　整理修复前后的照片，完善修复档案。

　　按档案表格填写《外务部定准十洲尘静地盘平样》文献的基本情况，修复前外观及装帧形式照片，修复前主要装帧参数文字描述，修复前破损情况照片、修复前破损情况文字描述、主要修复方法和措施、所用粘合剂情况、所用补纸及补料情况、所用染料情况、修复流程描述和修复后照片等。

六、结语

"样式雷图档"的系统性、完整性以及规模在世界范围内现存古代建筑档案中都是少有的。水油纸质地的"样式雷图档"在之前的修复中从未遇到过，它表面光滑，与同类纸张相比不容易吸收糨糊。在修复过程中，经过反复试验，调整糨糊的稀稠度，最终得到了合理的浓度：既保证了纸张间的粘合，又避免了因糨糊过浓使图档变硬变脆，而且整个过程是可逆的。在此，笔者把水油纸样式雷图档复杂的修复过程记录下来，以期为修复工作者提供一些经验。

参考文献：

张平、吴澍时：《古籍修复案例述评》，国家图书馆出版社，2012年。

原载《文津学志》第十三辑，国家图书馆出版社，2020年

南宋石经《毛诗》拓片的修复镶衬

刘　峰

　　"石经"是指刻在石头上的经书。自东汉以来，由朝廷组织的历代儒家经典大规模刻石共有7次：东汉熹平年间（172—178）刻成的"熹平石经"，三国魏正始年间（240—249）刻立的"正始石经"，唐开成二年（837）刻成的"开成石经"，十国后蜀广政年间（938—965）刻立的"广政石经"，北宋嘉祐六年（1061）刻立的"嘉祐石经"，南宋绍兴十三年（1143）刻立的"南宋石经"，清乾隆五十六年（1791）刻立的"乾隆石经"。"南宋石经"因主要为南宋高宗皇帝赵构御笔所书，故又称"高宗御书石经"，又因刻于绍兴年间，称"绍兴石经"。"南宋石经"刻成后，立于太学，现存杭州碑林（原杭州孔庙）。全经现仅存85石，其中《毛诗》10石，楷书字体。每石刻经文4排，每排45行，行18字。国家图书馆藏清嘉庆、道光间拓本南宋石经《毛诗》为清代著名校勘学家、藏书家顾广圻旧藏，后经瞿氏铁琴铜剑楼、丁福保递藏[①]。20世纪50年代初，此本与顾广圻旧藏1000余种拓片，先是寄存，后于1951年正式捐赠北京图书馆[②]。

一、拓片基本情况

　　此南宋石经《毛诗》拓片共8张，整幅未割裱，高134厘米，宽88厘米。拓片中间有多个5—6厘米的破洞，几乎相连成串，上下端有锯齿状破损，折叠处损伤较大（参图1）。根据外表判断，应是因为没有辅助保护且长期折叠存放，加上虫蛀鼠啮，造成上述破损，不利于今后保存和利用，亟需进行修复保护。

① 徐自强、张聪贵：《顾氏石墨概述》，《文物》1981年第2期，69—74页。
② 国家图书馆档案，档号：1950-&361-039-2-（2）-2-001。

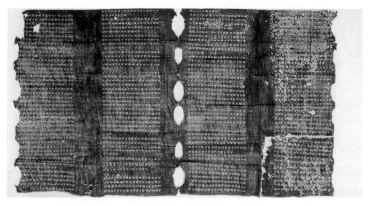

图1 拓片修复镶衬前

二、确定修复方案和修复材料、工具

此南宋石经《毛诗》拓片为整幅形式，旧藏家折叠为长方形：高43厘米，宽28厘米。折叠后表面左上方粘有墨笔题签，右上方有藏号签。

石刻拓片装帧和存放一般可分两种形式：一种是整幅拓片，也就是与原石大小一致的整张拓片，一般折叠存放，或装裱为卷轴；第二种是割裱成册，也就是把拓片按行剪裱并装成册页形式。割裱成册便于翻阅、临摹，但拓片经过剪装，粘接之处较多，剪裱过程中容易错落、错行；在长期保存中，也容易因粘贴不牢固或受潮而脱落散失。这都会影响资料的完整和准确。从资料完整的角度，整幅拓片是存藏优先选择。当然整幅拓片也有存取不便、折叠存放久了折叠处易损伤等缺陷。

综合考虑上述因素及此拓片现状，为了更好地保护拓片使之长久保存，我们决定对其采取"镶衬"修复方法，修复后再折叠存放。镶衬法的程序是先喷水展平拓片（如有残损则先行修复），然后用局条在拓片背面用少量的糨糊进行点状连接，再用稍大于拓片的衬纸从背面翻边压在所镶的局条上并粘连。衬纸与拓片间未使用糨糊，只通过局条相粘连，所以拓片原纸和衬纸柔软，可以任意折叠。衬纸将来若磨损，勿需揭裱，仅需换一张新的外衬纸就行了，而且置换时不会伤及原拓①。

根据修复方案和拓片现状，修复过程中需要用到以下修复材料和工具：

纸张主要会用到修补用宣纸、拓过墨的补纸、镶衬用构皮纸。修补用纸选择的原则是最大程度地接近原件，不能太薄也不能太厚，以比拓片稍微薄一点为好。拓片的纸张因为有墨的附着，显得比一般的宣纸稍厚，所以经过反复比较，在种类众多的修复用纸中选择

---

① 冀亚平：《从馆藏拓片的装裱形式谈拓片的保护性装潢》，《文津学志》第二辑，北京图书馆出版社，2007年，169页。

了一种与原件最为接近的纸张。拓片有墨色部分的修补需用拓墨后的补纸（图2），补纸需在修复前提前通过拓墨制备。粘连拓片和衬纸的局条选用修补用纸相同的宣纸。衬纸选用构皮纸，是因为其韧性较强，能够比较好地保护拓片。

图2　修补备用拓纸

工具主要用到：毛笔、水碗、糨糊碗、针锥、镊子、调刀、剪子、铅铊、板刷、喷壶等。

三、修复步骤

1.揭取题签

首先用毛笔蘸温水在拓片的题签及登录号签处闷一下，然后用针锥及镊子小心地将两处标签取下来，同时注意用铅笔在拓片背面记下该拓片的登录号，以免记混（图3、图4）。需要注意的是，标签上有时会有圆珠笔墨水、印油等污渍，在揭取标签之前先用湿宣纸在有污渍的地方蘸一下，观察是否掉色，确定不掉色之后再开始揭取标签。如果跑墨，则只能在跑墨的地方干揭。此时必须小心谨慎，以防损坏拓片。不过也可以在标签的背面稍微润一点水，然后再从正面揭。

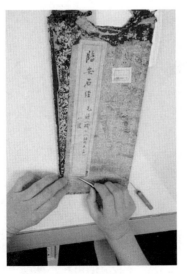

图3　揭取题签

图4　揭取书号签

2. 修补拓片

首先将拓片背面朝上，用喷壶稍微喷些水，用板刷将其抚平。喷水过程注意壶嘴在拓片斜上方45度角左右进行喷洒。湿度要掌握好，水少了不起作用，太湿了拓片容易和工作台粘在一起，以纸稍微发潮为宜。喷湿后用板刷把拓片抚平，不管是阴文还是阳文，有墨的地方一定要平。然后用宣纸和备好的拓墨补纸来修补拓片上的破损处（图5、图6）。无字无墨的地方，可以用单宣纸修补，有字有墨的地方要根据墨迹的深浅，选择与之相匹配的补纸进行修补。修补的方法与一般古籍相同。

 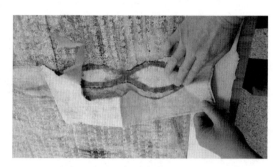

图5　刷糨糊　　　　　　　　　　　　　　　图6　修补

3. 展平拓片

修补好的拓片稍微喷些水后，把它夹在两张撤潮纸中间，放在工作台上，上面盖一张草纸板，再用压书板压平（图7）。

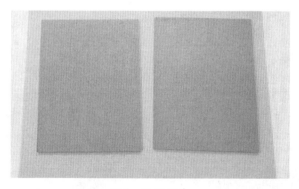

图7　压平拓片

4. 镶衬拓片

拓片修补、展平后，进行镶衬处理。首先根据拓片尺寸把构皮纸裁得比拓片的尺寸大一些（以备四个边回折包住拓片），背面朝上铺在工作台上，把拓片正面朝上摆在构皮纸的正中位置。至于衬纸回折多少要根据拓片墨心与纸边距离大小和拓片的大小决定，拓片如果大或墨心外留白多，纸边可折得宽一点；拓片如果小或墨心外留白少，纸边则折得窄一点。这样成比例，视觉上比较好看，也不会压住拓片墨心里的文字。此次修复由于拓片的尺寸大于现有构皮纸的尺寸，所以先根据拓片尺寸对构皮纸进行拼接。拼接时搭口相接处以1.5—2厘米为佳。

再用单宣裁成4.5—5厘米宽的纸条（即局条），把它垫在拓片四周下面与构皮纸的交接处，用毛笔蘸稠一点的糨糊点在交接处，每隔15—20厘米点一下（图8、图9）。如此把拓片和构皮纸粘接在一起。裁镶衬的局条时要根据拓片的具体情况去裁。有时候需要裁宽一些，这是因为拓片本身边缘有点斜，纸条适当宽一点才能把拓片和构皮纸衔接上。

接着用剪刀把构皮纸的四个角沿45度倾斜角剪两刀，把多余的去掉。注意剪的时候不能剪多也不能剪少，剪多了中间会有缝，剪少了纸会重叠，表面会有一个梗子。剪裁好后，再把四个角抹上糨糊粘牢，再次在背面用铅笔写上登录号，以便镶衬完成后粘贴相对应的登录号（图10）。

图8　粘局条　　　　　　　　图9　粘接衬纸和拓片　　　　　图10　45度角剪裁

5. 成品压平

在拓片上稍微喷一点水，夹在两张撤潮纸中间，上面铺一张草纸板，再放上压书板，最后再放压书石，将它压平（图11、图12）。

图11　成品压平　　　　　　　　　　　图12　拓片修复镶衬后（尚未折叠）

6. 按规制折叠

镶衬好的拓片需要折叠后进行保存。压平一天后，我们拿一个草纸板做志子（比函套装具四周小1厘米左右），作为标准量具把拓片折叠起来（图13—17），以便折叠后存放于统一规格的函套。一般以对折的方式进行折叠，形成往右打开的状态。修复镶衬后旧折痕已不存在，重新折叠时注意不要用力压出新的死褶。

图13—15　用志子丈量大小并折叠已镶衬拓片

图16、17　折叠拓片

7. 粘回题签

折叠完成后，再把原题签和藏号签粘回构皮衬纸相应位置。修复之前题签和藏号签是直接粘贴在拓片上的，修复后把它们粘贴在镶衬纸上，更加有利于拓片本身的保护。然后用压书板和压书石简单压平之后将其放回原盒内。这样一个完整的修复镶衬拓片工作程序即告完成（图18、19）。

 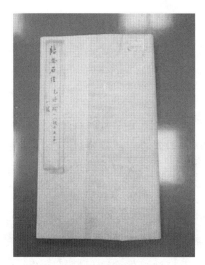

图18 粘回题签　　　　　　　　　　图19 最后成品

原载《文津学志》第十六辑，国家图书馆出版社，2021年

馆藏《清代绢本祖先画像》修复小记

胡　泊

　　2017年6月，国家图书馆古籍馆接受了一批来自私人的捐赠，内容包括十三件祖先像以及数本家谱、老照片。这些珍贵的文物是中国古代祖先崇拜行为的特殊产物，也是儒家"敬天法祖"思想观念的体现，其研究价值不仅在于其历史性，也在于其社会性、民俗性和艺术性。

　　这批捐赠物中的十三件祖先像的绘制时代从清代初期延续到民国时期。画像的表现技法多样，画功细致，写实性很高，反映出清代不同时期肖像画的典型风格。此幅经过修复的祖先像是十三件祖先像中尺幅最大的一件，画芯高165.5厘米，宽92厘米，装裱后尺寸为高255厘米，宽103.5厘米。这样大尺幅的祖先像，很可能原本用于悬挂在家族祠堂之中，作为子孙祭拜或举行祭祀仪式之用。在明清时期，从皇家到世家大族，都有专门供奉祖先像的祠堂，每逢祭祀之时，就需要悬挂祖先像，进行祭祀活动。从画面巨大的尺幅和精巧的画技来看，拥有画像的家族应该是地位显赫、财力富足的世家大族。

　　这幅祖先像以工笔画法完成。我们在修复过程中发现，画家在绢的背面以白粉涂染面部，作为脸部的底色，然后再在正面略施薄彩，晕染出面部五官的凹凸感。画面中的衣饰、冠帽描绘得极为精细，局部施以金粉，更见富贵典雅之气。画面中最下方的男子身着满清对襟方服，前胸所绣补子图案为白鹇。从补子的图案判断，此男子应为清代早期五等文官[1]。他的身边是一老一少两位夫人，身穿命服。他的父亲和祖父在画面的中上位置，身边端坐着他的母亲和祖母。其父亲、祖父身着大红色明代"团领衫"官服，头戴官帽，可见二人均为明代文官[2]。此幅祖先像人数众多，共有七人。很可能是清代前期画工根据遗留的祖先像重新经营绘制，将三代祖先，七位逝者同时置入一幅画中，以供后人瞻仰祭拜。

---

[1] 王渊：《明清文武官补子纹样的辨别》，《丝绸》2013年第8期，55—62页。
[2] 柳庆龄、许尊庶：《〈方氏像谱〉中明代衣冠服饰考》，《敦煌学辑刊》2013年第3期，113—123页。

一、藏品保存状况

此画原本的装裱形式是传统的挂轴式装裱。画绢脆硬，绢丝较为细密。镶料为深黄色云龙纹绫子。由于保存不当，这件尺幅巨大的祖先像破损比较严重，裱边均已开裂，有的裱边已经残缺不全。木质轴杆有裂纹，轴头磨损严重。画芯处生有排列均匀的数条带状白色霉菌，局部有污渍和虫蝇粪，严重影响了画面的视觉效果。画芯数处横向开裂，所幸裂纹未及人物面部区域，但在外力或内应力的作用下，裂纹很可能进一步延伸，甚至可能造成贯穿裂隙。画面边缘处绢丝多有脱落。画面所施矿物颜料如石青、石绿多有剥落。（见书前彩插图第三页）

二、修复过程

1. 备修补材料

①备命纸。命纸是托覆在画芯背面的第一层纸张，对画芯起到增厚和保护作用。揭掉画芯的老旧命纸，为其换上一层健康的新命纸，能够有效增强画像的物理强度。选择新的命纸时，薄厚问题尤为重要，应做到加托命纸后的画芯与装裱材料的薄厚相当，这样裱出来的画件才能长久保持平整。在对画绢和镶料的厚度进行测量后，我们选择以净皮单宣作为命纸。由于绢丝纹理疏松，容易显现出命纸的颜色。为避免画像原有色彩基调发生明显变化，选用的命纸需要对照画芯进行染色。因为画芯在潮湿状态下不好比对颜色，故要在画芯遇水之前染命纸。在染色时，命纸要比画芯最浅的地方浅一色。

②备补绢。补绢材料的选择是决定画像修复效果的关键前提。所选用的补绢应做到在织造加工方式、经纬纹理、疏密程度、绢丝粗细和绢丝强度上与画芯绢地尽量相同。在此基础上，加之后续正确操作，补绢部位可以达到与原件浑然一体的效果。否则，无论后续如何全色，都会有较为明显的区别。根据观察结果我们选用一种经线0.08mm，纬线0.04mm的圆丝双经单纬画绢作为补绢，并且根据画芯的气色将补绢染色。补绢应染制成比画芯缺损部位周边略浅的几色，并吸在画案上挣平。

2. 正面拼对

将画件移至大案，揭除原有镶料。略潮水，使画芯湿润舒展。以稀浆刷棉纸条，对碎片及破损部位进行初步固定。

3. 清除附着物

用干软毛刷轻扫除去画件表面附着的干霉及灰尘，之后将毛刷蘸水，并反复轻刷霉斑，以进一步洗除浸入绢丝网眼内的干霉。最后以马蹄刀轻轻剔除表面附着的虫蝇屎。

4. 固色

以湿纸条用适当力度按压有色部位，检测画面色彩是否脱色、跑色。经测试，绘制衣着的重彩大红色部位，绿色部位及花青色部位有脱色潜在可能，故以稀明胶对以上部位进行固色。

5. 清洗画芯

案面喷水刷吸塑料布，并将画芯正面向上移至其上。潮水，使画芯略涨，之后以排笔蘸清水刷湿画芯，使其吸附在塑料布上并顺势拼对就位。由于画芯较大且碎片较多，此步需从右至左逐步推进，以免堆积褶皱。用60℃左右的清水对整幅画芯进行淋洗，并用排笔轻轻擀压，将污水挤出。重复冲洗2—3遍，至挤出的黄褐色污水变浅，画面内容墨色清晰即可。

再次对错位移动的画面进行调整拼对并扯线找齐找正四边。而后，以毛巾卷卷，吸取画芯多余水分，将画芯固定在塑料布上。

6. 封固画芯

为避免揭裱过程中绢丝扭曲变形破坏画意，须从正面对画芯进行封固。将薄化纤纸裁成边长约一尺的正方形。从右侧开始，以软毛刷在裁好的化纤纸表面打稀稠浆，使化纤纸吸附在画芯正面。继续吸附化纤纸，直至整个画芯正面被化纤纸全部覆盖。化纤纸之间需搭接，不能漏缝。化纤纸的边缘需多出画芯边缘一寸以充当废边。化纤纸全部吸附好后，需在其上再加托一层宣纸或吸水纸作为加固层。

7. 揭褙

画芯封固好后，随即翻身刷平贴在案子上。之后，开始揭褙。依次揭去原有褙纸和托纸。覆褙纸相对易揭，命纸则粘接牢固，需要以手指一点点搓除干净，工序较为缓慢，需要耐心完成。此处有一点特别加以介绍，画者在绘制人像面部时，为达到提亮的效果，从画绢背面以铅白或蛤粉等白色颜料对面部等部位进行了打底。在揭除这些部位的命纸时要格外小心，既要把命纸揭除干净，又要防止这些白色图层被顺势带落，造成画面变暗。

8. 修补

修补分为补缺和补裂。对于画面缺损部位的修补，需选用比缺损处画芯略浅两色的补绢作为补料，先将补绢对准画芯经纬，而后依照缺损边缘用铅笔画出比缺损略大的轮廓，再用剪刀剪下。之后，用毛笔在缺损边缘及缺损处露出的化纤纸上涂浆，并随即粘贴补料。贴好后的补料需用毛笔补涂稀浆予以固定。

修补裂缝时，同样需选用比裂缝处画芯略浅两色的染色绢作为补绢。将补绢沿着经线或纬线裁成约7毫米宽的绢条，并用剪刀剪成长度不等的若干小段儿备用。用毛笔在裂缝处涂浆，随后捡取长度适宜的绢条补在裂缝处。

9. 托画芯

托画芯用浆比托绫绢料略稀。用排笔在画芯上涂浆，共间隔刷浆三遍，刷浆时运笔要轻，以防补绢被带动移位。要注意浆糊的厚薄程度。厚了画芯易发硬，薄了则粘连不结实。托纸尺幅需比画芯四边各多出 1.5 寸作为废边，先将托纸闷潮，使其充分伸涨，待画芯上浆糊的水分略减，上纸排实。而后，用排笔在四边刷稀浆加托隐局条。画芯翻身，揭去封固的宣纸和化纤纸。待画芯半干，以手指轻搓画芯表面，除去画芯正面吸附的余浆。之后，在画芯下垫衬干纸，待其自然晾干。

10. 贴折条

为了防止画件收卷时折口处再次发生折断，画芯托完后还需在托纸上加贴折条对折口进行加固。此处，选用棉连纸裁条，宽度 0.3 厘米。如断裂走势与画轴方向平行，则必须添加折条；如果垂直，则折条可加可不加，加则更好。折条必须粘贴牢固，不可空壳，亦不可重叠。

11. 打胶矾

打胶矾即在画芯背面的托纸上涂刷调配好的胶矾水，以使托纸由生纸变为熟纸。这样做，一方面可防止全色时颜色洇晕渗漏，同时也有助于降低画芯吸水后的伸涨，便于之后的镶料和覆褙工序。胶矾水的配比一直有 1 胶 3 矾 15 倍水之说[1]，老的修复师则常依靠经验以口尝味道的做法判断。同时夏季潮湿应矾多胶少，冬季则胶多矾少。打胶矾时，先将画芯背面向上平铺于画案，用排笔蘸胶矾水从右至左均匀涂刷，之后再以棕刷衬水油纸排刷，促使胶矾水渗透进托纸。而后，画芯起台，移至干纸上候干。待画芯干透，以毛笔蘸清水在画芯背面轻划，如水迹停于表面未向托纸内层渗透，说明胶矾水用量已够；如托纸迅速湿透，则需加刷矾水，直至满意。胶矾亦不可打的过多，否则会有白色的矾粒析出。

12. 封挣

绢本画芯伸缩力大，需在其背面吸附一层护纸再上墙贴平，即封挣。封挣时可以净皮单宣作为吸纸，大小需比画芯废边缩进约两厘米。具体步骤为，首先将吸纸刷水，折叠闷湿待用。将画芯掸水润湿，卷叠。待画芯闷透，打开画芯，背面向上刷平在画案上。而后上吸纸，并用棕刷排实吸牢。如一张吸纸不够，也可用多张吸纸拼接吸附，但搭口处需涂点稀浆粘接。以稠浆在四边打浆口，吸纸及废边都要打到，之后吊线上墙贴平。

13. 全色

待贴平晾干后，即可"全色"。应采用由浅及深的方式耐心逐步推进。最后达到"远观一致，近视可辨"的效果。画面白色涂染部位出现返铅变乌迹象，可以用 3% 的双氧水进行涂拭，污迹就会重新变白。

14. 装活

完成全色并待画芯完全干燥后，便可下墙进行装裱。祖先像画芯的装裱与普通立轴装裱步骤大致相同，但也有几点较为显著的区别。如画芯方面，方裁画芯时四边需保留隐局

---

[1] 杨正旗：《中国书画装裱大全》，山东美术出版社，1997 年。

条以备正镶镶料。镶料方面，镶料厚度须与画芯厚度尽量相同，且需与画件同时下墙。褙纸方面，褙纸由三层单宣按长边错口托成，覆褙时托纸横向使用，搭口为错口交接。砑活时裱件下需垫厚纸，为使裱件松紧程度一致，需从左右两边各砑三遍。

三、结语

在此次祖先像的修复过程中，我们始终严格遵照文献修复的规范化流程，科学严谨地开展工作。首先，根据画像的破损状况、装帧形式、绘画手法以及今后的展存、保护需求制定了详细的修复方案。之后，在修复中严格按照方案谨慎操作，并通过文字记述、图像拍摄等方式制作了修复档案，对画像修复前状况及修复流程进行详细记录。历经多道工艺环节，最终顺利的完成了画像修复工作并达到了理想的修复效果。

对于修复工作的每一道环节，我们均认真贯彻了文献修复的相关原则，如在对画像进行清洗、全色时，按照"修旧如旧"、"最小干预"的原则对修复程度进行把握，使得修复后的画像既再现了其原有的神情风采，又没有失去历史的沧桑感，从而最大限度的保留了画作蕴含的艺术价值和历史信息。此外，修复中遵循"过程可逆"原则，根据需要可以对修补材料进行去除，使画像还原至修复前的状态（见书前彩插图第三页），这为画像的修复安全和再次修复提供了保证。

此次画像修复工作的开展，对于提升修复组在修复绢本书画类藏品方面的业务能力也有着积极的推动作用。为达到更为理想的修复效果，修复人员努力寻找最佳的修复材料，从而丰富了针对修复绢本书画的材料储备。为探索更为科学高效的修复方法，在确保对画像无害的前提下，尝试了多种新工艺新设备，并取得了良好的使用效果。这些都为今后修复类似藏品奠定了基础，捋顺了流程，也提供了更多可供参考的经验。

原载《云南档案》2018年第4期

两件新善本的修复探索

田婷婷

2017年8月15日至10月29日，由国家图书馆主办的"钢铁长城——纪念中国人民解放军建军九十周年馆藏文献展"在国家典籍博物馆第三展厅展出。相关展品在展前进行了修复维护，其中包括《晋冀鲁豫中央局主席杨秀峰致乐天宇的密信》和《革命军人四字读本》两件新善本文献。这两件文献的修复在修复设备材料、修复方法等方面进行了一些新的尝试和探索，取得较好的效果。特将其整理成文以供业界同仁探讨、指正。

图1、2、3　展览现场和展览中的两件文献

一、《晋冀鲁豫中央局主席杨秀峰致乐天宇的密信》的修复

（一）文献基本情况

《晋冀鲁豫中央局主席杨秀峰致乐天宇的密信》，以下文中简称《杨秀峰密信》或《密信》，据展品介绍，此信是杨秀峰以晋冀鲁豫中央局五人委员会主席的名义就乐天宇为华北农大申请购买药品事宜给乐天宇的回复函，在信中传达了晋冀鲁豫中央局五人委员会关于药品管理的规定。乐天宇是毛泽东的友人，开垦南泥湾的策划者，曾任华北农大校长。

此封《密信》材质为机制绿格稿纸，单页，蓝黑钢笔水书写，对折折叠保存（图4）。

（二）《杨秀峰密信》破损情况及主要原因分析

展开此信，发现信件纸张褶皱严重，折叠处有撕裂，背后透光状态下信件呈现大大小小多处破损，破碎处多位于钢笔书写处（图5、6、7、8）。仔细观察，钢笔字迹周围出现一圈明显的黄色痕迹，有些地方已被洞穿。

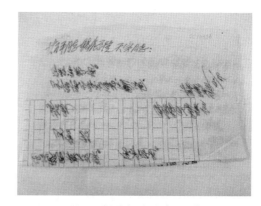

图4　折叠保存的《密信》

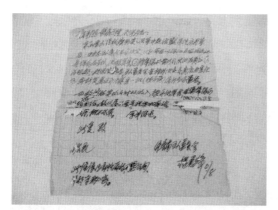
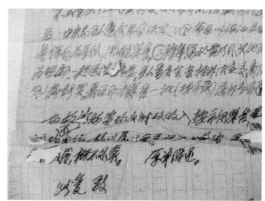
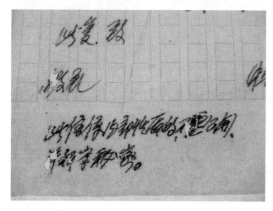
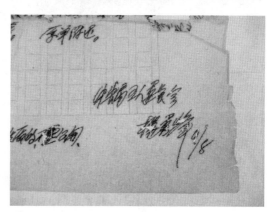

图5、6、7、8　《杨秀峰密信》透光破损情况及局部墨水腐蚀纸张状况

据相关研究，蓝黑墨水中含有硫酸、没食子酸、鞣酸等酸性物质，酸度很大，pH值一般在2左右。酸性墨水会加速纸张纤维降解，明显腐蚀纸张，造成纸张的脆化甚至穿孔，影响纸张的耐久性。此密信字迹部分出现洞穿破损，推测就是酸性墨水长期腐蚀纸张的结果，这也是导致此信多处破损的主要原因。

（三）《密信》修复难点及修复方法探索

通过以上分析可知，蓝黑墨水的酸性是导致《密信》破碎的主因，不除酸，纸张被腐蚀破碎的命运难以扭转，但此次修复时间紧迫，未就脱酸问题进行深入探索，只进行了常规的修补和托纸加固，使其便于展陈。常规局部修补的方法只能修补已有破损，而整体托纸是在修补的基础上在信件背后加托一张纸，能一定程度上延缓信件腐蚀破损的过程，也能更好地展平信件的褶皱，在没有更好方法的前提下，整体托裱是现实情况下的最佳选择。

经修复前测试，此《密信》的蓝黑墨水遇水按压会产生褪色现象，最好禁水或严格控水。纸是水合纤维之物，褶皱的打开离不开水。经模拟实验，虽然无水乙醇对蓝黑墨水的字迹比较安全，但对褶皱的展平并没有明显的作用，而相比压平的方式，经托纸的褶皱纸张更加平整。因此，此信褶皱的情况不但需要借助水分润潮展开（水少展不开，水多字迹有褪色风险），而且还需要托纸，托纸用粘合剂——稀浆糊中多半以上都是水。一方面要求尽量控水，一方面又必须要大量使用水，这种矛盾正是此信修复的难点所在。如何用水，如何在控水的情况下平整固定信件完成托纸加固，是修复成功与否的关键。

首先，信件褶皱展平，肯定不能用常规方法——向《密信》原件喷水，只能间接润平。因此采用了向吸水纸上喷水后，再将信件用吸水纸卷起润潮的方法，而且吸水纸喷水量也得控制，不可过湿而沾湿《密信》。为了避免《密信》沾湿，操作时可在原件和吸水纸之间间隔透水汽的化纤纸以确保万无一失。

其次，信件托纸，也必然不能直接在信件上刷稀浆，而必须采用搭托的方式，也称覆托，即在托纸上刷糊，然后将托纸上多余水分吸掉，再将托纸轻刷在信件背后并排实。

再次，利用除尘修复台的负压吸附功能固定褶皱的信件，辅助托裱。搭托要求被托文献本身要平整，但此信褶皱严重，仅通过以上间接润潮的方式并不能使其完全平整，达到托裱的要求，需要借助外力使其平整固定。在这种情况下，我首次用到了除尘修复台的负压吸附功能，修复台内部有风机，台面中间部分每间隔1厘米各有一个直径约3毫米的小孔洞，面积约为48厘米×38厘米，开启后在风机高速运转下台面内外产生压强差，外部空气被迫由台面孔洞进入内部，产生的负压吸附力能将位于孔洞上的纸张吸附固定住。利用负压吸附是参加油画修复培训受到的启发，刚好修复工作室有一台除尘修复工作台，具有负压吸附的功能，便被借用来辅助托纸加固《杨秀峰密信》。

（四）修复过程述要及修复效果

根据破损情况选配补纸和托纸，补纸用与信件厚度近似、略带浅米色的竹纸，托纸用薄构皮纸。选择浅米色竹纸作为补纸，因为缺乏近似的机制纸，而竹纸的颜色、质感更接近信件，小面积缺损的修补用竹纸与原件差异不大。托纸选用薄构皮纸，考虑到皮纸柔韧耐久，而此构皮纸与信件厚度近似，同样无帘纹，不干扰信件材质信息，有利于托纸后四边与信件整体厚度一致。

先将《密信》间接喷水于吸水纸上润潮，这个过程需要三、五分钟左右。信件大致润潮后，对破碎处进行整理，利用除尘修复台的负压吸附力平整固定信件，对于稍大面积的破碎先用选好的竹纸进行修补，并对脱落的碎片进行复原（图9），修补也在补纸上刷稀浆，用吸水纸吸水后再修补破损。待简单修补完成，信件已经略干，下一步托纸需要再次润潮，仍重复之前的方法润潮，在润潮的过程中在托纸上刷稀浆，然后用吸水纸吸去多余水分后备用。

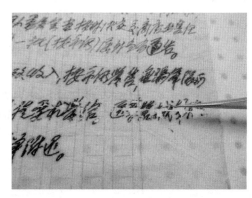

图9 局部修补时的碎片复原

将润潮后的信件再次打开，吸附台孔洞处需要垫放化纤纸，将信件平展在吸附台上，再一次打开修复台开关，《密信》即被吸附固定在吸附台上（图10）。托纸过程需要快速操作，因润潮的信件会随着修复台的风机工作加快水分蒸发而过于干燥，不利于托纸。用软毛刷将托纸刷在信件背面，然后在平整的桌面上迅速用棕刷贴紧排实，翻至正面将托纸四周大于信件的部分对折，与信件四周碰接，剪去四角折叠的地方，保证托纸后信件与小边基本同样厚度。最后将托纸的信件压平压干即可。做纸夹保存信件。

图10 负压固定的《密信》与吸水的托纸

经修补托裱的《杨秀峰密信》比较平整，解决了原信褶皱破碎的问题，未出现字迹褪色的现象，有利于信件的继续沿存与保护，四周留出的小边有利于保护《密信》边角不被磨损。不过，由于严格控水，而负压修复台的使用加快了信件上润潮水分的蒸发散失，信件的褶皱处未能如预期处理得非常平整，或者可以试试他法^①。此外，如前文所述，托裱只是通过整体加固加厚了信件的载体，能一定程度上延缓酸性墨水腐蚀损毁纸张的过程，但并没有真正解决蓝黑墨水腐蚀纸张的问题，最根本的办法还是脱酸处理。由于修复此件藏品是为展览进行的抢修，时间比较紧迫，只进行了保守的修补加固，未能及时进行脱酸方面的研究和处理，深为遗憾，希望未来有机会能联合文献保护的同仁完成这件手稿的脱酸工作。

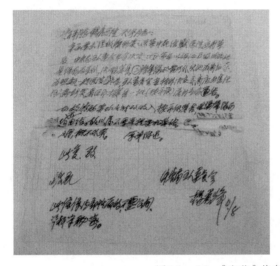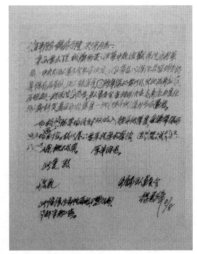

图11、12 《密信》修复前后比较

二、《革命军人四字读本》的修复

（一）基本情况及破损状况

《革命军人四字读本》，收录了国民革命军北伐歌谣，于1927年由国民党山西省党部宣传部印行。

本书为册装，机制纸，铁钉平订，据页码显示本书有32面，两面印刷，共用8张纸。此册装订用的铁钉生锈腐蚀纸张，导致铁钉周围纸张变色破损。前后封皮有破损，尤其封

---

① 由于信件的托裱在平整度方面未达到预期的效果，故思考其他方法的可行性。方法一：用75%的乙醇润湿信件。经试验，75%浓度的乙醇对惧水的字迹影响不大，而其中25%的水分有利于褶皱纸张的润潮平展，但此法是否对于如《密信》那样长久褶皱的机制纸张有效，尚待实例验证。方法二：用75%的乙醇间接润潮的方法平展信件后，先压平信件，再进行修补、托裱，理论上应该更有利于信件的平整。

底破损面积大，斜向贯通整页。封底有两块补丁，说明曾经简单粘补加固，但粘补面积不当（图13、14）。

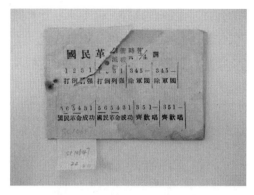

图13、14　《革命军人四字读本》封底破损情况

（二）嵌补法修补

《革命军人四字读本》用机制纸张两面印刷，纸张手摸比一般古籍用手工纸略厚硬。封底破损处两面都有文字内容，常规从背面修补的方法并不适用，因为修补时补纸与文献粘合处的搭接会遮挡文字内容。经仔细斟酌，决定采用嵌补的方法。由于没有合适的机制纸作为补纸，所以采用厚度近似的皮纸修补封底页。

嵌补[1]，借鉴的是传统书画修补的一种方法，书画修复中有镶补[2]、挖补[3]和斩补[4]，这些做法多少会损伤原件，而嵌补法对其进行了一点改进，与前述各法不完全相同。所谓嵌，是将东西镶在空隙里。嵌补，就是借助透光台将选配的补纸做出与破洞同样的形状，然后将补纸嵌进破损处，并加以固定，补纸四周与原件基本无重叠，边缘与破损处相碰接。嵌补吻合一致，通过填补、支撑保证纸张结构的稳定性，相比常规文献修补法更平整，但补纸与原件的连接处必须要用薄皮纸进行固定。如果只用厚皮纸进行嵌补，修补会不大牢

---

[1] 嵌补一词，常见于建筑、工程、工业等领域，在文物修复领域中见于殷自兰《书画去污和修补的简易方法》、王允丽《黄羽毛纱伞的保护与修复》及李洪波、李道亮《南京阳山碑材保护性维修的实践探讨》，文中含义不尽相同。殷自兰的文章中描述的嵌补有接头，从这点来说类似于常规修补。王允丽的文章中对于嵌补的阐述与本文所指相同，不同的是用于织品的修补。李洪波的文章中，嵌补是对于碑座裂隙区的修补，是体量较大的器物的修补。
[2] 故宫博物院修复厂裱画组编著：《书画的装裱与修复》，文物出版社，1980年，47页。镶补，常用于绢本或厚质的笺纸画芯的修补，需要连同补料一起切割书画原件的破洞边口，对书画原件有所损伤，不建议使用。
[3] 杜秉庄、杜子熊编著：《书画装裱技艺辑释》，上海书画出版社，1993年，29—30页。挖补，用于纸本书画，一般需要在书画原件及补纸上做坡口，补料选配得当，坡口做得好，可做到天衣无缝，但也对原件有所损伤。
[4] 《书画装裱技艺辑释》，30页。斩补，用于绢本书画的修补，需要用快刀切割书画原件，做法同镶补。

固。嵌补时为了不遮挡文字，补纸与原件的粘接处基本位于纸张厚度的截面，虽然封底纸有一定厚度，但粘接面积还是过小，通过增加透字薄皮纸，可增加嵌补纸与原件的粘接面积，会更加牢固一些。

一般来说薄而能透字的皮纸适合修补两面有文字内容的文献，但在此种状况下并不完全适用，因为破损处位于中部，而又几乎贯通整个封底（图14），只用透字薄皮纸虽然不遮挡文字，但因过薄，不能起到支撑并稳定封底纸张结构的作用，这种破损情况需要一定厚度的填补支撑。必须用嵌补，主要是考虑封底纸张结构的稳定。嵌补的方法主要适用于两面有文字内容、或者是材质较厚的文献的修补，能避免常规修补补纸对文字内容的遮挡以及搭接处过厚而不平的弊端。嵌补的具体做法是：先借助透光灯板确定修补封底破损处补纸的形状，并用铅笔或针锥在补纸上做出标记，准确撕出补纸轮廓。然后用透字薄皮纸在文字少的一面进行常规修补，再于补纸的一面及破洞四周截面刷上稀浆，并将补纸嵌补进破损处，并用镊子略作修整，使补纸与补处碰缝相合，平整无遮挡（图15上部破损嵌补，右下尚未嵌补），再压干压平即可。由于封底右下缺损处尚残余部分文字内容（图16红圈处），起初此处未用嵌补，修复后的平整度不如上部嵌补处，后改进。

图15　嵌补与未嵌补效果透光对照图　　　图16　封底右下处修补及残余文字

（三）装帧形式改良

《革命军人四字读本》原用铁钉平订，这种平订的方式限制了文献的打开度，不能180度平展展开，不便于文献的展览展示。如果强行打开，容易造成已经老化的机制纸从装订处产生折断破损，修复前封皮已于装订粘贴处折损就是力证。为了更好地保护及展览展示该文献，经与负责新善本的同仁协商，决定改良此册的装订形式，将铁钉平订改为中缝缝线装订。

本书用8张纸，两张合为一帖，共四帖，并配有封皮。如何将四帖及封皮用线连缀起来，确实也费了一番设计，每帖之间有连接，每帖也都要和封皮连接，连接点至少四个。最终缝出来的书叶可以180度平展展示，外观也比较美观（图17—19），达到了预期修复效果，修复前后效果对比见图（图20—23）。

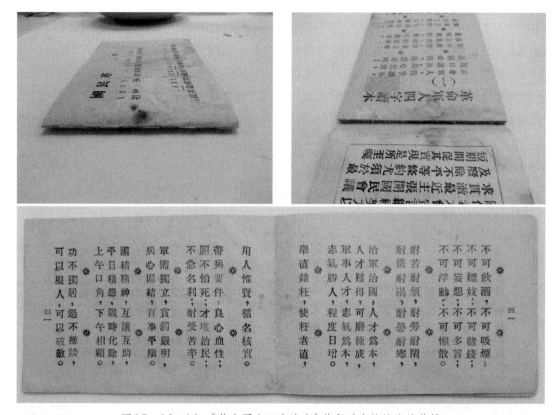

图17、18、19　《革命军人四字读本》修复后中缝缝线的装帧

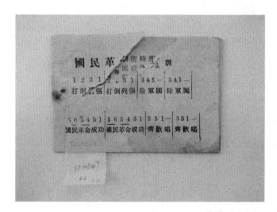

图20、21　《革命军人四字读本》外观修复前后比较

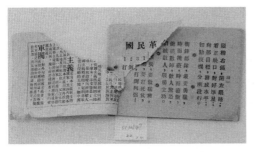

图22、23 《革命军人四字读本》封底修复前后比较

三、关于修复探索的思考

文献修复历史悠久，有一整套完整的程式与方法可循，这是前人实践经验的总结与智慧的结晶，需要继承与发扬。文献修复技艺也在随着时代的发展、科技的进步而继续发展，涉及修复理念的变化、修复设备及材料的更新，面临新问题时，尤其当旧材料旧方法不足以解决新问题时，我们也需要探索创新，在保证文献安全的基础上尝试利用新材料、新方法，以满足文献修复的新需求。当然这种探索是当时条件下的尝试和选择，它所呈现的效果不见得是最好或最令人满意的，毕竟修复效果的决定因素比较多，但勇于探索解决问题的做法是值得提倡的。文献修复的目的是为了更好地保护和利用文献，虽有成法可循，但也要具体问题具体分析，不必囿于成规。

具体来说，文献修复主要依靠修补，一般不主张托裱书叶，但是如果书叶本身材质已脆弱、残破不堪，依靠自身无法延存时，我们也需要对其进行托纸加固，以更好地保护古籍文献并使其继续传承下去。而对于不能用常规方法修复的文献，就需要我们想办法借助新设备、利用新材料或改进原方法等方面进行探索，本文中利用负压吸附辅助托裱的密信、采用嵌补法修补两面文字的《革命军人四字读本》就是比较成功的尝试。关于文献的装帧，虽然保留文献的原装帧形式是已经约定俗成的惯例。但原装帧形式并不是完全不可以改变，准确来说应该是不能随便改变。保留原装帧形式是尊重文献的原貌及历史真实性，也要具体情况具体分析。在修复近现代文献时，我们经常能碰到装订的铁钉生锈腐蚀纸张的情况，为了防止锈蚀的铁钉继续腐蚀纸张，我们会选择将铁钉取下用纸捻代替的方法，这是为了文献的保护。文献修复的目的在于传承和保护，《革命军人四字读本》改变装帧也是为了更好地保护文献，并在此基础上更好地发挥文献的使用价值，便于展览展示。

参考文献：
①邢慧萍：《蓝黑墨水对档案纸张耐久性的影响》，《档案学研究》2013年第5期。
②李俊生：《蓝黑墨水字迹形成机理及性质研究》，《化学教学》2010年第11期。

③故宫博物院修复厂裱画组编著:《书画的装裱与修复》，文物出版社，1980年。

④杜秉庄、杜子熊编著:《书画装裱技艺辑释》，上海书画出版社，1993年。

⑤殷自兰:《书画去污和修补的简易方法》,《图书馆杂志》1995年第1期。

⑥王允丽:《黄羽毛纱伞的保护与修复》,《中国文物保护技术协会第三次学术年会论文集》，紫禁城出版社，2004年。

⑦李洪波、李道亮:《南京阳山碑材保护性维修的实践探讨》,《东南文化》2005年第1期。

原载《文津学志》第十一辑，国家图书馆出版社，2018年

欧洲传统书口镶金工艺

胡泊　彭福英

一、引言

传统书口镶金工艺（Edge Gilding），是一种在欧洲传统豪华精装书中使用的书籍装饰工艺。以此种工艺装饰的书籍，在书芯天头一侧书口或整个书芯的三面书口上饰以金箔，并经过刮刨、打磨、涂基底料、涂胶料、贴金、抛光、晾干等一系列工序，使书口呈现出金色的镜面效果，彰显奢华与珍贵。

书口镶金不仅是装饰，同时也起着保护书芯的作用。经镶金的书口，闭合后更加紧密，表面光滑如镜面，使得灰尘不易进入书体内部，落在书口表面的灰尘也更易擦除。同时，借助于金的化学稳定性，书芯的抗氧化、抗腐蚀能力也得到了增强。

作为一种奢侈的书籍装帧工艺，传统书口镶金技术在欧洲传统精装书制作工艺中虽然被保留了下来，但由于工艺复杂，对人员的技术素质和经验要求较高，又加之材料昂贵，制作周期长及市场需求小等原因，早已远离了公众的视野。而今，只能在博物馆、图书馆珍藏的西方善本古籍上看到。目前掌握此项工艺的机构已经很少，欧美大型图书馆古籍修复机构及私人精装书制作机构还掌握着此项技术。

近年来，随着社会各界对于古籍保护、修复工作的重视，各项投入加大，国内古籍保护、修复工作取得了显著的成绩。国内多家大型图书馆、博物馆的西文古籍修复工作陆续展开，西文古籍修复所涉及的一批工艺技术重获新生。

传统西文精装古籍修复工作主要包括载体修复和装帧复原两项内容。其中载体修复工作指对书页破损、堵头破损、书壳破损等书籍各个组成单元的修复工作。装帧复原工作主要是

图1　以镶金工艺装饰的豪华精装书

将修复好的书籍各个单元按照书籍原有的装帧样式和工艺进行重新装配复原，如锁线、浆背、镶金、扒圆、起脊、缝堵头、上封壳等。

书口修复效果是书籍修复质量最为明显和直观的体现。对于书口镶金西文古籍的修复，要达到既提升藏品的物理强度，又使其艺术价值、版本价值得到最好展现的效果，只补齐书口是不够的。而使用涂金粉，涂染黄色颜料的效果也无法达到原有饰金的光滑镜面效果。因此，从修复效果和安全性上看，采用古籍原有饰金工艺即传统书口镶金工艺才是最好的修复方法。

在书口镶金技术方面，目前国内相关研究中已略有记载，但大多语焉不详，有些记述甚至存在误差。笔者在经过文献查询、翻译、专家咨询，并在实际修复工作中琢磨体会后，积累了点滴经验，现将目前掌握的精装书传统书口镶金工艺介绍如下，以期能推动国内西文古籍修复工作的开展。

二、欧洲传统书口镶金工艺发展简史

在西文古籍中，书口的装帧最早可追溯到10世纪。那时的人们在书口绘以抽象符号、徽章或者宗教题材绘画来装饰当时的稿钞本。当这些书籍放置于书架的时候，通常是书口朝外，而不是书脊朝外。

但是书口镶金的技术，则是东方舶来品。据有关学者研究，早在13世纪之时，叙利亚就开始将镶金术用于书籍装帧中[①]。但这种技术何日通过何种途径传入欧洲，学界尚没有得到确切的考证。有人认为，1453年君士坦丁堡陷落之后，流入意大利的手稿上有此种装饰，从而成为传播的媒介；也有人认为是前往意大利的希腊人带来了此种技术。但是，直到15世纪末的时候，此种技艺才开始得到运用。鉴于此，有学者推测意大利早期著名的印刷商阿尔都斯·马努提乌斯（Aldus Manutius，1450—1515）最先运用了这个技术[②]。镶金技术传到欧洲之后，最先用于封面的装帧，然后才用于书口的装饰。16世纪开始，镶金书口开始盛行于欧洲，主要用于豪华装帧[③]。

在德国，1530年开始出现了镶金书籍，但在接下来的20年中都非常罕见。直到1566年，雅各布·克劳斯（Jacob Krause）成为皇帝的御用书籍装帧师之后，镶金技术才开始广泛应用到书籍装帧。克劳斯经常在镶金书口装饰涡卷状纹饰。但是，在德国，镶金技术在书籍中的运用远远没有比其在英国、法国和意大利等国流行。

① Henry Thomas Coutts and George A. Stephen. *Manual of Library Bookbinding: Practical and Historical.* London: Libraco Limited, 1911: 161.
② 同上。
③ Michael F. Suarez and H.R. Woudhuysen, ed. *The Oxford Companion to the Book.* Oxford ; New York : Oxford University Press, 2010 : 752.

在英国，镶金技术在亨利八世（Henry Ⅷ，1491—1547年在位）执政末期由意大利传播到英国，皇家印刷商托马斯·伯塞莱特（Thomas Berthelet）最先掌握此技术，并广泛地应用于书籍装饰中，此种技术迅速在英国扎根。到爱德华六世（Edward Ⅵ，1567—1553）之时，镶金技术在英国已经非常流行了。

在法国，镶金技术在弗朗西斯一世（Francis Ⅰ，1494—1547）得到了推崇。弗朗西斯一世将皇家所收藏的手稿和新近出版的书籍集中到枫丹白露进行装帧，许多都用到了镶金技术。而这些馆藏成为法国国家图书馆馆藏的基础。

尔后，在镶金的基础上，书口压花（gauffering）成为一种非常流行的书口装饰工艺，即在镶金的基础上，再装饰以涡旋或者卷状花纹。此外，镶金书口的绘画装饰也兴盛起来。但是，这些工艺都建立在镶金的基础之上。

自16世纪以来，书口镶金是豪华精装书籍的一个重要参数。如同一些学者指出的那样，"镶金的书口对于一本装帧精良的图书来说是很必要的，就如同金链条对于市议员的衣服一样。"[①]

三、欧洲传统书口镶金工艺流程

1. 裁切书芯

欧洲传统手工精装书从装帧结构上大体可分成书芯部分和书壳部分。刚刚锁好线的书芯，由于书脊一侧更厚、更蓬松，因此书芯的剖面呈扇形，如图2。需要对书脊上胶并趁湿墩齐书脊，再在书芯上下夹木板，并保持书脊立面齐平，放入压力机内压实，如图3。待书脊干透，便可以对成形的书芯进行裁切。需要注意的是，无论使用电刀还是手动刨裁切书口，所用刀片的刀刃绝不能有损伤，否则，切出的书口会带有明显的刀花，这会使下一步打磨书口的工作量大大增加。

图2　锁好线后的书芯

图3　浆背后将书芯放入压书机内压平

---

① MARKS P.J.M.*Beautiful bookbinding: a thousand years of the bookbinder's art*.London: The British Library & Oak Knoll Press, 2011: 59.

2. 上滑石粉

在将书芯夹入整理夹之前，为了避免在镶金的过程中书口处的书页受挤压黏连到一起，可以在书口边缘涂上一些滑石粉。上滑石粉时不需要每页单刷，只需要将书口扭开，使每页错开一小口，然后用蘸有滑石粉的毛刷在书口轻涂即可，如图4。

图4　对书口上粉

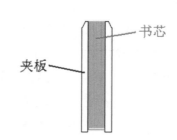

图5　镶金夹板形状

3. 夹紧书口

夹紧书口需要用夹板，传统的镶金夹板多选用1—1.5厘米厚的木板。使用时需要将木板边缘打磨或刨出30度左右的坡口，使夹板边缘处的厚度变为0.5厘米左右，如图5。这样可以使接下来刮平书口、打磨书口的工作变得相对省力。夹板通常宽10—15厘米，长度以比待镶金书口长4—5厘米为宜。也可以选用2.5—3毫米厚的木工板作为夹板。但由于厚度薄，质地软，单纯用木工板夹书无法将书口夹紧，使用时需要在夹板外侧再夹垫厚木板或金属板材。夹紧书口时，书芯两侧各垫一块夹板，并将夹板有坡口的一边调整至与待镶金书口齐平。之后，一手紧捏住夹板，小心地将书芯放入整理夹（也可使用起脊机）中，且使书口高出整理夹夹口约1厘米，如图6。另一手旋动整理夹丝杠，夹紧书芯。应注意，夹紧过程中如夹板与书口发生错位，需松开整理夹，将夹板重新调整就位。

4. 刮平书口

书芯被裁切规整后，书口上多少会留有一些刀花（裁切时刀锋伤点所造成的划痕），这

图6　书芯垫夹板后放入整理夹内夹紧

图7　用刮刀刮平书口

会影响镶金的效果，需要用专业的刮刀刮平，如图 7。刮刀的刀口应为弧形，因为平口的刮刀与书口接触面过大，会增加不必要的工作量，而弧形刮刀则可以做到只对不平滑的位置进行刮刨。

刮刀运行时，刀面需与书口成 45 度，刮削的力度要适中，路径要短而连续。这里没有必要将整个书口刮的像镜面一样平，但书口上一定不能存在划痕或瑕疵。刮上下书口时，需要从书脊向书前口方向刮，如果反向刮，书帖的折痕处很容易被刮出毛岔。

5. 打磨书口

刮平后的书口，还需要进一步用细砂纸打磨。可以选用 220 和 320 号的氧化铝砂纸配合使用。

首先，使用 220 号的细砂纸，沿平行书页的方向打磨书口，因为斜向或垂直于书页方向打磨书口都会产生划痕。之后，再用 320 号砂纸进一步处理。最后，使用软鬃鞋刷轻刷书口，以去除可能残存的砂粒。为了保证书口干净，防止沾染上油脂或污渍，打磨好的书口不要再用手触摸。

6. 制备胶料

镶金所用胶料可选用天然蛋白胶溶液、明胶溶液、淀粉浆糊溶液等。但从实用效果看，淀粉浆糊溶液中的微小胶粒会使镶金后的书口略显粗糙。而动物胶在水溶液中的分散性比淀粉浆糊更好，涂胶后可在书口形成薄而透明的液层，镶金效果更为平润光滑。动物胶的黏结性更强，对金箔的粘贴牢度更好。

蛋白胶的制备方法：将蛋清同蛋黄分离，并装入可以密封的容器中，留下较为完整的半个蛋壳待用。蛋清不能直接使用，还需加水进行混合稀释，用保留的半个蛋壳接水，通常配比是一枚鸡蛋的蛋清加 3—5 个半蛋壳清水[1]。

明胶胶料的制备方法：称取精制干明胶 3g，加入 150mL 沸水并搅拌直至明胶全部溶解，放置冷却。

胶料最好现用现制，如需储备，应放入密封容器中置于冰箱内保存，但存放时间不应超过一周。特别要防止灰尘落入胶料内。为此，使用时可将所需计量的胶料倒入小容器内备用，不要用刷子直接伸进整瓶胶料内蘸取。

7. 涂基底料

在涂胶料之前，首先要在书口上涂布基底料。基底料起到两项作用，一是可以将书口纸张切面的孔隙、磨损进行填补找平[2]；二是可以为镶金提供背景色。亚美尼亚红土是最常

---

① 乔瑟普·坎伯拉斯：《欧洲古典装帧工艺》，中国青年出版社，2015 年，112—113 页。
② 王淮珠：《豪华精装工艺（连载一）》，《印刷世界》2003 年第 7 期，1—3 页。

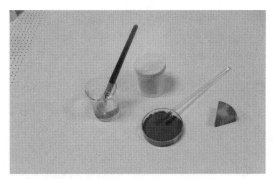

图8　调配基底料

图9　涂基底料

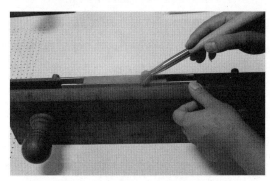

图10　用玛瑙抛光器抛光基底料

图11　涂胶料

用的一种基底料[①]。由于金箔的厚度非常薄，一般在0.1μm左右，亚美尼亚红土基底料的颜色能够透过金箔，使镶金后的书口发出微带红色的金光，显得更加醇厚。

亚美尼亚红土有膏状和粉末状两种。无论使用哪种，使用时需要先取少量放入调色盘内，而后逐滴注入少量胶料，并同时用软毛刷进行搅拌，直至调至乳液状，如图8。

涂基底料时，应选用平头软毛刷蘸取红土对书口进行涂刷，形成薄而均匀的涂层。涂好后，趁红土基底料未干，使用长纤纸张，如皮纸，制成纸团，对书口进行往复轻拓，直至基底料变干。这样可使基底料与书口充分融合，并对书口的孔隙、磨损进行填补。也可以选用高档合成化妆棉蘸取基底料在书口上轻拓，如图9，涂布效果也很好。

8.抛光红土

待红土干透，需要用干净的鞋刷打磨书口进行初步抛光。之后，再用玛瑙抛光器进一步精细抛光，如图10。用玛瑙抛光器进行抛光时，先要将抛光器擦干净，否则沾染的油渍和灰尘将会对书口造成污染和磨损，直接影响到之后的镶金效果。

9.涂胶料

① Manly Banister.*The Craft of Bookbinding*. New York: Dover Publications Inc，1994: 52-153.

待基底料干透，开始为书口涂胶。用干净的软毛刷蘸取胶料，薄而均匀地涂刷在书口上，不能有遗漏，如图11。涂胶时运笔要轻，每刷一笔尽量一次到位，因为反复揉搓很可能使重新变湿的基底料脱落。待第一遍涂胶基本固化后，对书口进行第二遍涂胶。

10. 裁切金箔

传统的裁切金箔方法需要使用专用的金箔裁切垫和裁切刀，如图12。裁切时应选择无风的场所进行。因为金箔极薄、易破损，要想熟练地完成切割，需要操作者多加练习，掌握要领[①]。

图12　金箔裁切垫和裁切刀

也可以采用将金箔连同夹放金箔的衬纸叶一同裁剪的方法。这样做的好处是金箔不易被裁坏，可以裁切出比较规整的金箔条，但速度相对较慢。用这种方法裁好金箔条后，可以用湿毛笔将金箔条四角下的衬纸点湿，使金箔四角吸附在衬纸上，这样处理可以更便于金箔的取放。

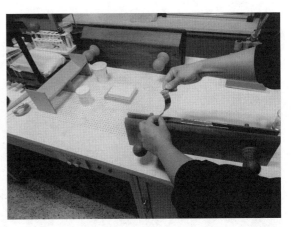

图13　铺粘金箔

11. 铺粘金箔

用鞋刷对书口再次抛光，之后，上最后一遍胶料。此遍胶料可以多上一些，最好能够形成堆积状态。

粘贴金箔时要屏住呼吸，双手捏住金箔衬纸的两端，将金箔慢慢移至书口上方，对准需要镶金的位置，慢慢地向下平放。当金箔触碰到胶料液面时，由于表面张力的作用，整块金箔会迅速地被吸附到胶料液面上，如图13。继续粘贴金箔，金箔搭接的位置要有2mm的重叠，这样做是为了在书口干透后，看不到金箔接口的痕迹。重复这一步骤，直至整个书口被金箔覆盖。对于破损及漏粘的地方，可趁胶料未干，取小块儿金箔直接补粘，也可用小毛笔涂补胶料后再进行补粘，但胶料应尽量避免涂到已经贴好的金箔上，那样将会留下胶料产生的污迹。

---

① MITCHELL J.*Craftsman's Guide to Gold Finishing*.New York: Standing Press Ltd., 1994: 56-58.

12. 镶嵌

金箔铺粘好后，一些区域的金箔会凸起，较之其他区域也会显得更亮，这是因为这些区域的金箔下面覆盖有较多的胶料。随着胶料被书口吸收，这些区域会渐渐变平、变暗。这时需要用一小块棉花团对贴好的金箔进行轻轻地按压，以使金箔和书口进一步黏实，如图14。按压时，需要从书口一端持续按压至另一端，并重复3—4次，下压的力度可以逐步加大。

13. 抛光金箔

用软布对书口进行按压后，待书口略干但仍带有些许潮气时，可以开始垫纸对书口进行抛光。

用向书口哈气的方法来判断抛光的时机。如果书口上的哈气在3—5s消失，这时便可以垫纸抛光，如图15。

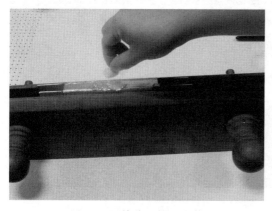

图14　用棉花团按压金箔

图15　垫纸抛光金箔

最好选用类似硫酸纸、不干胶贴图的褙纸等表面光滑、质地结实的纸张作为垫纸。这样不仅可以避免书口在抛光时被划伤，同时也便于抛光器的往复运行。

裁切比书口略大的垫纸，平放于书口上。抛光时，应左手按住垫纸，使垫纸固定在书口上。右手持抛光器进行抛光。起始时，应先在小范围内轻抛，如果未出现金箔掉落的情况，便可以沿着垂直于书口的方向往复轻推动抛光器，对书口抛光。

抛光后的书口会变平、变硬，也变得更亮。这之后也可以变换抛光方向，使抛光器沿着书口纵长的方向往复运动，继续进行抛光。但纵向抛光只需2—3下即可，之后的抛光应继续沿垂直于书口的方向进行。

等待约30分钟，让书口进一步变干。对着书口哈气，如果哈气在1s内消失，表明书口已经达到需要的干度。也可以用抛光器轻敲书口来判断书口是否足够干。如果书口已足够干燥，硬度也会相应提高，轻敲时会发出较为清脆的响声。这时，再次使用抛光器，不用垫纸，轻轻地抛光书口，如图16。抛光时路径要连续，不要有遗漏。随着此遍抛光的完成，书口将呈现出漂亮的镜面效果（图17）。

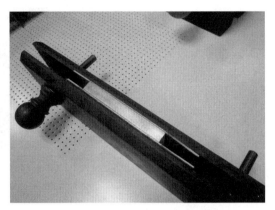

图16　用抛光器直接抛光金箔　　　　　　　图17　完成镶金后的书口效果

之后，可以在书口轻轻涂抹少许蜂蜡，进一步抛光。但也不要过分抛光，那样会引起金箔的脱落。此遍抛光2—3次即可，每次抛光前都要轻轻地打一遍蜂蜡。上蜡时可以用软布蹭取少量蜂蜡擦拭于书口，也可以直接用手轻按着蜡片在书口上涂抹上蜡。

14. 打开书芯

抛光完成后，将书芯连同夹板一同从整理夹中取出。之后轻轻抬起夹板，并反复扭动几下使其与书口脱离。

夹板取下后，可以看到镶金的书口是黏连在一起的，接下来需要将其打开。将书芯平放在桌面上，并使书口略露出桌边，用手轻拍书芯，使书页松动分离。如果仍有黏连的书页，可以进一步扭动书芯，使书页全部打开。

至此，传统书口镶金工艺主要流程介绍完毕。书芯装帧成册后的外观效果如图18所示。

图18 书芯装帧成册后的外观效果

四、结语

随着国内西文古籍修复工作的进一步开展，修复人员所遇到的西文古籍装帧类型也会越来越多。书口镶金工艺是欧洲传统装帧工艺中技术难度较高的一项。通过对书口镶金工艺的深入研究，可以使修复工作以及修复手段更加有的放矢。现以论文形式总结，愿与业内同仁共同研究提高，以推进国内西文古籍修复技术向前发展。

原载《文物保护与考古科学》2018年第3期

第四辑　古籍装具材料与制作

关于国家标准《古籍函套技术要求》的说明

龙堃　周崇润　田周玲　易晓辉　张铭

近年来，随着国家的繁荣和文化行业的进步，古籍保护已经成为国家和社会关注的重点。对于古籍本身而言，其装具的好坏决定了古籍保护的长远性和安全性。作为装具中的一大类，古籍函套的制作工艺和物理化学性质对古籍具有显著影响，若制作原料中含有酸性和氧化性等易加速纸张老化的物质，则会对古籍产生严重损害。

国家标准《古籍函套技术要求》（以下简称《要求》）为古籍函套技术指标推荐性规范，适用对象主要为各类古籍收藏单位和函套生产厂商，也包括其他文献收藏单位。该《要求》主要内容是对古籍函套所用材料的参数和指标给出技术要求，并对制作工艺进行说明。

该标准的制定使制作函套的传统工艺与现在的科学技术有效结合，使工作人员能够以更先进、更科学的检测手段对制作过程进行有效监测。同时，也能够对函套制作厂商产生积极影响，使其明白应该用何种材料去制作函套，用何种标准去衡量产品是否达标，以期在将来统一使用合格的、有利于古籍保护的函套，淘汰那些不合格的、对古籍有伤害的产品。这样也能够避免因质量问题带来的国家古籍保护经费的浪费。

一、任务来源

《要求》是国家标准化管理委员会《2014年第一批国家标准计划项目》中批准立项的国家标准制订计划任务，由全国图书馆标准化技术委员会归口管理，于2018年7月1日正式实施[①]。

二、《要求》的编制原则

古籍函套的制作工艺和物理化学性质对古籍具有显著影响。在制作函套时，其材料的

---

① 《古籍函套技术要求》（GB/T 35662—2017）。

质量要满足各个地域的实际情况，也要有其科学依据和理论支持。因此，本标准的编制原则是在充分考虑我国环境的复杂性基础上，同时兼顾先进性、科学性以及经济性，综合各方面的意见和建议，进行合理论证，这不仅使本标准成为保护古籍的一个重要规范，以此为基础，同时也可避免因古籍函套质量问题带来的国家古籍保护经费的浪费。

三、标准编制的主要内容和依据

1. 对函套基本要求的确定

将基本要求单独提出，是为了强调在现今古籍保护的过程中，最重要的理念是预防性保护，而非抢救性保护。预防性保护就要求函套的制作材料在制成函套前就应该先行分离分析，各个部分，例如纸张、纸板和布料等，都必须满足无酸无害的要求。除去外力作用，对古籍寿命影响最为强烈的就是酸化老化，因此尤其强调材料的无酸化。同时，函套应根据古籍形制，按照一定的工艺要求量身定做，具有一定的物理强度，在经过检测合格后，才可进入书库。

2. 对函套整体外观和工艺的要求

对整体外观的要求是建立在外观完好美观，制作工艺精良的基础之上的。只有制作良好的函套，裁切合适的角度，才能够方正且各边均挺立。而函套表面应平整、干净，内外不应有洞眼、残缺、破损、裂纹等则明确了函套的外观不可有缺陷，对于残次品必须拒绝收入古籍书库。粘合处不应有透胶、起泡现象[1]，各层之间应粘合牢固，无分离现象，函套不仅要在外表面做到无缺陷，同时在内部也要整洁无污损。

对函套尺寸（长、宽、高）的要求是不应小于书册尺寸，内周尺寸应大于书册1—2毫米。这是为了让函套更紧密地包裹古籍，且又不至于让古籍在函套中有较大的晃动和位移，达到松紧合适的目的。装具需要有一定的强度，国际标准ISO16245《信息与文献由纤维素树脂制成的、用于储存纸质和羊皮纸文稿的文件盒、文件夹及其它附件》[2]规定，文献装具整体抗压强度应不低于20千帕，即相当于320毫米×245毫米面积的材料至少承重160千克。实验验证，该强度要求在绝大部分新制抽检的函套和档案盒上是完全可以达到的。

3. 对纸和纸板的要求

（1）碱储量的要求。函套使用的纸和纸板首先应满足无酸要求，即应为中性或碱性。

---

① 陈红彦、张平：《中国古籍装具》，国家图书馆出版社，2012年，75页。
② ISO technical committee.ISO 16245:2009(E)Information and Documentation-Boxes, File Coversand Other Enclosures, Made from Cellulosic Materials, for Storage of Paperand Parchment Documents.Switzerland: The International Organization for Standardization, 2009.

同时要满足具有一定的碱储量，这样才能中和古籍本身和环境中产生的酸性物质，对延缓古籍酸化老化具有积极的意义，因此，需要对碱储量的添加值进行限定。参考国家标准《图书馆古籍书库基本要求》GB/T 30227[①]及《信息与文献文献用纸耐久性要求》GB/T 24423[②]，规定了纸和纸板应至少具有相当于0.4摩尔每千克酸的碱储量。前期实验数据表明，现在的大部分纸板都可以做到具有这一限值以上的碱储量。国际标准 ISO 16245 中也规定了这一数值。因此，此限值能够满足国际和国内的文献保存条件。

（2）卡伯值的要求。制作函套的纸张主要为宣纸或其他耐久性用纸，纸板主要有灰板（荷兰板）、白板、瓦楞纸板等。由于其制作工艺的不同，导致不同地区、不同厂家所生产的纸和纸板含有的组分不同。木素含量比较高的纸和纸板，在使用中氧化降解的程度更高，生成的酸性和氧化性产物对古籍保护不利。因此，需要对纸和纸板中的木素含量进行规范。

在造纸行业，通常用卡伯值的大小来反应纸浆中木素含量的多少。GB/T 24423 中规定纸张的卡伯值应小于5.0。ISO 16245 中规定纸和纸板卡伯值应小于5.0。因此，对于珍贵的古籍而言，制作函套或书套用的纸和纸板卡伯值应要求不高于5.0，以避免使用木素含量很高的装具材料。

（3）水抽提液的 pH。用于古籍保护的纸和纸板一定要是无酸耐久的，对纸和纸板本身的酸碱度必须有明确的要求，绝不能让酸性产品进入古籍保护环境中。GB/T 24423 中规定纸张 pH 范围应在7.5—10.0之间，GB/T 30227 中规定书盒、函套的制作材料和文献包纸应采用无酸纸板和无酸纸张制作，其 pH 范围应在7.5—10.0之间。通过实验验证，目前大部分新制函套和档案盒中纸质材料的 pH 完全可以达到此范围。因此，规定纸和纸板的水抽提液 pH 范围在7.5—10.0之间是合适的。

（4）施胶的要求。施胶不可引入酸性物质，尤其是不能用松香—硫酸铝施胶法进行，否则会导致装具中的文献酸化。目前造纸行业较多用到中性和碱性施胶，如果能够满足 pH 和碱储量的要求，则纸和纸板不会是酸性施胶。因此，规定"纸和纸板应为中性或碱性施胶"是合适的。

（5）纸和纸板的颜色渗透性和光学性能。首先，大部分荧光增白剂老化后会产生对古籍有害的酸性和氧化性物质，如果同时有颜色转移的情况，则会对古籍表面或内部造成污染和渗透，若还伴随有荧光转移的现象，则这种伤害会更加严重。因此，纸和纸板的颜色不能有转移，也不能含有荧光增白剂。此项规定在我国现行国标中未有直接体现，但是在国际标准 ISO 16245 中有相关要求，其中的检测方法也很方便快捷。对于函套而言，光学

---

① 《图书馆古籍书库基本要求》（GB/T 30227—2013）。
② 《信息与文献文献用纸耐久性要求》（GB/T 24423—2009）。

性能的稳定是必要的，因此，对 ISO 16245 中相关实验部分进行翻译并引用在《要求》中，即用于古籍函套制作的纸和纸板需要通过颜色渗透性测试。

其次，对于纸张和纸板而言，老化前后亮度的变化值具有一定的指导意义，如果亮度下降较多，则说明纸张较容易老化，一般来说，经过同样的时间，耐久性较好的纸和纸板亮度下降值会低于耐久性差的纸和纸板，因此有必要对内贴衬纸和纸板的光学性能进行规范。综合实验数据和经验，纸和纸板老化后的亮度应不低于老化前亮度的90%。同时，荧光亮度应在2%以下，且无荧光转移的现象。由于有荧光亮度不一定就有荧光增白剂，因此2%的限值是为了排除假阳性的荧光亮度值，适用此条件需要同时满足无荧光转移的颜色渗透试验。

4. 纺织品的要求

函套所用纺织品应为质量良好的棉布、丝织品或其他无酸材质纺织品。一般来说，平纹蓝布应用较多，但为了美观和一些特殊用途，有时会用到其他材质的纺织品作为函套包裹用料。标准中已经对占函套质量最大的纸板要求具有一定的碱储量以缓冲环境中的酸性物质，所以此处对纺织品的要求是没有残缺、非酸性即可。

5. 胶粘剂的要求

制作函套时不可避免地会用到胶粘剂，一般而言，在纸板上粘贴布料或衬纸用到的胶粘剂应无酸无异味，同时老化后不会产生酸性物质。本文考察了小麦淀粉糊、无面筋小麦淀粉、果胶、乳胶、聚乙烯醇（PVA）、果冻胶、其他化学胶等，有些胶的 pH 明显为酸性，不同厂家生产的同一种胶的 pH 差别很大，有些胶甚至在老化试验后变成黑色焦煳状且异味明显，其粘结的纸张发生变形脆化。因此，对胶粘剂应该进行一定的规范。其中最主要的技术指标是胶粘剂的 pH，不可用酸性胶粘剂进行装具的粘结。

6. 金属材料的要求

古籍函套的制作应尽量避免使用金属材质的物品，金属的腐蚀生锈会对古籍产生伤害，例如铁钉的锈蚀会产生铁锈，这一过程中会产生酸性物质，且红棕色的铁锈也会污染藏品，甚至磨损藏品的表面和内部。目前国际和国内的一些文物保护单位和厂商用到的新型保护材料中，有时会用到金属扣钉，如照片的塑封隔页连接处、新型瓦楞书套的金属别子等，有时是为了美观，有时是为了增加强度。这种情况下，则应采用防锈耐腐蚀的材料进行制作。由于本标准的技术要求只针对古籍函套，考虑到古籍保存的安全性和传统性，在函套制作过程中还是不应使用金属。

7. 函套别子的要求

古籍函套用到的别子一般有骨质、牙质、木质和塑料等材料。牛骨的经济性和普适性较好，牙质、木质和塑料别子用量相对较少。《要求》中提出别子应具有一定强度、不易损坏且不产生对古籍有害的物质，即可使用。

8. 题签的要求

题签一般属于函套附属品，材质是纸张或带有胶粘剂的贴纸。题签的材质应满足标准中对纸和纸板的规定及胶粘剂的规定。

9. 对标志、包装、运输、贮存的要求

对函套的标志、包装、运输和贮存提出要求，一方面可以让厂商和古籍收藏单位在存放和运输函套时做到规范化管理，另一方面可使函套所用材料的来源和基本参数等具有溯源性，一旦出现质量问题，可以根据生产流程和运输流程查找产生问题的原因，以便更好地分析和解决问题。

四、结语

古籍的保存保护问题是图书馆和其他古籍收藏单位一直关注的重点问题。古籍函套作为最贴近古籍的装具之一，对其材质进行要求，有利于延缓古籍的老化，有效降低外力和环境变化对古籍带来的伤害。质量满足耐久性要求和强度要求的函套，能够让古籍安全地置于收藏单位的书库中。

《要求》的颁布实施对函套制作材料的各个部分进行合理的规范，能够将老化的、质量较差的函套排除在古籍保存环境之外，而将质量较好的、耐久的函套引入古籍保护之中，这不仅有利于古籍的保存和保护，同时也能够避免用古籍保护经费制作质量较差的函套而造成的资源浪费。

原载《图书馆界》2018 年第 6 期

古籍常用装具的选择和函套制作

刘炳梅　侯欣瑜

　　古籍的典藏与保护密切相关，涉及到防火、防水、防尘、防虫、防霉、防晒、防盗等因素，古人将古籍保护和日常管理、等级区分、外观典雅相互融合，形成了"书前后有护叶，护叶外有书衣，书衣外有夹板，有的夹板外还有函套，函外有袱，袱外有柜，柜内施药，柜外有藏书楼，楼外有水"的藏书模式[①]。

　　陈红彦、张平《中国古籍装具》是目前探讨古籍装具最全面最深入的著作，对外装具、内装具进行了详细阐述，图文并茂地展示了现存古籍装具的样式以及装具和古籍的共存状态，并介绍了几种内装具的制作方式。本文则更加关注内外装具的选择，根据书库环境、书库规划、古籍装帧形式、古籍在架状态等因素选择内外装具的种类，并给出常用的几种函套的制作方法，用图详细展示四合套、六合套和插套的尺寸与古籍尺寸的关系，旨在为古籍函套的选择和制作提供参考。

一、古籍装具的种类和功能

　　根据古籍装具是否直接接触古籍，可以将其分为外装具和内装具两类。

（一）外装具

　　外装具主要是指书库、书柜、书架、书箱等。

　　古籍书库是古籍保护的第一道屏障，可以从大环境控制温度、湿度、光照，防沙尘，防火，防虫，防盗，防自然灾害等，常见的有石室、石仓、藏书楼、书库等。

　　书柜、书架和书箱是古籍保护的第二道关卡，可以固定古籍在书库的位置，区分古籍的等级，降低光照、沙尘、温湿度变化、人类活动对古籍的影响。书柜是封闭式的，书架是开放式的，两者常用檀木、楠木、樟木、楸木或金属制作，书柜也可采用玻璃门。古籍

---

① 刁其麟：《从古籍装具结构和形态的演变谈古籍保护》，《中外企业家》2011 年第 24 期，123—124 页。

一般不采用密集书架。根据文献种类和排架方式，还可以选择抽屉式书柜。书箱的使用更为灵活，一般采用木质或金属制作，有上开门和前开门两种。前开门的书箱还可上下叠放，组合成书柜使用，特殊情况时直接将书箱上锁，方便搬运和快速转移。

（二）内装具

内装具主要指帙、夹板、函、套、纸夹等，材质有布、绢、木、石、纸、树脂、有机玻璃等，现代工艺有凸印、凹印、UV、镂雕、镭射雕刻、镶嵌等[①]，种类、材质和工艺繁多。内装具直接接触古籍，所以用于古籍内装具和文物包装的纸张等材料需要通过国内和国际文物保存与维护行业规范，如：《文物藏品档案规范》（WW/T 0020—2008）、《文物运输包装规范》（GB/T 23862—2009）以及美国影像保存 PAT 测试、美国国家标准学会（ANSI）、国际标准组织（ISO）、美国纸浆与造纸工业技术协会（TAPPI）等机构制定的相关标准。

帙，又作"袠"、"袟"、"帔"，意为书衣，用于包裹古籍，避免错乱，以便保护和典藏[②]。现存实物的材料多为竹篾、纸张、麻布、丝绢等。古代一般会选择锦缎做面，麻布做里，形状为方形平面、立体的六面体或圆柱体等，用来装简策、帛书、卷轴、旋风装书等。题名签用细绳绑裹在外侧或悬挂在书衣收口处，一帙一签，签上表明书号、书名、卷次，方便查找。古时的帙和签就已经通过不同材料和颜色以示书籍的贵贱和等级差异了。

册页形态的书籍慢慢形成后，内装具也随之发展，形成了夹板、函套等硬质装具，用以保护梵夹装、经折装、蝴蝶装、包背装以及线装书[③]。

夹板选用两块硬质木板制成，分置书册上下，木板左右有孔，以布带穿孔，并在书口一侧打结系紧。夹板可以使书平整，不容易撕裂，且若为樟木，清香防虫避蠹。

函是封闭的意思，多用红木、楠木、樟木、楸木等木材将书完整地封函起来，木函集隔离空气、避光、防潮、防虫等功能于一体。

套，一般指布套、锦套，常见的形式有四合套、六合套、盒套、插套等。四合套，又称"形长套"，一般以棉布包厚纸板构成，将封面、封底、书脊、书口四面包住，书顶与书根裸露在外，在书口一侧以布扣穿骨签、玉签等固定。六合套则是将书顶、书根与封面、封底、书脊、书口共6面一同包裹在内，折叠后形成完整的六面体。不怕光晒，安全防污。盒套是指像盒子一样的书套，用厚纸板制成函底和函盖，函底把书的封底、书脊、书口、天头、地脚5面围着，函盖从周边沿着函底扣合，保护古籍的封面，有时也将函底和函盖两部分粘贴成一体。插套由两部分组成，一部分是外书套，用纸板把书的天头、地脚、封

① 李鹏斌：《试论合宜的书籍函套、匣函设计》，《编辑之友》2014 年第 8 期，95—98 页。
② 许康：《浅析函套设计的概念解读》，《艺术与设计（理论）》2010 年第 10 期，50—52 页。
③ 郭丽娟：《传统书籍函套设计研究》，山西师范大学美术学院硕士学位论文，2013 年，8—9 页。

面、封底、书口围起来，只有书脊一面开口，另一部分是内夹，用硬纸板把书的封面、书脊、封底围起来，从书口一端沿着外书套的开口面插入。

夹板、四盒套、六合套、木函等内装具常在面向柜门的一面夹放或张帖标注书名、书号、存卷、册数等信息的宣纸函签，函签的样式和位置可以统一设计，便于古籍的提归和管理。

纸夹，一般选用厚宣纸和半透明无酸纸做成两侧开口的 L 型夹、一侧或四侧开口折叠的信封型纸夹，起到保护藏品表面、便于典藏管理和阅览的作用。可用作较薄古籍、单张舆图、珍贵手稿、单叶文书及其残片等文献的内装具。

二、古籍装具的选择

古籍装具的选择应该以实际功能为重，不同藏书者根据所处自然环境、馆区长期规划、藏书空间和排架分布、所藏古籍种类和使用情况等因素综合考虑，加以选择。

一般来说，书库的建设是古籍保护的根本。通过书库控制古籍所处大环境的温湿度、光照，防火防虫防盗，才是最有效的长久保护机制。其次是书柜和书架。建立古籍与外部环境的隔离缓冲带，便于古籍上架安置和管理提归。最后是针对某一种古籍的函套制作，可以避免古籍存放时被挤压、流通时的磕碰磨损，减少虫霉和人体直接接触。

（一）外装具的选择

藏书楼或书库的选择。藏书楼一般为独立式建筑，对物力、财力、空间要求较高，也易引起较大的社会关注度，一般很少采用。相对而言，私人或公藏单位更倾向于建立书库。现代书库可分为地上书库和地下书库两种。一般都选择具有较大机械强度的建筑，以抵挡自然灾害（地震、泥石流、台风等）或人为灾害（战争、盗窃等）的破坏。并配备现代高科技技术，如防盗系统（红外、声控检测）、防火系统（烟感、温感）、漏水报警、温湿度控制设备、开关门系统（人脸识别、指纹识别、断电锁死）等，达到空间独立、防火防盗防水、温湿度综合调控、密闭隐私等效果。根据中华人民共和国文化行业标准《图书馆古籍特藏书库基本要求》（WH/T 24—2006）和《图书馆古籍书库基本要求》（GB/T 30227—2013），可以从建筑要求、温湿度要求、空气净化与通风要求、照明和防紫外线要求、消防与安防要求、防虫和防鼠要求等方面综合考虑，落实细节。

书柜和书架的选择。书柜是封闭式的，书架是开放式的。珍贵古籍一般采用能够关闭并具有锁具的书柜，书根朝外平放。取归频繁或函套封闭完善、插架排放的书籍也可以考虑使用书架。书柜和书架一般采用木质或金属材料，可以搭配玻璃门、抽屉等。书柜和书架的尺寸以高度1.8—2.1米、宽度1—1.2米、深度0.45—0.6米为宜。大于常规尺寸的藏品可以单独定制加大的柜架，集中放置；较长的画像、轴图也可以采用深度拼接的组合柜架。

为了方便空气流通，古籍的书柜和书架一般不贴墙摆放，可以考虑背靠背的方式，并与灯具的走向平行，节约空间并利于光照。每排柜架之间要留出1—1.2米的间距，方便柜门开合、书车和人员通行。每排柜架的一端要张贴排签，指明文献种类、书号范围；每个柜架的上方要张贴柜签或架签，指明书号范围，方便库房管理和古籍取归。遇到扫描项目或阅览用书、修复用书、超大异形书，可以在原书位置或流水号位置放置替书板或在柜门张贴说明性纸张。

（二）内装具的选择

内装具的选择要考虑古籍的长久保存。既要起到保护作用，又要考虑排架方式，便于存取。帙较为柔软，不能起到很好的保护作用，很少单独使用。珍贵古籍有时选用丝织物制成的帙包裹古籍，再搭配函套使用，一是体现古籍珍贵，二是美化古籍装帧。

地域差异会影响内装具的选择。清叶德辉《藏书十约》云："北方多用纸糊布匣，南方则易含潮，用夹板夹之最妥。夹板以梓木、楠木为贵，不生虫，不走性，其质坚而轻。花梨、枣木次之，微嫌其重。其他皆不可用。二十年前，余书夹多用樟木，至今生粉虫，无一部不更换，始悔当时考究之未精。"[①]

北方以干燥天气居多，对于大量的普通古籍可选择四合套。地脚朝外平放，通风性良好，但时间长了易氧化污损。要求较高的古籍建议考虑更为封闭、保护效果较好的六合套[②]。例如国家图书馆馆藏册页装善本古籍、舆图、金石拓片、少数民族语言文献等均选择补做六合套，平放在书架或书柜上。年代较早或比较珍贵的古籍，可考虑选择楠木函或樟木函，装书密闭，外形制作考究。

南方气候潮湿，不建议选择四合套和六合套。因为空气中水分大，古籍和函套纸板易吸水。在通风不良和温度上升的情况下，古籍极易发霉或生虫，加速损毁。所以南方适宜选择夹板[③]，易于空气流通，便于日常观察。现存的古代夹板多有断裂、变形、生虫等现象，所以木料选择要慎重。要选质地坚硬、不易变形、防潮防虫的木板，使用前冷冻杀虫。

盒套形制简单、易于制作，但是机械强度低，容易变形或损坏；固定性差，极易打开；目前册页装古籍较少采用。卷轴装文献或轴图偶尔采用盒套。

插套更适用于插架放置的书籍。因为地脚为受力面，受力面积较小，重力易导致书籍下垂变形；频繁的插合易导致书籍四角折角或磨损。因此对插套尺寸、书籍纸张强度要求

---

① 叶德辉：《藏书十约》，清宣统三年（1911）叶氏观古堂刻本。
② 白淑春、白放良：《古籍函套的制作工艺介绍》，《图书馆理论与实践》2008年第4期，76—79页。
③ 王国强、孟祥凤：《古代文献保护方法的现实价值研究综述》，《图书与情报》2010年第1期，30—33页。

较高。另外插套也存在通风不良的情况，目前制作古籍函套时较少采用。

三、常用函套的制作

随着"中华古籍保护计划"的开展，越来越多的藏书家和单位重视古籍函套的作用。但是不同古籍在制作函套时应该区别对待。对于已经有函套并且还可以使用的古籍，可以考虑保留并使用原来的函套，既保持原貌，又节约财力物力；对于已经有函套，但是破损而不能起到保护作用且没有任何文献信息的，可以考虑换下，标记后另外保存；对于已经有函套，但是破旧无法使用却有文献信息的，应该考虑把函套作为古籍的一部分，重新定制函套时连旧函套一起测量尺寸，将旧函套包在新函套之内。既保护了古籍，又保存了函套上旧有珍贵信息。而且还能有效缓解新函套可能带给古籍的新的"保护性伤害"[①]。

定制新的古籍函套时，应该对实用性、选材、制作工艺建立严格的要求和标准。函套不宜过大过重，长和宽应与古籍尺寸相匹配，高度最高不宜超过15厘米，便于手持取放。函套开合不宜复杂，层数不宜太多。这样既方便古籍的使用，又节约用料、减少书库涨架。函套要选无酸环保、无挥发性有害物质的材料；上下接触面面料防滑，避免取用时滑落；耐受温湿度变化，保证低温冷冻杀虫、库房温湿度变化不会引起材性变化和函套变形开裂，做到经久耐用。函套制作完成后不用塑胶袋包装，避免古籍流通或冷冻过程中水汽凝结，造成受潮发霉和粘连的现象。大批量制作函套时，建议按照书号或古籍在架顺序测量尺寸、制作并接收函套，便于管理人员根据函套情况预估涨架空间，倒架后将古籍装入相应的函套。函套投入使用后，在函套的前面粘贴函签或书签，在方便取用的前提下，详细标注书号、书名、版本、卷数、存卷情况、总函数、第几函、函中册序等信息，便于管理和使用。

（一）夹板的制作

夹板多选用0.2—0.5厘米厚的红木、楠木、樟木、紫檀、花梨等硬质木板制成。如图1所示，木板尺寸与书册等大，或略大于书册，每副两块，分置书册上下。木板左右两边各有两个孔眼，用以穿布带。孔眼距木板左右两边的间距在1.5—2.5厘米较为合适。若书册开本较大，可以适当放宽边距。孔眼距木板上下两边的间距一般在书长的1/5—1/4处。孔眼的大小与布带相匹配，一般长度为1厘米，宽度为单层或双层棉布可以穿过即可。布带的布料要结实耐用，以白色和淡黄色比较常见，也可以视夹板颜色进行匹配。长短根据书册厚度进行调节，并在书口一侧打结系紧。打好孔眼后，在木板内侧、横向的两孔眼之间各挖一条与孔眼同宽的浅槽，方便布带穿过后处于浅槽中。既固定了布带，又保证了木

---

① 侯富芳：《从估计保护角度谈当前古籍函套工作得与失》，《图书馆建设》2010年第9期，83—85页。

板和书册之间的平整。夹板做好后，木板整体打磨平整，四边要磨钝，以免划伤古籍。由于木板左右两边都留有穿布带的孔眼，所以函签多居中粘贴或阴刻在上夹板上。

图1　夹板样式图

（二）四合套和六合套的制作

四合套一般以棉布包5块厚纸板构成，将封面、封底、书脊、书口四面包住，书顶与书根仍裸露在外，封面处重叠一层，在书口一侧以布扣穿1—2枚别签固定。四合套的尺寸与书册大小、厚薄相适应。

六合套在四合套生产工艺的基础上进行改进，可以为古籍提供全封闭的、更完整的保护[①]。六合套由9块板构成，折叠后形成完整的六面体。六合套封面处的重叠层是通过从书顶、书根、书口三面各延伸一个压片到书籍封面上拼合，再以函套封面压合。压片有三角形、长方形、环形、月牙形、如意云纹、花瓣、"卍"字等形状，锁扣套合，严丝合缝。既节省材料，又精致美观。

1. 选材

根据《图书馆古籍特藏书库基本要求》的规定，"书盒、函套的制作材料和文献包纸应采用无酸纸板或无酸纸张制作，其 pH 值应在7.5—10.0之间"。

函套的硬纸板必须用无酸的硬纸板，厚度一般是0.3厘米。无酸纸板呈碱性，其中的碱性缓冲剂碳酸钙可以中和古籍纸张中的酸性成分，同时可以缓冲环境中酸性气体对古籍的侵蚀，延长古籍寿命。此外，无酸纸的制作过程相对干净，对工厂设备腐蚀少，易被微生物分解，还可以回收再次利用，更利于保护环境[②]。传统函套制作用的是草板纸，又称黄板纸、马粪纸，是由稻草及其他植物纤维为原料制成，属于酸性纸，极易虫蛀、霉变与酸化。草板纸的变质老化是函套毁损的主要原因之一。通过与古籍直接接触，酸性物质迁移，还会导致古籍纸张酸性升高，不利于古籍保护。所以古籍函套要选用无酸纸板。

裱里纸：选用无酸纸，纯木浆料制作，不含回收浆，不含萤光增白剂。要求更严格的函套可以选择与古籍纸张性质相近的手工纸。

布料：采用环保面料，多采用耐磨防滑、环保的土蓝布，即蓝色棉布，也叫士林布或士布。这种布料经纬线横平竖直，手感绵软。制作函套前要用清水漂洗，以清除布料在印染过程中残留的化学物质。珍贵古籍的函套面料有时选用丝或锦。

粘合剂：工厂大批量制作函套时多选用改良后的碱性环保的液体无酸白胶和固体热熔

① 张珊：《函套源流考》，《苏州工艺美术职业技术学院学报》2011年第2期，57—60页。
② 马雷：《无酸纸质古籍函套的设计与制作》，中南林业科技大学家具与艺术设计学院硕士学位论文，2014年，18页。

胶，但是不可避免地添加了防腐的化学物质和加速凝固的酸性物质，对古籍纸张有害；且粘结力很强，粘结过程不可逆，不符合古籍保护要求。因此，建议使用古籍修复用的粘合剂。国家图书馆修复古籍用的是去除蛋白质的小麦淀粉浆糊，能较好地满足无色、无酸、性质稳定、不易虫蛀、粘结力适宜、粘结可逆等要求。

别签：一般选用骨、玉等天然材料。色泽柔美，温润古雅[①]，有弹性，便于加工，质感坚硬，不易断裂。不建议选用合成材料（如聚酯塑料等）制作的别签，因其容易老化脆裂。需要注意的是，佛经类古籍因为宗教信仰等因素多选用玉石，不宜选用骨等动物性材料。别签的尺寸一般是4—5厘米长、2—3毫米厚，最宽处0.8厘米左右。别签太短则固定性差，易脱落；太薄则机械强度低，别带穿孔处易断裂。

2. 制作流程

制作四合套和六合套需要的材料准备好以后，还需要的工具有：直尺、裁板、裁纸刀、偏楞平刀、剪刀、锥子、平底锤、浆糊鬃刷、干鬃刷。

将古籍平放在桌上，记录古籍的书号，准确测量古籍长、宽、高的尺寸，用作函套的内径。长与宽均取书册的长、宽实际尺寸。高度的测量方式为：在古籍上盖一个无酸纸板自然平压，以书口为准，量出古籍高度；书背因订线，一般较书口低些，故不能按书背处量高度。所量尺寸宁大勿小，宁宽让0.1厘米，也不紧扣0.1厘米；对于毛边或书叶凹凸不整齐的书册，应该合理让出长与宽的空隙；对于残破需要修复的古籍，预留出修复后尺寸变大的空间。

册数较多的古籍需要先理清册序，并分成高度不超过15厘米的几摞书，每一摞分别测量并记录高度，保证每个函套中的册序正确。函套高度便于提归，保证古籍流通安全。将古籍分成几摞的时候，一般使每一摞书的高度相近，或者将册数等分，以方便古籍的日常管理；或者将内容相关的几册书分在一摞，例如，《赋役全书》中将同一个省市县的书分在一起，丛书中将一个子目的书分在一起，而不是单纯的依照每一摞书的册数和厚度平均分配，以方便函签的制作和古籍的查阅。

（1）四合套的制作

a. 裁纸板。如图2所示，盖板、前墙、底板、后墙、上盖的长度A与测量书册的长度相同，盖板宽B1比书宽大0.45厘米，底板宽B2比书宽大0.75厘米，上盖宽B3比书宽大0.8厘米。前墙宽H1比书高大0.6厘米，后墙宽H2比书高大0.9厘米。裁切时，尺寸要准确，下刀要正，四边平直整齐，不得歪斜、扭曲。

---

① 薛静：《明代藏书文化与书籍函套设计研究》，南京艺术学院设计学院硕士学位论文，2012年，14页。

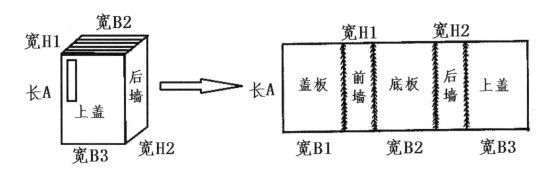

图2 四盒套样式及尺寸图

b.偏楞。纸板连接处需要偏楞，偏楞斜度45度，偏楞宽度0.4厘米，不得里进外出。

c.外面连套。将裁好、偏楞的盖板、前墙、底板、后墙、上盖5块纸板从右到左依次排开摆正，外面向上，间距0.1厘米，浆糊刷在2厘米宽的横纹纸条上，将5块纸板粘连。

d.内面连套。等纸板相互粘连固定、浆糊稍干，将纸板水平翻面，即盖板、前墙、底板、后墙、上盖5块纸板从左到右，内面向上，浆糊刷在2厘米宽的土蓝布条上，在偏楞相连处粘连。连套时，各部件间距要均匀，松紧是否合适取决偏楞大小和面料，以收起两面见方为宜。

e.粘眉条，做别带。裁一条长度为A、宽度为0.6厘米的纸板，作为眉条粘贴在上盖外面左侧的边线处。用2厘米宽的竖纹布条，四折成略小于别签内孔宽度的别带和别鼻带（一般宽0.5—0.6厘米），刷浆糊粘牢、晾干。

f.挂布面。将纸板翻面，外面向上，用鬃刷均匀地刷一层浆糊，盖上土蓝布，要求布纹横平竖直，四周留出1.5厘米的蓝布裹边。用干鬃刷将蓝布刷平、赶走气泡，与纸板粘牢，翻面，将四周蓝布刷浆糊裹边后，棱角挺括，布面整洁，置于一旁晾干压平。

g.砸别子。用小刀在眉条内侧挖出与别带同宽的两个别带孔，别带孔一般在距天头、地脚各1/5的位置。将别带穿进别带孔，别带有粘口的一侧相对，两个别签尖头相对穿进别带、别扣。别带与眉条、别签分别垂直并拉紧，在前墙别鼻带孔的位置做好标记，两根别带对称并调至松紧合适，将别带截断。别鼻的高低依函套厚度而定，5厘米以内的别鼻在1/2处，5厘米以上的别鼻在距上盖1/4—2/5处为宜。用小刀在前墙内侧挖出别鼻带孔，安装别鼻带。一个别签一般用一个别鼻，将别带、别鼻带的带头塞进函套纸板内，刷浆糊粘牢并用平底锤砸平。

h.粘里纸。按照盖板、前墙、底板、后墙、上盖的尺寸，四周减去0.6厘米后将无酸纸裁剪成里纸，刷浆糊分别粘在对应部件的内面。粘里纸动作要迅速，以免纸刷上浆糊后膨胀。四周留出0.6厘米的布边，即吞缝一致，用鬃刷压合、粘平。

i.修整和晾干。函套做完后,外表应方正平直。检查细节部位,粘贴不牢固的地方涂刷浆糊。函套稍干时,应四面回折,进行整修或校正,最终置于一旁平压、干透,或一件件书套用无酸纸相隔自然晾干。

(2)六合套的制作

a.裁纸板。如图3所示,盖板、前墙、底板、后墙、上盖的长度A比书册的长度大1.2厘米,盖板宽B1比书宽大0.5厘米,底板宽B2比书宽大1厘米,上盖宽B3比书宽大1.2厘米。前墙宽H1比书高大1厘米,后墙宽H2比书高大1.2厘米。堵头宽等于底板宽B2,即比书宽大1厘米,堵头高略小于前墙宽H1,比书大0.7厘米。两个舌头对称,宽B4与书宽相同,长A2为(书长+1厘米)÷2。裁切时,尺寸要准确,下刀要正。

b.偏楞、连套、做别带、挂布面、砸别子、粘眉条的操作与四合套相同。

c.与四合套的区别是:裁一条长度为A、宽度为0.6—0.8厘米的纸板粘贴在上盖外面左侧的边线处。

d.粘里纸与四合套的区别是:盖板内面、外面,舌头内面、外面均裱粘里纸。

e.修整、晾干。

上述的六合套通常被称为"老式六合套",盖板和舌头折叠层数较多,占用空间较大。后续工艺有所改进,如图4所示,可以不要盖板,将两块舌头套合固定;或是将盖板与舌头拼合成一块,以月牙、行云、如意等花纹套合固定。一般的六合套多采用简化月牙的纹路,加工简单,易于量产。盖板与舌头的拼接面上,盖板长同老式六合套盖板长A,盖板宽为老式六合套盖板宽B1的2/3;舌头长为A的一半,舌头最宽处为B1,舌头最窄处为B1的1/3。这样的出套受力均匀,拼接面平整,更易套合固定。

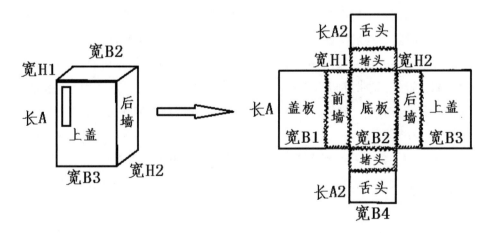

图3 六盒套样式及尺寸图

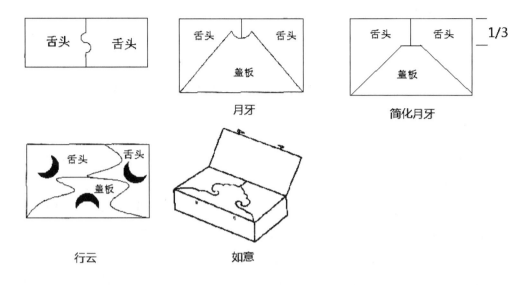

图4 六合套盖板拼接样式图

（三）木函的制作

木函的用料和制作非常讲究。大多选用0.8—1.2厘米厚的楠木、紫檀木、樟木、楸木等材料，制造出的木函坚实耐用、纹理细腻、防水防蛀、色彩古雅，与珍贵古籍风格统一。更讲究的还会在古籍外包布套，再将古籍连布套一起放入木函。

a.木料纵向开板。纵向开板机械强度大，顺着木纹容易磨平，且木纹美观。

b.确定木函的开合门位置。木函的五面密闭，留一面开合，闭合后插板严密，不易看出开合门的位置。开合门多设计在木函的前面或者左侧。如图5所示，方便使用，也不影响书签的粘贴。有上提、横抽、帘状等多种形式。其中帘状门尤为巧妙，上提后门帘自动缩进上部，下拉又成为平整密闭的门。卷轴装书籍的木函有时将开合门设计在上方，木函中加装两块凹型的木板，用以固定和托平卷轴。不建议将册页装书的木函开合门设计在上方。开合门在上方既不方便取归古籍，又不能将古籍严丝合缝地固定在木函中，流通中古籍会晃动，不能起到很好的保护作用。

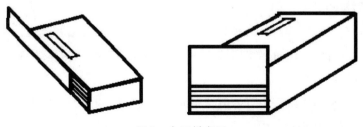

图5 木函样式图

　　c.确定木板的尺寸。木函的内径大小根据古籍的书册大小和厚度确定，并且预留出古籍上下各加一层活动木板的空间。可抽取的活动木板既能保证古籍在木函中舒张且平整，又可以安全方便地取归古籍。活动木板多选择0.5厘米厚的樟木板，防潮防蛀。

　　d.木板拼合。根据尺寸裁好木板，并采用中国传统的榫卯结构将5面密闭，四周不露榫头。开合门处挖好凹槽，以保证闭合后插板严密。木函的制作工艺以内径尺寸准确、外表不漏气不渗水者为佳。

　　e.边角磨钝。木函制作完成后，要用磨砂纸将边角磨钝，但是无需特地打蜡磨光，因为木函外表面要有一定的摩擦力，以避免古籍取用过程中木函滑落。

　　f.给木函的外表面涂刷木蜡油。木蜡油是一种天然的有机颜料，主要成分是亚麻油、棕榈蜡等植物油、植物蜡。油能渗透进木材内部，给予木材深层滋润养护；蜡能与木材纤维紧密结合，增强表面硬度，防水防污，耐磨耐擦。不选择清漆和木油。

　　g.自然晾干。涂完木蜡油后，等其彻底干透再投入使用。晾干时保持环境清洁，无灰尘，温湿度适宜，慢慢自然晾干，以免温湿度变化较大，木材发生干裂变形。木函的制造地与使用地也不宜过远，温湿度差异在合理范围内。

　　插套由外书套和内夹两部分构成，如图6所示，材料和制作方法如下：

　　a.准备外书套。外书套用0.3厘米厚的无酸硬纸板，两块外夹板和外背是一个整体。外夹板长度A1比书长大1.1厘米，宽B1比书宽大0.5厘米，外背宽H1比书高大1.0厘米，外背与两块外夹板用划线分开，划线深度为0.2厘米。两块外夹板沿划线向外折，形成的三角形凹槽用纸板裁条塞补，使棱角处见方。

　　b.准备内夹。内夹用0.2厘米厚的无酸硬纸板分别裁出两块内夹板和一块内背，内夹板长和内背长A2与书长尺寸同，内夹板宽B2比书宽大0.2厘米，内背宽H2比书高大0.4厘米。

　　c.准备堵头并偏楞。用0.3厘米厚的无酸硬纸板制作外书套的2块堵头，堵头长为外背宽H1，堵头宽为外夹板的宽B1。堵头与外书套相连的三边在内侧偏楞，外书套的上、下边在内侧偏楞，偏楞斜度45度，偏楞宽度0.4厘米，堵头与外书套的偏楞处相粘合，保证后棱角处方正、不歪斜。

　　d.内夹连套。内背与两块内夹板连接时，偏楞不要过宽，外用横纹纸条、内用土蓝布条粘合，收起后棱角处见方即可。

　　e.外书套挂布面和粘里纸。外夹板、外背、两块堵头挂布面并裹边，外书套的扣手处用剪刀剪成月牙，沿着扣手的半圆形裹边；然后用无酸白纸作为里纸粘裱，四周留出0.6厘米的布边，即吞缝一致。

　　f.内夹挂纸面和粘里纸。内背外侧挂布面并裹边，内侧用无酸白纸吞缝、粘里纸；两块内夹板外侧挂纸面并裹边，内侧用无酸白纸吞缝、粘里纸。

g. 函套稍干时，应适当修正，使插套平整、棱角见方，内夹插入外书套松紧适度。

h. 充分晾干后，书脊对着内夹内背，用内夹夹书并插入外书套内，推至内背全部入内；取书时，从扣手处拉出内夹即可。既要保证古籍在插套内不受挤压，又要保证函套竖起时古籍不会下滑。函签粘贴在外书套的外背。

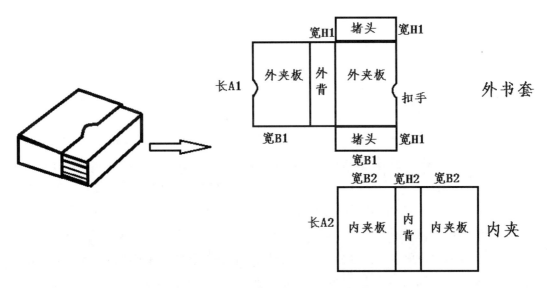

图6　插套样式及尺寸图

还可以进一步改进制作工艺：在一侧的内夹板上沿着四边粘贴2厘米左右宽的无酸白纸条，作为护边将较薄的书册包裹在内，再将内夹插入外书套，能起到很好的固定作用。

原载《文津学志》第十二辑，国家图书馆出版社，2019年

浅析木质装具对古籍文献的影响因素及改进措施

易晓辉

文献装具是存放文献用的书柜、书箱、书架、书盒、书函、夹板、书套、书袋、书帙的总称[1]。千百年来，为保护承载着中华文明的珍贵古籍，先辈们利用不同材料设计制作了各种类型的文献装具，不仅能有效降低风沙、灰尘和光照对古籍的侵蚀，保护文献免受外部因素的损伤，还能有效防止和降低有害生物的危害。木质材料是文献装具最常用的原料之一，材质多样，利用价值高。本文试图对木质文献装具的优势和问题做一简要梳理，并从材料安全性能的视角出发，通过分析木质材料所存在的酸性、挥发物以及其他安全方面的不利影响，进而提出一些改进措施，以便最大限度地实现装具对文献纸张的保护功能，延长文献的保存寿命。

一、木质装具的优势

（一）美观大方

木材以其特有的香、色、质、纹等特性受到人们珍爱，被广泛应用于各类生活环境当中。从视觉特性而言，木材的色调主要分布在2.5Y—9.2R(浅橙黄至灰褐色)，以5YR—10YR(橙黄色)居多，容易使人产生温暖、沉静和素雅的感觉。另外，木材的光泽也有独到之处。木材的表面由无数微小的细胞构成，如同无数个微小的凹面镜，内反射的光泽有丝绸表面的视觉效果。有研究表明，木材对紫外线和蓝紫光的吸收性较好，能够减轻紫外线对人眼的伤害，同时又能反射较多的红外线，人们对木材的温暖感与红外线的热辐射效应有直接关系。木材表面的木纹是天然生成的图案，大体平行而不交叉，在规律中呈现一定的起伏变化，人们对其有一种天然的亲切感。

---

[1] 陈红彦、张平：《中国古籍装具》，国家图书馆出版社，2012年，1页。

这些都是人们偏爱木材的原因，实践中人们也普遍认为使用木质装具更显档次，尤其是用作珍贵古籍的装具，更能衬托文献的价值。国家图书馆藏文津阁《四库全书》自清代存于避暑山庄时起，整套书即采用金丝楠木书函，楸木贴金丝楠书架，至今仍为原函原架存放。这种审美的偏好除了来自材料本身的质感特性，也有文化层面潜移默化的影响。相较而言，普通的纸板、金属和塑料等材料在这方面逊于木材。

（二）调湿能力

纸张长期保存要求相对稳定的温湿环境。温湿度的不断波动会使纸张内部纤维发生频繁的吸湿和解吸，造成纤维细胞壁内的微细纤维之间产生交替的润胀与收缩，导致不可逆的角质化和风化作用，加速纸张自然老化[1]。因此纸质文献的保护不仅要求适宜的温湿度，对温湿度的稳定性也有严格规定。现行国家标准《图书馆古籍书库基本要求》（GB/T 30227—2013）要求古籍书库温湿度应保持稳定，温度日较差不宜大于2℃，相对湿度日较差不宜大于5%R.H.[2]。木质装具的调湿能力正好符合文献保护对环境温湿度稳定性的要求。在环境湿度发生变化时，木材能够吸收或者释放水分调节外部环境的湿度[3]。这种调湿能力也常被认为是木材对外部环境湿度的缓冲能力，其缓慢的自然吸湿和排湿过程一方面降低了外界环境湿度波动的幅度，另一方面也延缓了外界环境湿度上升和下降的时间[4]。

不过随着现代文献保护技术的不断发展，对装具的要求也日益科学化和规范化，木质装具微弱的调湿性能已无法满足现代文献保护的要求，库房温湿度主要由空调设备精准控制来实现。木质材料调湿功能在实践中所起的作用逐步弱化。

二、木质装具的不利因素

（一）酸性

随着相关研究的深入，木质材料的一些短板和问题也逐渐暴露出来，例如木材普遍具有的酸性和挥发物问题，跟纸质文献保护材料的相关要求明显不符。木质材料具有天然的酸碱性质，世界上绝大多数木材呈弱酸性[5]，仅有极少数木材呈碱性。人们曾发现这样的现象：存放在仓库的木箱中的金属制品遭受的腐蚀比在大气中更严重，木材干燥设备的内壁

---

① 张金萍、郑冬青、朱庆贵等：《热老化模式对纸张性能的影响》，《文物保护与考古科学》2013年第3期，16—19页。
② 《图书馆古籍书库基本要求》（GB/T 30227—2013），中国标准出版社，2014年。
③ 李坚：《木材科学》，科学出版社，2014年，243—244页。
④ 刘一星、赵广杰：《木材学》，中国林业出版社，2012年，198—200页。刘家真：《古籍保护原理与方法》《国家图书馆出版社，2015年，50—51页。
⑤ 北原觉一、水野裕夫：《木材酸性物質とペーフイクルボードの剥離抵抗につしこ》，《木材学会誌》1961年第7期，239—241页。

也时常出现明显的腐蚀痕迹等。引起这些金属物品发生腐蚀的，正是木材所释放出来的酸性物质[1]。相关研究表明，木材中的酸性物质主要有以下几类。

1. 乙酰基水解生成的乙酸

木材的主要成分是纤维素、半纤维素和木质素，其中纤维素和半纤维素是由许多失水糖基以苷键联结起来的天然聚糖化合物，每一个糖基上面都含有羟基，部分羟基与乙酰基结合形成乙酸酯，当乙酸酯发生水解时，便会释放出乙酸，其反应方程式如下：

$$R—OCOCH_3+H_2O \Longleftrightarrow R—OH+CH_3COOH$$
$$糖基乙酰基 \qquad\qquad 乙酸$$

反应中释放的乙酸使木材常带有酸性，由于乙酸易挥发，水解反应会不断向生成乙酸的方向移动。一般木材中约含有 1%—6% 的乙酰基，其中阔叶材的含量比针叶材高，约为3%—5%。木材中的乙酰基含量越高，水解生成的乙酸就越多，酸性就越强。尽管乙酸在化学酸中属于弱酸，但其酸度系数也达4.756，属于酸性较强的弱酸。而且乙酸还具有一定的腐蚀性，不仅能腐蚀金属，对纸张的酸化老化也有明显的促进作用。木材释放的乙酸能够直接被纸张吸收，是木质装具对内装文献最大的危害。正是由于这个原因，西方很多博物馆和图书馆已开始限制木材在装具当中的使用，或在没有替代物的情况下，在木质装具表面涂一层木材封闭剂后再使用[2]。

2. 半纤维素所含糖醛酸

半纤维素部分糖基所含的糖醛酸是木材酸性的另一个重要来源，如阔叶材中的聚 –O– 乙酰基 –4–O– 甲基葡萄糖醛酸木糖，针叶材中的聚 –O– 乙酰基半乳糖葡萄糖甘露糖、聚阿拉伯糖 –4–O– 甲基葡萄糖醛酸木糖。这些糖醛酸在木材中的含量并不低，如阔叶材中的聚 –O– 乙酰基 –4–O– 甲基葡萄糖醛酸木糖通常可达20%—25%。这些聚合态的糖醛酸在自然存放过程中还会发生降解反应，释放出糖醛酸单体或其他酸性产物[3]，无论是聚合态还是单体都呈一定酸性。

3. 木质素具有的弱酸性基

在自然界中，木质素是含量仅次于纤维素的有机物，在木材中的含量一般为20%—40%，高于半纤维素。木质素是由三种苯丙烷结构的单体聚合而成的高聚物，每个苯丙烷

---

① 蒋凤祥、陈宗琼、何锡渊：《木材中酸度和微量腐蚀气氛的分析》，《兵工学报（防腐与包装分册）》1983 年第 3 期，23—26 页。
② 张晋平：《文物箱柜囊盒材料对文物的损害及防治》，《中国文物保护技术协会首届学术年会论文集》，2001 年，248—252 页。
③ 杨淑蕙：《植物纤维化学》，中国轻工业出版社，2001 年，230—233 页。

结构中都含有一个弱酸性的酚羟基。酚羟基的酸性尽管比较弱，但因木质素总体含量大，对木材总体酸度的提升也有相当的作用。

4. 木材抽提物的酸性成分

木材中还含有一定量的单宁酸、树脂酸、脂肪酸，以及少量的甲酸、丙酸和丁酸等低分子有机酸，一般被统称为抽提物。这些抽提物的含量和种类因材种而异，含量高者超过30%。树脂酸在针叶材中较多，阔叶材则主要是脂肪酸，单宁酸主要分布在树皮当中。日本研究者对一些有明显气味的木材进行分析后发现，这类木材大多含有丁酸、异戊酸、己酸、辛酸及二氢肉桂酸等[1]。一般认为，这些低分子有机酸一部分是木材自身所含有，在新陈代谢过程中生成并存留在木材当中；另一部分则是木材内部组分发生降解，或是木材中的糖类、淀粉等物质被微生物代谢分解而生成。这些有机酸尽管总量不及前两类，但均可提高木材酸性。

5. 矿物质含有的酸根

木材尽管是天然生长的有机材料，其化学组分绝大部分为有机物，但也还含有0.2%—4%的矿物质，主要为碳酸盐、硅酸盐和磷酸盐等弱酸盐。除此之外也还含有少量强酸盐。一般木材中，硫酸盐占总矿物质的1%—10%，氯化物占0.1%—5%，虽然含量较低，但它们电离、水解之后也可使木材的酸性提高。

6. 木材改性过程所引入的酸性成分

木材作为一种天然材料，在制成各类产品时某些特性存在不足。为了弥补这些不足，最大限度地利用木材，需要对木材进行必要的改性，赋予其某些特殊性能。譬如通过化学改性提高木材的阻燃性、尺寸稳定性、物理强度以及表面特性等。某些改性技术在应用中也会引入酸性物质，如木材的乙酰化会引入更多乙酰基，导致乙酸释放量增加；一些木材阻燃剂为酸式盐或含有强酸根，这些改性剂的加入都会提高木材酸度。

由于木质材料当中上述诸项酸性因素的共同作用，绝大多数木材内部酸性物质和基团占据优势，并最终呈现酸性。国内外一些研究已证明，世界上绝大多数木材的 pH 值在4.0—6.0之间。日本的往西弘次、后藤辉男等曾测定世界重要木材的 pH 值分布状况，涵盖针叶材44种，阔叶材252种[2]，其 pH 值分布状况如图1所示。

---

① 中野淮三、樋口隆昌、住本昌之等著，鲍禾、李忠正译：《木材化学》，中国林业出版社，1989年。
② 往西弘次、后藤辉男：《木材のpHとさの实用意义》，《木材工业》1977年第3期，99—103页。

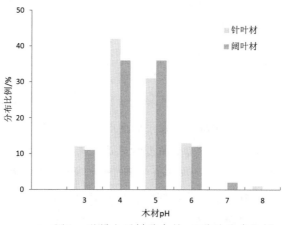

图1　世界主要树种木材 pH 值的分布比例

帕克曼（D.F.Packman）等人测定了125种木材的 pH 值，其中120种的 pH 值在4.0—6.0之间，仅有4种木材的 pH 值超过7.0[1]。中国林业科学院李新时、相亚明等所测定的中国45种木材的 pH 值中，仅有一种为7.5，其余44种均分布在4.0—6.2之间[2]。近年也有一些学者测定文献装具常用木质材料的酸碱度，如樟木为4.5，桢楠（金丝楠木）为4.3，润楠（水楠）为5.1。当然，木材的 pH 值并非完全由材种决定，不同的产地、生长环境和木材状态都会造成 pH 值的差异。以香樟木为例，不同学者测得的 pH 值在4.5—5.8之间都有分布。

由于纸张当中的纤维素在酸性条件下极易发生酸性水解，降低纸张寿命，酸碱性成为决定纸张寿命的首要指标，纸质文献应尽可能处于中性或弱碱性环境，避免接触酸性物质。装具作为跟文献纸张长期近距离接触的物品，其材料的酸碱性会直接影响文献的保存寿命。木质材料持续释放的乙酸、甲酸等酸性组分会被文献纸张吸附，加速纸张的酸化老化进程，成为纸质文献长期保存的一大隐患。

（二）挥发物

木材的挥发物是木质装具的另一隐患。在过去，人们常常选用有特殊气味的木材，希望达到一定程度的避蠹效果。而今随着保护技术的发展，有害生物防治更多依靠库房整体环境的控制。装具的驱虫功能只在小规模收藏单位还有一定应用价值，在较大规模的公藏单位里已无须由装具来承担避蠹功能。在此背景下，这些有特殊气味木材的副作用——大量的挥发物对文献纸张存在影响——逐渐引起人们的注意。

木材的挥发物主要分为两大类：一类是萜和萜烯类挥发物，另一类是非萜烯类挥发

---

[1] 刘一星、赵广杰：《木材学》，中国林业出版社，2012年，137—138页。
[2] 李新时、相亚明：《木材酸度的初步研究》，《林业科学》1963年第3期，263—266页。

物。萜和萜烯类挥发物指以异戊二烯为基本单元的化合物及其含氧衍生物，这些含氧衍生物可以是醇、醛、酮、羧酸、酯等。木材中常见的萜和萜烯类挥发物大约有20—30种，包括 α - 蒎烯、β - 蒎烯、莰烯、苧烯、月桂烯、檀烯等。这类挥发物在针叶材中含量较阔叶材高，一般有明显气味的木材大多含有较多这类挥发性化合物[1]。非萜烯类挥发物则主要包括甲酸、乙酸、丙酸、丁酸等有机酸，也包括甲醛、乙醛、己醛和糠醛等有害气体。

木材中的这些挥发性有机物能在长时间内连续不断地释放出来，不论其存放多长时间都会有挥发物释放。这些挥发物中甲酸、乙酸等有机酸类物质本身为酸性，其危害在前文已有论述。甲醛、糠醛等醛类物质则可以氧化为酸。萜和萜烯类挥发物虽然本身为中性，但其化学性质较为活泼，容易诱发纸张纤维的降解反应，或通过其他途径影响纸张的老化进程，对纸质文献的保存和保护都存在负面影响。

以传统装具常用的樟木和楠木为例，陈云霞、贾智慧等曾用气相色谱－质谱联用技术对楠木、樟木的挥发性成分做过分析[2]，将相关结果汇总，两种木材的主要挥发性成分如表1所示。

表1　樟木和楠木中的挥发性成分

类别	樟木	楠木
醇	α - 松油醇、桉油醇、橙花叔醇	沉香螺萜醇、β - 桉叶醇
酚	2，4- 二叔丁基苯酚、1- 萘酚	2，4- 二叔丁基苯酚
酮	樟脑	马鞭草烯酮
醛	十四烷醛、7- 甲氧基-3，7- 二甲基-辛醛	十四烷醛
酯	十六烷酸乙酯、邻苯二甲酸丁基烷基酯、酞酸二丁酯	邻苯二甲酸丁基烷基酯、酞酸二丁酯
酸	丙酸、乙酸、氯化氢、丁酸、己酸、十六烷酸、棕榈酸	甲酸、乙酸、丁酸、己酸
烯烃、烷烃	正二十一烷、2-溴代十二烷、可巴烯、α - 水芹烯、正二十六烷、α - 荜澄茄油烯、正十五烷、鲸蜡烷、正十七烷、D- 柠檬烯	3，6- 二甲基癸烷、氧化石竹烯、α - 荜澄茄油烯、正二十一烷、正十五烷、鲸蜡烷、2-溴代十二烷、正十七烷

---

[1] 陈云霞、史洪飞、宋小娇等：《樟木与楠木木材挥发油成分的比较与分析》，《四川农业大学学报》2016年第3期，312—316页。

[2] 陈云霞、史洪飞、宋小娇等：《樟木与楠木木材挥发油成分的比较与分析》，《四川农业大学学报》2016年第3期，312—316页。贾智慧、李玉虎、鲍甜等：《樟木挥发物对纸质档案耐久性的影响研究》，《中国造纸》2017年第6期，43—48页。

这些挥发性成分释放到文献存放空间中，不仅对文献纸张存在不利影响，对书库内的工作人员也有一定影响。部分木材的挥发物能够刺激人的中枢神经，或会对呼吸道产生刺激，长期吸入可能会不利于人的身体健康。

（三）木质材料的其他安全性问题

1. 易燃

木质材料的可燃性是其作为文献装具的一项重要安全隐患。天然木材中，仅泡桐等少数木材燃烧性较差，绝大多数木材都比较易燃，尤其是一些油性较大、挥发物含量较高的木材燃烧速度非常快。虽然现代文献库房发生火灾的概率很小，但是一旦发生火情，木质的书柜、书架、书函都很容易燃烧，甚至在灭火之后的低氧条件下还能持续阴燃。木材的易燃性使得木质装具在极端情况下不仅不能为文献提供必要的保护，甚至还可能会增强火势，这跟保护文献的功能要求是不相符的。

2. 易生虫霉

作为天然生长的有机材料，木材的主要成分纤维素和半纤维素属于多糖类物质，此外还有果胶、单宁、树脂、糖、淀粉、蛋白质及少量无机盐类。这些成分为虫霉生长提供了营养基础，大多数木材害虫能够啃食木材并消化其中的纤维素、半纤维素、淀粉及其他糖类，而造成木材腐朽的木腐菌则能分解纤维素、半纤维素和木质素。树木在自然生长过程中常有生虫生霉现象，部分虫卵甚至会残留在木材当中，空气中也有大量的霉菌孢子，在合适的温度、水分及其他环境条件下，极易导致木材发生虫蛀、生霉等生物病害。

以木质装具常用的樟木为例，人们常认为樟木特殊的气味可以驱虫，但这更多是心理安慰。清代藏书家叶德辉曾观察到"二十年前，余书夹多用樟木，至今生粉虫"。有资料提到，中国预防疾病控制中心寄生虫预防控制所曾对樟木块的防蛀效果进行检测分析，发现其防虫效果非常低，杀死蛀虫的可能性接近于零，天然生长的樟木本身就有很多病虫害[①]。纸质本身来源于植物纤维，化学成分与木材相近，木材的虫霉病害也很容易传染至文献纸张，给文献的保存保护造成隐患。

3. 掉色

许多木材当中含有色素，如广受欢迎的红木类木材及金丝楠、胡桃木等有色木材普遍含有色素，尤其在新材中更加明显。这类木材在直接与纸张接触时，内部的色素可能会浸染到纸张当中。尽管大部分文献有装具和书皮保护，木质装具表面一般也会打蜡、上漆，木材掉色影响纸张的情况微乎其微，但长期保存过程中仍无法排除这方面的风险。纸张一旦被染色，很难再有效去除干净，影响珍贵文献的外观。

---

① 周健：《广西全州县香樟和大叶樟的病虫害防治》，《北京农业》2015年第27期，105—106页。

三、木质装具的改进措施

从前文总结的这些特性来看，使用木质材料制作文献装具，虽然在外观和调湿性能上具有优势，但其缺点也相当突出，尤其是酸性和挥发物对文献纸张有明显的不利影响。从科学保护的角度而言，绝大多数木材并不适于直接制作文献装具。考虑到传统审美及使用习惯对木质装具的偏爱，如何通过科学手段有效避免木质装具的酸性、挥发物及其他安全方面的潜在问题，补足相应的短板，成为文献保护领域亟待解决的课题。

（一）科学选材

鉴于大多数木质材料在酸碱度、挥发物等方面的特性难以满足纸质文献保护的相关要求，文献装具应尽可能避免选用酸性较强、挥发物含量较高的木材，特别是松木、杉木等油性较大的木材，另外在文献装具领域曾广泛应用的樟木也应谨慎使用。使用木材来制作装具，应尽量考虑选用 pH 值接近于中性乃至碱性、挥发物含量较低的品种。

台湾嘉义大学陈俊宇等人测定了装具常用木材的 pH 值后认为，桐木、红桧等木材更接近中性，可以用于制作文献装具[1]。不过考虑到不同木材品种和产地在材性方面存在一定程度的差异，这一结果在全国范围内是否适用，还需开展更加广泛的分析和研究才能确认。李金英、张求慧等学者的研究表明，土壤酸碱度和产地会影响木材 pH 值[2]，生长于北方偏碱性土壤的杨木、榆木、泡桐等木材的 pH 值一般较偏中性或者弱碱性，文献装具的制作应尽可能选择这类木材。

当然，天然木材中 pH 值符合使用要求的毕竟太少，像杨木之类尽管酸碱度符合，但在变形性等其他方面未必都能满足要求。对木材进行必要的处理或者改性以提升 pH 值，或许才是解决这一问题的根本办法。

（二）木材常规处理方法

对文献装具常用的木质材料进行针对性的处理，一定程度上中和木材内部的酸性，降低挥发物含量，避免保藏过程中由木材本身对文献造成的不利影响。在木材砍伐之后，可以采用传统的水浸处理，将原木沉入湖泊、河流或池塘等自然水体中浸泡一段时间。水浸过程不仅能够降低木材当中水溶性抽提物和有机挥发物的含量，还能溶出一部分酸性物质，并起到一定程度的脱色和杀虫作用。

另外在木材的干燥过程中，也可采取适当的处理方式以降低木材的挥发物含量。譬如

---

① 陈俊宇：《木质典藏用材对于纸质文物保存性之影响》，嘉义大学硕士学位论文，2005 年。
② 李金英、周燕芬：《土壤 pH 值对湿地松木材酸碱性的影响》，《广东林业科技》1997 年第 2 期，37—40 页。张求慧、赵立、金华等：《泡桐和毛白杨的 pH 值与酸碱缓冲容量》，《北京林业大学学报》1995 年增刊 2 期，47—51 页。

可以通过适当提高烘干温度、延长干燥时间，促使木材当中的挥发性成分尽可能在干燥过程中挥发排出。不过木材干燥并不能解决酸性问题，甚至还会因为甲酸、乙酸等物质释放过程中的二次吸附引起 pH 值下降[①]，需要结合其他改性方式控制木材的酸碱度。

除了这两种传统的方法，水热蒸煮过程也能促进木材当中酸性抽提物的释放[②]，尤其是水溶性酸和低分子量挥发物的释放。许多木材在使用之前需要进行水热软化处理，如在蒸煮的水中加入碳酸氢钠等水溶性碱，在软化的同时还能中和木材中的酸性成分，改善木材的酸碱度，这也是一种行之有效的处理方法。

（三）木材的改性处理方法

常规的处理方法虽然可以在一定程度上降低挥发物含量，但大多仅是降低释放，并不能完全消除这些隐患，与文献保护的安全性要求还有一定距离。若要有效解决木材酸性和挥发物问题，必须考虑采用适当的技术方法，对木材进行改性处理。

1. 碱性改性处理

针对大多数木材为弱酸性的问题，可以通过改性的方法提高木材的酸碱度。具体操作方法可以参照木材强化处理常用的技术途径。

一种是浸渍法，将木材置于碱性溶液中浸渍，中和木材当中的酸性成分，促进半纤维素的溶出。除常压浸渍以外，还可以通过抽真空、满细胞法等方式增强浸渍效果。另一种方法是高压加注，将石灰水、小粒径的碳酸钙悬浊液或其他碱性成分通过横截面直接加高压注入木材导管中，干燥后这些碱性物质便能够保留在木材当中。此外，近年研究较多的复合改性方法也可以达到类似的效果，通过在两种以上反应性的溶液中先后浸渍，木材内部可生成一定量的碳酸钙、二氧化钛等物质。

通过这类方法向木材内部引入不溶的碱性成分，不仅能中和木材中的酸，提高整体 pH 值，还能赋予木材一定程度的吸附酸的能力，减少乙酸等酸性气体的释放，避免因为木材本身酸性问题对纸质文献和藏品造成的负面影响。同时，这类无机碱的引入还能使木材具备一定程度的阻燃性和防腐性能，这两方面也是文献装具材料应具备的功能。

2. 热处理（炭化木）

热处理是近年新引入的一种比较环保的木材改性方式，是在高压或真空条件下采用 180℃—250℃ 长时间的加热处理，使木材发生一定程度的同质炭化。炭化之后的木材不仅尺寸稳定，不易变形，相关特性的变化还能契合文献保护的用材需求，是装具用材未来可以参照的一种改性途径。热处理过程能促使木材内部挥发性成分大量排出，降低木材内

---

① 龙玲、陆熙娴、张战号：《尾叶桉干燥过程中有机挥发物释放的研究》，《林产工业》2007 年第 4 期，8—13 页。
② 曹金珍：《木材保护与改性》，中国林业出版社，2018 年，88 页。

部挥发性有机物的储量，后续使用时这类成分的挥发量会降低，一定程度上减轻木质装具的挥发物问题。耐热性较弱的半纤维素在炭化时被大量降解，半纤维素中的乙酰基在高温时发生脱乙酰反应，释放出乙酸[①]，降低了木材在使用过程中的乙酸释放量。不过，释放出的乙酸虽然大部分被排出，但仍有小部分残留于木材当中，可能会造成木材 pH 值有小幅度降低。因此，装具用木材的热处理应尽可能在碱性条件下进行。

热处理时木材当中的营养成分被破坏，制成的炭化木具有良好的防腐性能。同时在高温处理过程中，潜藏在木材当中的害虫及虫卵也会被彻底杀死，能够避免木材本身引入的虫害问题。不过木材在炭化之后可能会产生小幅度的强度损失，实际应用中还要根据具体需求综合考量，取长补短。

3. 固化封闭处理

木材会持续向环境中释放酸性及挥发性物质，若能通过一些技术手段将这些挥发性物质固化在木材内部，抑制这种释放过程，则能防止装具用木材释放挥发物对纸质文献的不利影响。

在木材释放的有害物质当中，乙酸因其含量较高而危害最大，可以采用浸渍的方法使固化剂深入到木材细胞当中，与半纤维素发生反应，将乙酰基固化在木材纤维当中，阻止其向环境当中释放。其他的有机挥发物除采用类似的方法以外，还可以采用封闭的方式，选择合适的固化剂注入木材当中，让其在木材纤维细胞当中发生聚合反应，同时将木材当中的挥发性成分封闭在纤维细胞内部，阻止木材中有机挥发物的排出。

（四）装具制作中的处理方法

除了从材料层面采取这些必要的措施，装具的制作过程中也应考虑材料酸性和挥发物问题对文献保存的影响。为了降低木材内部酸性气体和其他挥发性成分的释放，木质文献装具应在表面进行必要的封闭处理，如涂蜡、刷漆或喷涂中性树脂，以形成一层密封膜，阻止或减少木材内部有害成分释放。

有些传统木质装具为了美观，在装具外表面涂蜡、刷漆，但内表面很少进行处理。从保护的角度来看，内表面的封闭处理其实比外表面更为重要，仅仅密封外表面会促使挥发性成分向内释放，进而被内装文献吸附后造成不利影响。有条件的情况下应对内外表面都进行封闭处理，减少木材内部有害成分的释放。同时在用于封闭的蜡、清漆中还可以添加一定量的氧化钛、氧化锌等无机氧化物，这样做不仅可以中和木材内部的酸性物质，还能够阻挡外部紫外线对木材的破坏，提高装具材料本身的耐久性能。

---

① 李家宁、李民、秦韶山等：《蒸汽介质热改性橡胶木有机酸释放量与炭化木性能分析》，《第六届中国木材保护大会暨 2012 中国景观木竹结构与材料产业发展高峰论坛 2012 橡胶木高效利用专题论坛论文集》，《中国木材保护工业协会》，2012 年，70—74 页。

四、结语

整体而言，传统木质装具大多以原木制作，从科学保护的角度来看，原木并不是制作文献装具最理想的材料。针对文献装具使用要求的木材改性处理措施目前尚未被广泛应用，解决这一问题还需将木材科学相关技术与纸质文献保护的具体要求深入结合，探索更多方案和有效途径。本文仅从文献保护对木质装具的要求入手，尝试列举了几种可能的解决办法和改性方式，具体应用效果还须在实践中检验和评价。期待随着新技术和新材料的不断发展，未来能够有更加完善的方案解决木质材料性能中的短板，或是有更加安全、性能更好的材料应用于文献装具的制作，以改善文献的保存环境，延长珍贵古籍的保存寿命。

原载《古籍保护研究》第七辑，大象出版社，2021年

浅议桐木作为文献装具用材的可行性和利用前景

易晓辉

在纸质文献保存、保护相关技术研究当中，文献装具是纸质文献保护体系当中非常重要的一环。由于装具材料跟纸质文献近距离接触，直接影响文献保存的微环境状态和存藏保护效果，装具用材安全性的重要程度毋庸置疑。文献装具所涉材料种类之中，木材占有相当的比重。传统木质装具常常偏爱选用樟木、楠木、檀木等具有特殊气味的高档木材，以达到驱虫避蠹的目的。然而近年有研究指出，这类特殊气味木材的驱虫效果其实并不明显，反而可能会因为过多的挥发物对纸张造成不利影响，一些低挥发性的轻质木材则更加符合纸质文献保存、保护的要求。随着这一理念的提出，一种新的木质材料——桐木，开始展现出作为纸质文物装具的更多优势性能。

一、桐木的概念辨析

关于桐木的概念，这似乎是一个不是问题的问题，许多人会先想到梧桐木，其次是泡桐木，诸多资料中对桐木究竟是梧桐还是泡桐也都模棱两可。不过从这些资料来看，要搞清这一问题，还得先弄清何谓梧桐，这似乎又是一个不是问题的问题。搞清这两个问题之前，需要辨清几种树名：悬铃木（法国梧桐或美国梧桐）、梧桐、泡桐。

一般提及梧桐大多都认为是城市马路边作为行道树，挂着几颗小圆球的"梧桐树"。然而此梧桐却并非真正意义上的梧桐树，其实名应为悬铃木，是悬铃木科悬铃木属乔木，原产欧美，根据球果的多少有一球悬铃木（美国梧桐）、二球悬铃木（英国梧桐）和三球悬铃木（法国梧桐）之分。许多城市里作为行道树种植的悬铃木常被称作法国梧桐，引入我国的时间并不长，因最早是被种在法国租界内，且跟国产梧桐树长得比较像，才被称作法国梧桐。从名字来看，既然叫作法国梧桐，那言外之意就不是真正的梧桐了，只是跟中国梧桐的叶形有些相似而得此名，不想如今竟"鸠占鹊巢"，很多人都误以为悬铃木即为梧桐树。悬铃木常用作城市行道树，鲜有材用的说法，其木质也不适于装具用材。

真正的梧桐树为锦葵科梧桐属乔木，原产中国和日本，我国南方较多见，有青桐、碧梧、庭梧、凤凰树、中国梧桐之称。在我国传统文化当中，梧桐树常跟凤凰联系在一起，有"凤凰栖梧"的说法。《诗经》中的"凤凰鸣矣，于彼高岗。梧桐生矣，于彼朝阳"；晋代夏侯湛《桐赋》所云"有南国之陋寝，植嘉桐乎前庭"；南朝谢朓《游东堂咏桐》诗中"孤桐北窗外，高枝百尺余；叶生既婀娜，落叶更扶疏"等等描写，所指皆为中国梧桐。梧桐树通体青绿，树形优美，树干挺直，木质轻软，常被认为适合制作乐器，甚至据传说神农氏"削桐为琴，绳丝为弦"削的便可能是梧桐树。然而查阅相关专业文献，发现古人"椅桐梓漆，爰伐琴瑟"指的很可能是另一种木材——白桐。

白桐即今之泡桐，为玄参科泡桐属乔木，原产于我国，在国内种植广泛，历史悠久，产量丰富。由于梧桐树优美的文学意象，许多人习惯上认为桐木即为梧桐木。但在相关史料中，古人却对桐木有明晰的定义，我国古代所谓桐木多指泡桐，琴材一般也是以泡桐为佳。

在《说文解字》中，对于"梧"和"桐"就有明确的解释："梧，梧桐木。""桐，荣也。"简单说，"梧"指的是梧桐，而"桐"则是另外一种植物——荣。三国时陆玑也曾提到："桐有青桐、白桐、赤桐，白桐宜琴瑟。"[1]贾思勰在《齐民要术》中提到："实而皮青者曰梧桐……白桐无子，冬结似子者，乃是明年之花房。……成树之后，任为乐器。青桐则不中用。"[2]关于《说文解字》提到的"荣"，清王先谦《诗三家义集疏》在注《定之方中》时引《急就篇》颜师古注："桐，即今之白桐木也，一名荣。"[3]清吴其濬在《植物名实图考》中也提到："桐，《本经》下品。即俗呼泡桐。开花如牵牛花，色白，结实如皂荚子，轻如榆钱，其木轻虚，作器不裂，作琴瑟者即此。"[4]

从这些文献记载中可知，青桐即梧桐，白桐是泡桐，古人所谓桐木，一般指的是泡桐，而非梧桐。今天用于斫琴和制作木匣的，也基本以泡桐为主，尤其在木材学领域称之为桐木的，通常都是指泡桐木。包括日本人所钟爱的桐木家具，所用皆为泡桐木，并非一些新闻宣传中所说的梧桐木。日本桐木中非常著名的会津泡桐、南部泡桐常被看作是高端家具用材。将泡桐木用于制作文献装具，也是始自日本，由于泡桐木优异的保藏性能，近些年在日本和我国台湾地区文献装具领域获得很大的关注。

二、桐木的木材性能

泡桐木是一种典型的速生材，材性优良，纹理优美，是优秀的家具用材和乐器用材。

---

① （三国吴）陆玑：《毛诗草木鸟兽虫鱼疏》卷十二，清咸丰五年（1855）丁晏校正本。
② （北魏）贾思勰：《齐民要术》，中华书局，2015年，577页。
③ （清）王先谦：《诗三家义集疏》，中华书局，1987年，239页。
④ （清）吴其濬：《植物名实图考》，中华书局，2018年，785页。

从木材特性上来看，泡桐木的性能优势主要体现在以下几个方面：

1. 木质轻软，气干密度为 0.25—0.35g/cm³，仅略高于最轻的木材 Balsa 轻木，易加工，易雕刻，成本低廉。

2. 材质稳定，木材不易变形和翘裂，不易劈裂，耐磨损、耐疲劳。

3. 安全性好，桐木的导热系数小，燃点高达 425℃（一般木材多在 270℃ 以下），有非常好的耐火性；而且耐酸碱，耐腐蚀，耐湿隔潮，电绝缘性强，具有不透烟、不易虫蛀等优点。

4. 挥发物含量低，无气味，无油性。

5. 纹理优美，桐木木射线细，木材纹理细腻通直，刨光后有绢丝光泽。

6. 导音性强，共振性良好，声辐射品质常数较高，常用于制作乐器。

泡桐木的这些优良特性使得它的应用非常广泛，由于其木质轻软，材性稳定，耐湿隔潮，非常适合用来做家具。很早以来，日本人就喜欢用桐木制作的家具，也是世界上唯一视桐木为珍贵家具材种的民族。由于日本的海洋性气候，空气湿度高，使用桐木制作的家具抗潮性好，不易变形，尤其适合用来做高档衣柜和衣箱，在日本的某些地区甚至有用桐木衣橱做嫁妆的风俗。由于桐木防潮无异味，在日本的许多家庭还常常能见到用桐木做的谷箱、米桶、水桶等粮食储具，使用桐木储具可以有效避免粮食受潮发霉。日本人对生活细节的讲究程度举世闻名，用来盛装粮食的材料一定是非常安全放心的，不会对粮食造成异味和污染。

除家具用途之外，桐木还是一种非常优良的包装用材。许多精美的工艺品和易碎品常常使用桐木匣包装，取其轻软易加工之优势。比较常见的像一些高档葡萄酒常用桐木制作木匣包装，在保护玻璃酒瓶的同时还体现了产品的档次。另外我国著名的文房四宝之一——徽墨，也普遍采用桐木制盒包装。桐木盒不仅加工简便，成本经济，能有效保护墨体免受磕碰，还具有防潮隔湿、调节和缓冲温湿变化的效果。徽墨由于其材质特性对环境温湿度比较敏感，温湿度大幅变化会引起墨体内部产生应力并引发断裂崩口，使用桐木盒包装则可有效避免环境变化导致的墨体损坏。

桐木的优良性能不仅在生活中大有用处，在一些特种用途中也能发挥重要作用。在军事和工业方面，由于泡桐木材比一般木材轻，故有用来做航空模型，精密仪器外壳，客轮及客车内的衬板，航空和水上运输包装箱以及高级纸张和工艺品等特殊用途。而且桐木的木质纤维具有天然蜂窝形状，结构类似于目前航空航天领域常用的蜂窝芯材，人们又把泡桐和铝合金匹配成双，用在飞机和潜艇上。

更重要的是，桐木诸多方面的优良性能跟文献装具用材的要求相吻合，用其制作古籍装具有非常明显的优势。日本人很早就使用桐木制作书盒、书箱以及各种字画装具，流入国内的日本古籍和字画很多都附带有老桐木的装具（如图 1—6）。近年来我国台湾地区一些收藏单位也开始使用桐木来制作文献和书画装具。相比于传统的楠木、樟木及红木类用材，桐木在保护文献的一些关键指标上优势更加明显，更有利于纸质文献的安全和长期保存。

图1—6　日本流入字画所带的桐木装具

三、桐木用于纸质文献装具的优势

不同于传统装具用材追求坚实美观、有特殊气味的檀木、楠木、樟木等材种，桐木的材性几乎与之完全相反，材质轻软、成本低廉、无特殊气味。这跟传统以红木为贵的木材审美和选材逻辑完全相左，因此在国内装具用材中所见极少，甚至长期还被视为低端木材。但是近年来随着人们对文献装具材料的研究更加系统和深入，相关的保护理念和选材标准也更加科学务实。以往所追求的高端精美的硬木，以及特殊的木材气味并不符合延长纸张耐久性的要求，取而代之的则是酸碱度、透气度、挥发物含量、色素迁移性、防潮性等指标开始成为主要的考察要素。桐木这种轻盈松软、洁白无味的速生木材，其各项特性跟文献保护的相关要求更加吻合。

（一）桐木密度低、重量轻。相较于其他常见的装具用材，桐木的气干密度[①]低至$0.25—0.35g/cm^3$。在同样规格下，桐木装具比常见的楠木、樟木装具在重量上要降低一半左右。使用桐木制作的装具整体较为轻便，大批量使用时书架、书库建筑的负荷小，即便在密集存储时一般也不用担心装具造成的承重问题。

---

① 气干密度指木材在一定的大气状态下达到平衡含水率时的重量与体积比。气干密度大，说明木材份量重，硬度大及强度高。

表1 几种常见装具用材的气干密度

木材名称	气干密度（g/cm³）	木材名称	气干密度（g/cm³）
金丝楠	0.61	紫檀	1.05—1.26
樟木	0.54	黄檀	0.82—0.95
楸木	0.62	杉木	0.33
桐木	0.25—0.35	白檀	0.87—0.97
红桧木	0.36—0.55	胡桃木	0.61—0.78

（二）材质松软、硬度低，加工性好。刨、锯、雕刻都十分容易，用快速锯、刨、开木榫等也不易劈裂。加工单板，旋切削面比较粗糙，径向刨切较好。上漆和染色性能也比较好，吸胶性良好。不需要特别繁琐的工序就能制成各种书函、书盒和夹板，加工成本较为低廉。而且桐木的木射线细纹理直，刨光后有绢丝光泽，板面美观，纹理优美细腻，自然图案美观。

（三）桐木是一种速生材、在我国大部分地区都有分布，对粘重瘠薄土壤有较强适应性，耐干旱能力较强。尤其在华北地区种植量很大，由于生长快，成本相对较低，使用桐木制作文献装具比传统的樟木、楠木、檀木等名贵木材更加经济。

（四）尺寸稳定，不易发生翘曲、开裂等木质装具常见的问题。2008年7月，为给国家图书馆宋元善本书配备合适的保护装具，国图古籍馆组织专家召开专题讨论会。会上很多专家提出，过去古籍装具常用的楠木、樟木和杉木都存在不同程度的变形和开裂问题，即便是普遍认为尺寸较为稳定的楠木，在温湿度变化较大时也常发生开裂、变形、榫卯损坏等情况。而桐木的体积干缩系数非常小，仅为0.269%—0.371%，使用桐木制作的器具，不易发生翘裂和走形，这是桐木非常突出的一个优点。

（五）强重比较高。桐木虽然非常轻软，整体强度不高，但其强度跟重量的比值却并不低，在常见木材当中属于中等偏上水平，非常适合要求木材轻而强度相对大的一些场合。在文献装具当中，书盒、函套、夹板等内装具更多的是起到固定和密封的作用，对强度的要求并不高，更轻的材料则可以降低承重，使用强重比较高的材料更加符合实际需求。

（六）导热低、隔热好。桐木由于松软的材质，导热系数非常小，具备优良的隔热保温性能。研究表明，桐木的横纹导热系数介于0.063—0.086千卡/米·小时·℃之间，是常用的导热系数最小的木材之一，跟石棉和泡沫混凝土近似。由于纸质文献在保存过程中应尽量保持恒温，环境温度的快速变化极易引起纸张老化脆化，使用保温隔热性能优良的装具可以降低和延缓环境温度变化对内装文献的影响，延长文献载体纸张的耐久寿命。

（七）燃点高，阻燃性好。对于纸质文献的收藏和保存而言，防火安全自古都是非常重要的一项任务。许多藏书楼、图书馆的建筑设计中，常常可见到一些引水避火的元素。如天一阁的"天一生水"，国家图书馆南区建筑的蓝色屋檐，都有类似的喻意。具体到装具用材的选择上，传统装具为了实现驱虫避蠹的要求，更倾向于一些有特殊气味的木材，如檀木、楠木、樟木等等，这些特殊气味的木材油性普遍较大，燃点低，易燃烧，防火性能并不理想。而桐木则与之相反，由于油性较低，燃点高，燃烧性差，木材本身就具备一定的阻燃性能。尽管现在各家纸质文献收藏机构的消防设施一般都配备得比较齐全，但在极端状况下，桐木的阻燃性能能够给内装古籍提供更多一层保护，也的确有一定的必要性。

（八）防潮隔湿。对于纸质文献装具，尤其是书盒一类的内装具，良好的隔湿性能能够在外环境的温湿度发生波动之时，延缓装具内部湿度变化的响应速度，避免因湿度的快速变化对文献纸张造成损害。桐木由于具有较低的变形性，制成的装具密封性好，防潮隔湿性能优良的特点。桐木装具在日本有比较长的使用历史，用其制作书柜、书箱，或是书盒、书函，都比较常见。近些年我国台湾地区一些博物馆、美术馆也开始引入桐木装具，如高雄美术馆的典藏柜架就使用桐木制作。

（九）木材挥发物少。木材的挥发物是木质文献装具一个非常突出的问题，过去为了避免虫蛀选用一些具有刺激性气味的木材制作装具。这些有刺激性气味的木材常常具有较高的挥发物含量和树脂含量，能够持续性地向环境中释放挥发性气体，这些挥发性气体中含有多种酸性成分，如甲酸、乙酸、糠酸等等。酸性挥发物能够被文献纸张吸附，引发纸张的酸化老化，不利于纸质文献的长久保存。

其实这些有刺激性木材的避蠹功能非常有限，仅仅是能够驱虫而无法杀虫。近年甚至有研究发现长时间使用还会导致书虫产生抗性，使驱虫效果大打折扣。其实纸质文献的有害生物防治最为有效的办法还是通过控制库房的环境，尤其是温湿度环境来实现。樟木、楠木等木材的驱虫功能完全可以通过环境控制来替代，从而避免这些木材的酸性挥发物对文献纸张造成的损害，这方面在欧美等国有比较丰富的实践经验。

早在1921年，Scot 就发现并报导了因为橡木散发微量挥发性酸性物质，致使橡木箱内的铅质奖章出现白色腐蚀物。陕西师范大学的贾智慧、李玉虎等发现樟木挥发物中除了甲酸、乙酸、丙酸、丁酸、己酸等有机酸以外，竟还含有一定浓度的氯化氢。氯化氢溶于水即为盐酸，是化学领域常用的三大强酸之一。装具中的这些酸性气体无疑会对纸质文献的保护造成一定隐患。

不同于樟木、楠木等木材，桐木基本无味，尤其是其在加工过程中要经过长时间的浸水脱色工序，以去除木材当中的可溶性成分。使用桐木制作文献装具能够降低木材挥发物对文献纸张的不利影响，避免木材中的酸性成分引起纸张的酸化老化。

由于木材的挥发物问题，欧美等国的许多纸质文献保存机构都不推荐使用木材制作装具。但在受传统文化影响的东亚文化圈内，木质装具依然具有相当的市场。随着人们对文献保护愈加重视，装具用材的选择理念也悄然发生转变。在审美和保护的两难选择中，兼具两方的桐木逐渐受到更多的关注，成为了文献装具用材发展的新趋势。

（十）桐木为中性木材。近年相关研究发现，采用木材制作文献装具一个重要的隐患在于材料的酸碱度问题。除少数木材接近中性以外，如泡桐（pH 值：6.7）、桧木（pH 值 5.9），大多数木材都偏酸性，如表2所示。木材的酸性因树种、产地、树龄及取材部位有所差别，一般其 pH 值在4—6左右。酸化问题是纸质文献在保存过程中所面临的重要问题之一，收藏单位在保存、保护过程中都尽量避免各种酸性的因素。使用 pH 值较低的木材制作装具，无疑跟文献保护的这一理念是相悖的。装具本是为了保护内装的文献，存藏过程中跟文献近距离地接触，是文献隔离外界负面因素的最后一道屏障。使用酸性材料制作装具会加速纸张酸化的进程，不利于纸质文献的耐久保存。

表2　几种常见木材的酸碱度

树种	樟木	桃花心木	泡桐	桧木	橡木	红桧	柳杉	美国铁杉	胶合板	纤维板
酸碱度（pH）	4.49	5.50	6.70	5.90	4.25	4.35	5.20	5.55	5.20	4.80

桐木的酸碱度接近中性，用其制作文献装具可以有效避免木材酸性对载体纸张的负面影响。在常见的装具用材当中，桐木的这一特性跟纸质文献科学保护的理念和要求相吻合。随着相关研究的深入和科学保护意识的加强，材料的酸碱性逐渐成为装具用材选择的重要因素，中性木材的优势也将被体现出来。

四、桐木装具的改性潜力和发展趋势

尽管桐木作为文献装具用材存在诸多优势，但同时也应看到这些性能指标距离文献装具用材的理想状态尚有一定距离。以酸碱度为例，中性的材料尽管不会对纸质文献造成酸性危害，但从保护文献的角度来看还存在不足。文献在保存过程中，既要考虑到环境气中的酸性气体对纸张载体的侵蚀，也需考虑纸张老化时本身释放出的酸性气体的积累。因此对于装具而言，仅仅是中性还不能完全满足保护纸张的要求，最好还能具备一定的弱碱性。这样不仅能够抵御外界的酸性气体，还能吸收文献纸张老化过程中所释放出的酸性成分，避免这些酸性物质对文献载体纸张的损害，延缓和减少内外各方面因素对纸张的不利影响。

中性的桐木若要实现这个功能，达到弱碱性状态，则必须对其进行改性。由于桐木材质比较松软，木材孔隙率高，导管组织较为发达，因此可以通过浸渍或者加压注入等方式将一定量碱性改性剂（如碳酸钙、碳酸氢镁等）引入到木材组织当中，使成品木材呈现弱碱性的状态。木材改性的这类方法近年在许多领域获得应用，通过引入新的成分赋予木材更加完备的特性，使其能够满足更多领域的使用要求。

桐木木质松软、材性稳定、安全隔湿、无酸无味，是制作文献装具的优良木材。经过改性可以弥补更多短板，强化文献保护方面的功能特性。期待这些安全性更好的木质装具能够更多地被应用到古籍保护工作当中，逐渐取代那些具有挥发性的酸性木材。

参考文献：

①方海、刘伟庆：《泡桐木夹层结构材料的力学性能》，《南京工业大学学报（自然科学版）》2011年第5期。

②行淑敏：《浅谈桐木家具材料的开发利用前景》，《山西林业科技》1995年第1期。

③成俊卿：《泡桐属木材的性质和用途的研究（二）》，《林业科学》1983年第2期。

④陈俊宇：《木质典藏用材对于纸质文物保存性之影响》，嘉义大学硕士学位论文，2005年。

⑤刘震：《不同类型梧桐木材纤维变异的研究》，《河南农业大学学报》1991年第4期。

⑥刘家真：《古籍保护原理与方法》，国家图书馆出版社，2015年。

⑦常德龙：《不同种类泡桐的基本材性》，《东北林业大学学报》2014年第8期。

⑧张云岭：《不同种源泡桐木材全干密度差异分析》，《西南林业大学学报》2013年第4期。

⑨青川：《全桐和式家具加工技术研究》，《科学与技术》1987年第4期。

⑩贾智慧、李玉虎：《樟木挥发物对纸质档案耐久性的影响研究》，《中国造纸》2017年第6期。

⑪ A.Scott：*The Cleaning and Restoration of Museum Exhibits Report upon the Investigations Conducted at the British Museum*.London: Department of Scientific and Industrial Research, 1921.

原载《文津学志》第十一辑，国家图书馆出版社，2018年

古籍装具用纸板的安全性分析

龙堃

在古籍的保存和保护中，装具是接触古籍的首要屏障，不仅能够起到保护古籍的作用，同时其庄重典雅的造型也成为古籍附加值的重要体现。制作精良的古籍装具不仅能够有效降低颗粒物、有害气体和紫外光对古籍的侵蚀，也能有效防止和降低虫害风险[①]。

制作古籍装具的材料一般有纸张、纸板、纺织品、木材、黏结剂以及部分塑料或骨质材料等。目前的古籍装具中，一类形制是传统的函套、轴套和木函等，这类装具一般沿用旧的装具形式，属于仿古设计，需要使用多种材料进行复合加工制作而成，从而可以保持文献装具的传统风格；另一类是新型的装具形制，主要以瓦楞纸板或纯棉纸板制作的书盒、书套为代表，其特点是使用的材料简单、轻便、易于加工，有些成品甚至只含纸制品和少量的黏结剂，在材质把控上较为容易。

不论是传统风格的函套，或是新型材料制作的书盒，很多时候都会用到具有一定厚度和强度的纸板作为基础支撑物。因此，作为制作装具的主要原材料之一，纸板的质量是决定函套、书盒等装具质量的重要参数，只有物理化学指标满足文献保护要求的纸板才能对古籍起到保护作用，而劣质的纸板不仅不会保护古籍，还会对古籍产生危害。例如，酸性的纸板不仅不会保护古籍，反而会加速纸张的酸性降解[②]，从而危害藏品的整体保存环境；碱储量过低或无碱储量的纸板无法中和古籍纸张在老化过程中挥发出的酸性气体[③]，也无法中和环境中的外源性酸，起不到保护古籍免受酸性物质侵害的作用；卡伯值过高的纸板木

---

① 陈红彦、张平：《中国古籍装具》，国家图书馆出版社，2012年，2页。

② Lattuati-Derieux A, Bonnassies-Termes S, Lavédrine B."Characterisation of compounds emitted during natural and artificial ageing of a book.Use of headspace-solid-phase microextraction/gas chromatography/mass spectrometry".*Journal of Cultural Heritage*, 2006, 7:123-133.

③ José L P J, Frank J L, Maar ten Van B."Non-destructive determination of acetic acid and furfural in books by solid-phase micro-extraction (SPME) and gas chromatography-mass spectrometry (GC/MS)" *Restaurator*, 2011, 32:110-134.

素含量高、强度低，在存放过程中容易发生加速老化现象，耐久性较差[①]，且老化后易挥发出有害气体，有进一步加速其中藏品老化的风险等。

本文对不同厂家制作装具用纸板的化学指标进行考察，测定其 pH 值、碱储量和卡伯值，并与相关的国家标准和国际标准进行对比，以此为基础探讨这类纸板的耐久性和安全性，以期为今后的古籍保护工作提供一定的参考。

一、实验部分

1. 样品来源

购买和收集了近几年部分文物保护装具生产厂商用于制作函套、档案盒和其他书盒类装具的纸板样品，挑选其中14个比较具有代表性的纸板样品，按年代和种类进行整理，然后对其各种物理化学指标进行测定。纸板样品主要包括灰纸板、白纸板和瓦楞纸板等，具体样品信息均为厂商提供，见表1。

表1　纸板样品基本信息

编号	样品名称	样品来源	生产年份
B–01	文物保存瓦楞纸板	瑞德博物馆服务中心	2013年
B–02	文物保存蜂窝纸板	瑞德博物馆服务中心	2013年
B–03	灰纸板	北京全顺和商贸有限公司	2013年
B–04	灰纸板	北京全顺和商贸有限公司	2014年
B–05	纯棉白纸板	瑞德博物馆服务中心	2014年
B–06	中性灰板	北京美大文博科技有限公司	2014年
B–07	灰纸板	北京全顺和商贸有限公司	2015年
B–08	灰纸板	瑞德博物馆服务中心	2015年
B–09	灰纸板	北京美大文博科技有限公司	2015年
B–10	灰纸板	北京全顺和商贸有限公司	2016年
B–11	灰纸板	北京美大文博科技有限公司	2016年
B–12	灰纸板	北京全顺和商贸有限公司	2018年
B–13	无酸硬纸板	北京美大文博科技有限公司	2018年
B–14	单层瓦楞纸板	北京美大文博科技有限公司	2018年

2. 主要仪器和试剂

主要实验仪器包括：PP–15–P11型酸碱度计，德国 Sartorius 公司；METTLER T5型自动电位滴定仪，瑞士 METTLER TOLEDO 公司；GBJ–A 型纤维标准解离器，中国长春永新实验仪器有限公司；EH20A plus 型可调温电加热板，美国 LabTech 公司；帕恩特超纯水机，

---

① 胡绍进、陈嘉川、杨桂花：《木素分布的测定方法及研究展》，《纸和造纸》2011年第7期，40—44页。

中国北京湘顺源科技有限公司；ME614-S 电子天平，德国 Sartorius 公司。主要实验试剂包括：0.1mol/L 盐酸标准溶液；0.1mol/L 氢氧化钠标准滴定液；0.1mol/L 高锰酸钾标准溶液；0.2mol/L 硫代硫酸钠标准滴定溶液；1mol/L 碘化钾溶液；2.0mol/L 硫酸溶液等，均按照 GB/T601《化学试剂标准滴定溶液的制备》进行配制。实验中所用其他试剂均为分析纯，实验用水均为超纯水。

3. 纸板性能的测定

（1）所有纸板样品进行测定前，均按照《纸、纸板和纸浆试样处理和实习生验的标准大气条件》（GB/T 10739—2002）进行样品预处理。实研究开发 R&D 验中所用温湿处理条件为温度（23±1）℃，相对湿度（50±2）%，样品在此环境中预处理24h 以上。

（2）纸板的干热加速老化按照《纸和纸板的干热加速老化》（GB/T 464—2008）中的方法 C 进行，即样品在（105±2）℃下恒温处理（72±1）h。处理后的纸板均放入暗室存放，以避免光照条件引入带来的影响。

（3）测定 pH 值、碱储量和卡伯值的方法依据分别为《纸、纸板和纸浆水抽提液酸度或碱度的测定》（GB/T 1545—2008）、《纸和纸板碱储量的测定》（GB/T 24998—2010）和《纸浆卡伯值的测定》（GB/T 1546—2004）。

二、结果与讨论

1. 纸板的 pH 值

酸碱度是影响纸张耐久性的主要因素之一。有研究表明，纸张的 pH 值为3.0—5.0时，破损较为严重，pH 值在6.0以上时，破损则较轻[1]。古籍等纸质文献的主要载体就是纸张，因此，周围环境的酸碱度对这类文献的影响是较为显著的，例如有研究表明，乙酸的存在会显著降低暴露于其中的纸质文献的耐久性和保存寿命[2]。若使用酸性纸板制作的装具，其本身就具有一定的酸度，对包裹其中的藏品不仅无法起到保护作用，反而会加速其老化进程，对文献形成一种外源的"保护性伤害"，这是古籍保护工作中绝对不允许的。国家标准 GB/T 30227-2013《图书馆古籍书库基本要求》中规定书盒、函套的制作材料和文献包纸应采用无酸纸板和无酸纸张制作，其 pH 值应在7.5—10.0之间[3]。ISO 16245：2009E《信息与文献由纤维素树脂制成的、用于储存纸质和羊皮纸文稿的文件盒、文件夹及其他附件》[4]和

---

① 郭君、秦杰：《酸对档案纸张耐久性的影响及防治措施》，《机电兵船档案》2001 年第 6 期，36—37 页。
② 龙堃、易晓辉、田周玲等：《乙酸对纸质文献耐久性的影响研究》，《中华纸业》2019 年第 16 期，24—28 页。
③ 《图书馆古籍书库基本要求》（GB/T 30227—2013），中国标准出版社，2014 年。
④ ISO technical committee.ISO 16245:2009(E) information and documentation-boxes, File covers and other enclosures, made from cellulosic materials, for storage of paper and parchment documents.Switzerland: the International Organization for Standardization, 2009.

GB/T 35662—2017《古籍函套技术要求》[①] 也规定耐久性纸板的 pH 值应在 7.5—10.0 之间，只有满足无酸要求的纸板才被允许用于制作装具。实验中对收集的所有纸板样品进行干热老化，检测样品在老化前后的水抽提液 pH 值，并进行对比分析，检测结果见图1。

由图 1 可见，实验中测定的 14 个纸板样品均为无酸纸板，除 B–13 号样品外，其他 13 个样品在干热老化前和老化后的 pH 值均满足 7.5—10.0 的要求，且老化后 pH 值与老化前相比较变化很小，说明在 pH 值这一参数上，这些样品的耐老化能力较好。因此，大部分纸板都可以达到文献保护中的酸碱度限值。同时，B–13 号样品为中性硬纸板，这类纸板虽然对古籍等纸质文献的保护能力较弱，但是可以用于保存那些对碱性环境敏感的藏品，如部分老照片藏品和缩微胶片等。由此可见，在 pH 值这一参数上，目前用于制作装具的纸板整体表现良好，均能满足无酸要求。

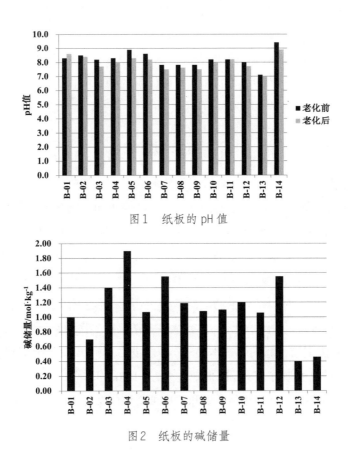

图1　纸板的 pH 值

图2　纸板的碱储量

2. 纸板的碱储量

纸板的碱储量是指添加在纸板内的碱性缓冲物质的含量，这类物质主要包括氧化钙和

---

① 《古籍函套技术要求》（GB/T 35662—2017），中国标准出版社，2017 年。

氧化镁等。在满足无酸的前提条件下，用于制作古籍装具的纸板应具有一定的碱储量，这些碱性物质主要用于中和藏品本身和周围环境中产生的酸性物质，可以延缓藏品的酸化老化，最终延长其保存寿命。GB/T 35662—2017和ISO 16245都规定了纸板中添加的碱储量应该满足不低于相当于0.4mol/kg酸的限值，换算为碳酸钙即为至少应具有2%质量分数的碳酸钙含量。对试验中的14个纸板样品的碱储量进行测定，并对比分析，结果见图2。由图2可见，14个样品的碱储量均满足不低于0.4mol/kg的限值，达到了国家标准和国际标准的要求，说明所有样品均具有中和环境中产生的酸性物质的能力。在碱储量这一参数上，所有纸板的表现依旧良好。但是也要看到，不同厂家的产品碱储量也有明显区别，碱储量最高者可以接近2mol/kg，说明这类纸板具有较强的缓冲能力，能够中和较多的酸性物质，而有些样品的碱储量则刚刚达标，缓冲能力一般，这类纸板制作的装具应在使用一段时间后，定期抽检其pH值，如果发现已经趋于中性或酸性，则应及时进行更换。这是因为随着周围环境中酸性物质的产生，装具纸板中的碱性物质也会随之消耗，这是一个持续的反应过程。

3. 纸板的卡伯值

制作装具用的纸板一般有灰纸板、白纸板、瓦楞纸板和其他类型的纸板等。由于纸板的生产标准不一、工艺不同，导致其某些性能差异较大，尤其是在木素含量上，不同纸板的脱木素程度明显不同。对于文献保护工作而言，脱木素较为彻底的纸板一般被认为耐久性较好。而木素含量高的纸板，在使用时更易发生木素的降解反应，进而产生酸性或氧化性物质，对藏品尤其是纸质藏品的保存不利。纸板中木素含量的高低一般由纸板的卡伯值来表征，卡伯值越低则木素含量越少，纸板的耐久性越好，反之则耐久性越差。GB/T 35662和ISO 16245中规定，用于藏品保存装具的纸板卡伯值最好不高于5.0，以降低木素含量较高的纸板带来的风险。实验中对所有纸板样品的卡伯值进行测定，并对比分析，结果见图3。

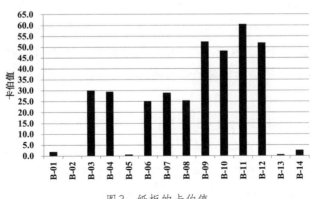

图3 纸板的卡伯值

由图3可见，14个纸板样品的卡伯值具有较大的差异。其中B-01、B-02、B-05、B-13和B-14号纸板样品的卡伯值低于5.0，说明这5个样品的木素含量很低，能够满足国家标准和国际标准中对古籍装具用材质的要求，且这5个样品均为纯棉材质纸板。另外9个卡伯值较高的纸板均为灰纸板，这主要是因为灰纸板的原材料来源较为复杂，废纸、半漂浆、半化学浆均可用于制作灰纸板，脱木素不完全的纸浆就会导致卡伯值偏高。其中6个灰纸板样品的卡伯值在20.0—50.0之间，虽然不宜用于古籍等珍贵藏品的保存，但是目前依然可以作为普通文献装具的制作材料。另外3个灰纸板样品的卡伯值高于50.0，属于木素含量很高的纸板，其抗老化能力很差，不能起到保护文献的作用，反而可能对文献的长期存储产生严重伤害，因此不建议用于制作文献保护装具。由此可见，在卡伯值这一参数的表现上，只有约三成的样品满足古籍保护的要求。可以说，脱木素程度是目前制约古籍保存装具用纸板质量的重要因素。

综合以上各种纸板样品的实验数据来看，所有14个样品的pH值和碱储量表现基本良好，能够满足纸质文献保存的要求，但是卡伯值的表现不尽如人意。所有样品中完全达到古籍保护要求的纸板只有4个，分别为B-01、B-02、B-05和B-14号样品，仅占所有样品数量的28.6%，而其他纸板未完全达到古籍保护要求的主要制约因素正是纸板的卡伯值。

三、结论

通过考察收集的14个纸板样品的pH值、碱储量和卡伯值，并参考相关国家标准和国际标准进行分析，可以得到如下结论：

1. 目前，制作古籍装具的纸板pH值基本可以满足无酸要求，且pH值在7.5—10.0之间者居多，符合相关国家标准和国际标准的参数要求。因此，仅从pH值这一项来看，现在用于制作装具的大部分纸板都能满足保护古籍等纸质藏品的要求。

2. 制作古籍装具的纸板的碱储量基本都满足不低于0.4mol/kg的限值，说明其中含有的碱性物质可以起到缓冲作用，能够中和藏品本身以及周围环境中产生的酸，从而延缓藏品的酸化老化，有利于古籍的保存。但是需要注意，随着周围环境中酸性物质的产生，纸板中的碱性物质也会随之消耗，因此，对合格的装具也要进行定期的检测，当pH值或碱储量降低到限值附近时，应及图3纸板的卡伯值时进行装具的更换，以防止文献保存环境的恶化。

3. 卡伯值是制约纸板耐老化能力的重要因素，在pH值和碱储量都达标的情况下，纸板中的木素含量进一步决定了其耐久性。木素含量过高的纸板对于古籍等藏品具有潜在的危害，可能加速包裹于其中的纸质文献的降解，这种情况是我们不愿看到的。因此，在文物保护经费充足的情况下，最好选用木素含量较低的纸板作为古籍装具的制作材料，以增强保护古籍等纸质文献的能力。

原载《中华纸业》2020年第6期

第五辑 纸张检测与脱酸

纸张理化指标与老化时间的统计学分析

田周玲　张铭　任珊珊　龙堃　闫智培　易晓辉

一、引言

文献保护，特别是古籍保护的根本目的就是最大限度地延长文献的保存寿命[①]。因此根据文献的实际保存状态不同，有时需要对文献本体进行脱酸和加固等干预处理，有时需要采取特殊的保存条件如充氮封存、抽真空封存等[②]。就国内而言，大多数文献保存单位尚停留在通过控制库房的温湿度、更新装具等措施来达到长期保存文献的目的。随着人们对文献价值认识的不断加深，文献保护已经成为业界的研究热点。近年来，国内外的专家、学者和机构提出了很多新的文献保护方法，具有较好的实用价值，取得了较大成就。然而在文献保存寿命评估等基础理论研究方面，业内关注较少，尚无权威性的理论支撑。

纸张是古籍等各类文献的载体，文献的保存寿命取决于纸张的保存寿命。因此，研究各类文献，特别是古籍文献的保存寿命实际上就是对文献用纸的保存寿命进行研究[③]。文献保存寿命的评估体系对于文献保护来讲具有重要的理论指导意义。文献用纸的保存寿命，很大程度取决于其耐久性。即文献用纸放置一段相当长的时间之后，其化学稳定性仍然保持着最初的状态，或指纸张能够抵抗本身的杂质破坏和外来因素的侵蚀，保持原有的性能，能够进行使用和长期的保存。文献用纸的保存寿命由内部因素和外部因素共同决定：内部因素包括纸浆的种类、质量、胶料、涂料、酸和金属化合物的含量及纸页中的其他成分等，这些都由制浆造纸过程所决定；外部因素是包括天灾人祸以及文献保存或使用的条件，如温度、相对湿度、光照、空气的污染程度等。文献纸张的内部因素很难进行大的改变，因此延长文献的保存寿命的途径常通常是改善文献的保存条件。

---

① 徐文娟、吴来明、裔传臻等：《书画修复用宣纸性能的研究》，《文物保护与考古科学》2016年第1期，33—37页。
② 田周玲：《国外纸质文献批量脱酸工艺进展》，《中华纸业》2013年第14期，90—94页。
③ 张平、田周玲：《古籍修复用纸谈》，《文物保护与考古科学》2012年第2期，106—112页。

对于纸张的耐久性的评估，存在多种理论。美国文献保护专家布朗曾用耐折度和撕裂度指标来对馆藏文献用纸的耐久性进行分类。但是在实际研究中发现纸张的物理指标的重复性和再现性往往较差，尤其是传统手工纸和早期的机制纸；也有人认为纸张的 pH 值可以表征其寿命，认为如果纸张的 pH 值小于 5，保存 20 — 50 年就会碎化；pH 值在 7.5 — 9.5 范围内的纸，预期可保存几百年。但是在近年来的实际工作中发现 pH 值与纸张的耐久性不具有直接相关性。有些纸张 pH 值已在 4.0 左右，却能基本完好，有些 pH 值在 6.0 以上的却严重脆化。国家标准《信息与文献 文献用纸 耐久性要求》(GB/T 24423 — 2009)[①]（修改采用国际标准 ISO 9706: 1994《Information and documentation — Paper for documents — Requirements for permanence》）中，采用撕裂度表征其物理性，采用卡伯值表征抗氧化性，采用碱储量和冷水抽提 pH 值表征其抗酸化性能。国家标准《信息与文献 档案纸 耐久性和耐用性要求》(GB/T 24422 — 2009)[②] 中增加了耐折度这一指标用来表征纸张的物理性能。

为了更全面地衡量纸张的保存状态，本项目采用返黄值、pH 值、抗张指数、耐折指数、铜价和聚合度等几个理化指标来评价纸张的性能。上述指标中既有表征其物理强度的指标，也有表征其氧化和酸化程度的指标，还有表征其聚合度的指标。为了模拟纸张的自然老化过程，本项目通过干热加速老化实验对纸张进行人工老化处理。虽然通过人工加速老化实验测试某一种材料的几项理化性能指标退变率来估测耐久性好坏并不是一项非常精确的实验技术，但多年来许多研究新型材料性能的专家通过对老化仪器和测试方法的改进以及实验数据的累积，已将其纳入国际标准化组织（ISO）认可的指标测试体系。在我国档案图书保护技术的科研论文中，也常以测定同一纸样老化前后机械强度（抗张强度、耐折度、耐破度和撕裂度）、酸度、白度的下降率来判断纸张耐久性好坏，并推算纸张的预期寿命。纸张老化实质上是内部化学成分发生微观分子结构改变，从而导致整体强度改变（脆化甚至粉碎）、色泽改变（泛黄白度下降）和纤维素化学性质改变（铜值增加、黏度减小）的宏观不可逆过程。为了评估纸张的保存寿命，需要建立纸张的理化指标与老化时间之间的对应关系，其前提是在纸张的众多理化指标中筛选出与老化时间相关程度高的一种或者几种指标，也就是对纸张的理化指标与老化时间进行相关分析。衡量事物之间或变量之间线性相关程度的强弱，并用适当的统计指标表示出来，这个过程就是相关分析。它是一种测度事物间统计关系强弱的手段与工具，旨在衡量变量之间的线性相关程度的强弱，变量不分主次，处于同等地位，是研究变量间密切程度的一种常用统计方法。为了能够直观地比较变量间的相关程度，需要引入相关系数的概念。相关系数能够以数字的方式描述变量间的线性相关程度，如果两个变量的变化趋势相同，则它们之间的关系为正线性相

---

① 《信息与文献 文献用纸 耐久性要求》（GB/T 24423—2009），中国标准出版社，2010 年。
② 《信息与文献 档案纸 耐久性和耐用性要求》（GB/T 24422—2009），中国标准出版社，2010 年。

关；反之，称为负相关关系。对于有序变量或者连续变量的相关系数 r，其取值范围为 −1
— +1，若 r > 0，则为正相关；r < 0，则为负相关；r = 0，则为零相关。r 的绝对值表示两变
量之间的线性相关程度，绝对值越接近1，说明密切程度越高；绝对值越接近0，说明密
切程度越低。在相关分析中，常见的几种相关系数有 Pearson 积矩相关系数、Pearson 等级
相关系数和 Kendall 等级相关系数。其中 Pearson 积矩相关系数适用于二元正态分布资料，
Pearson 等级相关系数适用于不满足正态分布的资料和等级资料，Kendall 等级相关系数是
对两个有序变量或者秩变量之间相关程度的衡量。显而易见，对于本课题中涉及的纸张理
化指标和老化时间的相关分析，Pearson 等级相关系数较为适用。Pearson 等级相关系数又称
秩相关系数，属于非参数统计方法，其计算公式为：

$$r_s = 1 - \frac{6 \sum d_i^2}{n\,(n^2 - 1)}$$

式中，r_s 为 Pearson 等级相关系数，取值范围 −1 — +1，其绝对值越大，表明变量间的
相关性越强；d_i 为分别对 X、Y 取秩之后每对观察值的秩之差；n 为所有观察对的个数。

二、研究方法

1. 纸样及处理

实验采用5种类型的纸张，详细信息见表1。

表1　纸样基本性质

名称	竹纸	宣纸	新闻纸	字典纸	构皮纸
分类	手工纸	手工纸	机制纸	机制纸	手工纸
生产厂家	浙江	汪六吉	华泰	凤生	贵州丹寨
原料	竹子	青檀皮和沙田稻草	木材	木材	构树皮
制浆方法	碱法	碱法	机械	化学法	碱法
漂白	未漂白	日光漂白	未漂白	化学漂白	未漂白
加填料	有	有	有	有	有
加增强剂	无	无	有	不确定	无
白度/%	38.78	79.66	57.50	74.18	38.73
定量/g·m⁻²	14.70	41.24	47.39	41.95	21.76

根据老化箱的横截面面积，将纸张裁成约30厘米×25厘米的长方形，裁纸的过程中保持纸张的正反面和纵横向一致，并进行标记。将上述5种纸样分别平均分为11份，用长尾夹夹好，并做好标记。

2. 仪器

仪器设备：老化箱，美国Mast公司；Elrepho分光白度仪，美国Datacolor公司；Elmendorf撕裂度仪，美国TMI公司；卧式拉力机，美国TMI公司；耐折度仪，美国TMI公司；Sartorius AG pH计，美国赛得利斯公司；NDJ旋转粘度计，上海平轩科学仪器有限公司。

3. 加速老化方法

从上述5种纸样中各取10份，按照纸张种类分别放置于老化箱的不同隔板层进行老化实验。为保证老化效果的均匀性，每周调整2次纸样的放置位置。调整时，将不同的纸样和同种纸样的不同份按照由上往下的顺序依次进行调整。在不同的老化时间点将5种纸样分别取出一份，每次均取最上面的一份。根据GB/T 464—2008《纸和纸板的干热加速老化》[①]，在温度为(105±2)℃的环境中连续老化。

老化时间以72 h为一个单元，纸样老化时间分别为1，4，10，20，40，60，70，80，90，100个老化单元。即老化的最长时间为7 200 h。同时，于避光处保存一份未老化的平行样。

4. 纸张主要理化指标的检测

分别检测不同老化时间纸样的白度、抗张指数、撕裂指数、耐折指数、冷抽提pH值、粘度和铜价。检测方法分别依据国家标准GB/T 7974—2013[②]、GB/T 2914—2008[③]、GB/T 455—2002[④]、GB/T 457—2008[⑤]、GB/T 1545—2008[⑥]、GB/T 1548—2004[⑦]和GB/T 5400—1998[⑧]。其中，耐折度检测时采用的弹簧张力为2.94N。目的是能够尽可能多地检测出各种纸张的耐折次数，否则很多纸张的耐折次数都为0。

5. 纸张主要理化指标与老化时间的相关性分析

通过SPSS (Statistical Product and Service Solutions) 软件[⑨]对纸张主要理化指标与老化时

① 《纸和纸板的干热加速老化》（GB/T 464—2008），中国标准出版社，2010年。
② 《纸、纸板和纸浆蓝光漫反射因数D65亮度的测定(漫射/垂直法，室外日光条件)》（GB/T 7974—2013），中国标准出版社，2014年。
③ 《纸和纸板抗张强度的测定》（GB/T 12914—2008），中国标准出版社，2009年。
④ 《纸和纸板撕裂度的测定》（GB/T 455—2002），中国标准出版社，2003年。
⑤ 《纸和纸板耐折度的测定》（GB/T 457—2008），中国标准出版社，2009年。
⑥ 《纸、纸板和纸浆水抽提液酸度或碱度的测定》（GB/T 1545—2008），中国标准出版社，2009年。
⑦ 《纸浆粘度的测定》（GB/T 1548—2004），中国标准出版社，2004年。
⑧ 《纸浆铜价的测定》（GB/T 5400—1998），中国标准出版社，1999年。
⑨ 李可强、张振秋、董平：《SPSS软件在药学研究中的应用—相关分析与回归分析》，《中医药学刊》2006年第7期，1300—1301页。

间的相关性分析，操作步骤如下：

（1）运行 SPSS 软件，输入变量，如图1所示。

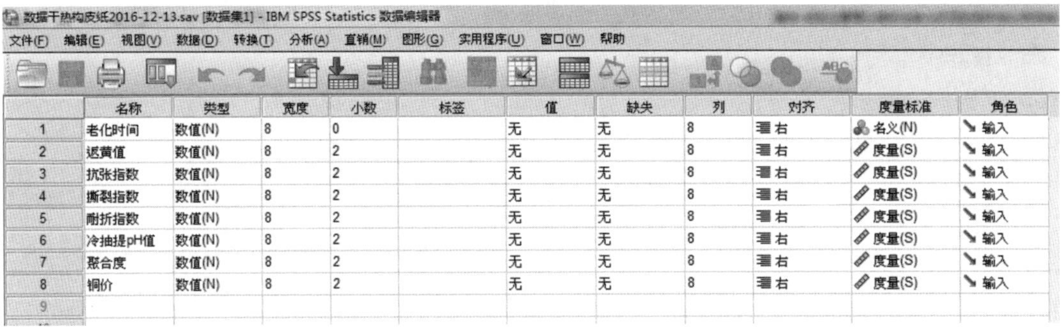

图1　SPSS　变量编辑窗口

（2）输入相应纸张理化指标与老化时间的数据，如图2所示。

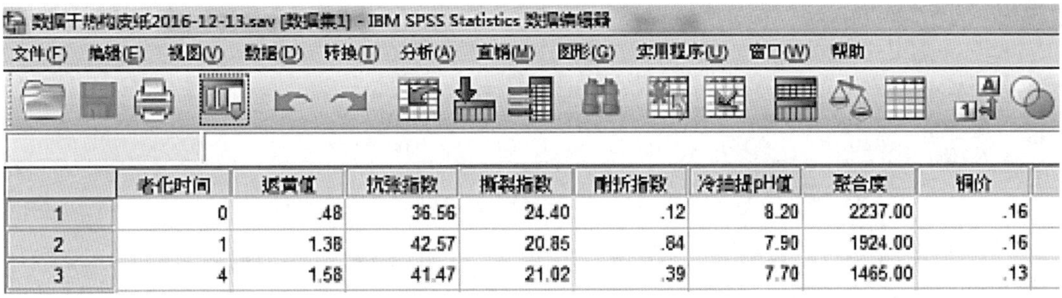

图2　SPSS　数据编辑窗口

（3）选择双变量相关分析及 Pearson 等级相关系数。

（4）由此得到纸张各理化指标及老化时间之间的 Pearson 等级相关系数，表2所示。本研究主要讨论纸张各理化指标与老化时间的 Pearson 等级相关系数。

表2　纸张各理化指标及老化时间之间的 Pearson　等级相关系数方阵结果

		老化时间	返黄值	抗张指数	撕裂指数	耐折指数	冷抽提pH值	聚合度	铜价
老化时间	Pearson相关性	1	0.676*	−0.956**	−0.936**	0.989**	−0.737**	−0.861**	0.943**
	显著性（双侧）		0.022	0.000	0.000	0.000	0.010	0.001	0.000
	N	11	11	11	11	11	11	11	11
返黄值	Pearson相关性	0.676*	1	−0.572	−0.543	0.688*	−0.474	−0.510	0.484
	显著性（双侧）	0.022		0.066	0.085	0.019	0.141	0.109	0.132
	N	11	11	11	11	11	11	11	11

续表

		老化时间	返黄值	抗张指数	撕裂指数	耐折指数	冷抽提pH值	聚合度	铜价
抗张指数	Pearson相关性	−0.956**	−0.572	1	0.886**	−0.942**	0.674*	0.820**	−0.926**
	显著性（双侧）	0.000	0.066		0.000	0.000	0.023	0.002	0.000
	N	11	11	11	11	11	11	11	11
撕裂指数	Pearson相关性	0.936**	−0.543	0.886**	1	−0.951**	0.842**	0.924**	−0.948**
	显著性（双侧）	0.000	0.085	0.000		0.000	0.000	0.000	0.000
	N	11	11	11	11	11	11	11	11
耐折指数	Pearson相关性	0.989**	0.688*	−0.942**	−0.951**	1	−0.799**	−0.886**	0.962**
	显著性（双侧）	0.000	0.019	0.000	0.000		0.003	0.000	0.000
	N	11	11	11	11	11	11	11	11
冷抽提pH值	Pearson相关性	−0.737**	−0.474	0.674*	0.842**	−0.799**	1	0.949**	−0.841**
	显著性（双侧）	0.010	0.141	0.023	0.001	0.003		0.000	0.001
	N	11	11	11	11	11	11	11	11
聚合度	Pearson相关性	−0.861**	−0.510	0.820**	0.924**	−0.886**	0.949**	1	−0.915**
	显著性（双侧）	0.001	0.109	0.002	0.000	0.000	0.000		0.000
	N	11	11	11	11	11	11	11	11
铜价	Pearson相关性	0.943**	0.484	−0.926**	−0.948**	0.962**	−0.841**	−0.915**	1
	显著性（双侧）	0.000	0.132	0.000	0.000	0.000	0.001	0.000	
	N	11	11	11	11	11	11	11	11

注：* 在0.05水平（双侧）上显著相关；** 在0.01水平（双侧）上极显著相关。

三、结果与讨论

1. 竹纸主要理化指标与老化时间的 Pearson 等级相关系数

由表3可以看出，竹纸的主要理化指标与老化时间具有极显著的相关性。其中抗张指数、撕裂指数、冷抽提pH值和聚合度与老化时间呈负相关性，返黄值、耐折指数和铜价与老化时间呈正相关性。相关程度由高到低依次为返黄值＞冷抽提pH值＞抗张指数＞撕裂指数＞铜价＞聚合度＞耐折指数。这说明若要对于竹纸的保存寿命进行预测，应该优先选择返黄值、冷抽提pH值、抗张指数和撕裂指数等指标进行研究，慎选铜价和聚合度，不能选耐折指数。

表3 竹纸主要理化指标与老化时间的 Pearson 等级相关系数

竹纸		返黄值	抗张指数	耐折指数	撕裂指数	冷抽提pH值	聚合度	铜价
老化时间	相关系数	0.953	−0.922	0.228	−0.921	−0.952	−0.862	0.874
	Sig.（双侧）	0.000	0.000	0.499	0.000	0.000	0.001	0.000
	N	11	11	11	11	11	11	11

注：在置信度（双测）为0.01时，相关性是极显著的

2. 宣纸主要理化指标与老化时间的 Pearson 等级相关系数

由表4可以看出，宣纸的主要理化指标除耐折指数以外都与老化时间具有极显著的相关性。相关程度由高到低依次为返黄值＞冷抽提 pH 值＞铜价＞聚合度＞抗张指数＞撕裂指数＞耐折指数。这说明若要对于宣纸的保存寿命进行预测，应该优先选择返黄值、冷抽提 pH 值、铜价等理化指标，慎选抗张指数和撕裂指数，不能选择耐折指数。

表4 宣纸主要理化指标与老化时间的 Pearson 等级相关系数

宣纸		返黄值	抗张指数	撕裂指数	耐折指数	冷抽提pH值	聚合度	铜价
老化时间	相关系数	0.990	−0.914	−0.912	0.314	−0.965	−0.916	0.958
	Sig.（双侧）	0.000	0.000	0.000	0.348	0.000	0.000	0.000
	N	11	11	11	11	11	11	11

注：在置信度（双测）为0.01时，相关性是极显著的

3. 新闻纸主要理化指标与老化时间的 Pearson 等级相关系数

由表5可以看出，新闻纸的主要理化指标与老化时间具有极显著的相关性。相关程度由高到低依次为返黄值＞撕裂指数＞铜价＞冷抽提 pH 值＞抗张指数＞耐折指数。这说明若要对于新闻纸的保存寿命进行预测，可以优先选择返黄值、撕裂指数和铜价等理化指标，慎选耐折指数。

表5 新闻纸主要理化指标与老化时间的 Pearson 等级相关系数

新闻纸		返黄值	抗张指数	撕裂指数	耐折指数	冷抽提pH值	聚合度	铜价
老化时间	相关系数	0.994	−0.914	−0.978	0.838	−0.946	—	0.971
	Sig.（双侧）	0.000	0.000	0.000	0.001	0.000	—	0.000
	N	11	11	11	11	11	—	11

注：在置信度（双测）为0.01时，相关性是极显著的；新闻纸聚合度指标无法测出

4.字典纸主要理化指标与老化时间的 Pearson 等级相关系数

由表6可以看出，字典纸的主要理化指标除耐折指数均与老化时间具有较显著的相关性。相关程度由高到低依次为返黄值＞抗张指数＞冷抽提 pH 值＞铜价＞聚合度＞撕裂指数＞耐折指数。这说明若要对于字典纸的保存寿命进行预测，应该优先选择返黄值、抗张指数、冷抽提 pH 值和铜价等理化指标，慎选聚合度和撕裂指数，不能选择耐折指数。

表6　字典纸主要理化指标与老化时间的 Pearson 等级相关系数

	字典纸	返黄值	抗张指数	撕裂指数	耐折指数	冷抽提pH值	聚合度	铜价
老化时间	相关系数	0.994	−0.979	−0.788	0.191	−0.955	−0.890	0.950
	Sig.（双侧）	0.000	0.000	0.004	0.574	0.000	0.000	0.000
	N	11	11	11	11	11	11	11

注：在置信度（双测）为0.01时，相关性是极显著的。

5.构皮纸主要理化指标与老化时间的 Pearson 等级相关系数

由表7可以看出，构皮纸的各项指标除返黄值以外均与老化时间具有显著的相关性，其余主要理化指标与老化时间具有极显著的相关性。相关程度由高到低依次为耐折指数＞抗张指数＞撕裂指数＞铜价＞聚合度＞冷抽提 pH 值＞返黄值。这说明若要对于构皮纸的保存寿命进行预测，应该优先选择耐折指数、抗张指数、撕裂指数和铜价等理化指标，慎选冷抽提 pH 值和返黄值。

表7　构皮纸主要理化指标与老化时间的 Pearson 等级相关系数

	字典纸	返黄值	抗张指数	撕裂指数	耐折指数	冷抽提pH值	聚合度	铜价
老化时间	相关系数	0.676	−0.956	−0.936	0.989	−0.737	−0.861	0.943
	Sig.（双侧）	0.022	0.000	0.000	0.000	0.010	0.001	0.000
	N	11	11	11	11	11	11	11

注：在置信度（双测）为0.01时，相关性是极显著的；在置信度（双测）为0.05时，相关性是显著的。

6.五种纸张的 Pearson 等级相关系数对比

五种纸张的各种指标与老化时间的 Pearson 相关系数关系如图3所示。从图3可以发现，抗张指数与老化时间的 Pearson 相关系数也比较高，均在0.9以上。可作为老化程度的评价指标。

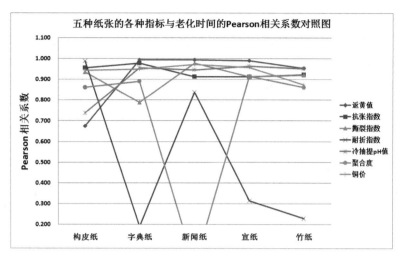

图3　5种纸张的理化指标与老化时间的 Pearson 相关系数对照图

铜价与老化时间的 Pearson 相关系数也比较高，均在0.85以上。除竹纸以外4种纸张的 Pearson 相关系数都在0.9以上。根据本项研究认为铜价可作为这5种纸张老化程度的检测指标。

聚合度与老化时间的 Pearson 相关性较好，除新闻纸聚合度数值无法测得以外，其他4种纸张的相关系数都在0.85以上，也可作为这4种纸张老化程度的检测指标。

对于初始白度比较高的纸张如字典纸、新闻纸和宣纸，返黄值的 Pearson 相关系数非常高，均在0.990以上。而竹纸的 Pearson 相关系数也高达0.95。只有构皮纸的返黄值的 Pearson 相关系数比较低，且低于0.85。因此认为，除构皮纸以外的4种纸张都可以选择返黄值作为纸张老化程度的一个重要指标。

冷抽提 pH 值与老化时间的 Pearson 相关系数也比较高，除构皮纸以外均在0.9以上。可作为这4种纸张老化程度的检测指标。

撕裂指数与老化时间的 Pearson 相关系数也比较高，除字典纸以外均在0.9以上，可作为这4种纸张老化程度的检测指标。

除构皮纸以外，其他4种纸张的耐折指数与老化时间的 Pearson 相关系数的数值的都在0.85以下。因此不建议采用该项指标作为纸张老化程度的检测指标。

四、结论

本研究选取了竹纸、宣纸、字典纸、新闻纸和构皮纸作为研究对象，以干热加速老化实验为处理手段，通过相关性分析，得出了主要理化指标与老化时间的 Pearson 系数的相关程度。结果发现，5种纸张的抗张指数、铜价和聚合度与老化时间的相关性都较好。分别各有4种纸张的返黄值、冷抽提 pH 值和撕裂指数与老化时间的相关系数都在0.9以上，相关性非常好。仅有一种纸张的耐折指数与老化时间的相关性较好。

本研究的结果显示，对于大多数纸张而言，其保存寿命的预测可以优先考虑使用抗张指数、铜价和聚合度等指标，耐折指数不建议使用，其他指标视纸张种类和老化条件酌情使用。

原载《文物保护与考古科学》2019年第1期

传统生料法与熟料法手工竹纸性能差异研究

易晓辉　李英　雷心瑶

自宋代以来，以嫩竹为原料制作的传统手工竹纸成为写印用纸的主要品种。其原料分布广泛、速生高产、成本低廉，满足了雕版印刷业的繁荣对纸张的大规模需求，在后世快速发展成为应用最为广泛的写印材料。据不完全统计，存世的明清古籍约有 80%—90% 为竹纸本，这其中又以本色竹纸居多。文博领域对古籍修复用纸一般要求尽量与原件相近[①]，采用传统工艺生产的本色竹纸因此成为古籍修复用纸的重要来源，究竟如何选择合适的修复用纸，成为古籍保护和修复领域亟需研究的问题[②]。

本色竹纸一般指未经漂白的竹纸，纸色偏土黄，按制作工艺可简单分为生料法和熟料法两种，区别主要在于是否经过蒸煮过程。以本研究所取样品产地福建为例，当年新砍的嫩竹去竹节，破成竹片，与生石灰一起分层码入料塘，加水浸沤百日后，取出洗净剥去竹皮，得到沤软的竹料。若直接用此竹料打浆抄纸，则为生料纸。若将此竹料加入石灰或烧碱于篁锅中再蒸煮一天，洗净后打浆抄纸，则为熟料纸。熟料法生产的纸张因增加了蒸煮工序，纸张白度更高，吸墨性更好[③]。

有关造纸工艺与修复用手工竹纸性能的关系，近年已有学者开展相关研究。陈刚[④]从制纸工艺方面对不同产区的手工竹纸进行分析，认为福建、江西、浙江一些传统纸坊生产的竹纸可供古籍修复用。李贤慧[⑤]对毛竹、苦竹制作的生料纸、熟料纸及混料纸的性能进行研究，分析不同工艺制得的纸张特性。陈彪等[⑥]对不同原料和工艺生产的富阳竹纸进行

① 郑冬青、张金萍、何子晨等：《古代纸质文物修复用纸的研究》，《中国造纸》2013 年第 7 期，71—73 页。
② 姚娇、王欢欢、耿付江：《民间文书纸张原料与修复用纸初探》，《中国造纸学报》2019 年第 2 期，33—37 页。王欢欢：《明清时期文化用纸材质初探》，《中国造纸》2016 年第 9 期，43—46 页。
③ 陈刚：《中国手工竹纸制作技艺》，科学出版社，2014 年。
④ 陈刚：《档案与古籍修复用竹纸的现状与问题》，《档案学研究》2012 年第 1 期，80—84 页。
⑤ 李贤慧：《原料和制浆方法对手工竹纸性能的影响》，《造纸科学与技术》2015 年第 1 期，43—46 页。
⑥ 陈彪、谭静、黄晶等：《四种富阳竹纸的耐老化性能》，《林业工程学报》2021 年第 1 期，121—126 页。谭静、卢郁静、顾培玲等：《原料及制作工艺对富阳竹纸性能的影响》，《林业工程学报》2020 年第 5 期，103—108 页。

研究，分析其理化性能差异，以探求原料和工艺对纸张耐久性和热稳定性的影响。

因产区差异，各地生料纸与熟料纸的工序及相关参数往往有所不同，这对于研究人员研究其性能特点造成一定干扰。为避免工艺差异的影响，应在相同条件下对比生料纸与熟料纸的性能。本研究选取福建将乐、连城、长汀地区的3家纸坊，每家纸坊都出产生料纸和熟料纸，且工艺流程大体一致。差别仅在于将乐、长汀两家纸坊蒸煮时用烧碱，而连城纸坊则采取烧碱和石灰混用。取上述纸坊生产的3种生料竹纸与3种熟料竹纸共6种为样本，测定其定量、厚度、紧度、D65亮度、返黄值、冷抽提pH值、卡伯值、碱储量、打浆度、纤维质量、抗张指数、耐折度、撕裂指数、伸缩率、纤维显微形态等指标，从多角度分析生料竹纸与熟料竹纸在纸张性能，尤其是耐久性方面的差异[①]。为古籍修复用纸的选择和使用，纸质文献的保存保护工作提供参考。

一、实验

1. 实验材料

实验选取福建将乐、连城、长汀3个竹纸产区3家兼有生产生料竹纸和熟料竹纸的纸坊，每家纸坊分别选取定量相近的1种生料纸和1种熟料纸，共6种本色竹纸样品，详细信息如表1所示。后文为简洁起见，以"纸坊编号＋生／熟料纸"表示6种不同的纸样。

表1　6种手工竹纸样品信息

编号	样品名称	工艺类型	样品来源	纸坊编号
1	毛边纸	生料法	福建将乐西山纸坊	纸坊1
2	熟料纸	熟料法		
3	特等玉扣熟料	生料法	福建连城小山堂纸坊	纸坊2
4	玉扣	熟料法		
5	特等玉扣熟料	生料法	福建长汀闲星阁	纸坊3
6	玉扣	熟料法		

2. 仪器设备

实验所用仪器有：BSA124S电子天平、PP-15酸度计（德国Sartorius）；纸张厚度仪、纸张抗张强度仪、纸张耐折度仪和纸张撕裂度仪（美国TMI）；Elrepho450X纸张白度仪（美国Datacolor）；研特YT-DJ-100打浆度仪（杭州研特科技有限公司）；GBJ-A纤维标准解离器

[①] Luo Y B. "Durability of Chinese Repair Bamboo Papers under Artificial Aging Conditions". *Studies in Conservation*，2019，64（8）：448-455.

（武汉格莱莫检测设备有限公司）；纤维质量分析仪（加拿大 OpTest）；HCP108 温湿度试验老化箱（德国 Memmert）；数显卡尺（日本三丰）；T5 电位滴定仪（瑞士梅特勒 – 托利多）；90i 显微镜（日本尼康）。

3. 实验方法

6 种纸样的性能检测依照相关国家标准规定的方法进行，纤维显微形态的观察参照纤维组分分析的标准方法，采用 Herzberg 染色剂对纤维进行染色。测定卡伯值时先将纸样碎解，再滤去水分，自然晾干制成干浆。纤维质量分析则依照纤维质量分析仪的标准方法进行操作。实验所用检测方法如表 2 所示。

表 2　样品检测所用国家标准方法

检测指标	测试方法
定量	GB/T 451.2—2002 纸和纸板定量的测定
厚度	GB/T 451.3—2002 纸和纸板厚度的测定
紧度 D65 亮度	GB/T 451.3—2002 纸和纸板厚度的测定 GB/T 7974—2013 纸、纸板和纸浆蓝光漫反射因数 D65 亮度的测定
返黄值 pH 值	GB/T 26459—2011 纸、纸板和纸浆返黄值的测定 GB/T 1545—2008 纸、纸板和纸浆水抽提液酸度或碱度的测定
卡伯值	GB/T 1546—2018 纸浆卡伯值的测定
碱储量	GB/T 24998—2010 纸和纸板碱储量的测定
打浆度	GB/T 3332—2004 纸浆打浆度的测定
抗张指数	GB/T 12914—2008 纸和纸板抗张强度的测定
耐折度	GB/T 457—2008 纸和纸板耐折度的测定（拉力为 5N）
撕裂度	GB/T 455—2002 纸和纸板撕裂度的测定
伸缩率	GB/T 459—2002 纸和纸板伸缩性的测定
纤维显微形态	GB/T 4688—2002 纸、纸板和纸浆纤维组成的分析

表3　6种纸样的定量、厚度和紧度

样品名称	定量/g·m⁻²	厚度/μm	紧度/g·cm⁻³
纸坊1生料竹纸	25.4	70.6	0.36
纸坊1熟料竹纸	23.4	58.2	0.4
纸坊2生料竹纸	29.4	81	0.36
纸坊2熟料竹纸	26.3	64.3	0.41
纸坊3生料竹纸	30.1	81.6	0.37
纸坊3熟料竹纸	28.2	76.5	0.37

二、结果与讨论

1. 基本物性

6种纸样的基本物性（定量、厚度、紧度）测定结果如表3所示。由表3可知，6种纸样的定量范围为25—30 g/m²，其中，纸坊1的两种样品定量略小，另4种竹纸定量稍大；6种纸样基本物性的差异主要表现在紧度，3种生料竹纸的紧度均在0.36 g/cm³左右，2种熟料竹纸的紧度在0.40 g/cm³左右。这是由于蒸煮过程降低了竹料中的木质素含量，使纤维更加柔软；打浆过程中更容易润胀，并释放出更多羟基，成纸时形成更多的氢键连接，因此在经过压榨之后纸张也更加紧致。这一结果与2.4小节中熟料竹纸打浆度普遍偏高相吻合。

2. 光学性质

表4所示为6种纸样的光学性质（D65亮度和返黄值）测定结果。由表4可知，生料竹纸和熟料竹纸的光学性质差异明显。3种熟料竹纸的D65亮度都比同纸坊生料竹纸高7%—8%左右。这一结果印证了生料法和熟料法在工艺原理上的差异，纸张中木质素的含量直接影响成纸D65亮度。由于蒸煮过程脱除了更多的木质素（对应2.3小节中卡伯值的结果），因此熟料竹纸的白度普遍优于生料竹纸。

同样的原因，在经过加速老化（烘干）之后，熟料竹纸的返黄值也明显低于生料竹纸，从实验结果来看，熟料竹纸的返黄值均在1.0%以内，而生料竹纸的返黄值则普遍在6%—8%左右。返黄值是反映纸张耐久性能的重要指标，相较而言，熟料竹纸在加速老化后返黄值更低，稳定性明显高于生料竹纸，因此耐久性更佳。

表4　6种纸样的D65亮度和返黄值

样品名称	D65亮度/%	返黄值/%
纸坊1生料竹纸	40.7	6.2
纸坊1熟料竹纸	47.7	0.7
纸坊2生料竹纸	41.0	7.8
纸坊2熟料竹纸	49.6	0.8
纸坊3生料竹纸	42.8	6.8
纸坊3熟料竹纸	50.2	0.5

3. 化学性质

实验测定了6种纸样的化学性质（冷抽提 pH 值、卡伯值、碱储量），结果如表5所示。其中，酸碱度是影响纸张耐久性最重要的一项因素[①]。由表5可知，3种生料竹纸的冷抽提 pH 值都在6.0—7.0之间，呈弱酸性。3种熟料竹纸的冷抽提 pH 值在7.5—9.0之间，呈弱碱性。造成生料竹纸和熟料竹纸酸碱度明显差异的原因主要是制浆过程中是否采用了碱性蒸煮的工序。生料法工艺中没有高温碱蒸煮的过程，竹料与石灰混合后置于料塘中自然浸沤发酵，在常温条件下浸沤2—4个月。浸沤过程既有石灰的碱性作用，也伴随着微生物发酵过程。浸沤后的竹料经多次清水置换浸洗，去除废液及石灰质，期间伴随微生物发酵。在长时间的浸沤发酵及置换清洗过程中，竹料中的石灰不仅与木质素及碳水化合物反应，还与微生物发酵产生的酸中和，与发酵生成的二氧化碳反应，不断被消耗，因此，制得的纸张最终与自然水体的酸碱度相近。古籍修复用纸的 pH 值一般要求为弱碱性，3种熟料纸在这一重要参数方面具有明显优势。

表5　6种纸样的冷抽提 pH 值、卡伯值和碱储量

样品名称	冷抽提pH值	卡伯值	碱储量/mol·kg⁻¹
纸坊1生料竹纸	6.9	60.7	0.07
纸坊1熟料竹纸	7.7	15.5	0.08
纸坊2生料竹纸	6.3	59.3	0.08
纸坊2熟料竹纸	9.0	22.0	0.07
纸坊3生料竹纸	6.2	54.0	0.09
纸坊3熟料竹纸	9.0	21.8	0.16

---

① 田周玲、易晓辉、任珊珊等：《加速老化条件下湿度对纸张性能的影响》，《纸和造纸》2017年第1期，18—23页。

卡伯值反映了纸张原料中能够被还原的物质的量，常用于表示木质素的含量。表5所列6种纸样的卡伯值，3种生料竹纸的卡伯值都高达50以上，3种熟料竹纸的卡伯值则在20左右。这一显著的差异说明，经过温和的浸沤发酵过程制成的生料竹纸木质素残余量较高，而经过高温碱蒸煮过程制得的熟料竹纸，木质素含量要低得多。木质素是纸张老化过程中的活泼因素，熟料竹纸由于木质素含量更低，在自然老化过程中的稳定性更好[①]。

纸张的碱储量反应纸张抵抗酸性气体侵蚀的能力，也是纸张耐久性能的一个重要指标。表5所列6种纸样的碱储量都较低，除了纸坊3的熟料竹纸因蒸煮时添加石灰，碱储量略高之外，其他5种竹纸的碱储量都比较接近。纸张碱储量主要与造纸工艺及水质有关，在未对工艺进行针对性的干预时，南方偏中性或弱酸性的水质生产出的手工纸碱储量都较低，这与以往的检测结果相吻合。

4. 纸浆打浆度

纸浆的打浆度关乎成纸纸张的结合强度，是纸张机械强度的基础指标。由于实验样品为成品纸张，无法在抄纸时测量纸浆的打浆度。考虑到传统手工纸在成形过程中除纸药外不含其他添加物，实验采用纤维标准解离器将纸样分散成浆后测定其打浆度。需要指出的是，本方法测得的结果可能与原纸浆的打浆度存在些许偏差，因此测试结果仅用于本实验所用纸样的内部横向对比，6种纸样的纸浆打浆度测试结果如图1所示。

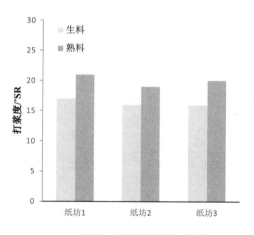

图1　6种纸样的打浆度

由图1可知，3家纸坊的生料竹纸跟熟料竹纸纸浆的打浆度均偏低，其中，生料竹纸纸浆的打浆度在16° SR—17° SR左右，熟料竹纸纸浆的打浆度在19° SR—21° SR左右。

① Maachowska E, Dubowik M, Boruszewski P, et al. "Influence of lignincontent in cellulose pulp on paper durability". *Scientific Reports*, 2020, 10: 1-12.

传统手工纸的打浆主要是为了疏解纤维，偏向于游离状打浆，成纸比较疏松绵软，吸收性好。3家纸坊熟料竹纸纸浆的打浆度都略高于生料竹纸纸浆。在手工纸生产过程中，一般不会主动测试纸浆的打浆度，只要达到纤维均匀分散的要求即可，在相近的打浆条件下，熟料竹纸纸浆的木质素去除率更高，纤维硬度低，更容易打浆，最终的打浆度略高于生料竹纸纸浆。

5. 纤维质量分析

纤维长度的分布、细小纤维含量以及纤维扭结程度是反映成纸纸张质量的重要"信息"。实验分析了6种纸样的平均纤维长度、长度分布、细小纤维含量及扭结指数（见表6、图2—图4），以此判断纤维在打浆过程中的切断程度以及细小组分的比例。

从表6可以看出，6种竹纸的细小纤维含量比较接近，其中纸坊1生料竹纸、纸坊2熟料竹纸和纸坊3熟料竹纸的细小纤维含量略高。3种熟料竹纸的扭结指数均高于其对应生料竹纸，这与熟料竹纸的纤维处理程度较深，形态更加柔软的结论相吻合。

表6　6种纸样的纤维质量分析结果

项目	纸坊1		纸坊2		纸坊3	
	生料竹纸	熟料竹纸	生料竹纸	熟料竹纸	生料竹纸	熟料竹纸
细小纤维含量/%	5.76	5.54	5.57	5.68	5.54	5.74
数均长度/mm	0.905	0.862	0.922	0.850	0.947	0.818
加权平均长度/mm	1.239	1.182	1.266	1.141	1.293	1.102
质均长度/mm	1.565	1.517	1.596	1.439	1.626	1.401
扭结指数/mm^{-1}	0.62	0.84	0.63	0.70	0.55	0.82

从纤维长度（数均长度、加权平均长度、质均长度）来看，生料竹纸的长度均大于熟料竹纸，这是由于生料竹纸的处理过程相对较缓和，纤维长度上所受损失较小。从纤维质均长度的分布（图2—图4）可知，纸坊1的两种竹纸，纸坊2和纸坊3的熟料竹纸的质均长度分布更加集中，在均值附近的纤维占比较高；表明这4种竹纸样在打浆过程中的纤维切断要略少于其他纸样。

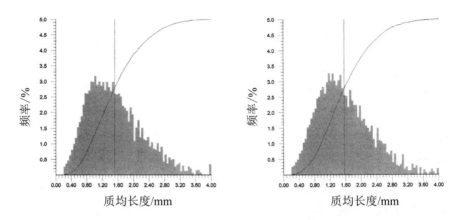

图2 纸坊1生料竹纸(a)和熟料竹纸(b) 纤维质均长度分布图

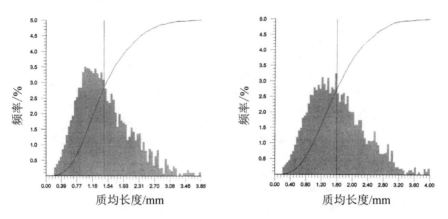

图3 纸坊2生料竹纸(a)和熟料竹纸(b) 纤维质均长度分布图

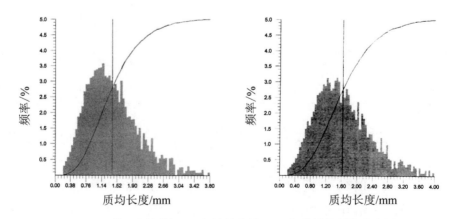

图4 纸坊3生料竹纸(a)和熟料竹纸(b) 纤维质均长度分布图

6. 力学性能

纸张的力学性能一般从抗张强度、耐折度和撕裂度3个方面进行分析。6种纸样的力学性能测试结果如表7所示。其中，抗张强度反映纤维之间的结合力大小，主要受打浆度及紧度的影响[①]。对比表7中3种生料竹纸和3种熟料竹纸的抗张指数（纵横平均值，下同）可知，3种熟料竹纸的抗张指数明显较高，均大于同一纸坊所产生料竹纸的抗张指数。从工艺过程来看，熟料竹纸纸浆打浆度更高，成纸后纤维之间的结合强度更好，因此相较于生料竹纸具有更高的抗张强度。

纸张耐折度反映纤维的长度、强度、柔韧性及结合力，手工纸的耐折度尤其受纤维种类、长度及处理程度影响。如表7所示，6种纸样在5N拉力下测得的耐折次数差异明显。在原料、工艺类似的情况下，纸张耐折度主要受各工序处理程度影响，尤其是脱木素时纤维素的降解程度，打浆时纤维的切断程度。结合图2—图4中6种纸样纤维质均长度的分布图，纸坊1的生料竹纸、纸坊2和纸坊3的熟料竹纸的纤维长度分布更集中，与之相关性较高的耐折度也略高于同纸坊的另外1种纸样。

表7　6种纸样的抗张指数、耐折度和撕裂指数测试结果

样品名称	抗张指数/N·m·g⁻¹	耐折度/(5N/次)	撕裂指数/mN·m²·g⁻¹
纸坊1生料竹纸	40.1 ± 5.4	325	7.56 ± 1.31
纸坊1熟料竹纸	46.3 ± 4.7	98	8.60 ± 0.59
纸坊2生料竹纸	30.8 ± 2.2	16	6.50 ± 1.05
纸坊2熟料竹纸	$46.0 + 3.8$	75	7.01 ± 0.76
纸坊3生料竹纸	35.1 ± 2.6	46	7.00 ± 0.46
纸坊3熟料竹纸	38.5 ± 2.5	47	6.64 ± 0.65

纸张的撕裂度主要受纤维长度、纤维结合力、纤维强度及成纸松厚度影响。传统手工竹纸原料纤维的长度大致相近，成纸纸张松厚度在同类制纸方法下差异较小，区别只在于各工序处理程度的不同。对比表7中纸坊1和纸坊2纸样的撕裂指数可知，打浆度引起的纤维结合力差异使得熟料竹纸在撕裂指数方面略有优势，但纸坊3的结论又正好相反，这表明撕裂度的影响因素比较多元，并非由单一因素主导。此外，结合耐折度数据，纸坊1的生产工艺在维持纤维强度方面做得更好，其生产的两种纸样的撕裂指数都略优于其他纸坊纸样。

[①] 李远华、刘焕彬、陶劲松等：《纸张抗张强度模型的研究进展》，《中国造纸》2014年第1期，65—69页。

7. 伸缩性

伸缩性指纸张在浸湿后发生润胀、干燥后发生收缩的特性，反映了纸张在环境干湿变化时的尺寸稳定性。一般要求古籍修复用纸具有较小的伸缩率[1]，并尽量与古籍原件纸张接近。

表8为6种纸样的伸缩性测试结果，其中，总伸缩率、湿胀率和干缩率均为纵横平均值。由表8可知，生料竹纸的总伸缩率低于熟料竹纸，这可能与生料竹纸木质素残余量高、纸质松厚，而熟料竹纸紧度更高有关。其中，纸坊3的生料竹纸与熟料竹纸总伸缩率差距较小，对比发现两种纸样的紧度相同，更印证了伸缩性与紧度的关系。另外，纸浆的打浆度也与伸缩性存在关联，打浆度高时纤维结合更紧密，遇水润胀后尺寸变化更大。3种熟料竹纸的伸缩性较大，特别是湿胀率明显偏高，原因便在于此。

表8　6种纸样的伸缩性测试结果

样品名称	总伸缩率/%	湿胀率/%	干缩率/%	纵向伸缩率/%	横向伸缩率/%
纸坊1生料竹纸	0.83	0.38	0.45	0.66	1.01
纸坊1熟料竹纸	0.98	0.52	0.46	0.96	0.99
纸坊2生料竹纸	0.79	0.41	0.38	0.64	0.93
纸坊2熟料竹纸	1.06	0.53	0.53	0.93	1.17
纸坊3生料竹纸	0.91	0.35	0.56	0.71	1.11
纸坊3熟料竹纸	0.95	0.52	0.43	0.91	0.98

生料竹纸和熟料竹纸的伸缩性在横向无显著差异，纵向差异明显，3种生料竹纸的纵向伸缩率在0.6%—0.7%范围内，而3种熟料竹纸的纵向伸缩率则在1.0%左右。这可能与蒸煮及打浆过程有关，熟料竹纸的木质素含量低，纤维柔软，打浆后整体结构更加松弛，纤维纵向上具有一定弹性，因而成纸纸张的纵向伸缩率较生料竹纸的更高[2]。

8. 纤维显微形态

纤维显微形态观察可以分析手工纸的纤维组分、原料的处理程度、纤维分丝帚化及切断状态、杂质含量等[3]。6种纸样的纤维显微图见书前彩插第4页，从图中可以看出，6种纸样的纤维形态直挺，边缘完整清晰，未见明显分丝帚化，表明纤维多呈游离状态，打浆度

① 易晓辉、闫智培、龙堃等：《湿热加速老化法降低古籍修复用纸伸缩性的研究》，《文物保护与考古科学》2020年第5期，126—134页。
② 陈国平、李长荣：《纸张伸缩率影响因素分析及应用》，《中华纸业》2010年第20期，79—81页。
③ 杨海艳、郭金龙、龚德才：《古纸纤维形态特征与传统造纸工艺的对应关系》，《中国造纸》2011年第12期，32—35页。

较低。6种纸样都含有尖细平滑的竹韧形纤维，宽扁的竹纤维管胞，枕状薄壁细胞及宽大带网纹的毛竹导管，符合毛竹纤维的显微特征[①]，即6种纸样均由纯毛竹制成，未添加其他纤维原料。从纤维染色情况可知，3种生料竹纸有部分纤维呈黄色，形态光滑直挺；3种熟料竹纸黄色纤维较少，整体偏蓝紫。纤维被染成黄色表明其木质素含量偏高，与卡伯值的检测结果吻合。

6种纸样纤维中还可观察到薄壁细胞、导管及表皮细胞等禾草类杂细胞的特征。这些杂细胞的存在有利于纸张匀度、紧度和吸收性能，但会对强度性能和墨色造成不利影响。6种纸样中纸坊2和纸坊3的4种纸样杂细胞偏多。有研究表明，细小纤维及杂细胞含量会影响竹纸的撕裂度[②]，因此纸坊2和纸坊3的纸样在强度性能上略低于纸坊1的纸样。

三、结论

本研究分析了福建将乐、连城、长汀地区3家纸坊出产的3种生料竹纸和3种熟料竹纸的定量、厚度、紧度、D65亮度、返黄值、冷抽提pH值、卡伯值、碱储量、打浆度、纤维质量、抗张指数、耐折度、撕裂指数、伸缩率、纤维显微形态等指标。对比生料竹纸和熟料竹纸的性能差异，得到如下研究结果：

（1）从原料特性方面来看，生料竹纸因木质素含量高，打浆度较熟料竹纸略低，纤维较挺硬，纤维长度分布不如熟料竹纸集中。

（2）生料竹纸在松厚度、伸缩性上较熟料竹纸更有优势，特别是湿胀率和纵向伸缩率较熟料竹纸明显偏低，在干湿变化时尺寸稳定性更好。

（3）熟料竹纸在紧度、D65亮度、返黄值、冷抽提pH值、卡伯值、碱储量、打浆度、纤维扭结指数、抗张指数等方面更具优势，特别是与耐久性相关的D65亮度、返黄值、冷抽提pH值、卡伯值等指标，其优势突出，表明熟料竹纸的耐久性更好，性质更加稳定。

（4）从耐久性能的角度考虑，纸质文献及文物修复用纸在选用本色竹纸时，应优先考虑使用熟料竹纸，不过也应注意熟料竹纸的伸缩性可能会稍偏高，有条件的可以考虑采用一定手段降低其伸缩率。在使用生料竹纸时，应重点确保纸张的酸碱度符合相关使用要求。

原载《中国造纸学报》2022年第3期

[①] 王菊华：《中国造纸原料纤维特性及显微图谱》，中国轻工业出版社，1999年。

[②] 张宁、张美云、吴乾斌：《细小纤维对三种浆料质量影响的对比研究》，《造纸科学与技术》2013年第1期，11—13页。Parameswaran N, Lies W. "On the Fine Structure of Bamboo Fibres". *Wood Science and Technology*, 1976（10）: 233-235.

近红外光谱无损检测技术在古籍纸张性能
分析中的可行性研究

易晓辉　龙堃　任珊珊　张铭

一、引言

　　纸质古籍文献的无损检测技术一直是国内外图书保存和保护机构普遍关注的课题，由于珍贵纸质古籍的不可破坏性，无法使用任何有损的方法进行实验研究。从上世纪90年代末开始，美国、日本、欧洲等国家和地区的相关机构便已经着手研究纸质文献的微损和无损检测技术[①]。在此之后的十多年中，许多现代化的分析和检测技术被研究用以测定文献纸张的各种理化性质[②]，其方法主要有光谱分析和挥发物的色谱分析两大类。本实验研究的近红外光谱分析和检测技术是近年来发展起来的一项全新的无损检测技术，能够快速、准确、低成本地对固态、液态、粉末状的有机物样品的各种性质进行检测，目前已在食品、制药、烟草、造纸、石油化工等领域获得广泛应用[③]。近红外光谱主要是由于分子振动的非谐振性使分子振动从基态向高能级跃迁时产生的，记录了分子化学键的基频振动的倍频和合频信息，主要是含氢基团（$C-H$, $O-H$, $N-H$, $S-H$）的信息，包含了绝大多数类型有机物组成和分子结构的丰富信息，可以作为获取样品组成或性质信息的有效载体[④]。近年来，近红外光谱在制浆造纸领域的相关研究为纸张性质的无损检测技术提供了全新的思路和方向[⑤]，同时也为古籍纸张的保护研究提供了新的技术手段[⑥]。

---

① 陆婉珍：《现代近红外光谱分析技术》，中国石化出版社，2007年，13—28页。
② 徐文娟：《无损光谱技术在纸质文物分析中的应用研究进展》，《文物保护与考古科学》2012年第12期，41—44页。
③ 褚小立、袁洪福、陆婉珍：《在线近红外光谱过程分析技术及其应用》，《现代科学仪器》2004年第2期，3—21页。
④ 姚胜、蒲俊文：《近红外光谱分析技术在木材材性分析中的研究进展》，《光谱学与光谱分析》2009年第4期，974—978页。
⑤ 李小梅、王双飞：《近红外光谱技术在造纸工业中的应用》，《中国造纸学报》2003年第2期，189—194页。沈文浩、谢益民、余焕斌：《近红外光谱技术在制浆造纸工业中的应用》，《现代科学仪器》2000年第1期，37—38页。
⑥ STRLIČM, KOLAR J.*Ageing and stabilization of paper*.Ljubljana, Slovenia: National and University Library, 2005:89-94. TANJA T, MATIJA S, JANA K. "Nondestructive analysis and dating of historical paper based on IR spectroscopy and chemometric data evaluation".*Analytical Chemistry*, 2007, 79(16):6319 — 6323.

实验主要研究古籍纸张近红外光谱无损检测技术的可行性，包括古籍纸张各项理化性质的近红外光谱预测模型的构建和模型相关性验证两部分内容。选取100种具有代表性的古籍纸张及修复用纸建立样品库，用国标规定的方法测定其理化参数，然后采用近红外光谱仪扫描纸张样品获得近红外光谱谱图，利用OPUS建模软件建立预测模型，并对模型进行相关性验证。通过这种无损分析的手段，可以实现对古籍纸张样品仅进行一次近红外谱图扫描，就能够通过一系列预测模型测定古籍纸张各方面理化性质的数据。既保护了古籍的完整性，不对古籍造成任何损坏，还能够快速获得古籍保存保护状态相关的一系列理化性质参数，为古籍的保存和保护提供了重要的依据和参考。

二、材料与方法

1. 实验材料与设备

由于四项纸张化学性质的标准测定方法都是有损的，考虑到古籍纸张的珍贵性和无法再生性，本实验所用的100个纸样由两部分构成。第一部分为30个老纸样品，主要是修复组在古籍修复过程中从一些古旧文献上揭下来的旧纸，属于真正的古纸；第二部分为70个新制修复用纸和手工纸样品，这些纸样采用传统的手工造纸工艺生产，跟古籍纸张原料、生产工艺、性能都比较相近，最大限度地代表古籍纸张的材质特性。

除此之外，本课题还考虑了古籍纸张的种类差别。尽可能地收集各种不同种类的纸张样品，兼顾各类纸张在古籍纸张当中所占的比例以及其样品种类的多少，以扩大样品集的覆盖范围，最大程度地囊括了古籍纸张性质的各类因素。共收集各类纸样100个，符合近红外光谱分析建模对于样品总量的需求。具体种类数量信息及样品编号方式如表1。

表1　100个实验纸张样品种类信息

种类	数量/个	老纸数置/个	新纸数置/个	编号方式
竹纸	30	10	20	ZZ01—ZZ30
宣纸	25	7	18	XZ01—XZ25
构皮纸	20	5	15	GP01—GP20
桑皮纸	10	3	7	SP01—SP10
其他	15	5	10	ZX01—ZX15

2. 实验设备

德国布鲁克光谱仪器公司生产的 MPA Sphere 傅立叶变换近红外光谱仪，带有 RT — PbS 检测器，OPUS /OVP 自检功能，内置镀金漫反射积分球;Sartorius Professional Meter

PP — 15pH 计，Sartorius 电子分析天平；带有水套的欧式毛细管粘度计，粘度计常数为 $0.08010s^{-1}$；GBJ—A 纤维标准解离器。

3. 实验方法

1）检测方法。纸样的 pH 值和碱储量的检测方法分别参照 GB/T 1545—2008 和 GB/T 24998—2010 的方法进行，其中 pH 值采用冷抽提 pH 值作为实验结果。

由于目前尚无测定纸张纤维聚合度和高锰酸钾值的相关标准，实验前先将纸样疏解成纸浆，用去离子水充分洗涤，尽可能滤去纸张当中的纸药、填料和胶料。然后参照纸浆粘度的检测方法 GB/T 1548—2004 和纸浆高锰酸钾值的检测方法 GB/T 1547—2004 分别测出纸浆粘度和高锰酸钾值，并将纸浆粘度换算成纤维聚合度。

2）光谱采集方法。将纸张样品置于仪器顶部的红外光采集窗口上，并用镀金的重砝压住，在 4000—12000cm^{-1} 谱区内，扫描 64 次平均成为一个近红外谱图，每个纸张样品重复采集 5 个不同部位，分辨率 8cm^{-1}，采集样品的漫反射光谱。

3）建模方法。将 100 个纸张样品的 pH 值、纤维聚合度、高锰酸钾值和碱储量的实测值，分别跟近红外光谱图导入 MPA Sphere 傅立叶变换近红外光谱仪配置的 OPUS—QUANT2 定量分析软件，通过软件随机选取 70 个样品作为建模的校正集，并根据运算规则选取相应的波长范围和最佳的光谱数据预处理方法，使用偏最小二乘法进行优化建模。然后依照所得模型的相关参数选取最优模型，并使用交叉检验的方法对模型进行优化检验，得到校正模型中近红外预测值与实测值的相关因子 R_{cv} 值和交叉检验的均方根误差 RMSECV 值。

4）模型验证方法。为进一步评价校正模型的质量以及其光谱预测效果，采用校正集之外的 30 个未参与建立模型的样品对 pH 值校正模型进行外部验证，通过 OPUS 定量 2 分析模块进行分析检验，得出模型预测值和实测值的相关因子 R_{val} 值和预测均方根误差 RMSEP 值。

三、结果与讨论

1. 纸样酸碱度光谱预测模型

纸张酸碱度是表征古籍纸张老化状态一个非常重要的参数，纸张的老化过程通常伴随着酸化进程，酸碱度的高低直接影响纸张的保存寿命[①]。表 2 为纸张样品近红外光谱和冷抽提 pH 值测定结果的最优模型参数和检验结果，所得校正模型中近红外预测值与实测值的相关因子 R_{cv} 值为 0.9188，达到 0.9 以上，符合一般性定量检测的要求；交叉检验的均方根误差 RMSECV 值为 0.496，说明该模型预测结果的误差一般在 ±0.5 以内。光谱模型预测值

---

① 《馆藏纸质文献酸性和保存现状的调查与分析研究报告》，国家图书馆，2004 年。

和实测值相关散点图即 pH 值的近红外检测校正模型如图 1 所示，近红外预测值的趋势线跟实测值的趋势线拟合度较好。

表 2　纸张样品 pH 值校正模型最佳建模参数

参数	样品谱图
样品数	70
谱区范围/cm^{-1}	11995.6—4246.7
光谱预处理方法	多元散射校正
维数	9
R_{cv}	0.9188
R^2	0.8441
RMSECV	0.496
斜率	0.852
偏移量	1.143

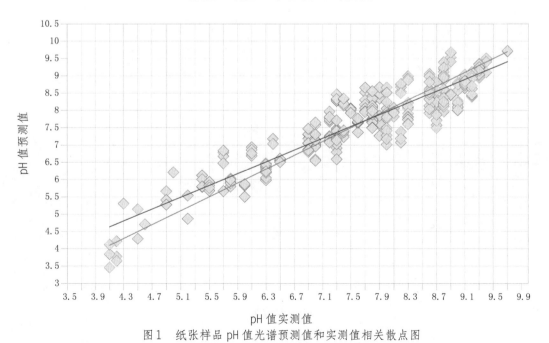

图 1　纸张样品 pH 值光谱预测值和实测值相关散点图

纸张样品冷抽提 pH 值验证模型的相关指标和验证结果如表 3 和图 2 所示，其模型预测值和实测值的相关因子 R_{val} 达到 0.9444，超过 0.9，预测均方根误差 RMSEP 为 0.484，表明本实验所建立的光谱预测模型能够准确地测出这些纸张样品的 pH 值。

表 3　纸张样品 pH 值外部验证模型的模参数

参数	样品谱图
样品数	30
RMSEP	0.484
R_{val}	0.9444
Bias	−0.0521
RPD	3.04
斜率	0.885
截距	0.905

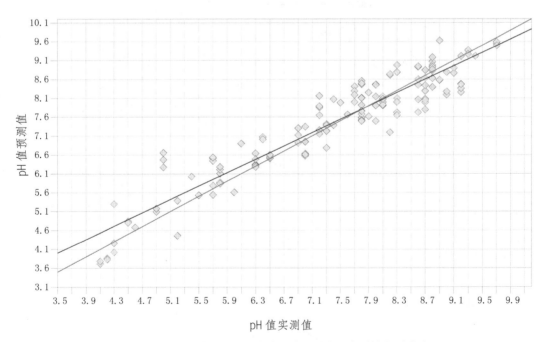

图 2　纸张样品 pH 值验证模型光谱预测值和实测值相关散点图

利用已建立的 pH 值光谱预测模型对 30 个外部验证样品进行预测的数据结果如表 4 所示，样品的近红外光谱预测值跟化学实测值非常接近，30 个验证样品中有 5 个预测值跟实测值相一致，25 个样品的预测值偏差不超过 ±0.3，29 个样品的预测值偏差在 ±0.5 以内，只有 1 个样品的偏差为 0.7，检测准确率超过了常用的表面 pH 值测定方法。模型的验证结果证明了采用近红外光谱无损检测技术测定纸张的 pH 值是可行的，可以采用这一光谱检测方法对珍贵纸质文献的纸张酸碱度度进行无损测定，以评价纸张的酸化、老化状态，为制定相应的文献保存保护方案提供必要的实验依据和参考。

表 4　纸张样品 pH 值外部验证的预测结果

编号	实测值	近红外预测值	偏差	编号	实测值	近红外预测值	偏差
ZZ01	7.8	7.8	0	XZ22	7.7	8.0	0.3
ZZ03	7.8	7.5	−0.3	GP03	6.0	5.6	−0.4
ZZ04	8.0	7.5	−0.5	GP06	8.7	8.3	−0.4
ZZ10	6.3	6.3	0	GP08	8.1	8.0	−0.1
ZZ12	7.6	7.7	0.1	GP09	8.0	7.9	−0.1
ZZ17	4.9	5.2	0.3	GP12	8.8	9.1	0.3
ZZ20	6.9	6.9	0	GP17	4.3	4.5	0.2
ZZ25	6.3	6.4	0.1	GP19	4.1	3.8	−0.3
ZZ29	7.0	6.6	−0.4	SP04	8.3	8.1	−0.2
XZ01	9.4	9.2	−0.2	SP07	9.7	9.5	−0.2
XZ04	9.3	9.3	0	SP10	6.3	6.4	0.1
XZ05	9.2	9.2	0	ZX03	7.4	8.1	0.7
XZ09	8.8	8.9	0.1	ZX06	6.9	7.1	0.2
XZ14	8.8	8.6	−0.2	ZX10	8.0	8.1	0.1
XZ18	8.9	8.6	−0.3	ZX13	5.2	5.0	−0.2

2. 纸样纤维聚合度光谱预测模型

纸张纤维聚合度反映了纸张内部纤维素分子链的长短，是纸张宏观物理强度的基础，纸张的酸化老化过程会造成纤维聚合度的降低，最终导致古籍纸张劣化。从某种程度上来讲，纤维聚合度所反映的纸张老化状态信息是纸张内部纤维状态最根本的信息，比测定纸张抗张强度、耐折度等物理强度指标更能反映纸张内部的强度状态。表 5 为纸张样品近红外光谱和聚合度测定结果的建模参数和检验结果，所得校正模型中近红外预测值与实测值的相关因子 R_{cv} 值为0.9217，达到0.9以上；交叉检验的均方根误差 RMSECV 值为162。光谱模型预测值和实测值相关散点图即聚合度的近红外检测校正模型如图3所示，近红外预测值跟实测值的趋势线拟合度较好。

表5　纸张样品聚合度校正模型最佳建模参数

参数	样品谱图
样品数	70
谱区范围/cm^{-1}	11975—4050
光谱预处理方法	一阶导数＋MSC
维数	10
R_{cv}	0.9217
R^2	0.8495
RMSECV	162
斜率	0.846
偏移量	138.160

预测值 vs 真值 ／ 聚合度［1］ ／ 交叉检验

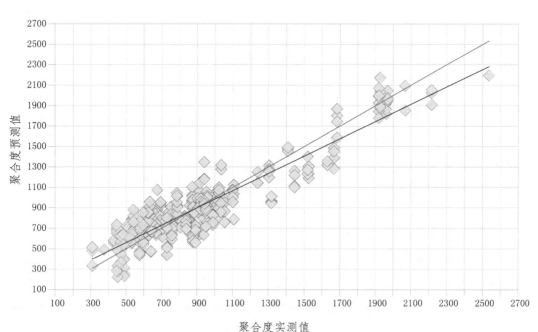

图3　纸张样品聚合度光谱预测值和实测值相关散点图

纸张样品纤维聚合度验证模型的相关指标和验证结果如表6和图4所示，其模型预测值和实测值的相关因子 R_{val} 达到0.9476，接近0.95; 预测均方根误差 RMSEP 为157，说明本实验所建立的光谱预测模型能够准确地测出纸张样品的聚合度。

表6　纸张样品聚合度外部验证模型的模参数

参数	样品谱图
样品数	30
RMSEP	157
R_{val}	0.9476
Bias	0.479
RPD	3.13
斜率	0.903
截距	87.850

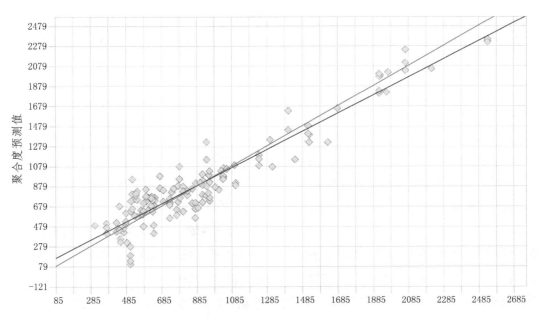

预测值对真值 / 聚合度 [1] / 聚合度分析.q2

图4　纸张样品聚合度验证模型光谱预测值和实测值相关散点图

利用已建立的聚合度光谱预测模型对30个外部验证样品进行预测的数据结果如表7所示，纸张样品的近红外光谱预测值跟化学测量值非常接近，误差的波动在可以接受的范围之内。模型的验证结果证明了使用近红外光谱无损检测技术测定纸张样品的聚合度是可行的，可以采用这一检测方法对珍贵纸质文献的纸张纤维聚合度进行无损测定，以评价纸张纤维当前的老化状态。

表7　纸张样品聚合度外部验证的预测结果

编号	实测值	近红外预测值	偏差	编号	实测值	近红外预测值	偏差
ZZ03	957	977	20	XZ24	578	603	25
ZZ05	711	721	10	GP01	1683	1658	−25
ZZ07	1100	1092	−8	GP06	1959	1819	−140
ZZ10	1518	1445	−73	GP07	2216	2053	−163
ZZ15	447	524	77	GP09	1969	2018	49
ZZ16	941	880	−61	GP13	1919	1989	70
ZZ22	1239	1086	−153	GP16	1106	914	−192
ZZ25	643	687	44	GP20	1036	1018	−18
ZZ28	625	713	88	SP02	753	857	104
XZ03	903	915	12	SP07	2068	2164	96
XZ05	1023	1034	11	SP09	608	726	118
XZ08	511	680	169	ZX01	1055	1054	−1
XZ12	569	621	52	ZX05	597	733	136
XZ15	875	648	−227	ZX12	483	549	66
XZ21	374	447	73	ZX13	452	340	−112

3. 纸样高锰酸钾值光谱预测模型

纸样的高锰酸钾值反映了纸张内部可被氧化的物质的总量，主要是表征纸张当中木质素的含量，木质素的存在会加速纸张的老化进程[1]。表8为纸张样品近红外光谱和高锰酸钾值测定结果的建模参数和检验结果，所得校正模型中近红外预测值与实测值的相关因子 R_{cv} 值为0.9787，达到0.95以上，交叉检验的均方根误差 RMSECV 值为0.824。光谱模型预测值和实测值相关散点图即高锰酸钾值的近红外检测校正模型如图5所示，近红外预测值跟实测值的趋势线也非常吻合。

---

[1] 黎庆涛、李小梅、余炼等：《近红外漫反射光谱法测定纸浆卡伯值》，《中国造纸》2004，23 年第 4 期，8—10 页。

表8 纸张样品高锰酸钾值校正模型最佳建模参数

参数	样品谱图
样品数	70
谱区范围/cm^{-1}	1195.6—4597.7
光谱预处理方法	一阶导数+矢量归一化(SNV)
维数	10
R_{cv}	0.9787
R^2	0.9579
RMSECV	0.824
斜率	0.960
偏移量	0.196

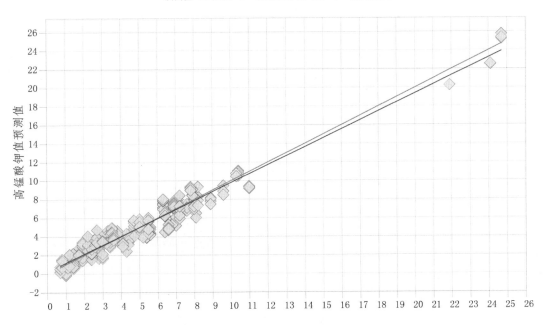

图5 纸张样品高锰酸钾值光谱预测值和实测值相关散点图

纸样高锰酸钾值验证模型的相关指标和验证结果如表9和图6所示，其模型预测值和实测值的相关因子 R_{val} 达到0.9795，超过0.95；预测均方根误差 RMSEP 为0.922，如此高的相关系数说明本实验所建立的近红外光谱预测模型能够准确地测出这些纸张样品的高锰酸钾值。

利用已建立的高锰酸钾值光谱预测模型对30个外部验证样品进行预测的数据结果如表10所示，纸张样品的近红外光谱预测值跟化学测定值十分接近，有的测定结果甚至完全一样，大部分结果基本没有太大的误差。模型的验证结果证明了利用近红外光谱无损检测技术测定纸张的高锰酸钾值的方法是可行的，可以使用这一检测技术对珍贵纸质文献纸张的高锰酸钾值进行无损测定，以评价纸张的理化状态。

表9 纸张样品高锰酸钾值外部验证模型的模参数

参数	样品谱图
样品数	30
RMSEP	0.922
R_{val}	0.9795
Bias	0.0906
RPD	4.92
斜率	0.932
截距	0.283

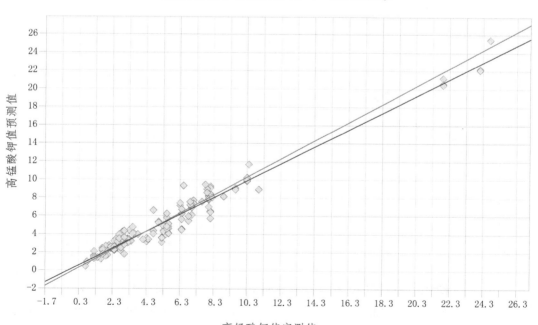

图6 纸张样品高锰酸钾值验证模型光谱预测值和实测值相关散点图

表10　纸张样品高锰酸钾值外部验证的预测结果

编号	实测值	近红外预测值	偏差	编号	实测值	近红外预测值	偏差
ZZ03	5.5	4.7	−0.8	XZ22	6.9	7.5	0.6
ZZ05	3.2	3.3	0.1	GP02	2.6	2.4	−0.2
ZZ06	2.4	2.4	0	GP04	2.8	3.4	0.6
ZZ11	8.9	8.1	−0.8	GP08	8.1	8.8	0.7
ZZ13	4.4	3.4	−1.0	GP10	7.1	7.5	0.4
ZZ17	7.9	8.8	0.9	GP14	7.0	7.1	0.1
ZZ21	24.1	22.2	−1.9	GP17	3.3	3.8	0.5
ZZ25	24.7	25.4	0.7	GP19	6.4	6.5	0.1
ZZ27	2.7	3.7	1.0	SP01	6.9	7.2	0.3
XZ01	2.7	2.7	0	SP05	5.6	5.0	−0.6
XZ03	3.4	3.2	−0.2	SP07	10.3	10.0	−0.3
XZ07	2.4	2.5	0.1	ZX02	6.8	5.7	−1.1
XZ09	2.0	2.1	0.1	ZX07	2.4	2.4	0
XZ14	1.2	1.6	0.4	ZX11	1.4	1.4	0
XZ18	2.8	2.3	−0.5	ZX14	4.7	5.0	0.3

4. 纸样碱储量光谱预测模型

碱储量代表纸张内部碱性物质的总量，这些以弱碱性碳酸盐为主的碱性成分能够保护纸张免受酸化及大气污染的侵蚀，延长纸张的保存寿命[1]。表11为纸张样品近红外光谱和碱储量测定结果的建模参数和检验结果，所得校正模型中近红外预测值与实测值的相关因子 R_{cv} 值为0.8496，未达到0.85以上，交叉检验的均方根误差 RMSECV 值为0.142，这一结果表明近红外光谱无损检测对纸样碱储量预测的准确度无法达到检测级的要求，但能满足参考级要求。也就是说本研究所用的近红外光谱分析技术通过采集纸张样品的近红外光谱尚无法对纸张的碱储量做出准确预测，能为对精确度要求不高的领域提供一定的数据参考。光谱模型预测值和实测值相关散点图即碱储量的近红外检测校正模型，如图7所示，近红外预测值跟实测值的趋势线吻合度不是太好。

---

[1] 张平、田周玲：《古籍修复用纸谈》，《文物保护与考古科学》2012年第2期，106—112页。

表11　纸张样品碱储量校正模型最佳建模参数

参数	样品谱图
样品数	70
谱区范围/cm^{-1}	1195.6—4597.7
光谱预处理方法	一阶导数+矢量归一化(SNV)
维数	9
R_{cv}	0.8496
R^2	0.7207
RMSECV	0.142
斜率	0.751
偏移量	0.063

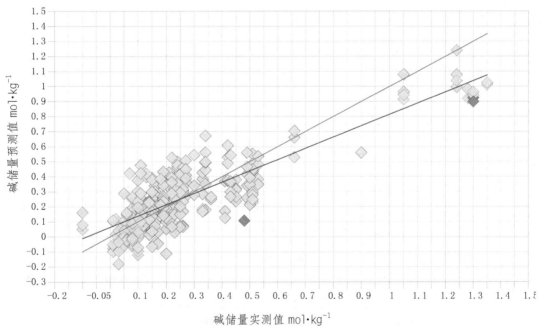

图7　纸张样品碱储量光谱预测值和实测值相关散点图

　　验证模型的相关指标和验证结果如表12和图8所示，模型预测值和实测值的相关因子 R_{val} 为0.8388，仍未达到0.85；预测均方根误差 RMSEP 为0.169，这一结果表明本实验所建立的近红外光谱预测模型不能够准确地测出这些纸张样品的碱储量，仅能够用来提供的参考性需求。近红外预测值跟实测值的趋势线斜率有一定差距，数据点的分布也略显松散。

表12 纸张样品碱储置外部验证模型的模参数

参数	样品谱图
样品数	30
RMSEP	0.169
R_{val}	0.8388
Bias	0.0214
RPD	1.82
斜率	0.758
截距	0.050

预测值对真值 / 碱保留量[mol/kg] / 碱保留量.q2

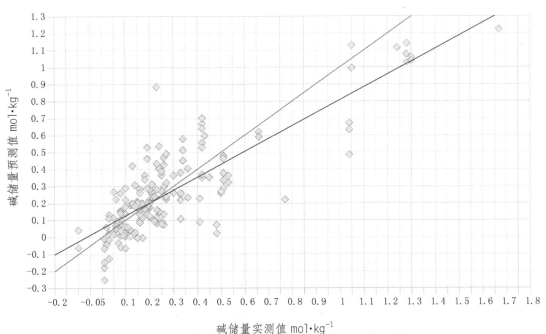

图8 纸张样品碱储量验证模型光谱预测值和实测值相关散点图

　　利用已建立的碱储量光谱预测模型对30个外部验证样品进行预测的数据结果如表13所示。纸张样品的近红外光谱预测值跟化学测定值有一定的误差。但若对检测精度没有太高的要求，只是作为参考性数据，其误差大小还是在可以接受的范围之内。近红外预测值跟实测值大体上的吻合度还是不错的，测定结果可以用于粗略判定纸张碱储量的高低。模型的验证结果证明了利用近红外光谱无损检测技术测定纸张的碱储量的方法有一定误差，但可提供参考，在没有其他更好的无损测定方法时，可以使用这一检测技术分析珍贵纸质文献纸张的碱储量，以粗略评价纸张的理化状态，为后续的保存保护方案提供必要的参考。

碱储量的近红外预测值跟实测值相关性不好可以从近红外光谱分析技术的基本原理中找到解释。由于近红外光谱直接记录的是含氢基团（C–H，O–H，N–H，S–H）的信息，主要包含绝大多数类型有机物组成和分子结构的化学信息。尽管某些无机离子化合物也能够通过它对共存的本体物质影响引起的光谱变化，间接地反映其存在的信息[1]，但这部分光谱信息的准确度跟有机物相比还存在一定差距。纸张的碱储量主要指其内部弱碱性碳酸盐的含量，为无机物指标，其光谱信息为间接信息。采用近红外光谱技术预测纸张中的碱储量，因而无法像聚合度、高锰酸钾值等有机物指标那样达到较高的相关性。

表13　纸张样品碱储量外部验证的预测结果（mol/kg）

编号	实测值	近红外预测值	偏差	编号	实测值	近红外预测值	偏差
ZZ04	0.19	0.29	0.10	XZ24	0.09	0.01	−0.08
ZZ06	0.19	0.18	−0.01	GP01	0.41	0.16	−0.25
ZZ09	0.14	0.03	−0.11	GP04	0.08	0.17	0.09
ZZ12	0.22	0.10	−0.12	GP07	0.23	0.10	−0.13
ZZ14	0.06	0.07	0.01	GP11	0.42	0.42	0.00
ZZ18	0.27	0.40	0.13	GP15	0.20	0.18	−0.02
ZZ22	0.03	0.04	0.01	GP16	0.07	0.01	−0.06
ZZ24	0.14	0.25	0.11	GP19	−0.10	−0.01	0.09
ZZ30	0.43	0.60	0.17	SP02	0.51	0.39	−0.12
XZ02	1.24	1.12	−0.12	SP06	0.10	0.08	−0.02
XZD5	1.67	1.22	−0.45	SP09	0.36	0.32	−0.04
XZ08	0.30	0.31	0.01	ZX02	0.20	0.24	0.04
XZ09	0.25	0.32	0.07	ZX08	0.17	0.12	−0.05
XZ12	0.10	0.26	0.16	ZX11	0.23	0.16	−0.07
XZ17	0.12	0.19	0.07	ZX13	0.03	0.01	−0.02

---

[1] 冯放：《现代近红外光谱分析技术及其应用》，《生命科学仪器》2007年第5期，9—13页。

四、结论

本研究的结果证明了利用近红外光谱分析技术对珍贵文献纸张进行无损检测是完全可行的，可以借助此项技术实现批量样本特定理化指标的快速、无损测定，以获取珍贵文献纸张的状态数据，为保存保护方案的制定提供参考。实验研究结论如下：

1. 使用近红外光谱分析技术对纸张 pH 值、纤维聚合度、高锰酸钾值进行无损检测是可行的，可以利用这一技术建立纸张 pH 值、纤维聚合度、高锰酸钾值的近红外光谱测定模型，对珍贵的纸质文献的相关理化参数进行完全无损的分析测定。

2. 使用近红外光谱分析技术对纸张碱储量进行无损检测存在一定的误差，但误差不太大，在对检测精度要求不高或尚无合适的无损测定方法时，其预测数值可以用来作为必要的参考。

原载《文物保护与考古科学》2018年第3期

纸质文献无损检测方法的研究进展

龙堃

纸张的性能检测一般都在实验室内进行，采用的都是新制纸张或者类似原件的模拟纸张，并不能够在文献原件上进行。检测过程一般是将待测纸张裁切成一定形状和规格的样品，然后用相应的仪器设备进行物理、化学方面，如光学等参数的测定，基本都属于有损检测，这类方法可以快速便捷地测定纸张的各项性能、比较纸张质量的优劣、预测纸张的寿命。但是，这类方法只能选择与档案或图书相似的纸张来进行模拟实验，所测结果与原件有所差异，与真实情况有所差别。而对于那些保存年代久远，或难以找到当时造纸方法的纸质文献，想要进行精确的模拟实验则更是困难。

各个藏书机构的档案和图书中不乏珍品和孤本，如果采用有损方式对这些样品进行测试则会造成文化遗产的损毁，因此就需要应用一些无损的检测方法（不能损害原件，不能直接取样）进行检测。无损检测方法是通过特殊的仪器设备观测、分析纸张表面或内部的结构、组成、形态变化、挥发出的气体样品组分等，从而直接或间接地得到纸张的一些性能参数。

一、国内外纸张无损检测方法的研究进展

1. 分光光度法（spectrophotometry）

分光光度法是通过测定物质在特定波长或一定波长范围内的吸光度，对该物质进行定性和定量分析的方法。该方法操作简便、快速，适用于物质分子结构分析、纯度检测等，已经广泛应用在化工分析、环境监测、食品分析、水质监测等方面。

刘淑霞等人[1] 用荧光分光光度法对纸张的荧光特性进行了研究，根据激发光谱、发射光谱及一阶导数光谱、同步扫描光谱的特性，直接或间接测定样品的荧光强度。将纸样固

---

[1] 刘淑霞、李国平、曲福玖：《用荧光分光光度法无损检验同类纸张》，《辽宁警专学报》1999 年第 1 期，48 页。

定于试架上，用320nm、380nm 光激发，在400—500nm 内连续扫描发射光谱，再以最大发射波长434nm 监控，测其激发光谱，扫描范围360—450nm；用 $\Delta\lambda$ 为10nm、54nm 在 λ_{em} 为400—500nm，λ_{ex} 为380—480nm 内测其同步扫描光谱；用380nm 激发，在400—500nm 内测一阶导数荧光光谱。所用的荧光分光光度法既可以依据特征发射，又可按照特征吸收来鉴定物质，如果几种物质的发射光谱相似，则可以从激发光谱的差异来进行区分。结果显示，该方法能够根据光谱特性进行纸张中发光物质的定性，鉴别同时期不同生产厂家生产的外观相近的同类纸，从而得知样品来自于哪个厂家。

该方法的优点是快速、简便，可以对样品不同部位进行多次测定，得到较为可靠的信息，但严格来说属于微损方法，仍需少量取样。

2. 近红外光谱法（near infrared spectrum，NIR）

近红外光谱技术（NIR）是近年来发展较快的一种新型无损检测技术，主要是通过 N–H、O–H、C–H 等基团的吸收来进行鉴定，而纸张中含有大量影响其物理化学性质的此类基团，因此，该方法可以用于纸质文献中这类基团的检测分析。

欧阳春等人[1]用近红外光谱技术对不同施胶度（Cobb 值）纸张进行测定。首先将原纸裁成相同大小进行恒温恒湿处理，然后称取氧化淀粉进行糊化和稀释，并按照氧化淀粉与合成聚合物的表面施胶剂的不同比例配制系列施胶液，将其刮涂到纸张表面并干燥，制得若干纸样。采用积分球漫反射采集样品的近红外光谱，每个光谱由64次扫描自动平均得到，且需要每45分钟扫描1次背景，同时对纸张不同位置进行8次扫描以减小差异性误差，最后对近红外光谱与纸样 Cobb 值的相关性进行计量学计算，利用偏最小二乘法建立测定纸张施胶度的校正模型，最终实现了纸张施胶度无损伤、无预处理的测定，并预期可以实现纸机在线无损测定施胶度。刘雪云等人[2]将近红外光谱分析与簇类的独立软模型 SIMCA（soft independent modeling of class analogy）模式识别技术相结合对纸张进行种类鉴别，将一定量的样品重叠置于样品池中，测定扫描次数16次，分辨率4cm^{-1}，空气为本底，得到样品的近红外漫反射光谱图。用60个样品作为训练集建立 SIMCA 类模型，另外30个样品用于模型检验，增强并提取了纸样近红外光谱中的特征信息。结果表明，建立的模型能够完全正确识别各类纸浆，且不受抄纸定量和添加化学助剂因素的影响，为快速无损鉴别纸浆种类提供了一种准确可靠的方法。Yonenobu H 等人[3]用近红外光谱法对和纸（一种日本传统纸）中氘化水（D_2O）的扩散过程进行了研究，这些和纸包括2003年的现代手工纸、1791年

① 欧阳春、武书彬：《近红外光谱无损测定纸张施胶度的研究》，《中国造纸》2010 年第 11 期，1 页。
② 刘雪云、熊智新、胡慕伊：《基于 SIMCA 模型的纸浆种类近红外光谱鉴别》，《中国造纸》2011 年第 7 期，20 页。
③ Yonenobu H，Tsuchikawa S，Sato K."Near-Infrared Spectroscopic Analysis of Aging Degradation in Antique Washi Paper Using a Deuterium Exchange Method".*Vibrational Spectroscopy*，2009（51）：100.

和1615年的旧文献用纸。研究人员将样品放入密闭容器干燥20分钟，冲入 D_2O 处理150分钟，用近红外光谱仪在6000—7200cm^{-1}范围扫描，分辨率4cm^{-1}。结果表明，纸龄越长，纸张中的氢键破坏程度越严重，纸张强度越低，老化程度越高，这也说明了分子间氢键的破坏是由于纸张中半纤维素的降解拉大了纤维素大分子间的距离所致。

可见，近红外光谱技术作为一种近年发展起来的新型检测技术，在样品分析中具有无损、高效、简便的特点，但是该方法的成本较高，需要专业技术人员进行实验分析和数据处理，且在建立模型时要有足够数量的样品，才能代表这类样品的主要特征，否则构建的模型就不完善，会导致该方法的预测和判别能力降低。

3.傅里叶变换红外光谱法（Fourier transform infrared spectroscopy，FT–IR）

与一般的红外光谱分析相比，傅里叶变换红外光谱可以作为一种无损检测技术，主要用于研究物质表面成分和结构信息，在文物分析，尤其是纸质文献分析中具有广泛的应用前景。

那娜等人[1]利用傅里叶变换红外光谱法和近红外傅里叶变换拉曼光谱法鉴定了中国字画。在使用傅里叶变换红外光谱分析时，将字画印章对准钻石探头处直接进行鉴定，根据谱峰出现的位置和强度将真伪字画区别开来。应用拉曼光谱和红外光谱相互印证和补充，该方法快速、准确、操作简单、重复性好，且不需要对样品进行预处理，很适合于珍贵字画和其他纸质藏品的无损鉴定。Josep M G V 等人[2]将漫反射傅里叶红外光谱法（diffuse reflectance infrared Fourier transform spectroscopy, DRIFTS）应用于非水相脱酸溶液脱酸后的纸张中碳酸镁含量的定量分析。在红外光区间，硫酸盐、硝酸盐、磷酸盐、硅酸盐和碳酸盐等无机盐离子化合物吸收明显，而碳酸根的吸收带在1425cm^{-1}，与纤维素的弱吸收带1028cm^{-1}区分明显，因此沉积于纤维素上的碳酸盐只要有极少量即可被检测。又由于碳酸盐均匀分布在纸张表面，该方法对于易于浸润的纸张检测很准确。与一般酸碱滴定的有损检测方法相比，漫反射傅里叶红外光谱法应用于纸张碱储量的检测快速、清洁、简单，且对书籍无损，是一种较为前沿的科技手段。

由此可见，傅里叶变换红外光谱分析的优点是灵敏度和准确度较高，操作较为简单，尤其是基本不需对样品进行预处理，且不受试样本体干扰，是一种很好的无损检测纸质文献的方法。但是该方法与前述近红外光谱技术一样，成本较高且需要专业技术人员分析和解谱。

4.衰减全反射光谱法（attenuated total reflectionspectra, ATR）

随着傅里叶红外光谱仪的出现和快速灵敏检测器的利用，衰减全反射光谱法近年来应

① 那娜、欧阳启名、乔玉青等：《傅里叶变换红外光谱和近红外傅里叶变换拉曼光谱法无损鉴定中国字画》，《光谱学与光谱分析》2004 年第 11 期，1327 页。

② Josep M G V, Josep M D M, Rogelio A G. "Non-Destructive Method for Alkaline Reserve Determination in Paper.Diffuse Reflectance In - frared Fourier Transform Spectroscopy". *Restaurator*, 2004, 25（1）: 47.

用发展极快。孙光[1]用衰减全反射技术对文件纸张及文字墨粉分别进行直接检验，再用差谱法计算获得墨粉的衰减全反射光谱，得到了较好的效果，实现了同一厂家、不同品牌激光打印机或静电复印机制作文件的系统检验、无损鉴别。

该方法具有操作简便、快速、灵敏度高、不损坏样品的优点，但是在实际操作中需注意扫描时应选择合适的区域和方式，且需要用差谱法进行背景扣除，否则无法完全消除干扰，这对实验人员的判断能力是一种考验。

5.拉曼光谱法（Raman spectroscopy）

拉曼光谱是一种散射效应光谱。基于拉曼散射效应，对入射光频率不同的散射光谱进行分析以得到分子振动、转动方面的信息，并应用于分子结构研究的分析方法。该方法在有机化学、高聚物分析、生物分析中已经有较为广泛的应用。

甘清等人[2]利用超景深三维视频显微镜、激光显微共聚焦拉曼光谱仪和扫描电镜－能谱仪对一张清代绿色蟠龙邮票样品的纸张和油墨等印刷材料进行无损分析。其中激光显微共聚焦拉曼光谱条件为：室温下，暗室中，用50倍长焦物镜，785nm 激光器，在样品表面激光功率2—3mW，光栅刻线1200gr/mm，光斑尺寸1 m，曝光时间100s，累加2次，光谱测试范围100—3000cm^{-1}。最终得到了样品显著特征参数，结果表明，该邮票采用手工雕刻制版，长纤维纸张印刷，未经涂布，无水印，背胶，纸张填料中含有 C、O、Al、Si 等元素，用三项技术联用，实现了系统无损分析，为将来的文献修复保护提供了实验数据支撑。Castro K 等人[3]对一幅17世纪的手绘地图进行了多分析方法研究，用 X 射线荧光光谱法和拉曼光谱法测定了绿铜、铅黄、铅红、石膏、炭黑和朱砂等颜料组分，用核磁共振法评价纤维载体的保存状况，整个分析过程均为无损、无介入，在不破坏艺术品的前提下得到了可靠且准确的结果。

由此可见，拉曼光谱法具有操作简便、快速，灵敏度高，测定时间短，无需对样品进行预处理和制备的优点，避免了因此而产生的一些误差，在无损测定中占据一席之地。但是该方法在实际应用中对拉曼散射面积要求较高，散射强度易受光学系统参数的影响，且对任何一种物质的引入都会引起被测体系一定程度的污染，这也是其局限性所在。

6.X 射线荧光光谱法（X-ray fluorescence spectrometry，XRF）

X 射线荧光光谱分析是确定物质中微量元素种类和含量的一种方法，又称 X 射线次级发

① 孙光：《复印纸及其文字墨粉的无损检验》，《中国人民公安大学学报（自然科学版）》2000 年第 4 期，22 页。
② 甘清、季金鑫、姚娜等：《清代绿色蟠龙邮票印刷材料无损分析》，《光谱学与光谱分析》2016 年第 9 期，2823 页。
③ Castro K, Pessanha S, Proietti N, et al. "Noninvasive and Nonde - structive NMR, Raman and XRF Analysis of a Blaeu Coloured Map from the Seventeenth Century". *Analytical and Bioanalytical Chemistry*, 2008, 391: 433.

射光谱分析，是利用原级 X 射线光子或其他微观粒子激发待测物质中的原子，使之产生次级的特征 X 射线（X 光荧光）而进行物质成分分析和化学态研究。经过多年的发展，X 射线荧光光谱法现在已完全成熟，并广泛应用于冶金、地质、建材、商检、环保、卫生等各个领域。

郭洪玲等人对 21 种不同品牌的打印纸进行 X 射线荧光光谱法（XRF）和 X 射线衍射法（X-ray diffraction，XRD）检验，利用相关分析和聚类分析进行分离。XRF 用来对微量元素进行检验，XRD 用来对无机填料进行分析，达到了对纸张较好区分的结果，实现了对区分和鉴别不同品牌打印纸的目的。

X 射线荧光光谱法测定纸张中的微量元素，是一种灵敏度很高的检测方法，在文献[①]中达到了 10^{-6} 的量级，但是纸张中不同部位元素分布的不均匀会对分析结果造成影响，这也是该方法需要注意的问题。

7. 气相色谱质谱联用法（gas chromatography-mass spectrometry，GC-MS）

气相色谱技术是近年来发展较快的一种对含有复杂成分的样品进行分离分析的方法，利用气体作流动相，气态样品被载气（流动相）带入色谱柱中，柱中的固定相与试样中各组分分子作用力不同，各组分从色谱柱中流出时间不同，从而达到组分彼此分离。根据色谱峰出峰时间，可对待测物定性分析，根据峰高和面积，可对待测物进行定量分析。具有效能高、灵敏度高、选择性强、分析速度快、应用广泛、操作简便等特点。与质谱技术联用能够提高检测灵敏度和分离效能。

质谱法（Mass Spectrometry，MS）即用电场和磁场将运动的离子（带电荷的原子、分子或分子碎片，有分子离子、同位素离子、碎片离子、重排离子、多电荷离子、亚稳离子、负离子和离子 - 分子相互作用产生的离子）按它们的质荷比分离后进行检测的方法，测出离子准确质量即可确定离子的化合物组成。气质联用技术已经广泛应用于化工、环保、医药、农残检测等领域，是分离和分析复杂化合物最有利的工具之一。

周婷等人[②]用气质联用仪（GC-MS）对延安革命纪念馆馆藏的 20 世纪三四十年代纸质文献释放的气体进行检测分析。密封后的样品用活性炭吸附剂在常温下对挥发性气体吸附后再热脱附，这种收集气体样品的过程不受空气中气体干扰，又不损伤文献，操作较为简单。在优化的色谱和质谱条件下进样分析，结果表明，纸质文献释放的气体中含有乙酸，并推测乙酸来自于长久保存的纸质文献中纤维素的降解，并以此提出采用能够有效吸附纸质文献释放气体的特藏装具也可以延长纸质文献保存寿命。乙酸和糠醛是两种影响纸张不稳定

① 郭洪玲、权养科、陶克明等：《X 射线荧光光谱法检验打印纸张的结果分析》，《刑事技术》2008 年第 5 期，6 页。
② 周婷、李玉虎、贾智慧等：《馆藏纸质文献释放气体的分析》，《陕西师范大学学报（自然科学版）》2016 年第 2 期，60 页。

性和降解程度的潜在化学标记物，Pedersoli J L 等人[①] 应用顶空固相微萃取和气质联用技术无损测定了书本中的这两种物质。具体方法为：在室温下，用固相微萃取纤维头插入书本中，经过一定时间的萃取，再将纤维头缩回管内，并转移至气质联用仪中进行分析，成功对不同年代书龄为 26—91 年由磨木浆制作的书籍纸张中挥发出的乙酸和糠醛浓度进行了无损测定，得到了两种物质在书样中的浓度为 10—30 　g/cm³。这为文献保护工作者提供了一种对纸张降解产物浓度的改变与纸张性能的改变之间的关联性进行无损研究的手段。

由此可见，气相色谱具有极强的分离能力，质谱又具有极高灵敏度的鉴定能力，气相色谱和质谱联用技术在分析复杂化合物时具有准确、灵敏、快速、操作简便的特点，可以实现物质的痕量测定，达到准确定性和定量的目的。但是该方法需要的仪器设备较为昂贵，对操作人员的理论知识要求较高，且对样品有一定要求，如果样品无法气化或无法衍生处理，则不能采用该方法进行检测。

二、结语

无损检测作为一类理想的纸质文献分析技术已经越来越多地应用于纸张性能分析、文献保存寿命评价、纸张挥发物研究、古籍保护效果分析等方面的研究。这些方法在文化遗产保护中发挥着越来越重要的作用，有很多方法已经逐步取代原来有损的检测过程，为未来纸质文献保护工作中无损分析体系的建设提供了技术支持。其中的分光光度法、近红外光谱法、傅里叶变换红外光谱法、衰减全反射光谱法、拉曼光谱法、X 射线荧光光谱法和气相色谱质谱联用法等分别具有各自的特点，在相应的范围和适用条件下，能够满足纸张某些性能参数的无损检测要求，且大部分方法都具有高效、快速、灵敏度高和操作简单的优点。

但是，这类检测方法一般成本较高，需要大型仪器设备，并配备专业操作人员进行，且很多时候对样品本身有一定的要求，单用一种方法无法完成全面分析，需要与其他技术联用才能发挥更大的作用，这些也是未来文献保护工作中亟待解决的问题。

原载《中国造纸》2019 年第 3 期

---

① Pedersoli J L, Ligterink F J, Van Bommel M. "Non-Destructive De‐termination of Acetic Acid and Furfural in Books by Solid-phase Micro-extraction （SPME） and Gas Chromatography-Mass Spectrometry（GC/MS）". *Restaurator*, 2011, 32（2）: 110.

国内纸质文献脱酸研究进展

张铭

一、研究背景

造纸术是中国古代四大发明之一，纸张的出现为中华文明乃至世界文明的传播、传承与发展起到了极其重要的促进作用。然而，随着时间的推移，珍贵的古籍善本等纸质文献都出现不同程度的老化、黄化乃至碎裂成纸屑的现象。国家图书馆曾对馆藏文献进行过酸性和保存状况的调查，发现我国各时期的文献均存在不同程度的酸化现象，其中酸化最严重的是民国时期文献[1]。由于生产原料繁杂、制作工艺落后、保存条件复杂，很多民国时期图书、报纸、档案已经无法翻阅[2]。

随着现代科学技术的发展，人们对于纸张酸化的认识不断加深。研究发现纸张的主要成分为纤维素，是由大量葡萄糖基元通过 β - 苷键连接形成的长链状高分子结构，纸张老化的实质就是纤维素发生酸性降解和氧化降解反应，造成分子链发生断裂。一般情况下，纤维素很稳定，不易发生化学反应；但是在酸性条件下，纤维素很容易发生水解反应，造成纤维素分子降解（图1）。

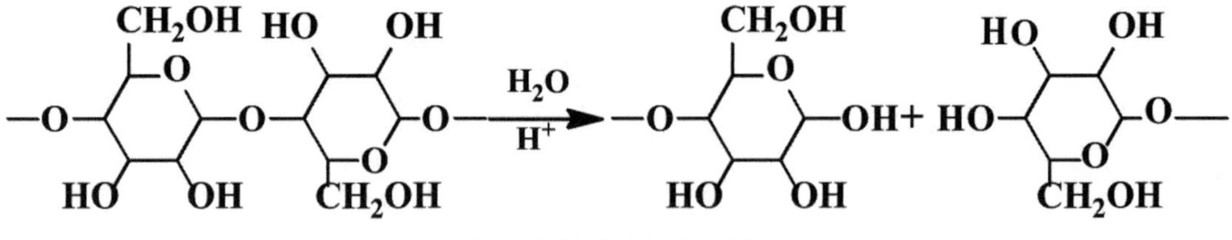

图1　纤维素酸性水解原理

---

① 李景仁：《对善本古籍特藏文献酸度的检测与分析》，《图书馆工作与研究》2003 年第 3 期，32—34 页。
② 田周玲：《文献用纸脱酸方法之分析》，《图书馆工作与研究》2009 年第 9 期，72—74 页。

目前业内公认的解决纸质文献酸化问题的有效手段就是脱酸处理。所谓脱酸处理就是使用碱性物质中和纸张的酸性物质，并在纸张中保留一定的储备碱度，达到延缓纸张老化的目的。在脱酸研究和应用领域，欧美国家起步较早。早在1936年，美国 The Ontario 研究基金会即申请了脱酸相关专利。在20世纪七八十年代，又陆续出现了有机相脱酸法和气相脱酸法，比如加拿大的国家档案馆和国家图书馆都曾使用5% 甲氧基甲基碳酸镁、10% 甲醇和85% 氟利昂溶液作为脱酸液，对书籍进行大规模脱酸处理；美国国会图书馆、波兰国家图书馆、瑞士国家图书馆等单位也先后使用不同脱酸液对书籍进行脱酸处理。我国的脱酸工作起步较晚，大约在20世纪八九十年代开展了初步研究。近几年，随着国家对传统文化保护的支持力度越来越大，人们对纸质文献脱酸工作的重视程度也越来越高，文献保护的从业人员积极开展脱酸研究，取得了明显进步。本文将从脱酸的工艺研究和机理研究两个方面，对近5年来国内文献脱酸研究做简单介绍。

二、脱酸工艺研究

目前脱酸工艺的种类较多，按照脱酸介质的相态来分，主要分为气相脱酸法、水相脱酸法和有机相脱酸法。

1. 气相脱酸法

气相脱酸法就是以碱性的气态物质作为脱酸剂，与纸张中的酸性物质发生中和反应，从而达到脱酸目的。常用的气态脱酸剂有氨气、吗啉等铵盐类化合物以及二乙基锌、环氧乙烷等非胺盐类化合物。1976年，美国国会图书馆发明了二乙基锌脱酸技术，在20世纪80年代中期，南京博物院及中国人民大学等单位也开展了气相脱酸技术的相关研究。气相脱酸法可以进行大规模批量脱酸处理，但是因为存在一定安全风险，需要较高的工艺条件，且存在脱酸处理不均匀等问题限制了其推广应用[1]。

彭清清等人使用氨气作为脱酸剂对纸张进行了批量脱酸处理，对比了氯化铵、硝酸铵、硫酸铵和碳酸铵作为氨气的来源的脱酸效果，发现碳酸铵在氢氧化钠的配合下脱酸效果较优，在上述条件下处理5—25天，纸张的表面 pH 值从处理前的4提高到5.6—7.5不等，ISO 白度下降5%—6%。为了克服氨气脱酸后由于没有在纸面形成碱残留，从而易出现返酸的问题，他们使用氯化钙和水的醇溶液以及反应促进剂 X 和水的醇溶液作为脱酸固定剂[2]。

---

[1] 闫玥儿、余辉、杨光辉等：《纸质文献脱酸方法研究进展：多功能一体化脱酸剂》，《化学世界》2016年第12期，806页。
[2] 彭清清、何琛等：《氨气脱酸法及脱酸装置在纸张批量脱酸中的应用研究》，《档案与建设》2017年第3期，37—40页。

2. 水相脱酸法

水相脱酸法是以水为介质，将碱性物质溶解或者分散在水中形成脱酸液。常用的碱性物质主要是钙、镁、钡等元素的化合物，如碳酸钙、氢氧化钙等。水相脱酸法操作简单、成本低、脱酸效果好，但会造成部分字迹的洇散，处理后的纸张容易出现变形、皱缩等问题，对于整本图书来讲，需要将书拆成单页进行处理，脱酸完成后再重新装订。程丽芬等人对比了不同钙盐类（氢氧化钙和丙酸钙）、镁盐类（醋酸镁和乙醇镁）、硼氢化物类（硼氢化钠和硼氢化钾）、硼酸盐类（四硼酸锂、四硼酸钠和四硼酸钾），共计4类9种试剂的脱酸效果，并对脱酸后的样品进行了干热老化处理，通过检测其表面 pH 值、白度、机械性能等指标作出综合评价，在同类试剂中他认为丙酸钙优于氢氧化钙、乙醇镁优于醋酸镁、硼氢化钾优于硼氢化钠、四硼酸锂优于四硼酸钠和四硼酸钾[①]。

谭伟等人采用四硼酸锂对两种纸张进行脱酸处理及老化实验，观察了脱酸剂浓度、处理时间对脱酸效果的影响，并与硼砂的脱酸效果进行了比较。结果表明，四硼酸锂和硼砂溶液若想达到较好的脱酸效果，其最佳脱酸浓度和时间分别为 5.0 mg/mL、30 分钟和 10.0 mg/mL、30 分钟，在此条件下相比，四硼酸锂脱酸处理的纸张强度性能优于硼酸脱酸处理的纸张[②]。

对于水相脱酸法而言，由于纸张中常添加具有疏水性的施胶剂以及填料，造成脱酸处理时浸润时间较长。为加强脱酸剂的渗透性，部分水相脱酸试剂中往往需加入润湿剂。张玉芝等人研究了吐温 80（聚山梨酯）、OP-10（烷基酚聚氧乙烯醚）、OT-75（磺基琥珀酸钠盐表面活性剂）和 SDS（十二烷基硫酸钠）4 种润湿剂在纸张安全性和润湿性方面的性能。研究发现几种润湿剂对纸张的厚度、水分、颜色等方面影响不大，对纸张 pH 值略有提升，综合考虑后 OT-75 作为润湿剂效果较好[③]。

一般的，经过水相脱酸法处理的图书干燥时间长，且容易出现皱缩、变形等问题，这是限制水相脱酸法的一个重要因素，因此很多研究人员将解决上述问题作为研究重点。

詹艳平等人研究了真空脱酸、低温预冻和真空冷冻干燥等装置在水相脱酸方法中的作用，通过调节真空脱酸、低温预冻和真空干燥等步骤中的参数，能够实现较快速地除去纸张中的酸性物质，避免了处理后纸张的皱缩、粘连、变形等问题。他们发现，在常压下传统的水相脱酸法需 24 h 左右，才能完全浸透的纸质文献，在真空压力下（8 Pa 左右），30分钟就能完全浸透纸张；低温预冻后的纸张平整光滑，体积略有膨胀，无变形、开裂等现

① 程丽芬：《古旧新闻纸脱酸剂的筛选及其超声辅助脱酸效果的研究》，广东工业大学硕士学位论文，2014 年。
② 谭伟、黄宇嘉、程丽芬等：《四硼酸锂用于纸张脱酸研究》，《中国造纸》2014 年第 6 期，40—43 页。
③ 张玉芝、张金萍、云悦等：《几种脱酸润湿剂对纸张性能影响的研究》，《中国造纸》2016 年第 5 期，35—38 页。

象；进一步真空冷冻干燥不会造成纸张皱缩、变形、粘连的现象，对油墨无明显影响[①]。

侯赫男等人进一步研究了采用液氮快速预冻和冻干机慢速预冻两种预冻方式对真空冷冻干燥效果的影响，预冻速度快能够形成大量的细小的晶粒，以树叶形和球状晶体为主；预冻速度慢，晶体的生长期较长，形成的晶粒数量少、尺寸大，以六方晶体为主。他们发现，慢速预冻可以减短图书冷冻干燥所需要的时间，提高干燥效率，同时保持纸张的抗张强度；而快速预冻可以较好地保持纸张的白度、色差以及形态外貌[②]。

张金萍等人应用真空微波干燥技术对图书进行干燥处理，研究了真空抽放次数、微波干燥温度等参数对脱酸效果的影响。他们发现，在真空度为 −0.1 MPa 的条件下，整本图书在脱酸液中浸泡 60 分钟，并选择 800 W 和 60℃ 的真空微波干燥条件能够得到较好的脱酸效果[③]。顾宇等人也做了类似研究，他们将真空微波技术和真空冷冻干燥技术联合使用，对图书进行干燥处理。通过调节真空抽放次数、微波干燥温度等参数，实现了较快速的图书干燥。值得注意的是，使用真空微波干燥时要严格控制真空度，避免发生加热不匀、辉光放电等问题[④]。

3. 有机相脱酸法

有机相脱酸法是以有机溶剂作为介质，大多在表面活性剂的作用下，通过分散或者溶解碱性物质从而形成稳定脱酸液。有机相脱酸法具有脱酸效果好、效率高，适合整本图书大规模批量脱酸，脱酸后干燥速度快、纸张不变形等优点，但是对于有机溶剂的选择很重要，要避免易燃、易爆、有毒的有机溶剂，且不能对油墨等字迹造成影响。

笔者所在的研究组以氧化镁为碱性物质，将其分散在全氟烷烃中，研发了一种有机相脱酸试剂，该脱酸试剂安全高效，不存在燃爆的危险，毒性小，配合自主开发的脱酸设备，能够实现对整本图书进行大批量脱酸处理，通过扫描电子显微镜、冷抽提 pH 值、白度、撕裂度、红外光谱等指标，对脱酸效果进行了表征，并通过干热老化实验研究了脱酸效果的长期稳定性。结果表明：脱酸处理能够明显提升酸化图书 pH 值至 8.0—9.5 左右，且不会对纸张白度等阅读性能造成影响，在长期保存过程中也可以有效地抑制纸张返酸、泛黄、机械性能下降等问题。除此之外，脱酸后图书干燥速度快，纸张不会褶皱变形，对油墨等字迹也没有影响。

① 詹艳平、李超、余跃进等：《酸化纸质文物水溶液真空脱酸和冷冻干燥试验研究》，《真空》2014 年第 1 期，73—76 页。
② 侯赫男、李超、顾宇等：《预冻方式对脱酸图书冻干效果的影响研究》，《制冷学报》2017 年第 2 期，102—108 页。
③ 张金萍、郑冬青、童丽媛等：《整本图书脱酸工艺的研究》，《中国造纸》2014 年第 9 期，31—34 页。
④ 顾宇、李超、张金萍等：《真空微波—冷冻联合干燥在民国文献脱酸中的应用研究》，《南京师范大学学报（工程技术版）》2015 年第 1 期，49—54 页。

4. 其他脱酸法

李青莲等人使用等离子技术在常温常压条件下对单页纸张进行脱酸处理，以 Ca（OH）$_2$ 作为等离子体源，通过调节等离子体能量密度、处理时间及次数等因素，研究等离子技术对纸张脱酸效果、机械性能以及白度的影响。结果表明，使用能量密度为 4.5—5.5MJ/m^3 的等离子对酸化纸张进行脱酸后，其冷抽提 pH 值从 5.0—6.0 提高到 7.0—8.0，纸张的色度无明显变化，处理后纸张的纵向抗张强度增加10%[1]。

三、脱酸机理研究

近几年，随着脱酸工艺的不断丰富，对于脱酸原理的研究也越来越深入，很多研究人员在脱酸试剂的选择、脱酸反应的机理、脱酸前处理和后处理工艺的研究等方面取得了很大成绩。

童丽媛等人对3种不同年代的铜版纸（分别为1946年、1963年、2005年）进行了脱酸处理，通过对比不同老化时间下纸张脱酸前后 pH 值、聚合度等指标随着老化时间的变化情况，发现年代越久远的纸张，在相同脱酸工艺处理后其脱酸效果越好，耐久性的提高越明显，这说明对于酸化程度较高的图书应该尽快进行脱酸处理[2]。

陈玲等人使用微米级和纳米级的 MgO 非水相脱酸体系通过喷涂方式对酸性书写纸进行脱酸处理，并研究了脱酸纸张在干热、紫外和湿热老化过程中的物理、化学及光学性质的变化。从脱酸效果来说，纳米级别 MgO 处理后纸质 pH 值提高较多。他们通过 SEM 和 EDS 检测，确认了微米级别的 MgO 颗粒成块状团聚在纸张表面，纳米尺寸的 MgO 以小颗粒的形式分散分布，并且可以渗透到纸张的浅表层。在随后的老化过程中，两种体系脱酸后纸张样品的碱储量均有所上升，微米级别的 MgO 处理的纸张样品 pH 值略有下降，纳米级别的 MgO 处理的纸张样品在湿热老化后 pH 值波动较大[3]。

四、建议与总结

目前，全国各级图书馆、博物馆、档案馆收藏着大量的纸质文献，这些文献纸张的原材料种类多种多样，生产工艺也各不相同，在保存过程中各地气候条件、书库内部条件也各有差异，导致纸质文献实际损毁情况复杂，大量纸质文献亟须脱酸处理。综合考虑我国

---

[1] 李青莲、贺宇红、李贤慧等：《等离子技术在近现代纸质文物脱酸保护中的应用研究》，《文物保护与考古科学》2014 年第 1 期，76—80 页。
[2] 童丽媛、鲁钢、孙大东等：《不同年代凸版纸脱酸前后耐久性的比较》，《文物保护与考古科学》2015 年第 2 期，47—51 页。
[3] 陈玲、黄晓霞：《非水相 MgO 脱酸体系在纸质档案脱酸中的老化行为：以书写纸为例》，《档案学通讯》2018 年第 1 期，97—102 页。

文献保护的实际情况，笔者认为开展脱酸工作应该遵循以下几点：①安全的原则。脱酸工艺（包括脱酸仪器设备和脱酸试剂）既要保证对文献的安全，又要保证对操作人员、读者和环境的安全无害。②及早干预的原则。酸化对纸张的损害是长期的、愈演愈烈的，尽早着手脱酸处理可以"事半功倍"，既可以在早期解决酸化影响又可以降低处理难度，同时获得较好的处理效果。③脱酸效果较优的原则。统筹考虑短期效果和长期效果。脱酸试剂要有良好的渗透性，可以对整本书进行批量脱酸处理。脱酸效果要均匀，对纸张、字迹、装订材料无负面影响。纸张脱酸处理后理想的 pH 值应在7.5—10.0之间：如果处理后 pH 值过低，则效果较差，无法起到脱酸作用；pH 值过高，则可能会引起纤维素的碱降解，同样会造成纸张破坏。脱酸处理后，理想的碱储量在2%—3%，但是由于现有脱酸工艺大多是使用喷淋或者浸泡等方式处理纸张，处理后碱储量往往较低。④价格合理、操作简单的原则，由于我国酸化图书数量大、各保存单位经济条件不一且专业从事文献保护人员较少，应综合考虑价格、实际操作等方面因素。

近几年国内脱酸研究取得了很大进展，脱酸方法、脱酸工艺越来越多，脱酸机理的研究也不断深入。今后应加强脱酸研究向实际脱酸应用转化，对酸化文献尽快完成脱酸处理，从而更好的保护存世古籍善本及民国文献。

原载《遗产与保护研究》2018年第8期

酸化图书批量脱酸处理实践[①]

张铭　田周玲　任珊珊　龙堃　易晓辉　闫智培

一、导言

目前存世的纸质文献浩如烟海，其中不乏珍贵的古籍、善本和民国文献。然而随着时间推移，纸质文献不同程度地出现发黄、发暗、机械强度下降等现象[②]。纸张的主要成分是纤维素，是由大量葡萄糖基元通过 β – 苷键连接形成的链状高分子。一般情况下，纤维素分子性质稳定，不易发生化学反应，但是在酸性条件下，纤维素会发生酸性水解，造成分子链断裂，如图1所示[③]。

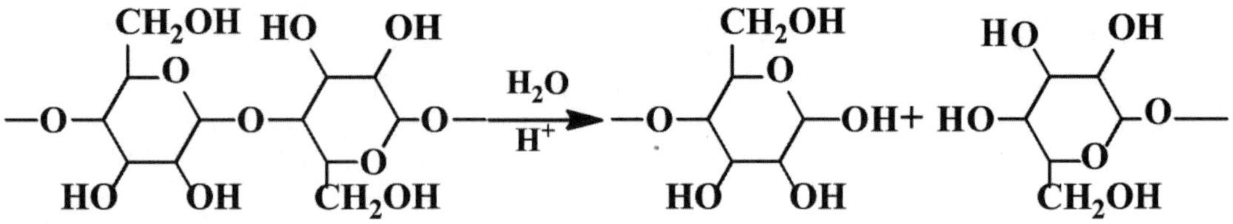

图1　纤维素酸性水解原理

近年来，据国家图书馆对馆藏相关文献进行的酸性和保存状况的调查，发现各时期的文献均存在不同程度的酸化现象，其中文献酸化最严重的是民国时期[④]文献。这是因为民国时期造纸工业由手工造纸向机械造纸转变，其造纸原料混杂、制浆工艺落后，并多采用

① 本文系文化和旅游部重点实验室资助项目"文献批量整本脱酸技术关键因素研究"研究成果。
② 田周玲：《文献用纸脱酸方法之分析》，《图书馆工作与研究》2009 年第 9 期，72—74 页。
③ 杨淑蕙：《植物纤维化学》年第第三版），中国轻工业出版社，2005 年，163—167、194—200 页。隆言泉：《造纸原理与工程》，中国轻工业出版社，2004 年，20—23 页。
④ 李景仁：《中国古籍文献的酸化与防酸化》，《中国图书馆学报》2002 年第 5 期，80—83 页。李景仁：《对善本古籍特藏文献酸度的检测与分析》，《图书馆工作与研究》2003 年第 3 期，32—34 页。

硫酸铝－松香酸性施胶工艺，因此所生产的纸张酸性较强 [①]。

为了改善文献保存状态，延长其保存寿命，尽快对酸化文献进行脱酸处理已在业内达成共识。所谓脱酸处理，就是使用碱性物质中和纸张的酸性物质，并在纸张中保留一定的储备碱度，延缓纤维素进一步水解或者环境中酸性物质的侵蚀。1936 年美国 The Ontario 研究基金会即申请了脱酸相关专利，1970 年代起研究人员相继开发有机溶剂体系脱酸法和气相脱酸法。例如，1976 年美国国会图书馆发明气相二乙基锌法，但脱酸气体具有易燃易爆的缺点；1982 年第一个无水批量图书脱酸系统"韦托法"面市，并在加拿大档案馆应用；之后又出现 BookKeeper、BookSaver 等技术。目前在国际市场上影响较大的图书批量脱酸技术大多属于欧美所有，这些技术前期的设备造价昂贵，而且投产后需要持续采购其配套脱酸试剂，单本书的脱酸成本在 5 美元以上 [②]。我国纸张脱酸技术研究起步较晚，自 1980 年代中期起有相关单位开始进行脱酸研究，但是针对整本图书进行大批量脱酸处理的研究相对较少。为了解决上述问题，本文特开展了整本图书批量脱酸处理的实践研究。

二、实验材料和方法

1. 仪器设备

本次实验的仪器设备包括：脱酸机器：自主研发，能够对图书进行批量脱酸处理，见图 2；干热老化箱：美国 Mast 公司生产；PP-15-P11 型 pH 计：德国 Sartorius 公司生产；NH310 型电脑色差仪：深圳市三恩驰科技有限公司生产；Elmendorf 撕裂度仪：美国 TMI 公司生产；Excalibur 3100 傅立叶变换红外光谱仪：美国 Varian 公司生产；S-4300 型扫描电子显微镜：日本日立公司生产；X-Max80 型能谱仪：英国 OXFORD 公司生产。

2. 书籍和脱酸试剂

（1）书籍。共选取了 18 本品相完整的图书，出版年代为 1950-1990 年（其中 1980 年代的居多），

图 2　脱酸机器

---

① 张金萍：《近现代文献酸化危机与防治思考》，《文物保护与考古科学》2008 年创刊二十周年纪念专辑，95—99 页。

② HON David."Critical evaluation of mass deacidification processes for book preservation".SH Zeroni-an, HL Needles. *Historic Textile and Paper Materials II*.Washington DC: American Chemical Society, 1989: 13-33. 田周玲：《国外纸质文献批量脱酸工艺进展》，《中华纸业》2013 年第 14 期，90—94 页。何娟：《书籍纸张脱酸方法研究综述》，《中国文物科学研究》2011 年第 3 期，26—29 页。林明，邱蔚晴：《民国时期文献保护实践谈——中山大学图书馆的做法》，《图书馆论坛》2014 年第 5 期，65—70 页。

页码介于 150—600 页，尺寸大多数为 32 开和 16 开。

（2）脱酸试剂。以纳米级氧化镁为碱性物质，持续分散处理使其在全氟烷烃溶剂中分散均匀，最终形成稳定的分散液[①]。出于知识产权专业技术保护考虑，脱酸试剂的配方和制备方法不做详述。

3. 实验方法

将每本图书按照图 3 所示方法及流程处理。

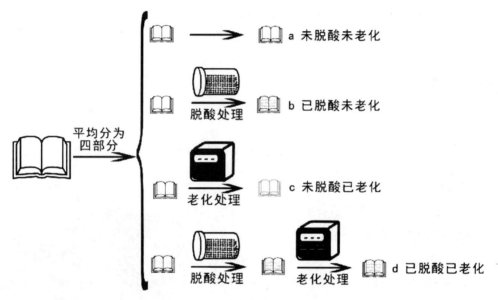

图 3 脱酸实验流程图

（1）脱酸处理。将脱酸试剂注入脱酸机器的储液罐，再将待处理的图书批量放入脱酸罐，使用进液泵将脱酸试剂泵入脱酸罐中，使图书全部浸入脱酸试剂。然后在常温常压条件下，将图书摇摆浸泡 30 分钟，以保证图书充分进行脱酸处理。之后回收脱酸试剂，再将图书放在 50℃ 的负压条件下干燥 120 分钟，完成后取出图书[②]。

（2）老化处理。将待处理的图书按照《纸和纸板的干热加速老化》（GB/T 464—2008）规定，在温度为 105±2℃ 的环境中连续老化 10 天。最终处理效果见图 4。其中 a 未脱酸未老化；b 已脱酸未老化；c 未脱酸已老化；d 已脱酸已老化。

（3）性能检测。将每部分图书（即 a 未脱酸未老化、b 未脱酸已老化、c 已脱酸未老化和 d 已脱酸已老化）分别按照《纸、纸板和纸浆蓝光漫反射因数 D65 亮度的测定（漫射／垂

---

① 田周玲、陈红彦、张铭等：《一种纸张脱酸液及其制备方法：CN105862513A》。
② 田周玲、张铭、龙堃等：《一种纸张脱酸剂及其纸张脱酸系统和方法：CN105088870A》。

直法，室外日光条件）》（GB/T 7974—2013）《纸、纸板和纸浆水抽提液酸度或碱度的测定》（GB/T 1545—2008）和《纸和纸板撕裂度的测定》（GB/T 455—2002）中的规定，检测其白度、冷抽提 pH 值和撕裂度指标，并通过扫描电子显微镜和红外光谱仪对其进行检测。

三、结果与讨论

本研究对18本图书进行批量脱酸处理，通过扫描电子显微镜（SEM）、冷抽提 pH 值、白度、撕裂度、红外光谱等技术和指标对处理效果进行表征分析。对于18本图书而言，SEM 结果和红外光谱结果相似。由于篇幅限制，关于 SEM 结果和红外光谱性能，本文只列出其中一本图书的数据作为代表，其余指标如冷抽提 pH 值、白度、撕裂度则全部列出。

图4　图书脱酸和老化处理前后 SEM 图像对比

1.SEM 图像

图书脱酸和老化处理前后 SEM 图像对比见图4。在图4的4组 SEM 图像中，a 和 c 为未脱酸图书，b 和 d 为已脱酸图书。通过对比可以看到，脱酸后图书的 SEM 图像中出现大量白色颗粒，大多数颗粒尺寸在1微米以下，部分颗粒聚集尺寸在5微米左右。进一步对这些白色颗粒进行 EDS 能谱分析（图5），结果显示其主要元素为 Mg 元素，证实白色颗粒是由脱酸试剂中纳米级别氧化镁聚集而成的，这表明脱酸处理有效地引入了氧化镁并使其深入纸张内部，附着在纤维表面，从而在纸张内部形成了一定的碱性物质储备。通过 a、b 和 c、d 的两组对比，可以发现老化处理后纸张纤维出现裂纹增多乃至龟裂和空洞等现象，这是因为在干热的条件下，纤维素会发生热降解、纤维表面会发生膨胀、硬脆化，从而导致纤维之间的结合力下降[1]，而脱酸后的图书这一现象得到明显的抑制。

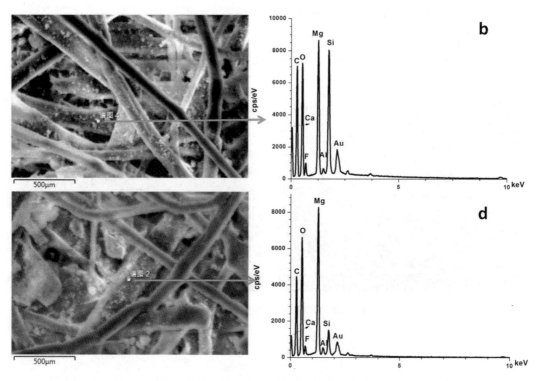

图5　脱酸后图书（b 和 d 部分）EDS 能谱分析

2. 红外光谱

图6是典型的纸张样品红外光谱。谱图中 $3330cm^{-1}$ 附近的吸收峰是 $-OH$ 基的伸缩振动峰，$2924cm^{-1}$ 处的吸收峰归属为 $C-H$ 的伸缩振动，$1648cm^{-1}$ 的吸收峰归属为 $C=O$ 的伸缩振动，波数为 $1364cm^{-1}$ 附近的吸收峰为具有脂肪族特征化合物中的 $-CH$ 的弯曲变形振动，波数为 $896cm^{-1}$ 附近的吸收峰是环状 $C-O-C$ 不对称面外伸缩振动，这些都是纤维素分子的吸收峰[2]。对比 a、b 样品，并没有发生明显变化，是因为纤维素分子自身红外吸收峰较

---

[1] 陈港：《纸浆、纸张热性能及其评价方法研究》，华南理工大学博士学位论文，2013 年。
[2] 刘羽：《竹纤维与其它天然纤维素纤维的红外光谱分析与比较》，《竹子研究汇刊》2010 年第 3 期，42—46 页。
　罗曦芸：《红外光谱在纤维质文物材料鉴别中的应用研究》，《光谱学与光谱分析》2015 年第 1 期，60—64 页。

强，也说明脱酸处理不会对纤维素分子结构造成明显改变。与 a 样品相比，老化后 c 样品在 1600—1750cm^{-1} 范围处的羰基吸收峰变多且有所增强，1240—1265cm^{-1} 范围处的木质素特征吸收峰变弱，这和相关文献报道的纸张老化后表现一致 a；d 样品在 1600—1750cm^{-1} 范围处的羰基吸收峰变有所增强，但 1240—1265cm^{-1} 范围处吸收峰仍然存在，说明脱酸处理可以缓解纸张进一步老化。

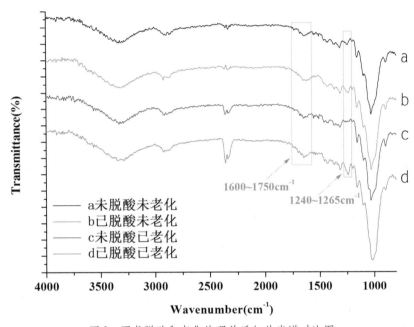

图6　图书脱酸和老化处理前后红外光谱对比图

3. 冷抽提 pH 值指标

图书纸张中的酸性物质来源较复杂，种类多样，既有有机物又有无机物，既受造纸工艺条件、印刷油墨等因素影响，又受到流传使用过程中人为和自然环境影响。为了分析纸张的酸碱程度，可以使用冷抽提 pH 值作为指标。如表1所示，实验选取的 18 本图书由于受生产工艺条件限制和自然老化影响，其纸张 pH 值都为酸性，平均 pH 值仅为 5.7，其中 1 号图书 pH 值最低，达到 4.2；pH 值最高的 10 号图书也仅 6.9，图书呈明显酸化状态。脱酸处理后，所有图书均由酸性变为碱性，平均 pH 值上升到 9.0，脱酸效果明显。每本图书受其初始酸化情况、厚度、尺寸等个体差异影响，pH 值提高情况略有不同，其中 1 号图书 pH 值升高到 8.3，10 号图书脱酸后 pH 值最高，达到 9.7。通过上述数据对比，可

---

① Lojewska J,Lubanska A,Miskowiec P, et al."FTIR in situ transmission studies on the kinetics of paper degradation via hydrolytic and oxidative reaction paths" *Applied physics A*, 2006, 83(4):597. 李坚：《光对纸的老化作用的初步研究》，《中国造纸》1987 年第 5 期，48—53 页。

以发现脱酸处理效果明显，脱酸试剂可以有效地中和纸张中的酸性物质，提升酸化书籍 pH 值。

表1 脱酸效果评价—冷抽提 pH 值指标

图书编号	pH值			
	a未脱酸未老化	b已脱酸未老化	c未脱酸已老化	d已脱酸已老化
1	4.2±0.0	8.3±0.3	4.2±0.1	7.1±0.1
2	5.2±0.2	8.9±0.0	5.0±0.1	9.1±0.3
3	6.4±0.1	9.4±0.1	5.6±0.0	9.2±0.2
4	6.0±0.0	9.3±0.1	5.5±0.0	8.8±0.4
5	5.0±0.1	8.9±0.1	4.9±0.0	8.7±0.3
6	5.5±0.0	9.4±0.1	5.2±0.0	9.4±0.1
7	5.3±0.0	8.9±0.1	4.9±0.1	8.9±0.1
8	6.5±0.2	9.5±0.1	6.2±0.1	9.4±0.2
9	5.7±0.1	9.5±0.2	5.2±0.0	9.0±0.0
10	6.9±0.2	9.7±0.1	5.7±0.1	9.2±0.1
11	6.1±0.7	9.0±0.1	5.1±0.1	8.4±0.3
12	5.9±0.0	9.3±0.0	5.4±0.2	8.4±0.1
13	5.2±0.1	8.8±0.0	4.8±0.0	8.5±0.4
14	5.4±0.0	8.8±0.0	4.8±0.0	8.7±0.2
15	5.9±0.4	8.6±0.2	5.4±0.0	8.8±0.3
16	6.2±0.1	9.5±0.1	5.3±0.0	9.8±0.3
17	5.6±0.0	8.8±0.0	5.3±0.0	9.1±0.1
18	4.9±0.0	8.0±0.2	4.4±0.1	7.8±0.1

为了更好地评价脱酸处理效果，研究脱酸处理后图书在长期保存过程中可能出现的再次酸化情况，对所选图书进行了人工加速老化实验。结果显示，经过老化实验后图书 pH 值均有所下降，其中未脱酸处理的图书老化后酸化明显，平均 pH 值下降到5.2，较老化前下降0.5，其中10号图书 pH 值下降最多，达到1.2，酸化情况明显加重。这是因为纸张中的酸性物质在催化纤维素降解反应中不但不会减少，而且会越聚越多，造成"自加速"现象，在一定范围内纸张的酸化速度会越来越快，此外环境中存在着二氧化硫、氮氧化物等酸性气体也

会加剧这一过程；而脱酸处理的图书经过老化实验后仍呈碱性，平均 pH 值达到8.8，与老化前相比仅下降0.2，降低很少。这是因为脱酸处理去除了酸性物质，纸张呈碱性，抑制了纤维素酸性降解，而且残留的碱性物质可以抵御环境中的酸性气体的影响，因此脱酸处理能有效抑制返酸现象，能够使书籍长期保持较理想的碱性状态，脱酸效果持续稳定。

4. 白度指标

白度指图书纸张白的程度，是对图书的直观视觉印象。本研究以 D65 亮度为白度指标。白度高低受纤维素含量、木质素含量、填料的种类和含量、生产工艺等因素影响，纸张老化过程中出现的白度下降、泛黄等现象主要缘于木质素分子中羰基及其共轭双键结构的变化。如表2所示，所选图书由于纸张种类不同、保存状况不同，其白度有高有低，从40% 到68% 不等，平均值为57.7%。经过脱酸处理后，平均值为58.3%，变化很小，这说明脱酸处理后图书的白度变化较小，不会对图书的使用、阅读造成影响。受到个体差异影响，每本图书白度的变化情况不一，其中12本白度上升，上升幅度从0.3% 到2.7% 不等；剩余6本白度下降，幅度从0.1% 到1.3% 不等。

表2　脱酸效果评价：白度指标

图书编号	白度(单位：%)			
	a未脱酸未老化	b已脱酸未老化	c未脱酸已老化	d已脱酸已老化
1	41.9±1.9	43.6±2.7	32.6±4.7	35.7±3.6
2	40.2±2.8	41.3±2.5	31.6±6.2	34.2±4.6
3	66.5±6.8	66.4±5.1	64.3±6.3	65.3±1.9
4	60.0±2.1	60.9±2.1	56.8±3.1	59.7±2.6
5	52.6±2.5	53.1±5.0	46.0±5.1	47.6±4.0
6	61.1±3.0	61.0±2.7	48.9±4.1	55.4±1.6
7	60.5±1.3	59.6±1.2	54.2±2.7	58.2±1.4
8	60.9±2.7	63.6±1.8	56.5±1.9	60.9+1.8
9	59.4±1.4	58.0±2.3	53.4+2.6	55.1±1.3
10	67.9±1.1	68.3±0.8	60.0±0.6	63.1±0.7
11	58.2±2.1	59.2±1.5	50.9±1.9	52.9±1.7
12	64.7±1.2	66.0±2.3	58.4±2.4	62.4±1.5
13	62.9±2.2	63.4±2.8	48.4±3.8	56.6±7.0

续表

图书编号	白度(单位：%)			
	a未脱酸未老化	b已脱酸未老化	c未脱酸已老化	d已脱酸已老化
14	55.2±1.8	54.3±1.8	44.7±2.1	47.9±2.0
15	62.3+1.5	61.6+1.6	51.7±2.4	55.3±2.0
16	54.3±2.4	54.9±1.9	53.4±1.2	56.9±2.6
17	62.5±1.1	64.7±2.4	57.4±0.9	62.0±1.8
18	47.5+3.3	49.0±2.3	38.5±2.7	39.5±4.7

未脱酸的图书经过老化处理后发黄明显，白度出现明显降低，平均值为50.4%，下降明显，这是因为纸张中的木质素分子含有多种功能基团，如甲氧基、羟基和羰基等，这些基团直接影响着木质素的化学性质和反应活性，在老化过程中木质素分子中的羰基（特别是与苯环形成共轭结构的羰基）结构发生了变化，引起生色基团和助色基团变化，从而在宏观上造成纸张颜色出现泛黄现象；而经过脱酸处理的图书其老化后白度平均值为53.8%，变化相对较小，表明脱酸处理还会抑制图书纸张的泛黄问题，在保存过程中有利于图书保持较高的白度。个别样品的白度指标出现异常数据，例如16号已脱酸图书在老化处理后虽然其白度反而上升了2.0%，但是仍处于相应的标准偏差（±1.9和±2.6）范围内，因此这并不影响数据的合理性。

5. 撕裂度指标

撕裂度表示纸张抗撕裂的能力，可以用来表征纸张的韧性。影响撕裂度的因素有纤维的平均长度、结合力、强度以及纤维的排列方向和交织情况等，因此在文献用纸领域中常用撕裂度来衡量纸张的耐久性。

18本图书未脱酸未老化处理时撕裂度平均值为157.2mN，经过脱酸处理后平均撕裂度略有下降，为152.4mN：其中5本图书撕裂度出现上升，14号图书上升最多，为20.4mN，18号图书上升最少，为1.6mN；其余13本图书撕裂度出现下降，10号图书下降最多，为26.3mN，16号图书下降最少，仅为0.1mN。之所以出现部分图书脱酸处理后撕裂度下降的现象，主要是因为纤维间的结合力以及交织情况是影响纸张撕裂度高低的重要因素，在脱酸处理过程中，图书浸泡在脱酸试剂中可能会造成纤维间结合状态的改变，从而造成纸张撕裂度下降。而经过老化处理后酸化图书撕裂度发生明显降低，平均撕裂度降到91.9mN，降幅很大。这是因为在酸性条件下纤维素容易发生降解反应，导致聚合度下降，分子链断裂，直接影响纤维的平均长度和强度，造成纸张撕裂度降低。而经过脱酸处理的图书呈碱性，可以有效降低纤维素的酸性降解，在老化后平均撕裂度依然较高，达到114.1mN，明显高于未脱酸的图书。这表明，脱酸处理虽然会造成部分图书样品纸张撕裂度的下降，但是从长期保存的角度来分析，经过脱酸处理的图书的机械性能优于未脱酸处理的图书。

对于实际图书样品而言，其出版发行选用的纸张不同、每张书叶的油墨印刷情况不同以及保存环境复杂，这些因素都对图书纸张的均匀性造成影响，直接导致即使是同一本图书，其页与页之间纸张的性能有可能存在差异。因此本研究中个别数据的标准偏差较大，如3号图书的白度数据，3号、7号、12号、16号和17号图书的撕裂度数据。尽管如此，由于每个数据都是多次测量的平均值，即使个别数据标准偏差较大，但是通过平均值数据依然可以得出趋势性结论，不会对本研究结论造成影响。

表3　脱酸效果评价—撕裂度指标

图书编号	撕裂度(单位：mN)			
	a未脱酸未老化	b已脱酸未老化	c未脱酸已老化	d已脱酸已老化
1	124.1±9.4	123.7±5.4	100.6±11.1	115.3+15.4
2	145.6±8.5	144.7±10.7	124.1±13.7	125.0±16.7
3	173.2±34.0	176.1±26.0	69.2±12.0	85.3±28.0
4	153.1±6.0	159.5±13.7	104.3±10.2	147.4±15.1
5	154.0±5.3	140.9±5.3	54.0±7.9	72.1+5.8
6	153.0±18.4	145.5±12.5	95.8+5.8	119.4±15.9
7	120.5±24.1	115.6±24.9	54.9±5.5	104.3±22.4
8	117.5±14.3	102.9±7.6	98.9±5.8	94.9±12.2
9	180.8±9.5	159.6±9.0	97.7±14.8	128.8±13.3
10	135.3±12.6	109.1±3.9	93.9±13.6	93.0±4.2
11	205.6±10.0	203.7±13.1	116.1±19.5	123.1±15.7
12	198.1±32.8	175.2±20.7	118.4±27.9	138.0±26.4
13	124.1±18.8	129.7±20.3	35.7±2.6	62.5±11.2
14	159.5±5.3	179.9±8.9	83.5+9.8	121.3±13.9
15	130.2±7.1	122.7±13.2	46.3±7.3	91.6±3.0
16	207.4±3.3	207.3±26.0	142.8±22.5	168.7±25.4
17	182.8±28.7	179.8±23.9	136.2±28.7	159.7±27.1
18	165.1±6.9	166.7±4.7	82.1±19.3	102.7±6.0

四、结论

本研究对酸化图书进行的批量脱酸处理可以向纸张纤维中引入氧化镁，有效中和纸张中的酸性物质。脱酸处理后图书 pH 值由原来的平均5.7提高到平均9.0，脱酸效果显著，符合《纸张脱酸过程的有效性》(ISO/TS 18344:Effectiveness of paper deacidification process)关于纸张脱酸后 pH 值应高于6.5(加速老化前)的要求。经过老化处理后 (105 ± 2℃，10天) 图书仍可以保持较理想的碱性状态，脱酸效果持续稳定。

脱酸处理后，纸张白度无明显变化，不影响图书的阅读使用功能，且经过老化处理后，纸张泛黄问题得到了抑制。

脱酸处理后，部分图书撕裂度在脱酸处理后出现下降，这可能与浸泡造成纸张纤维间结合强度下降有关，但是在老化处理后，已脱酸图书撕裂度明显高于未脱酸图书撕裂度。表明脱酸处理的图书在后期保存过程中其机械性能优于未脱酸处理的图书。

原载《图书馆论坛》2021年第9期

第六辑 挥发物检测与分析

图书馆文献库房挥发性有机化合物的监测与分析

龙堃　闫智培　易晓辉　张铭　任珊珊

一、引言

近年来，随着国家的繁荣和文化行业的进步，文献保护已经成为国家和社会关注的重点，而库房环境又是影响文献保存的重要因素。对于图书馆而言，库房中存储有大量的纸质文献，这类文献具有多孔性结构[①]，有良好吸附性，尤其容易受到酸性气体、氧化性气体等挥发性物质的影响，如果温湿度控制不好，则这种影响会更加显著，将加速文献老化和局部破损，严重影响纸张保存的耐久性[②]。

对库房中的挥发性有机化合物（VOCs）进行监测，有利于文献保护工作的开展。结合现有国家标准中对室内空气质量[③]和珍贵文献保存环境[④]的要求进一步改善、优化对应的库房条件，能够显著提高文献库房的空气质量，让文献有更加良好的储藏氛围，进而增加文献的耐久性和保存寿命，同时可保障工作人员的健康。例如，中山大学图书馆2012年对库房的改造中增加了独立的恒温恒湿空调系统，并为民国文献配备封闭式钢制玻璃门书柜，降低了挥发物质的产生[⑤]。国家图书馆近年来也对库房恒温恒湿空调系统进行了多次升级，并为库房增加了温湿度监控系统，同时对库房中有害气体进行定期检测等。

库房中的空气污染主要来源有装修污染和装具污染，而纸张等文献载体的老化也会释放出一定量的有害气体。对文献库房中 VOCs 的检测一般采用气相色谱－质谱联用技术[⑥]。气相色谱作为一种分析仪器已经广泛应用于各行各业的质量检测和过程评价中，

① 卢英、丁菱：《大气污染与纸质文献的保护——试析有害气体对纸张耐久性的影响及保护对策》，《档案学通讯》1998 年第 3 期，67—71 页。
② 李青：《空气污染物对文书档案纸张保存耐久性的影响研究》，《环境科学与管理，2018 年第 5 期，187—190 页。
③ 《室内空气质量标准》（GB/T 18883—2002），中国标准出版社，2002 年。
④ 《图书馆古籍书库基本要求》（GB/T 30227—2013），中国标准出版社，2014 年。
⑤ 林明、邱蔚晴：《民国时期文献保护实践谈——中山大学图书馆的做法》，《图书馆论坛》2014 年第 5 期，65—70 页。
⑥ 《图书馆古籍书库基本要求》（GB/T 30227—2013），中国标准出版社，2014 年。

与质谱技术联用可以提高其测定结果的精确性和灵敏度，该方法在文化行业也有应用。Ján Hrivňák 等人[①]用固相微萃取——气相色谱质谱联用法对纸张中挥发的有机物进行分析，在人工老化的纸张中鉴别出了21种挥发性组分。李晶等[②]对装具的挥发物进行了考察，用松木进行4种文献档案的处理，得到了松木挥发物对档案纸张性能和耐久性影响程度的报告。这些都是文献保护工作中气体检测的具体实例。

本研究用 Tenax-TA 吸附管吸附气体样品，应用热脱附——气相色谱——质谱联用技术（TD-GC/MS）考察了配备不同类型装具的库房在不同时间段的 VOCs 浓度，加以整理，并据此分析库房空气质量影响因素，以期在未来的库房建设中为文献保护工作提供更多的技术支持。

二、材料与方法

1. 试验样品的来源

近四年里，对四组不同条件下、平行时间点采样的库房 VOCs 进行对比分析：（1）A1库房，内部配备可移动金属密集架，有图书；（2）A2库房，内部配备木质书架（十年以上），有图书；（3）B1库房，内部配备固定式金属密集架，有图书；（4）B2库房，内部配备木桌和大量纸箱，无图书。A1和A2库房采用配备中效滤网（可过滤部分 VOCs、氮氧化物、硫氧化物及固体颗粒物等）的新型中央空调系统进行空气交换控制，空气过滤能力和温湿度控制较好；B1和B2库房采用配备粗效滤网的中央空调系统进行环境调节，空气过滤能力和温湿度控制能力一般。所有库房的中央空调系统均为24h运行，各采样点的具体温湿度数据可见后文表格。同时，对一组放置新制木质书柜（主材为楸木）的库房（A3）进行不同时间段的采样分析，该库房在2015年之前未放置文献，库房温湿度和空气过滤条件与A1和A2库房基本相同。

2. 仪器和试剂

（1）仪器

安捷伦7890A-5975C MSD 气相色谱–质谱仪，配有安捷伦色谱–质谱工作站：美国 Agilent 公司；MARKES UNITY 2 TD 全自动热脱附仪，配有 Tenax TA 吸附管：英国MARKES 公司；AP-BUCK LP-1气体采样泵，美国 AP BUCK 公司；高纯氮气（99.999%），高纯氦气（99.999%）：北京氦普北分气体工业有限公司；帕恩特超纯水机：北京湘顺源科

---

① Ján Hrivňák, Peter Tölgyessy, Soňa Figedyová, et al. "Solid-phase Microcolumn Extraction and Gas Chromatography-mass Spectrometry Identification of Volatile Organic Compounds Emitted by Paper". *Talanta*, 2009, 80: 400-402.
② 李晶、贾智慧、李玉虎：《松木装具对档案纸张的影响研究》，《档案学研究》2018年第3期，100—108页。

技有限公司；ME 614-S 电子天平：德国 Sartorius 公司；色谱微量进样器（多种规格）：上海高鸽公司。

（2）试剂

甲醇中 9 种 VOC 混合系列标准溶液，浓度 1000μg/mL；甲醇：色谱纯；所用水为二次蒸馏水；其他试剂均为分析纯。标准储备液在 4℃ 冰箱储藏备用。工作溶液为甲醇逐级稀释标准储备液后的溶液。

（3）仪器分析条件

①热脱附条件。预脱附样品管吹扫时间：1 分钟；分流比：21.0:1；流路温度：150℃；样品管脱附时间：10 分钟；样品管脱附温度：290℃；冷阱加热脱附前吹扫时间：1 分钟；冷阱富集温度：-10℃；冷阱脱附温度：300℃；冷阱脱附时间：2 分钟。

②气相色谱条件。色谱柱：Agilent HP-5MS（30m×0.25mm×0.25μm）高惰性毛细管气相色谱柱；进样口温度：250℃；程序升温：初始温度 50℃，保持 4 分钟，以 10℃/min 升温至 70℃，保持 0 分钟，然后以 30℃/min 升温至 250℃，保持 1 分钟；载气：氦气，流速 0.8mL/min。

③质谱分析条件。电子轰击（EI）离子源；电子轰击能量：70eV，质量扫描范围 50—550amu；离子源温度：230℃；接口温度：270℃；四级杆温度：150℃；溶剂延迟：1 分钟；定量方式：全扫描模式；定性方式：分析测定采用总离子流图，保留时间定性，峰面积定量，并参考 NIST 谱库对未知物进行定性。

（4）标准曲线的绘制

① Tenax-TA 吸附管活化。高纯氦气为载气，将 Tenax-TA 吸附管放入热脱附仪样品架中，在 325℃ 下活化 30 分钟，冷却后用黄铜密封帽密封。

②标准品吸附管的制备。将活化好的吸附管两端打开，用色谱平头微量进样器直接向进样端注入标准品溶液，快速拔出针头，将吸附管两端安装 Difflok 进样帽，在优化后的热脱附—气相色谱质谱条件下进样分析。

③标准曲线的绘制。采用系列浓度标准品总离子流图，谱峰保留时间定性，峰响应信号定量。

（5）实际样品处理方法

①在对应采样点用 AP-BUCK LP-1 气体采样泵连接 Tenax-TA 吸附管进行采样，流速 200mL/min，采样 50 分钟，采样结束后用密封帽密封两端。得到每个采样点的采样总量 10 L，并换算为标准状态下空气体积。

②回到实验室后将 Tenax-TA 吸附管的密封帽卸去，吸附管两端安装 Difflok 进样帽，在优化后的热脱附-气相色谱-质谱条件下进样分析。

三、结果与讨论

1. 实验条件优化

（1）热脱附条件的优化

主要考察样品在热脱附仪中脱附时间和温度对实验结果的影响。

考虑到热脱附时能够涵盖尽量多的挥发性物质，将热脱附的温度设定在290℃。此温度下，分子量较大的组分也会得到很好的解析，同时满足对标样的分析。

考察热脱附时间的选择。标准品进样分析，在2、5、8、10、12、15和18分钟热脱附时间下，200ng甲苯和200ng正十一烷响应信号见图1。由图1可见，脱附时间大于10分钟时，其脱附效果并没有很大的提升，同时为了提高样品处理量，原则上脱附时间越短越好，因此，设定10分钟为本实验用到的样品热脱附时间。

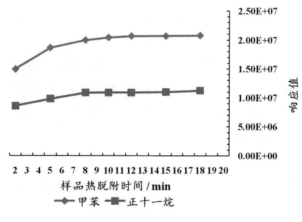

图1　热脱附时间对响应值的影响

（2）色谱条件的优化

气相色谱条件主要考察载气流速和程序升温条件对实验结果的影响。

考察载气流速对各组分分离情况的影响。固定二阶程序升温条件：初始温度50℃，保持5分钟，以10℃/min升温至100℃，然后以30℃/min升温至250℃，保持1分钟。此模式下，考察了载气流速分别为1.2、1.0、0.8和0.6mL/min下，标准物质的出峰情况。结果表明：（1）流速1.2mL/min时，出峰时间短，但苯乙烯和邻二甲苯无法分离；（2）流速0.6mL/min时，各组分分离情况良好，但出峰时间较长；（3）流速1.0和0.8mL/min时，出峰时间适中，各组分分离情况良好，后者更佳。

由于上述程序升温过程在6—8分钟后明显出现基线上移的情况，需要进一步考察多阶程序升温条件，此时流速选择0.8mL/min，程序升温的影响见表1。

表1　程序升温条件对标准物质出峰情况的影响

程序升温条件	目标化合物的分离效果
50 ℃(5 min)–10 ℃/min–100 ℃–30 ℃/min–250 ℃(1 min)	分离良好，基线上移
50 ℃(5 min)–10 ℃/min–150 ℃–30 ℃/min–250 ℃(1 min)	分离良好，基线上移
50 ℃(4 min)–10 ℃/min–120 ℃–30 ℃/min–250 ℃(1 min)	分离良好，基线上移
50 ℃(4 min)–10 ℃/min–70 ℃–30 ℃/min–250 ℃(1 min)	分离良好，基线平稳

由表1可知，最后一种程序升温条件是比较合适的，同时满足出峰时间适中，分离效果良图1热脱附时间对响应值的影响好，且基线平稳。因此，色谱条件最终确定为：载气流速0.8mL/min，程序升温：初温50℃，保持4分钟，以10℃/min速率升温至70℃，保持0分钟，然后以30℃/min速率升温至250℃，保持1分钟。标准物质总离子流图见图2。

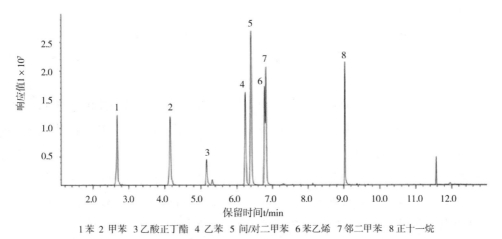

1 苯　2 甲苯　3 乙酸正丁酯　4 乙苯　5 间/对二甲苯　6 苯乙烯　7 邻二甲苯　8 正十一烷

图2　标准物质的总离子流图

（3）工作曲线、相关系数

在优化的热脱附 – 气相色谱质谱条件下，采用线性回归强制经过原点的方式，以谱峰响应值（Y）对样品绝对量（X）绘制工作曲线。由于测定样品的时间跨度较大，每次测定均需进行标准曲线的绘制，以第一次测定时的标准曲线为例，相关系数 R 的范围在0.9844—0.9972，9种标准物质的线性范围为10.0—800.0ng，具体情况见表2，可见该方法标准物质的工作曲线、相关系数良好，可用于实际样品分析。

表2　混合标准物质的线性方程、相关系数和线性范围

组分	工作曲线	相关系数R	线性范围(ng)
苯	$Y=7.889\times10^{4}X$	0.9876	10.0—800.0
甲苯	$Y=9.115\times10^{4}X$	0.9969	10.0—800.0
乙酸正丁酯	$Y=2.933\times10^{4}X$	0.9972	10.0—800.0
乙苯	$Y=1.036\times10^{5}X$	0.9930	10.0—800.0
间／对二甲苯	$Y=1.903\times10^{5}X$	0.9844	10.0—800.0
苯乙烯	$Y=8.485\times10^{4}X$	0.9933	10.0—800.0
邻二甲苯	$Y=1.096\times10^{5}X$	0.9931	10.0—800.0
正十一烷	$Y=5.745\times10^{4}X$	0.9946	10.0—800.0

2. 实际样品测定

在优化的热脱附－气相色谱－质谱条件下，对采集的库房气体样品进行分析，对其中的 VOCs 种类进行鉴定。

（1）对不同环境条件下含有不同种类装具的库房 VOCs 的测定

对 A1、A2、B1 和 B2 四组库房进行横向对比分析，四组采样点的 VOCs 检测结果见表3，

其中 TVOC 为总挥发性有机化合物。由表3中数据可见，环境条件相似的 A1 和 A2 库房中 VOCs 的挥发量相对较低，且波动较小，这主要归功于新型中央空调和强排系统的温湿度调节能力和空气过滤能力较好，木质书架在此条件下 VOCs 聚集较少；环境条件相似的 B1 和 B2 库房可见到明显的 VOCs 浓度波动，其中 B1 库房的空气质量明显优于 B2 库房，这是因为 B2 库房木桌和纸箱较多，VOCs 的挥发和聚集较为明显，B2 中有一个时间点的 TVOC 浓度甚至超过了国标[①]中对室内空气中 TVOC 的限值（0.6mg/m^3），这主要归因于试验开始阶段库房温湿度控制力和空气过滤能力较弱，而夏季这一情况更为明显。但是，在后续采样检测时，温湿控制系统和空气交换系统都有了一定的改善和提升，VOCs 均未超标。同时，VOCs 的挥发显示出了明显的季节性特征，即在温度相对较高的夏季挥发量要高于冬季挥发量，具体情况与温湿度控制系统有关，尤其是温度，温控系统越好则这种波动越小。以 TVOC 为例，笔者进行了四组数据的整合，具体组分情况见图3。

① 《室内空气质量标准》（GB/T 18883—2002），中国标准出版社，2002 年。

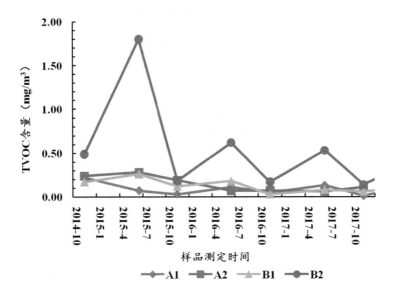

图3　四个采样点 TVOC 浓度随时间变化的趋势图

表3　四个库房在不同时间点的　VOCs　浓度

库房编号	测定时间	VOCs浓度(mg/m³)								温度(℃)	湿度(%)
		TVOC	苯	甲苯	乙酸正丁酯	乙苯	二甲苯	苯乙烯	正十一烷		
A1	2014.11.26	0.22	0.018	0.022	0.005	0.009	0.014	0.003	N.D.	24.5	45.0
	2015.06.16	0.07	0.007	0.009	0.002	0.005	0.006	0.001	0.001	22.6	42.5
	2015.11.12	0.03	0.002	0.003	N.D.	0.002	0.005	0.002	N.D.	20.5	39.0
	2016.06.23	0.11	0.001	0.002	0.003	0.002	0.005	0.001	N.D.	23.0	41.0
	2016.11.24	0.05	0.001	0.001	N.D.	0.001	0.003	N.D.	N.D.	22.5	27.6
	2017.06.28	0.13	N.D.	0.002	N.D.	0.003	0.006	0.001	0.002	21.2	38.5
	2017.11.23	0.01	N.D.	N.D.	N.D.	N.D.	N.D.	0.001	N.D.	21.0	24.0
	2018.06.20	0.14	N.D.	0.003	N.D.	0.005	0.008	0.001	N.D.	21.0	34.6
A2	2014.11.26	0.26	0.020	0.024	0.008	0.009	0.013	0.002	N.D.	19.8	51.6
	2015.06.16	0.24	0.004	0.010	0.004	0.007	0.009	0.001	N.D.	18.0	51.5
	2015.11.12	0.28	0.003	0.007	0.002	0.004	0.010	0.002	N.D.	19.2	51.0
	2016.06.23	0.19	N.D.	0.001	N.D.	0.001	0.002	0.001	N.D.	19.0	48.0
	2016.11.24	0.07	0.001	0.002	N.D.	N.D.	0.002	N.D.	N.D.	21.2	48.2
	2017.06.28	0.07	N.D.	N.D.	N.D.	0.001	0.002	0.001	N.D.	18.9	52.6
	2017.11.23	0.06	N.D.	0.007	N.D.	0.001	0.002	0.001	N.D.	20.5	49.0
	2018.06.20	0.11	N.D.	0.002	N.D.	0.002	0.004	N.D.	N.D.	19.7	56.8

库房编号	测定时间	VOCs浓度(mg/m³)								温度(℃)	湿度(%)
		TVOC	苯	甲苯	乙酸正丁酯	乙苯	二甲苯	苯乙烯	正十一烷		
B1	2014.11.26	0.17	0.014	0.015	0.004	0.005	0.008	0.002	N.D.	18.6	39.0
	2015.06.16	0.26	0.002	0.005	0.004	0.001	0.002	0.001	N.D.	26.2	40.2
	2015.11.12	0.12	0.001	0.006	0.001	0.002	0.007	0.001	0.003	17.5	47.8
	2016.06.23	0.18	0.001	0.001	N.D.	0.001	N.D.	N.D.	0.003	27.0	38.9
	2016.11.24	0.03	N.D.	N.D.	N.D.	N.D.	N.D.	N.D.	N.D.	17.1	36.3
	2017.06.28	0.08	N.D.	N.D.	N.D.	N.D.	N.D.	N.D.	N.D.	27.4	43.1
	2017.11.23	0.06	0.001	0.002	N.D.	0.001	0.002	0.001	N.D.	16.6	37.8
	2018.06.20	0.11	0.002	0.002	N.D.	0.001	0.001	0.001	N.D.	27.0	43.0
B2	2014.11.26	0.49	0.014	0.019	0.004	0.006	0.011	0.003	N.D.	19.2	37.6
	2015.06.16	1.80	N.D.	0.015	0.002	0.003	0.009	0.003	0.145	25.5	52.5
	2015.11.12	0.18	0.001	0.003	N.D.	0.002	0.004	0.001	N.D.	18.0	43.7
	2016.06.23	0.62	0.008	0.003	N.D.	0.001	0.004	0.002	N.D.	26.7	40.0
	2016.11.24	0.17	N.D.	0.001	N.D.	N.D.	0.002	0.001	N.D.	17.8	43.1
	2017.06.28	0.53	0.003	0.002	N.D.	0.002	0.010	0.002	N.D.	23.5	47.5
	2017.11.23	0.14	0.001	0.002	N.D.	0.001	0.002	0.001	N.D.	17.7	41.3
	2018.06.20	0.42	0.009	0.005	N.D.	0.003	0.007	0.003	N.D.	24.5	45.1

注：N.D. 为低于检出限，未检出（Not Detected），以下同。

（2）对放入新制木质书柜的库房随时间变化的 VOCs 释放情况的考察

由于木质书柜的挥发性物质成分复杂，对文献的影响也较大，研究中也考察了新制楸木装具放入库房后，VOCs 浓度随时间变化的纵向对比数据，具体情况见表4。

表4　库房 A3 在不同时间点的 VOCs 浓度

测定时间	VOCs浓度(mg/m³)								温度(℃)	湿度(%)
	TVOC	苯	甲苯	乙酸正丁酯	乙苯	二甲苯	苯乙烯	正十一烷		
2014.09.02	3.77	0.044	0.045	0.063	0.061	0.080	0.042	N.D.	22.2	51.8
2014.09.04	2.73	0.037	0.041	0.033	0.027	0.034	0.006	N.D.	22.0	50.5
2014.09.18	1.05	0.010	0.018	0.014	0.012	0.015	0.003	N.D.	22.8	52.2
2014.10.14	0.48	0.006	0.010	0.003	0.005	0.008	0.002	N.D.	21.5	46.5
2014.11.14	0.32	0.005	0.006	0.001	0.002	0.004	0.001	N.D.	19.0	35.0
2015.09.06	0.52	N.D.	0.004	0.003	0.003	0.005	0.002	N.D.	16.8	59.0
2015.11.12	0.07	0.001	0.002	N.D.	0.001	0.002	N.D.	N.D.	18.8	48.2

测定时间	VOCs浓度(mg/m³)								温度(℃)	湿度(%)
	TVOC	苯	甲苯	乙酸正丁酯	乙苯	二甲苯	苯乙烯	正十一烷		
2016.06.23	0.40	N.D.	N.D.	N.D.	N.D.	N.D.	0.001	N.D.	21.5	56.0
2016.11.24	0.21	0.002	0.002	N.D.	N.D.	0.002	N.D.	N.D.	19.6	49.5
2017.06.28	0.42	N.D.	0.002	N.D.	0.001	0.014	0.007	N.D.	19.8	46.6
2017.11.23	0.26	N.D.	N.D.	N.D.	0.001	0.002	0.001	N.D.	20.0	43.1
2018.06.20	0.19	N.D.	N.D.	N.D.	N.D.	0.002	N.D.	N.D.	18.9	57.0

由表4可见，在新制木柜进入库房初期，VOCs挥发量明显，TVOC浓度一度高达3.77 mg/m³，但经过一个月的稳定和空气过滤调节后，其浓度明显降低，已经低于国家标准的限值。木质装具的一个特征就是初期挥发性较强，一段时间后挥发情况趋缓。然而相对于使用10年以上的木质装具（库房A1，主要材质也为楸木），新制装具在历经4年的放置后，在相同温湿度和换气条件下的VOCs挥发量依然明显，这也说明此类装具的VOCs挥发是一个长久持续的过程，使用时需要格外注意库房环境的调节，以避免有害物质的聚集。

四、结论

文献库房中VOCs浓度的高低是书库空气质量优劣的标志之一，如果其浓度过高，不仅会影响工作人员的身体健康，也会对文献产生危害，加速文献的酸化老化。因此，对库房中的此类物质进行长期监测分析是一项必须且重要的工作。本文基于相关国家标准的内容，建立了一种高效灵敏的TD-GC/MS检测方法，能够满足文献库房VOCs的测定。

对实际样品的检测结果表明：（1）采用配备中效滤网的新型恒温恒湿中央空调系统进行空气交换控制的库房中VOCs浓度低于其他库房；（2）配备金属书架的库房环境优于配备其他类型装具的库房；（3）VOCs的挥发具有季节性特点；（4）新制木质装具在初期挥发性很强，虽然一段时间后挥发情况趋缓，但这种挥发依然是长久持续的过程。减少有害气体对文献破坏的有效方法通常有库房通风、增强空调过滤能力等[1]。以库房空气质量监测结果为依据，对库房环境进行适当的调节，可以降低VOCs对人员和文献的伤害。例如，适当的强排通风可以将VOCs排出房间，增强空调过滤系统可以吸附有害物质，在新制装具内部空气交换条件较差的地方适当施用活性炭等吸附剂可以除去一定量的VOCs等，不论何种方式，其最终目的都是降低空气中VOCs等有害物质的浓度。

原载《图书馆论坛》2019年第5期

---

① 田周玲、龙堃、易晓辉等：《保存环境对纸张性能的影响研究》，《中华纸业》2016年第1期，31—33页。

浅析书库中的挥发性有机化合物

龙堃

　　书库环境是文献保存的重要因素，书库环境的优劣关乎文献保存的安全性和长久性，而影响书库环境的因素主要有温度、湿度和空气质量等。如今，较大的图书馆和档案馆都能做到对温度和湿度的良好控制，但是对空气质量的控制相对困难，这主要是由于书库中气体污染物来源多样和污染物组分复杂。

　　书库中的污染物来源复杂。书库装修过程会有一定量的装修污染，如苯系物、甲醛[①]等，且在一定时期内会有缓慢挥发。文献装具的挥发性有机化合物也会产生一定量的污染物，如乙酸等酸性物质[②]。随着时间的推移，文献本身在老化后生成酸性和氧化性产物，有些具有挥发性，也会散发到书库空间中，如乙酸和糠醛等[③]。还有一些外源性污染物会随着入库藏品迁移到书库之中。

　　书库中的空气污染物组分复杂，一般可分为三类：颗粒物、无机污染物和有机污染物。

　　有害颗粒物一般指空气中悬浮分散的各种固体或液体微粒。世界卫生组织在2017年公布的致癌物清单初步整理中，含颗粒物的空气污染在一类致癌物清单中。这类物质大部分属于外源性污染[④]，在书库中的含量较少，大部分可以经过中央空调的强排过滤系统隔离或除去。

　　挥发性无机化合物一般包括氮氧化物、硫氧化物和碳氧化物等[⑤]，一般都为外源性污染

[①] 黄思敏：《古籍书库内的环境污染及其防治》，《科技视界》2015年第20期，163页。

[②] 贾智慧、李玉虎、鲍甜、周婷：《樟木挥发物对纸质档案耐久性的影响研究》，《中国造纸》2017年第6期，43—48页。

[③] José Luiz Pedersoli Júnior, Frank J. Ligterink, Maarten van Bommel. "Non-Destructive Determination of Acetic Acid and Furfural in Books by Solid-phase Micro-extraction(SPME) and Gas Chromatography Mass Spectrometry(GC/MS)". *Restaurator*, 2011, 32: 110-134.

[④] 郑晓红、杜克武、卢婷婷、吴春山、王菲凤：《福建师范大学旗山校区室内空气质量状况监测与分析》，《福建师范大学学报（自然科学版）》2009年第1期，73—79页。

[⑤] 胡章记、于玲、董丽丽：《空气中氮氧化物、二氧化硫的含量测定及大气污染成因分析》，《煤炭与化工》2016年第5期，34—38页。张道方、杨晓燕、刘建兵、李萍、史雪霏：《典型室内空气污染及其防治措施分析》，《能源研究与信息》2003年第4期，198—203页。

物，如二氧化氮、二氧化硫、一氧化碳、二氧化碳、臭氧等。这类气体中很多都具有氧化性或酸性，来源一般为汽车尾气、工业废气、人体呼吸产生的气体等。这部分污染物在书库内部含量较低，大部分也可以经过书库新风过滤系统隔离或除去。

挥发性有机化合物一般包括有机酸、苯系物、酯类、醛类等[1]。这类物质在书库中对空间污染的"贡献"最大，主要归因于书库环境的相对密闭性导致的气体交换过程较为缓慢。尤其是温湿度控制不好、通风不利或空调过滤效率较低时，这些污染物会发生区域性聚集，从而导致浓度升高，危害文献载体和工作人员的健康。本文关注的主要是这类物质。试验中一般采用色谱方法对这类污染物进行定性和定量。

一、挥发性有机化合物的危害性

挥发性有机化合物（volatile organic compounds, VOCs）是一类化合物的总称。其中很大一部分是有害物质，也有一些无害组分，所以 VOCs 浓度较高时也需要对其中的组分进行具体分析，从而得出更为准确的结果。例如，低浓度的有害 VOCs 对人员和文献造成的伤害也许会比高浓度但危害性较低的 VOCs 更为严重。实际工作中一般用总挥发性有机化合物（total volatile organic compounds, TVOC）的浓度来表征 VOCs 的挥发情况。其定义是利用 Tenax GC 或 Tenax TA 采样，非极性色谱柱进行分析，保留时间在正己烷和正十六烷之间的挥发性有机化合物。其中 Tenax GC 和 Tenax TA 都是气体样品吸附剂。

苯系物（benzenes series）是一类重要的化工原料，广泛应用于石油化工、农药、染料、医药、制革等行业。它是一类有毒物质，对接触人员的健康影响主要是神经衰弱症状和白细胞减少[2]，以及致癌等[3]。长期接触高浓度的苯系物，会对人体神经系统造成影响。早期最常见的是神经衰弱综合症，主要是头晕、头痛，以后有乏力、失眠或多梦、性格改变、记忆力减退等。同时能够影响造血系统，造成血象异常，严重者可导致白血病。《室内空气质量标准》（GB/T 18883—2002）中规定，苯系物中的苯、甲苯和二甲苯的标准限值分别为 0.11、0.20 和 0.20 mg/m^3。如果书库这类物质超标，主要危害是影响其中工作人员的健康。

烷烃类化合物（C_nH_{2n+2}），具有高挥发性、高脂溶性，若浓度过高，可对人体产生危

---

[1] 胡中源、顾煜澄、孙利萍、韩俊、王恩生：《国内标准中挥发性有机化合物的定义解析》，《电镀与涂饰》2018 年第 14 期，644—651 页。

[2] 盖立奎、宗呈祥、裴宝伟：《苯及苯系物接触人员健康状况调查》，《中国自然医学杂志》2007 年第 1 期，64—65 页。Kamble Sanjay P., Priti A.Mangrulkar, Amit K.Bansiwal, et al. "Adsorption of phenol and o-chlorophenol on surface altered fly ash based molecular sieves". *The Chemical Engineering Journal*, 2008, 138(1-3): 73-78.

[3] Maw-Rong Lee, Chia-Min Chang, Jianpeng Dou. "Determination of benzene, toluene, ethylbenzene, xylenes in water at sub-ng·l-1 levels by solid-phase microextraction coupled to cryo-trap gas chromatography-mass spectrometry". *Chemosphere*, 2007, 69(9): 1381-1387. Somnath Mukherjee, Sunil Kumar, Amal K.Misra, et al. "Removal of phenols from water environment by activated carbon, bagasse ash and wood charcoal". *The Chemical Engineering Journal*, 2007, 129(1-3): 133-142.

害。大部分烷烃在人体吸入、摄入或经皮肤吸收后会对身体有害，具有刺激性作用。例如，正十六烷蒸气对人体上呼吸道有刺激性，高浓度吸入或液体直接吸入肺部可引起化学性肺炎，对眼和皮肤都具有刺激性。此类化合物的存在也会影响图书馆工作人员的身体健康，对藏品的影响较小。

VOCs 中的有机酸则对藏品的影响明显。书库中的有机酸主要包括甲酸、乙酸和单宁酸等，其来源主要是纸张的降解反应和装具挥发的贡献等。有机酸会加速纸质文献的老化反应，在水存在情况下这种则更为严重。这是因为潮湿的环境为纸张中纤维的降解提供了合适的温床，能够加速其水解反应，最终导致纸张的酸化老化和机械强度的降低，缩短文献的保存寿命。

VOCs 中的醛类也属于酸性气体，如甲醛、乙醛和糠醛等，对文献的酸化老化也具有一定的"贡献"，同时也会有其他的附加反应。如其中的糠醛（furfural），学名 α-呋喃甲醛，在古籍书库中主要来源是纸张和装具老化分解产物，具有一定的化学活性，能够进一步加速纸张老化。同时，该物质在空气中很容易引起纸张颜色变化，导致纸张颜色加深和出现暗棕色斑块。糠醛作为一种标志性挥发性有机化合物，其含量多少也能够从侧面表明纸张老化的程度[①]。

由于文献书库中存储的很大一部分是纸质藏品，其载体就是使用植物纤维制成的纸张。同时书库中尤其是古籍库房也有很多木质装具，这就导致书库中还会存在一些酯类和萜烯类等植物挥发物。这类物质在常温下挥发量较小，一般不构成危害。但是理论上也有可能对藏品产生一定的影响，尤其是温湿度控制不好和空气交换较差时。如萜烯类化合物中分子量较小的单萜和倍半萜是一类具有特殊气味的挥发性油状物质。如果聚集沉积在文献表面有可能形成油斑，甚至渗入文献内部，污染藏品。这类物质有时也被归于香精油类，俗称挥发油、精油，不同类型的植物会挥发出不同种类的香精油。

综上所述，文献书库中的 VOCs 一旦发生局部富集和浓度升高，就可能会造成书库大环境的污染。在混合存储的条件下，高浓度的挥发物会迁移到低浓度的书库中，从而对书库中的人员和文献产生整体的危害。特别是其中的有机酸和氧化物，可能会对文献载体纸张的颜色和强度等光学性质，以及其他物理化学性质造成影响，从而导致文献酸性升高、老化加速。

---

① Strlič M.,CigićI.K., Možir A., et al."The effect of volatile organic compounds and hypoxia on paper degradation".*Polymer Degradation and Stability*, 2011, 96: 608-615.

二、对挥发性有机化合物的监测与评价

对文献书库中 VOCs 的测定一般采用气相色谱技术[①]。该过程的原理是在高纯惰性载气（氦气或氮气等）存在下，将采样后的气体吸附管装载在热脱附仪进样器上高温脱附，解析出的 VOCs 随载气进入冷阱中，在低温下被进一步浓缩富集。浓缩后的样品经冷阱快速升温（一般几秒钟即可达到300℃以上）二次解析出来，随载气进入毛细管色谱柱。VOCs 各组分经过反复多次动态分配，最终完全分离。各单一组分在色谱或质谱检测器中被电离，进而转化为和浓度（或绝对量）成比例的电信号，最后通过仪器工作站记录下来，完成对样品的定性定量分析。

对书库中的 VOCs 进行监测，是文献保护工作的重点之一。将实验数据结合现有国家标准进行分析，进而改善、优化对应的书库条件，可以提升文献的储藏环境，增加文献的耐久性和保存寿命，同时也可保障工作人员的健康。中山大学图书馆2012年增加了独立的书库恒温恒湿空调系统，并为民国文献配备封闭式钢制玻璃门书柜，有效降低了 VOCs 的产生[②]。近年来，国家图书馆对文献书库的空调系统也进行了多次升级，增设了在线温湿度监控系统，并且定期对书库中有害气体进行检测，进一步提高了书库环境的安全性和舒适性。

本文从实验室测定的装具挥发的 VOCs 和书库中 VOCs 两方面来进行实际说明。

测定装具和书库中的 VOCs 时，采用的都是热脱附—气相色谱质谱联用技术，样品的采集也都是使用 Tenax TA 气体采样管，因此在测定中使用的仪器设备方面两者基本相同。两个试验过程的主要区别在于样品的采集方法。对装具中 VOCs 的采集使用的是被动采样法，而对书库环境中 VOCs 的采集则使用主动采样法。被动采样法的好处是可以对样品的持续挥发性进行考察，适合分析挥发量少、质量较小的样品。同时对样品是一个无损采样过程，缺点是对采样气体体积的确定较为困难。一般得到的是目标物质的绝对量，在对装具进行挥发物分析时，采用此方法较为合适。主动采样法需要用到气体采样泵，其好处是可以对采样体积进行精确计算，能够得到较为准确的目标物质在环境中的浓度。这种方法一般用于测定环境中的气体组分含量，但不适合测定较小物品的挥发物。因此该方法无法测定装具中产生的 VOCs，但是非常适合分析书库环境中的气体组分。

（一）装具 VOCs 的检测分析

装具中 VOCs 的采样和检测过程为：（1）将气体吸附管放入待测装具中或与装具一同

---

① 《图书馆古籍书库基本要求》（GB/T 30227—2013），中国标准出版社，2014 年。
② 林明、邱蔚晴：《民国时期文献保护实践谈——中山大学图书馆的做法》，《图书馆论坛》2014 年第 5 期，65—70 页。

放入密闭容器中进行被动采样;(2)在优化后的热脱附—气相色谱—质谱条件下进样分析。我们对挑选的9种样品进行了分析。样品信息见表1。

表1 实验用样品一览表

编号	样品名称	来源地	样品主要材质
ZJ-1	新制蓝布函套A	广州	平纹蓝布、灰纸板、白色衬纸
ZJ-2	新制蓝布函套B	北京	平纹蓝布、灰纸板、白色衬纸
ZJ-3	新制蓝布函套C	常州	平纹蓝布、灰纸板、白色衬纸
ZJ-4	无酸档案盒	广州	瓦楞纸板
ZJ-5	馆藏善本函套	北京	平纹红布、黄纸板、白色衬纸
ZJ-6	无酸厚纸板	广州	灰纸板
ZJ-7	中性灰纸板	—	灰纸板
ZJ-8	纯棉纸板	广州	多种颜色纯棉纸板
ZJ-9	馆藏蓝布函套	北京	平纹蓝布、灰纸板、白色衬纸

对上述样品进行为期30天的被动采样,并测定VOCs挥发总量。根据检测,几种典型污染物的测定结果见表2。

样品挥发量(Volatile Quantity, VQ)是单位质量的样品在一定时间内产生的挥发性有机化合物的量(单位ng/g),用以下方程计算:

$$VQ = \frac{X}{m}$$

X为组分测定的绝对量,单位为纳克(ng);m为样品的质量,单位为克(g)。

表2 样品30天的VOCs挥发量

编号	质量m (g)	苯	甲苯	乙酸正丁酯	乙苯	间/对二甲苯	苯乙烯	邻二甲苯	正十一烷	糠醛	TVOC
ZJ-1	714.28	0.99	0.18	0.04	0.12	0.12	0.04	0.06	0.75	0.33	3.88
ZJ-2	327.36	7.74	0.41	0.18	0.25	0.24	0.26	0.18	1.03	1.37	8.69
ZJ-3	813.72	1.36	0.20	0.08	0.17	0.18	0.13	0.15	0.13	0.30	3.50
ZJ-4	190.91	5.17	3.81	2.86	0.88	1.34	2.92	2.26	3.78	5.90	24.84
ZJ-5	71.52	1.31	2.02	N.D.	1.61	0.98	0.51	1.00	6.78	14.13	28.18
ZJ-6	244.03	0.52	0.75	0.31	0.45	0.19	0.18	0.16	2.03	4.69	9.12
ZJ-7	252.68	0.75	0.96	0.34	0.65	0.43	0.33	0.47	2.78	6.32	12.89
ZJ-8	895.87	1.19	0.26	0.76	0.13	0.10	0.07	0.03	0.16	0.66	4.60
ZJ-9	396.61	0.30	0.37	0.13	0.36	0.20	0.14	0.16	3.95	2.87	16.52

注:N.D.表示低于检出限,实际未检出(Not Detected)。

由此可见，所有待测样品的挥发物质总量均较低，有害物质含量有限，影响较弱。但是也要看到，不同材质的装具在同样时间里，单位质量样品挥发的 VOCs 差异明显。其中单位质量挥发物最多的 ZJ-5 号样品是馆藏的旧函套。由于年代久远，其纸板老化标志性产物之一的糠醛含量也较高。这也从另一方面说明，老化和陈旧的装具需要在合适的时候进行更新，这样才能不影响书库大环境，才能更好地保护其中的古籍和其他文献。

（二）书库 TVOC 含量的检测

书库 TVOC 的采样和检测过程为：（1）在对应采样点用气体采样泵连接气体吸附管进行一定时间的采样；（2）在优化后的热脱附—气相色谱—质谱条件下进样分析。

我们挑选了两个采样点进行采样，其中 A 书库使用的空调系统与 B 书库不同。统计 4 年间的监测数据，书库中的苯系物、烷烃类物质和其他 VOCs 标准物质的浓度均没有超过国家标准规定的限值。虽然 VOCs 的挥发总量有时会较高，但是其中的典型有害物质含量并不超标。两个书库 TVOC 的浓度变化趋势见图 1。

由图可见，VOCs 的挥发具有明显的季节性特征，其挥发量在温度较高的夏季要高于冬季。具体情况与温湿度控制系统有关。尤其是温度，温控系统越好则这种波动越小。图中也可看到，A 书库环境要优于 B 书库。而采样点的相应温度波动情况见图 2，很明显 B 书库的温度波动更为明显。

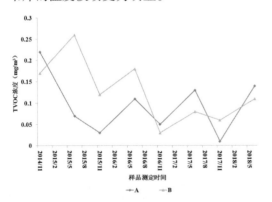
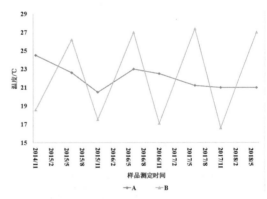

图 1　两个书库 TVOC 在不同时间的含量图　　　　图 2　两个书库在不同时间的温度

三、结论

本文用实例从实验数据上对文献书库中 VOCs 进行分析，可以得到以下结论及建议：

（1）文献书库中的 VOCs 是肯定存在的。以装具为例，其 VOCs 的挥发呈现的是持续过程，但是在环境调节能力较好的书库中，VOCs 不会局部聚集，浓度超标的情况基本不会出现。同时，文献本身和书库本身的 VOCs 挥发情况与装具类似。

（2）文献书库中的VOCs组分复杂，TVOC数值较高时，其中的有害物质却不一定超标，需要结合实验数据进行具体分析。

（3）对书库温湿度进行控制是保持良好书库环境的重点。对于VOCs来说，尤其是温度，对其挥发量具有显著影响。对书库温湿度要长期监测，温度应控制在较低的水平，不可超过限值，否则书库空气质量会急剧变化。

（4）书库内的装具应尽量使用挥发物质较少的材料。若使用木制柜架，则应在进入书库前进行一定的处理。如放置一段时间让高浓度挥发物散发；入库后的一段时间内不要放置文献，待空气质量检测达标后再正常使用。同时，新制装具在入库前应按照相应国家标准进行检测[1]，合格后才可入库；老旧的装具应进行定期更换，以避免陈旧装具产生的污染物损害文献。

（5）对书库空气质量应进行定期检测。如果发现VOCs超标则应分析原因，在不影响文献安全的前提下，应尽快采取措施降低VOCs的浓度。如开启新风系统、改善过滤条件、增加通风量等。

原载《文津学志》第十二辑，国家图书馆出版社，2019年

---

[1] 《古籍函套技术要求》（GB/T 35662—2017），中国标准出版社，2017年。

博物馆展厅中的挥发性有害物质分析研究

龙堃

一、前言

图书馆、档案馆和博物馆中的藏品是世界文化遗产的重要组成部分，中国的重要文物藏品存于这些机构者居多。很多时候由于特殊原因或重大活动，需要将藏品从储藏室迁移至展厅的展柜或展台中，进行展览或展示。此时，展厅就成为了藏品的临时存储单元，而展厅中的环境因素会对藏品产生影响，如温度、湿度、光照和空气质量等。不论是库房收藏、保护研究，还是陈列展览，都应该尽可能的维持相对稳定的环境，使文物处于适宜的环境中[①]。

目前，对展厅的温湿度控制是相对比较容易做到的，一般大型的图书馆、档案馆和博物馆都具备良好的温湿度控制系统，如无线传感实时监测系统和中央空调的配合使用，可以长期保持展厅温湿度的恒定[②]。但是对空气质量的控制相对困难，这是因为室内空气的组分繁杂，除氮氧化物、硫氧化物[③]和颗粒物之外，室内空气组分中很大一部分是持续性挥发有机物（VOCs）[④]，包括室内装修和藏品本身的挥发物等，尤其是其中的有害物质，对藏品的保存和保护具有负面作用，也会影响展厅工作人员和参观者的健康。随着时间的推移，此类物质会源源不断地释放。只有做好空气的过滤交换，避免有害物质局部富集，使空气质量达到安全的范围，才能满足对文物和人员的良好保护。

对于新装修的展厅而言，挥发物浓度会明显偏高，这是由于大部分的装修污染物在前期释放明显，此时不应放入文物藏品，也不应让人员长时间无防护进入。在经历一定时

---

① 闫琛：《博物馆环境对文物的影响与控制》，《文物鉴定与鉴赏》2018 年第 12 期，96—97 页。崔亚平：《中小博物馆的环境控制——以西汉南越王博物馆为例》，《中国博物馆》2014 年第 3 期，74—77 页。
② 李涛：《展厅文物保护探析》，《博物馆研究》2017 年第 4 期，53—58 页。
③ 滕丽敏等：《基于层次分析法的室内空气质量影响因素研究》，《能源与环保》2018 年第 4 期，58—61、67 页。
④ 刘伟娟，白莉：《室内挥发性有机化合物及其控制方法初探》，《吉林建筑大学学报》2018 年第 1 期，47—49 页。

间、达到一定平衡状态后，这类物质的挥发会趋于缓慢，在合适的空气过滤和通风控制下，此类物质不再发生高浓度聚集，此时才可放入藏品进行展览。文中采用国家标准中规定的方法[①]，考察了国家典籍博物馆若干新装修展厅中的挥发物在一定时间内的挥发趋势，以期为各文物收藏单位的展厅环境控制提出一定的思路。

二、挥发性有害物质的采集和测定方法

1. 气体样品的采集过程

对新装修的4个展厅（编号 A、B、C 和 D）在装修完成后初始两个月的空气质量进行测定，考察其中重点污染物的浓度。参考国家标准中的试验方法，对收集的气体样品采用气相色谱－质谱仪进行定性和定量分析。

采样方法为主动采样，每个采样点使用采样泵连接 Tenax-TA 吸附管进行采样，流速200mL/min，采样时间40分钟，采样体积10L，记录采样时的温度，换算为标准状况下的气体体积。试验中采集了第1、10、28、36、43和58天的气体样品，据此分析两个月内的挥发物浓度变化情况。

2. 挥发物测定所用设备

试验设备有安捷伦7890A－5975C MSD 气相色谱－质谱仪，美国 Agilent 公司；MARKES UNITY 2TD 热脱附仪，英国 MARKES 公司；AP－BUCK LP－1 气体采样泵，美国 AP BUCK 公司；高纯氮气（99.999%）和高纯氦气（99.999%）：北京氦普北分气体工业有限公司；ME614－S 电子天平：德国 Sartorius 公司；色谱微量进样器：上海高鸽公司。

3. 测定方法

TVOC 测定方法采用 GB/T 18883－2002 中的气相色谱法，同时应用该方法可以得到苯、甲苯和二甲苯等 VOCs 的浓度。具体在实验中的各项参数如下：

（1）热脱附条件：采样管两端打开，安装进样帽，置于热脱附样品架中，预脱附吹扫时间为1分钟，分流比为21∶1，流路温度为150℃，采样管脱附时间为10分钟，脱附温度为290℃，冷阱富集温度为－10℃，冷阱脱附温度为300℃，冷阱脱附时间：2分钟。

（2）色谱条件：色谱柱采用 Agilent HP－5MS（30m×0.25mm×0.25μm）毛细管气相色谱柱，进样口温度为250℃，采用程序升温模式（初始温度50℃ 保持4分钟，以10℃/min 速率升温至70℃，然后以30℃/min 速率升温至250℃，保持1分钟），气相载气为氦气，流速设置为0.8mL/min。

（2）质谱分析条件：电子轰击（EI）离子源，电子轰击能量为70eV，质量扫描范围在

---

① 《室内空气质量标准》（GB/T 18883—2002），中国标准出版社，2002年。

50 — 550amu，离子源温度为230℃，接口温度为270℃，四级杆温度为150℃，溶剂延迟设定为1分钟，采用全扫描模式，保留时间定性，峰面积定量。

该测定方法下的标准物质（VOCs混标）总离子流图见图1。

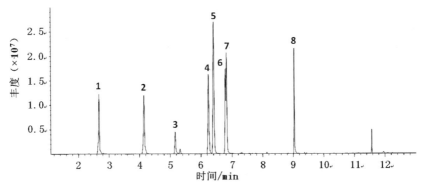

1.苯 2.甲苯 3.乙酸正丁酯 4.乙苯 5.间/对二甲苯 6.苯乙烯 7.邻二甲苯 8.正十一烷

图1　混合标准物质总离子流图

三、文物展厅中挥发物的测定结果分析

参考国标 GB/T 18883-2002中对有害挥发物的要求，对展厅中的此类部分物质浓度进行评价，表1中是部分有害挥发物的限值要求。

表1　GB/T　18883-2002中规定的 TVOC、苯、甲苯、二甲苯和甲醛等参数的限值

参数	单位	标准值	备注
总挥发性有机物TVOC	mg/m³	0.60	8 h 均值
苯	mg/m³	0.11	1 h 均值
甲苯	mg/m³	0.20	1 h 均值
二甲苯	mg/m³	0.20	1 h 均值
甲醛	mg/m³	0.10	1 h 均值

1. 总挥发性有机物（TVOC）

对4个新装修展厅中的空气质量进行分析测定，其浓度变化曲线见图2。

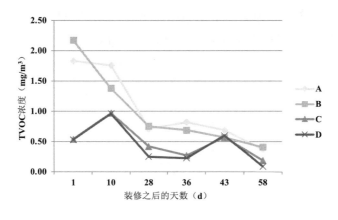

图2 TVOC 浓度变化趋势

由图2可见，新装修展厅中的 TVOC 浓度很高，A 库房和 B 库房的 TVOC 浓度一度达到 2.0mg/m³ 左右，是室内空气质量要求中限值的3倍，说明初期的有机挥发物污染较为严重，不适宜藏品的展览和工作人员的身体健康，尤其是如果其中含有高浓度酸性或氧化性气体，则对藏品的危害会更为严重。

同时，根据挥发物的浓度变化曲线可以看到，随着时间的延长，在空气交换系统的运行和温湿度控制系统的正常运作下，TVOC 的浓度基本呈现持续下降的趋势，尤其是在装修完成的初期，降低的速度非常快，第28天检测时所有展厅的 TVOC 浓度下降了一半以上。经过约两个月的时间后，在第58天对空气质量进行采样检测时可以看到，所有展厅的TVOC 浓度已经低于 0.5mg/m³，达到了国家标准限值以下，难以对展厅造成较大的污染，展厅的环境已经符合空气质量良好的条件。

2. 苯系物

挥发性有机化合物中也有对展厅工作人员有影响的苯系物，这部分 VOCs 也是需要重点考察的，这是因为苯系物（如苯、甲苯、二甲苯等）对人体具有损害作用，长期处在含有高浓度苯系物的环境中，轻者会有酒醉式兴奋，伴随头痛、头昏、恶心、胸部紧束感、呕吐、视力模糊、怕光、流泪、嗜睡、步态蹒跚和粘膜刺激等症状，重者会伴有心律不齐、抽筋和昏迷、抽搐、血压下降、视觉模糊、震颤，甚至昏迷症状，以致呼吸和循环系统衰竭、神经系统功能紊乱等，会造成血液系统和神经系统受损，容易引起再生障碍性贫血和部分种类的白血病等[1]。展厅是一个相对密闭的公共环境，因此，不论是工作人员还是参观者，都需要在安全的展陈条件中才可以进行工作和参观，如果空气中的苯系物等有害物质聚集、异味严重，不仅会对展品产生危害，也会对展厅中的人员健康产生危害，使得

---

① 严翠兰、余秋宏：《浅谈工作环境中苯系物测定实验》，《绿色环保建材》2017 年第 7 期，206 页。

观众参观的体验度严重下降。此时，不仅需要对总挥发性有机化合物的浓度有所要求，也要对其中的苯系物等重要有害组分进行分别监测。试验中对新装修展厅中的苯系物进行着重考察，依然使用气相色谱—质谱仪对获得的气体样品进行分析，对其中苯和甲苯这两种标志性的苯系物浓度进行持续性监测，测定结果见图3和图4。

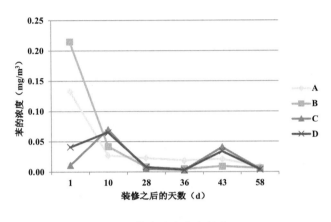

图3　苯的浓度变化趋势

由图3可见，新装修展厅中的苯在初期的浓度较高，其中 A 和 B 展厅的浓度超过了室内空气质量规定的 0.11mg/m³ 的限值，A 展厅甚至达到标准限值的 2 倍以上。说明在装修完成初期，苯的挥发量是最高的，此时的展厅环境对人员的健康危害极大，不可进行布展和展览等工作。但是在装修完成的第 10 天进行检测时，空气中的苯浓度即发生明显的降低，所有展厅的浓度均已低于 0.10mg/m³，达到国家标准的限值以下，且在之后的时间里检测，各个展厅的苯浓度均未再出现超标的现象，可见这种物质在初期的挥发非常强烈，但是在合适的环境控制条件下，经历很短的时间，其浓度就会下降至正常水平。

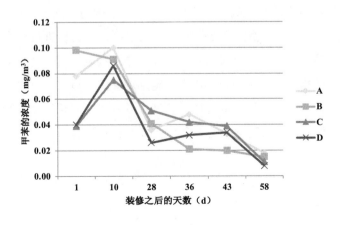

图4　甲苯的浓度变化趋势

图 4 中甲苯的挥发则呈现出另一种趋势，在展厅装修完成的前 10 天，这种物质在其中三个展厅的挥发能力呈现上升情况（A、C 和 D 展厅），在第 10 天检测时，4 个采样点的甲苯浓度均在比较高的数值，其挥发浓度基本呈现出由低到高，再由高降低的趋势。这种趋势和前述苯的挥发具有一定的差异（苯的浓度为持续降低）。国家标准 GB/T 18883 中对甲苯浓度的限值规定是低于 $0.20mg/m^3$，虽然本次展厅装修完成后甲苯的浓度并未超标，但是也要注意，这类物质的挥发是持续过程，仍然需要合适的环境控制条件进行干预，以保证在展厅正常展览时，其浓度不可高于限值要求。

同时，本研究对此次装修过程中的二甲苯浓度也进行了考察，但由于此种物质浓度从始至终未超过限值，且浓度一直较低，几乎不产生危害，此处不再详述。

3. 其他典型挥发性污染物

对国家标准中未明确规定限值的其他 VOCs 进行考察，例如乙苯、乙酸正丁酯、苯乙烯和正十一烷等标志性有害污染物，其浓度均较低，基本都在 $0.10mg/m^3$ 以下，挥发曲线均随时间呈现明显下降或波动下降的趋势，最终达到一定的平衡。因此，在实验所监测的展厅装修过程中，这些挥发性有害物质的浓度对藏品和人员难以构成危害。

四、结语

文物展厅中有害挥发物浓度的高低影响着展厅的整体空气质量，如果其浓度过高，不仅会影响展厅中工作人员和参观者的身体健康，也会对文献产生一定的危害。因此，应该对展厅中的此类物质进行定期检测，以此为基础调整相应的环境控制系统。

与一般的室内装修类似，新装修展厅中的挥发性有害物质浓度较高，此时不应直接放入藏品，工作人员也不应长时间无防护处于此环境中工作。同时，挥发性有害物质各组分的挥发趋势不同，达到安全限值以下的时间也不同，例如本试验中有害物质苯的浓度在装修完成的第 10 天就下降至安全限值以下，但是 TVOC 浓度则需要近两个月的时间才稳定至国家标准的限值以下。因此，应在合适的环境控制系统的干预下，让展厅环境稳定 2—3 个月的时间后，待所有有害物质浓度降低至安全限值以下，再进行正常的展览和参观活动是比较合适的。通过试验结果也可以看到，展厅中的挥发性有害物质的散发是一个持续的过程，对展厅中的这类挥发性物质应该进行定期的测定，以防止其聚集后浓度的持续升高。同时，应根据环境监测结果，适时地调整展厅的环境控制系统，进行必要的空气交换或空气过滤，以确保展厅中文物藏品的安全和所有人员的健康。

原载《环境科学与管理》2020 年第 3 期

热脱附—气质联用法无损测定函套中挥发性物质的探索研究

龙堃　易晓辉　田周玲　任珊珊　张铭

一、引言

古籍函套多用厚纸板外裱以蓝布（或绫锦），随书的大小和厚度而制，制作材料包括衬纸、织物、纸板和粘合剂等。作为最贴近古籍的保护装具，其物理化学性质对古籍具有显著影响，其中的一些参数应符合图书馆古籍特藏书库基本要求[①]。但是，由于函套材质复杂、原料各异、制作工艺不同，导致各个地区、不同厂商所生产的函套质量有高低，某些函套可能含有乙酸、糠醛等对古籍有害的化合物[②]，以及一些取代苯和长链烃类等环境污染物，这些有害物质有些会促使纸张酸性升高、加速老化[③]，污染古籍书库的保存环境，有些则会对人体健康产生危害[④]。

气相色谱和质谱技术是近年来发展较快的一种对含有复杂成分的样品进行分离分析的方法，在文物保护和造纸工业中已有应用[⑤]，但直接应用于纸质文献保护领域的研究依然较

---

① 《图书馆古籍书库基本要求》（GB/T 30227—2013），中国标准出版社，2014 年。

② STRLIČM, CIGIĆI K, MOŽIR A, et al. "The effect of volatile organic compounds and hypoxia on paper degradation." *Polymer Degradation and Stability*, 2011, 9 6(4) : 608-615.PEDERSOLIJ L J, LIGTERINK F J, VAN BOMMEL M. "Non -destructive determination of acetic acid and furfural in books bysolid-phase micro-extraction (SPME) and gas chromatography -mass spectrometry (GC/MS)" *Restaurator*, 2011, 32(2) : 110-134.

③ PEDERSOLIJ L J, LIGTERINK F J, VAN BOMMEL M. "Non-destructive determination of acetic acid and furfural in books bysolid-phase micro-extraction (SPME) and gas chromatography-mass spectrometry (GC/MS)" *Restaurator*, 2011, 32(2) : 110-134.

④ 盖立奎，宗呈祥，裴宝伟：《苯及苯系物接触人员健康状况调查》，《中国自然医学杂志》2007 年第 1 期，64—65 页。 KAMBLE S P, MANGRULKAR P A, BANSIWAL A K, et al. "Adsorption of phenol and o-chlorophenol on surface altered fly ash based molecular sieves" .*Chemical Engineering Journal*, 2008, 138(1-3) : 73-78.LEE M R, CHANG C M, DOU Jianpeng. "Determination of benzene, toluene, ethylbenzene, xylenes in water at sub-ng·l⁻¹ levels by solid-phase microextraction coupled to cryo-trap gas chromatography-mass spectrometry" .*Chemosphere*, 2007, 69(9) : 1381-1387.

⑤ HRIVŇÁK J, TÖLGYESSY P, FIGEDYOVÁ S, et al. "Solidphase microcolumn extraction and gas chromatography-mass spectrometry identification of volatile organic compounds emitted bypaper" .*Talanta*, 2009, 80(1) : 400-402. 张亚旭、王丽琴、吴玥等：《西安钟楼建筑彩画样品材质分析》，《文物保护与考古科学》2015 年第 4 期，45—49 页。徐宁：《顶空—气相色谱法测定纸类印刷品中 16 种挥发性有机物》，《广东化工》2010 年第 7 期，99—101 页。李继民、王彦吉、赵彦军等：《气相色谱法分析常见书写纸张萃取物的研究》，《中国人民公安大学学报（自然科学版）》2005 年第 4 期，1—3 页。

少。本研究主要对挥发性取代苯、酯类、烷烃和醛类等进行被动采样分析，用 Tenax-TA 吸附管对样品中的挥发性有机化合物（volatile organic compound，VOC）进行吸附和富集，再经热脱附仪脱附，最终进入气质联用仪分析，得到样品中各组分的谱图，完成定性和定量分析，达到了很好的效果。该方法较为简单、高效，可以在对样品无损的前提下完成挥发性物质的浓缩富集。

本研究最终建立了 Tenax-TA 吸附管被动采样、热脱附—气质联用仪进样分析的方法对函套中部分挥发性物质进行测定，得到了良好的结果。

二、材料与方法

1. 试验样品

本课题研究的内容是古籍函套，测定过程中需要对不同形态、不同厂家和不同材质的函套样品进行对比分析。本实验为无损实验，样品覆盖近现代函套，大部分的样品来源为厂商送检函套和自购函套，其中也包括函套生产厂商用的原材料样品等，本研究挑选了十余种样品（表1）进行最后的实际测定。

表1　实验用样品一览表

编号	样品名称	样品材质	来源/产地
HT01	新制蓝布函套A	蓝布、灰纸板、白色衬纸	香港
HT02	新制蓝布函套B	蓝布、灰纸板、白色衬纸	北京
HT03	新制蓝布函套C	蓝布、灰纸板、白色衬纸	常州
HT04	无酸档案盒	瓦楞纸板	香港
HT05	馆藏善本函套（20年以上）	红布、黄纸板、白色衬纸	北京
HT06	无酸厚纸板	灰纸板	香港
HT07	中性灰纸板	灰纸板	未知
HT08	无酸蜂窝纸板	白色蜂窝状纯棉纸板	香港
HT09	纯棉纸板色卡	多种颜色纯棉纸板	香港
HT10	新制四库尊注合讲函套	黄锦、灰纸板、白色衬纸	未知
HT11	馆藏蓝布函套	蓝布、灰纸板、白色衬纸	北京

2. 仪器和试剂

（1）主要仪器：安捷伦 7890A-5975C MSD 气相色谱 – 质谱仪；MARKES UNITY 2 TD 全自动热脱附仪。

（2）主要试剂：甲醇中 9 种 VOC(苯、甲苯、乙酸正丁酯、乙苯、邻二甲苯、间二甲苯、对二甲苯、苯乙烯和正十一烷) 混合系列标准溶液 (1000μg /mL，溶剂为甲醇)；糠醛标准物质。

（3）仪器分析条件本实验过程为：①将待测样品用电子天平进行精确测量，得到其质量；②用 Tenax-TA 吸附管 (图 1) 进行样品的密封被动采样 (在自封袋或真空袋中进行)，采样时间为 30d；③采样结束后，将吸附管取出，并经过热脱附仪进行热解析，最后经气相色谱 – 质谱仪进行分离分析。

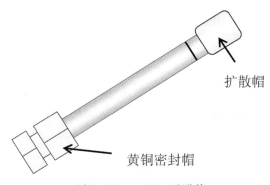

扩散帽

黄铜密封帽

图 1　Tenax-TA　吸附管

试验中采用的热脱附条件、色谱条件和质谱条件的优化确定，以及标准曲线的绘制方法，均参考已有文献记载的方法进行[1]。

三、结果与讨论

1. 实验条件优化

（1）热脱附条件的优化过程参考上述已有文献，并根据热脱附时间对甲苯、糠醛和正十一烷响应值的影响 (图 2)，最终设定本实验用到的样品热脱附时间为 10 分钟[2]。

① 龙堃、闫智培、易晓辉等：《图书馆文献库房挥发性有机化合物的监测与分析》，《图书馆论坛》2019年第 5 期，135—140 页。
② 同上。

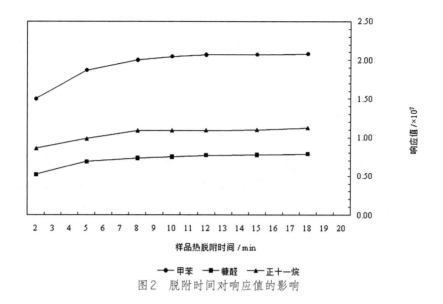

图2　脱附时间对响应值的影响

（2）色谱条件的优化过程参考龙堃、闫智培、易晓辉等《图书馆文献库房挥发性有机化合物的监测与分析》[①]的色谱条件，考察载气流速对各组分分离情况的影响，得到载气流速在0.6 — 1.0 mL /min 能够达到良好的分离效果，结果如表2所示。

表2　载气流速对目标化合物出峰情况的影响

载气流速/(mL·min⁻¹)	9种VOC和糠醛的分离效果
1.2	出峰时间短，苯乙烯和邻二甲苯无法分离
1.0	出峰时间适中，各组分分离情况良好
0.8	出峰时间适中，各组分分离情况良好
0.6	出峰时间较长，各组分分离情况良好

进一步考察了多阶程序升温模式，最终载气流速选择比较适中的0.8mL/min。因此，色谱条件最终确定为：氦气流速0.8mL/min，采用程序升温方式加温（初温50℃ 保持4分钟，后以10℃/min 速度升温至70℃，再以30℃/min 速度升温至250℃，并保持1分钟）。标准物质的总离子流图见图3。

---

① 龙堃、闫智培、易晓辉等：《图书馆文献库房挥发性有机化合物的监测与分析》，《图书馆论坛》2019年第5期，135—140页。

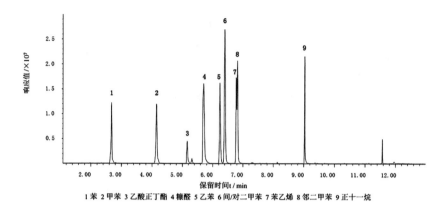

图3　标准物质的总离子流图

1苯 2甲苯 3乙酸正丁酯 4糠醛 5乙苯 6间/对二甲苯 7苯乙烯 8邻二甲苯 9正十一烷

（3）工作曲线、相关系数在优化的热脱附－气相色谱质谱条件下，以谱峰响应值（Y）对样品绝对量（X）绘制工作曲线，采用线性回归强制经过原点的方式，9种VOC和糠醛的工作曲线、相关系数良好，见表3。

表3　混合标准物质的线性方程、相关系数和线性范围

组分[①]	工作曲线	相关系数R	线性范围/ng
苯	$Y=7.889 \times 10^4 X$	0.9876	10.0—800.0
甲苯	$Y=9.115 \times 10^4 X$	0.9969	10.0—800.0
乙酸正丁酯	$Y=2.933 \times 10^4 X$	0.9972	10.0—800.0
糠醛	$Y=4.826 \times 10^4 X$	0.9932	23.2—1160.0
乙苯	$Y=1.036 \times 10^5 X$	0.9930	10.0—800.0
间/对二甲苯	$Y=1.903 \times 10^5 X$	0.9844	10.0—800.0
苯乙烯	$Y=8.485 \times 10^4 X$	0.9933	10.0—800.0
邻二甲苯	$Y=1.096 \times 10^5 X$	0.9931	10.0—800.0
正十一烷	$Y=5.745 \times 10^4 X$	0.9946	10.0—800.0

① 龙堃、闫智培、易晓辉等：《图书馆文献库房挥发性有机化合物的监测与分析》，《图书馆论坛》2019年第5期，135—140页。

2. 实际样品测定

在优化的热脱附 – 气相色谱质谱条件下，对样品进行测定，结果表明11种古籍函套样品或原材料样品中挥发性有机化合物种类不一。以其中的2个样品为例，具体出峰情况见图4—5，可以看出，HT08和HT09这2个样品虽然都是同一厂家生产的纯棉纸板，但是由于原材料的差异，最终的出峰情况明显不同，HT08纸板的挥发性有机化合物种类较少。

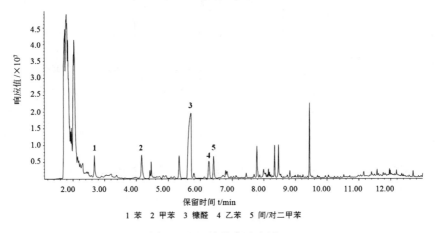

1 苯　2 甲苯　3 糠醛　4 乙苯　5 间/对二甲苯

图4　HT08的总离子流图

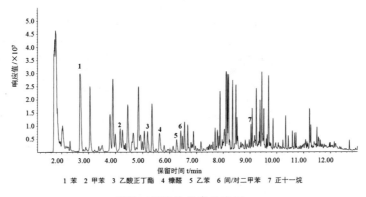

1 苯　2 甲苯　3 乙酸正丁酯　4 糠醛　5 乙苯　6 间/对二甲苯　7 正十一烷

图5　HT09的总离子流图

将样品响应值代入各物质标准曲线中，得到9种VOC和糠醛的含量，再将组分绝对含量除以样品质量，得到30d被动采样的样品挥发量。最终结果见表4。

其中，样品挥发量（volatile quantity，VQ）是单位质量的样品在规定时间内（30d）产生的挥发性有机化合物的量（单位：ng/g），用以下方程计算：

$$VQ = \frac{X}{m}$$

式中：X为组分经气相色谱质谱仪检测后的绝对量（ng）；m为样品质量（g）。

由于样品挥发过程在本实验中并没有表现出线性过程，因此，没有将样品挥发总量除以天数得到日均挥发量，而是采用30d样品挥发总量作为评价指标。

表4 被动采样30d样品的挥发量(VQ)

编号	质量/g	样品30d 的挥发量VQ/(ng·g⁻¹)									
		苯	甲苯	乙酸正丁酯	乙苯	间/对二甲苯	苯乙烯	邻二甲苯	正十一烷	糠醛	TVOC
HT01	714.28	0.992	0.176	0.035	0.124	0.124	0.035	0.065	0.748	0.329	3.88
HT02	327.36	3.738	0.411	0.176	0.254	0.245	0.264	0.177	1.034	1.366	8.69
HT03	813.72	1.365	0.201	0.075	0.173	0.181	0.127	0.148	0.131	0.303	3.50
HT04	190.91	5.169	3.809	2.862	0.880	1.335	2.918	2.258	3.780	5.900	24.84
HT05	71.52	1.307	2.020	N.D.	1.606	0.980	0.509	0.999	6.777	14.129	28.18
HT06	244.03	0.519	0.747	0.309	0.447	0.186	0.179	0.158	2.027	4.687	9.12
HT07	252.68	0.749	0.955	0.341	0.650	0.431	0.328	0.471	2.784	6.324	12.89
HT08	79.95	1.757	2.447	0.827	1.458	0.705	0.575	0.472	N.D.	29.655	35.99
HT09	895.87	1.188	0.259	0.764	0.129	0.102	0.067	0.026	0.161	0.658	4.60
HT10	611.07	2.070	0.410	1.138	0.237	0.186	0.222	0.093	0.440	0.887	6.91
HT11	396.61	0.296	0.369	0.131	0.359	0.199	0.139	0.165	3.946	2.868	16.52

注：1. N.D. 表示低于检出限，实际未检出（not detected）；2. 总挥发性有机化合物（total volatile organic compounds，TVOC）包含但不限于表中的9种VOC，故每行TVOC的挥发量要大于对应9种VOC挥发量的总和。

由表4和各样品的总离子流图可见，样品中TVOC含量明显高于分离出的9种VOC和糠醛的含量。这主要是由于装具中挥发物质组分复杂，除参考的标准物质外，还有大量其他挥发性物质的产生。这些物质大部分来源于装具本身的散发，也有装具吸附环境中的一些物质，如书库中木质书柜挥发的樟脑、桉油精等木材挥发物等。

同时还可以看到，试验中采集的所有函套或其制作材料的样品放置30d后均有挥发物质产生，但是绝对量都不高，9种VOC和糠醛等有害挥发物含量有限，短期影响较弱。但是也要看到，不同材质、不同时期的装具在相同时间里，单位质量样品挥发的VOC差异明显。其中单位质量挥发物最多的HT08号样品，其纸板老化标志性产物之一的糠醛含量也较高，说明该样品耐老化能力较差，长时间存放后会比其他装具样品散发出更多的有害物质。再如，对于HT05号馆藏旧函套样品，由于其制成年代久远，制作材料较差，其TVOC及糠醛含量也较高。说明在历经多年之后，该装具依然在持续产生挥发性有机化合物。这也进一步说明，陈旧老化的函套等装具需要在必要时进行更新，这样才能不影响其中的文献以及书库大环境，才能更好地保护其中的藏品。

同时，函套等装具在包裹古籍等藏品之后，基本处于很少移动的状态且储藏于密闭环境，因此，也要考虑长久保存过程中函套和藏品中产生的VOC聚集的情况，应采用定期通风、空气过滤或吸附等方式除去其中的有害物质。

四、结论

1. 建立了热脱附－气相色谱质谱联用法测定函套中挥发性有机化合物的方法。9 种 VOC 标准物质和糠醛在此方法中表现出良好的线性回归。

2. 所用的 Tenax-TA 吸附管被动采样法富集样品中释放的有机化合物，能够使低浓度的挥发性物质被逐渐浓缩，最终用热脱附方法进样分析。在色质联用仪上呈现出良好的检测结果，能够对实际样品中的挥发性有机化合物进行测定。

3. 该方法操作简单，几乎不使用有机溶剂，分析时间短，是一种环境友好型样品预处理技术，且方法本身是无损检测，适合古籍函套的测定。同时，结合实验过程，该方法也可扩展应用于珍贵文献内部、古籍保护微环境以及书库环境等工作区域中挥发性物质的检测。研究结果对纸质文献的保护有参考作用。

原载《文物保护与考古科学》2020 年第 6 期

第七辑　有害生物防治

文献有害微生物研究进展

任珊珊

微生物是存在于自然界中的一群体型细小、结构简单、肉眼看不见，必须借助特殊仪器放大后才能观察到的微小生物，主要包括细菌、支原体、真菌和病毒等。微生物主要来源于自然界的土壤、水体、动植物和人类，它们多以气溶胶形式存在于空气中或沉降附着在物品表面。微生物对人类健康有极大的影响，一般认为粒径分布在 10—30μm 范围内的空气微生物气溶胶可进入鼻腔和上呼吸道；粒径为 6—10μm 的会进入次支气管中，粒径为 1—5μm 的会进入肺部[①]。除了影响人体健康外，部分种类微生物对文献的危害更大。它们沉降在书籍表面，在适宜的环境下（温度、湿度、光线、pH 值）就会萌发，降解纸张、淀粉浆糊、胶料以及油墨等作为养料，对纸质文物造成不可逆的损毁[②]。有害微生物还会在呼吸代谢和利用营养物质的过程中产生酸性物质，造成酸性环境，加速文献纸张酸性降解。同时，有害微生物生长过程中还会产生色素，遮盖字迹，影响文献使用性。

一、文献有害微生物种类及其特性

（一）种类

文献有害微生物主要包括细菌、真菌等。近年来，针对有害微生物的研究已经成为图书馆、档案馆和文博行业的基础研究内容之一。故宫博物院采用平皿沉降法在各个库房采样，其中书画组库房等 8 个库房主要有枝孢酶、黄曲霉等霉菌。三峡博物馆文物库房中空气真菌主要为曲霉属（70%）和青霉属（13%）。中国农业大学图书馆空气中霉菌主要为青

---

① 褚可成、陈锷、许淑青：《空气中微生物污染现状分析及探讨》，《环境研究与监测》2018 年第 1 期，18—20 页。
② 李蔓：《对纸质文物霉菌危害的防治》，《中国文物科学研究》2011 年第 4 期，34—37 页。

霉属和曲霉属[①]。

病毒缺乏独立的代谢机制，自身不能复制，只能在活细胞内利用宿主细胞的代谢系统，故而对纸质文献不具有破坏作用。且因为纸张孔隙率低，部分特种纸张具备静电吸附功能，甚至有研究人员制成可去除病毒粒子的纸质过滤器[②]。但随着 SARS、MERS、埃博拉和新冠病毒等病毒的爆发，病毒的流行严重威胁人类生命健康，影响社会经济生活秩序，研究人员加强了对病毒传播尤其是在宿主体外存活时间的研究，发现不同的病毒在不同物体表面存活时间有所不同。SARS 病毒在滤纸片表面至少可以存活 4—6 小时[③]。新冠病毒在塑料和不锈钢表面存活时间可达 72 小时[④]。因此，病毒也应列入潜在的文献有害微生物中加以防范。

（二）细菌、真菌生长繁殖所需营养及环境条件

细菌和真菌的生长繁殖具有共性。生长指的是原生质与细胞组分的增加。繁殖指的是菌体细胞数量的增加，并伴随着 DNA 的遗传。它们的群体繁殖都遵循生长曲线的规律，即将少量的单细胞细菌接种纯种到一定容积的液体培养基后，在适宜的条件下培养，定时取样测定细胞数量，以细胞增长数目的对数做纵坐标，以培养时间做横坐标，绘制出的曲线为其生长曲线。在此种条件下培养细菌或真菌，可以排除营养、环境对细菌群体生长的影响，得到其自然生长规律。整个生长过程分为 4 个阶段：迟缓期（细菌和真菌新接种时对环境的适应过程，生长缓慢）、对数期（数量以稳定的几何级数极快增长，可持续几小时至几天不等）、稳定期（随着营养物质的消耗和毒性物质的积累，繁殖速度减慢，死亡速度增加，数量达到峰值）、衰亡期（繁殖越来越慢，死亡菌数明显增多，种群逐渐衰亡）。

细菌和真菌细胞直接同生活环境接触并不停地从外界环境吸收适当的营养物质，在细胞内合成新的细胞物质和贮藏物质，并储存能量。它们需要从外界获得的营养物质主要包括碳源、氮源、无机盐、生长因子和水五大类。细菌和真菌的生长繁殖离不开适宜的环境条件，影响生长的主要环境因素有：营养物质、湿度、温度、酸碱度和氧等。细菌和真菌依赖水分得以存活，环境湿度越大，越有利于其生长繁殖。温度是最关键的环境影响因素，细菌和真菌只有在适宜的温度下才能生存，温度过高或过低将直接休眠甚至死亡。酸碱度可以影响膜表面电荷的性质及膜的通透性，进而影响细菌和真菌对物质的吸收能力。

---

① 王春蕾、田金英、马淑琴等：《故宫博物院库房的霉菌调查与研究》，《故宫博物院院刊》1997 年第 1 期，86—91 页。唐欢、江洁、范文奇等：《博物馆文物库房空气微生物污染情况调查》，《职业与健康》2015 年第 15 期，2088—2092 页。魏佳茜、韩施雯、丁宇宁等：《某高校图书馆空气微生物污染的调查分析》，《图书情报工作》2014 年增刊第 1 期，115—118 页。

② 田超：《研究人员开发出可去除病毒粒子的纳米级纸质过滤器》，《造纸信息》2014 年第 7 期，56—56 页。

③ 李敬云、鲍作义、刘思扬等：《SARS 病毒在外界环境物品中生存和抵抗能力的研究》，《中国消毒学杂志》2003 年第 2 期，33—35 页。

④ 熊传武：《新冠病毒在环境中的存活时间详解》，《食品安全导刊》2020 年第 13 期，22—25 页。

文献有害细菌和真菌一般为好氧菌，随着氧含量的增高，繁殖的数量越多，当氧气含量过高时，又会抑制生长[①]。

（三）病毒的组成与复制

病毒缺乏活细胞所具备的细胞器，如核蛋白体、线粒体等，也缺乏代谢必需的酶系统和能量，其复制是由宿主细胞供应原料、能量和复制场所，因此不能脱离宿主细胞单独在无生命的物质中复制增殖，只能在其敏感的宿主中复制。病毒主要是由核酸和蛋白质组成，核酸即 DNA 或 RNA。病毒核酸携带着病毒全部的遗传信息，其为蛋白质外壳所包围。病毒的复制过程可以总结为病毒与宿主细胞结合，侵入细胞，脱壳释放出病毒基因组，改造利用细胞的生长繁殖功能、进行病毒核酸的复制和转录，合成病毒所需蛋白，最后装配成子代病毒。病毒在宿主体内细胞的复制导致了细胞病变作用，在机体水平有的引起严重的临床病变，有的却不显示临床症状[②]。以本次新冠病毒为例，不同的感染者临床症状不同，有无病症感染者、轻症、重症甚至死亡之分。

二、文献有害微生物防治

（一）防治目标

文献有害微生物的防治应遵循"以防为主，防治结合"的总体方针。做好预防工作，才能真正意义上减缓文献劣化的进程，才能减少害情治理所带来的二次损伤。同时也应认识到，微生物是广泛分布于空气中、物品表面的，少量存在的微生物对文献和工作人员都无影响，只有其大规模爆发时才称之为有害微生物。有害微生物防治的目标不能也不应定位为给文献营造一个超净绝尘的环境，具体目标应遵循《图书馆古籍书库基本要求》（GB/T 30227—2013）中规定，将空气微生物菌落数限定为 ≤ 2500 cfu/m^3。

（二）预防措施

1. 优化环境条件。创造不利于微生物生长所需的环境条件，主要方式包括控制温湿度和制造绝氧环境等，其中效果显著且易于推广的即利用具有 HEPA 高效过滤系统的恒温恒湿机组控制环境温湿度。根据《图书馆古籍书库基本要求》（GB/T 30227—2013）中规定：善本书库环境温湿度要求达到温度 16—22℃，相对湿度 50%—60%；普通古籍书库在善本书库规定基础上结合北方地区、南方地区及西北、青藏地区环境差异有所不同[③]。

---

① 沈萍、陈向东主编：《微生物学》，高等教育出版社，2006 年，120—180 页。
② 谢天恩、胡志红主编：《普通病毒学》，科学出版社，2002 年，48—83 页。
③ 卢振：《通风空调系统空气微生物传播与消毒控制方法》，哈尔滨工业大学博士学位论文，2007 年。

不同病毒适宜存活的环境条件差异很大，且不会污染文献，但对文献接触人员等易感。中央空调及空调机组系统的使用有利于病毒传播，空调系统中过滤器、新风口和接水盘等处是病毒的主要聚集部位[①]。基于此，病毒疫情爆发期间应对文献保存和应用环境进行分级管理。重点库房、普通库房、办公区域和流通区域的空调系统独立控制。重点库房保持空调机组正常运行，并限制人员出入；其它区域根据文献单位所在地要求制定空调系统运行计划。定期对空调系统易感部位进行消毒，相关工作人员应做好防护措施方能开展工作。

2. 微生物生长情况监测。空气微生物的数量和文献表面的微生物分布情况既能反映空气质量，也能反映文献保存情况。定期开展空气微生物和文献表面微生物监测十分必要。目前空气微生物的监测主要是两种：自然沉降法和撞击法。文献表面微生物则利用灭菌棉拭子擦拭的方式取样。采样后进行培养和分析，计数菌落总数，必要时鉴定微生物种类。病毒检测需要在具备生物安全等级的专业实验室完成，且不同病毒所需采样及鉴定方法不同，文献存藏单位不具备病毒监测相关能力。

3. 建立文献保存及流通过程中的卫生制度。建立文献保存及流通过程中的卫生制度也是文献有害微生物预防工作中的重要一环，既能避免外来微生物入侵文献，又能避免接触人员的交叉感染。卫生制度应涉及空间环境的定期清洁、人员接触文献时应佩戴口罩和手套，并在接触文献前后洗手等细节内容。

（三）治理措施

被有害微生物感染的文献一经发现应立刻治理，避免造成危害的扩大化，主要治理步骤为隔离、消杀处理、观察和重新入藏。具体隔离和消杀处理方法依感染规模而定。

文献有害微生物的消杀处理主要有以下三类方法：

（1）吸尘器吸附。利用吸尘器吸附文献表面微生物（仍需要后续集尘灭菌处理），是现有文献消杀处理方法中对文献影响最小、最快起作用的一种，缺点在于不能进行大规模处理。

（2）物理方法。对文献进行物理消杀，主要有 γ 射线或紫外光辐照、臭氧或环氧乙烷气体熏蒸以及干热湿热灭菌等方法。物理消杀方法广泛适用于各类有害微生物，具有广谱高效杀菌特点。但这些方法操作复杂，已知对文献保存寿命影响较大。

（3）化学方法。利用醇类、季铵盐、含氯化合物和过氧化氢等化学消毒剂进行消毒。这类方法对不同微生物的杀灭有较强的特异性，但操作简便。

---

① 陈菲、陶琴、荆秀昆：《监测技术在档案有害生物防治中的应用》，《中国档案》2010 年第 12 期，62—63 页。

三、结论

文献有害微生物以细菌和真菌为主，它们的大规模爆发会给文献带来不可逆的损毁。随着 SARS、MERS、埃博拉和新冠病毒等病毒的爆发，为避免病毒侵染文献，使文献成为接触人员交叉感染的支点，应将病毒纳入有害微生物的范畴一并管理。对于文献有害微生物的防治工作应始终遵循"防治结合，以防为主"的原则，重点从加强环境条件控制、微生物监控和建立合理的卫生制度等角度着手，避免文献资源受到损失。在有害微生物大规模爆发感染文献的情况下，应根据感染规模和微生物种类选择不同的方法及时进行治理。

原载《文津流觞》第一辑，广西师范大学出版社，2021 年

古籍书库空气真菌种属调查

任珊珊

空气微生物广泛存在于环境中，主要包括细菌、真菌、病毒等生命体，其中已发现的真菌有 4 万余种，主要粒径分布在 3—100μm[1]。它们的存在不仅威胁人类健康，更会对古籍、档案和文物等造成不可逆转的损坏。近年来，针对空气中真菌的研究已经成为图书馆、档案和文博行业的基础研究内容之一。故宫博物院采用平皿沉降法在各个库房采样，其中书画组存放的东西司库等 8 个库房主要有枝孢霉，黄曲霉等霉菌[2]。三峡博物馆文物库房中空气真菌主要种属为曲霉属（70%）和青霉属（13%）[3]。放线菌、枝孢属、青霉属和链格孢属等大量存在于魏晋五号壁画墓的墓室空气中，成为威胁砖壁画保存的重要污染源[4]。中国农业大学图书馆空气中霉菌主要为青霉属和曲霉属[5]。

一、材料与方法

1. 实验设备与试剂

北京明杰蓝天 FA-1 六级筛孔式空气微生物采样器，德国 MEMMERT IPP200 培养箱，上海博迅 YXQ-LS-100G 立式压力蒸汽灭菌器，苏州净化 SW-CJ-2FD 双人超净台，太仓强乐 THZ-C 型空气恒温振荡器，德国 SIGMA 3-30k 离心机，日本 Nikon 90i 显微镜，美国 Bio-Rad MyCyler PCR 仪，北京六一 DYY-6C 电泳仪电源，上海精科 WFH-201B 紫外透射

① 褚可成、陈锷、许淑青：《空气中微生物污染现状分析及探讨》，《环境研究与监测》2018 年第 1 期，18—20 页。
② 王春蕾、田金英、马淑琴等：《故宫博物院库房的霉菌调查与研究》，《故宫博物院院刊》1997 年第 1 期，86—91 页。
③ 唐欢、江洁、范文奇等：《博物馆文物库房空气微生物污染情况调查》，《职业与健康》2015 年第 15 期，2088—2092 页。
④ 俄军、武发思、汪万福等：《魏晋五号壁画墓保存环境中空气微生物监测研究》，《敦煌研究》2013 年第 6 期，109—116 页。
⑤ 魏佳茜、韩施雯、丁宇宁等：《某高校图书馆空气微生物污染的调查分析》，《图书情报工作》2014 年增刊第 1 期，115—118 页。

反射仪和四川优普 UPT-30L 纯水机等。

琼脂糖、琼脂、葡萄糖、Tris- 硼酸和无水乙醇等（国药试剂）；上样缓冲液、DNA ladder 和 GoldView 核酸染色剂（Solarbio）；乳酸酚棉蓝染色剂（青岛海博）；Taq 聚合酶（Apexbio）；通用型基因组提取试剂盒、为世纪琼脂糖凝胶 DNA 回收试剂盒（康为世纪）等。

2. 样品采集方法

2019 年 4 月在国家图书馆古籍书库进行采样。书库配备有恒温恒湿空调机组，用于控制书库内的温度和相对湿度。采样期间，书库温度为 24℃，相对湿度为 48%。采用撞击式采样法，参数设置为采样速度 28.3L/min，采样 2.5 分钟。采样时使用 PDA 培养基。培养基倒置放入生物培养箱。培养条件为 28℃±1℃，培养 7d。

3. 形态学分析方法

平板点植接种培养，每皿三点。新接种的培养基倒置于生物培养箱中，28℃±1℃，培养 7d。培养结束后记录菌落形态。取小块真菌培养物置于载玻片，乳酸酚棉蓝染色法染色后置于显微镜下观察真菌菌丝和孢子的形态特征。

4. 分子鉴定方法

提取样品总 DNA。使用通用型基因组 DNA 提取试剂盒，根据操作说明提取筛选出的真菌基因组 DNA。提取后的 DNA 于 -80℃ 保存备用。

目标片段扩增（PCR）。使用真菌 ITS PCR 通用引物。ITS1: 5'-CTTGGTCATTTAGAGGAAGTAA-3';ITS4: 5'-TCCTCCGCTTATTGATATGC-3'。配置 PCR 反应体系。2XTaq-pcr MIX：25μL；ITS1（10μM）：2μL；ITS4（10μM）：2μL；基因组 DNA：2μL；ddH2O：19μL，总计 50μL。反应程序为：95℃ 预变性 5 分钟；94℃ 变性 30s；55℃ 退火 30s；72℃ 延伸 1 分钟；设定仪器后开始 PCR 扩增试验，循环 35 次；72℃ 延伸 10 分钟。获得 PCR 产物。

目标片段的确定与回收。取 PCR 产物进行 2% 琼脂糖凝胶电泳试验，待 DNA Marker 各条带跑开显示清晰后，结束电泳。紫外灯下观察凝胶中的 DNA 条带，并切出含有目标 DNA 的凝胶。根据回收试剂盒提供的方法进行 DNA 回收。

基因测序及序列分析。将回收产物送至北京睿博兴科公司进行测序。利用 BLAST 方式将测序所得序列在 GenBank 数据库中进行比对，获得和测序 DNA 序列同源性最高的真菌 ITS 序列，确认样品的种属信息。

二、结果与分析

采集得到的样品根据形态特征可归类为 5 种真菌，分别编号为 F-01、F-02、F-03、F-04 和 F-05。对它们进行纯化培养，观察其菌落及菌体形态，并进行后续的分子鉴定工作。

1. 优势真菌的形态学观察

将选出的5种真菌进行点种纯化培养7d后，观察其真菌菌落形态，可发现不同真菌产生的色素各不相同，菌落质地也有很大区别，具体特征见表1。

表1　真菌菌落形态特征

编号	形状	表面及质地	隆起	颜色	边缘
F-01	圆形	绒毛状	扁平	中心白色，边缘黑色	整齐
F-02	圆形	绒毛状	扁平	白色，背面黄褐色	整齐
F-03	圆形	干燥	中间隆起	墨绿色	整齐
F-04	圆形	湿润	脐凸状	白色	整齐
F-05	圆形	干燥	中间隆起	中心墨绿色，土黄色，边缘白色	整齐

用乳酸酚棉蓝染色法挑菌制片，镜检观察真菌菌体形态，放大倍数均为400×，结果如图1所示。可以看出：F-01菌丝分隔，分生孢子梗较短，分生孢子呈棒状；F-02菌丝不分隔，分生孢子梗较长。分生孢子球形或椭圆形；F-03菌丝分隔，孢子呈卵圆形；F-04细胞个体为圆形或卵圆形，有明显的压制现象；F-05分生孢子头近球形，小梗双层，放射状排列，顶端有链形孢子（见书前彩插图第五页）。

2. 优势真菌的分子鉴定

提取5种优势真菌的基因组DNA，利用真菌ITS PCR扩增通用引物对基因组DNA进行PCR扩增，得到目标基因，即真菌ITS基因。琼脂糖凝胶电泳确认后回收DNA，结果如图1所示。将获得的产物测序后，得到其序列信息。在GenBank中比对得到同源性最高的DNA片段的GenBank登录号，确定优势真菌的种属信息，见表2。得到结果：古籍书库空气中的优势真菌有链格孢属的极细链格孢霉、拟青霉属的拟青霉SL95、枝孢霉属的枝孢样枝孢霉、隐球酵母属的大隐球酵母和曲霉属的杂色曲霉。

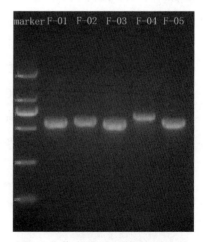

图1　优势真菌ITS基因凝胶电泳

表2　菌种鉴定信息

编号	同源菌种	属名	GenBank登录号	同源性
F-01	极细链格孢霉	链格孢属	KX664408	100%
F-02	拟青霉SL95	拟青霉属	KC460889	100%
F-03	枝孢样枝孢霉	枝孢霉属	KX664415	100%
F-04	大隐球酵母	隐球酵母属	HE572520	100%
F-05	杂色曲霉	曲霉属	KX349474	100%

三、讨论

在古籍书库中进行空气真菌采样，筛选出5种优势真菌，结合形态学和分子鉴定结果，发现这五种真菌分别为链格孢属的极细链格孢霉、拟青霉属的拟青霉SL95、枝孢霉属的枝孢样枝孢霉、隐球酵母属的大隐球酵母和曲霉属的杂色曲霉。这与2013年所作调查北京市居家环境空气中主要真菌种类青霉属、枝孢属、曲霉属、链格孢属和茎点霉属接近[①]。本次研究明确了古籍书库中优势空气真菌种类，可为书库日常有害生物预防和真菌爆发性增长时的治理提供必要的技术支持。

原载《甘肃科技》2020年第7期

———————

① 方治国、欧阳志云、刘芃等：《城市居家环境空气真菌群落结构特征研究》，《环境科学》2013年第5期，2032—2037页。

公共图书馆中图书的消毒灭菌方法简述

龙堃

公共图书馆是面向社会的广大读者而开设的公益性文化机构，外借和阅览是公共图书馆的基本职能。因此，公共图书馆中的图书可以看成一种可移动的流通媒介，人们在获取知识的同时，这些文化资源也得到了充分的共享和利用。然而，这些图书在流通的过程中，也容易受到细菌、霉菌和病毒等有害微生物的污染，从而对图书馆文献保存环境和图书的阅览人员产生潜在的危害。

有人曾对流通三年以上的图书进行测定，图书上隐藏着流感、链球菌、大肠杆菌、乙肝病毒、结核杆菌等病菌，总数在400种以上。这些病毒容易造成广泛传播和交叉感染，从而危害社会公共安全[1]。2003年"非典"（SARS）爆发和2020年新型冠状病毒肺炎（COVID-19）疫情爆发期间，众多图书馆相继关闭借阅服务，其主要原因有两点：一是为了避免大量读者的聚集，二是公共图书馆的大规模消毒措施和能力无法满足需求。

有些微生物会对人体健康产生危害。例如，郭丽华、冯小英等人对图书上细菌的分布进行了研究，结果表明，利用率较高的图书以及外国赠送的图书细菌最多。入库不久的新书也带有少量的细菌，常见的有金黄色葡萄球菌、表皮葡萄球菌、枯草杆菌、假白喉菌、变形杆菌、绿脓杆菌、白色念球菌、大肠杆菌、卡他球菌、四联球菌等，主要来自空气和人的体表、鼻咽部[2]。

有些微生物会对图书载体产生不利影响，特别是对古籍等珍贵图书，会产生不可逆的危害。例如，霉菌是危害档案和古籍善本的主要生物因素之一，具有分布广、繁殖快、适应性强的特点，在适宜的温湿度条件下，附着在档案和古籍善本上的霉菌孢子就会滋生繁殖，覆盖字迹，降低纸张强度，缩短档案和古籍善本寿命，且修补较为困难[3]。

由此可见，为图书馆图书进行消毒灭菌是必要的，提高公共图书馆消毒灭菌的能力和

---

① 聂晶：《图书馆图书消毒工作初探》，《内蒙古科技与经济》2013年第1期，108—109页。
② 郭丽华、冯小英：《对图书上细菌分布的探讨》，《图书馆论坛》2006年第1期，216—217页。
③ 王永臣：《档案和古籍善本保管中的霉变问题》，《兰台世界》2011年第2期，26—27页。

开发处理受污染图书的方法也是公共卫生防控的有机组成部分。目前，已经有一些图书馆的微生物防治方法在实际应用中发挥了一定的效能，各种方法都具有其自身的长处，也有一定的局限性。如何正确根据实际情况开展和使用这些消毒灭菌的方法，如何将局部处理扩展为大规模图书的批量处理，依然是值得研究的课题。本文主要从图书藏品载体本身出发，简要介绍图书消毒灭菌方法的原理和实用性，探讨各种消毒方法的优缺点，为公共图书馆环境的优化提供一些参考。

1. 紫外线消毒灭菌法。紫外线消毒灭菌是利用适当波长的紫外线破坏微生物机体细胞中的 DNA（脱氧核糖核酸）或 RNA（核糖核酸）的分子结构，造成细胞死亡，达到杀菌消毒的效果。紫外线的优点是具有广谱杀菌效果，可以杀灭各种微生物，包括细菌、病毒、真菌、支原体、芽孢等。有研究表明，30 W 的紫外灯照射60分钟可消除空气中90% 的自然菌[1]，说明其杀灭效率较高。目前，有图书馆采用此方法对图书进行杀毒，例如，济南市图书馆每周将读者还回来的图书收集在一起，放在紫外线消毒箱里进行消毒[2]。再如，国家图书馆、上海市图书馆、黑龙江省图书馆、辽宁省图书馆、甘肃省图书馆、河南省图书馆、昆明市图书馆、武汉市图书馆、厦门市图书馆、中山市图书馆、宁波市图书馆等也提供小型的自动紫外杀菌机，供读者现场对少量图书消毒使用。

然而，紫外线杀毒的局限性也较为明显：（1）消毒穿透能力弱，仅能杀灭直接照射到的微生物，对于图书内部的微生物无法起到良好的消杀作用，虽然有些小型紫外线杀菌机能够一定程度上翻开书页，但依然会有遮挡。尤其是大规模消毒灭菌时，对图书内部几乎无法实现有效消杀；（2）消毒时必须达到杀灭目标微生物所需的照射剂量，否则消毒无法达到既定效果；（3）紫外线对纸张具有加速老化的作用[3]，只能用于一般流通借阅的期刊文献，不可用于古籍等珍贵文献的处理；（4）紫外线对人体会产生损伤，在图书消毒时要注意人员的防护。这些缺点也制约着紫外线的一些具体应用。

2. 微波消毒灭菌法。微波是一种电磁波，具有可吸收性、致热性和可透射性，杀灭微生物的波长在2000—3000 Å，以2500—2650 Å 的作用最强，其原理是在微波场的作用下，微生物细胞中的水分子剧烈震荡产生分子热，破坏其空间结构从而失去生物活性，造成微生物的最终死亡[4]。微波也是一种广谱灭菌法，可以在很短的时间里使物体加热到很高的温度，从而实现高温高穿透性的杀灭害虫、霉菌、酵母等微生物的目的。有研究表明，经过微波处理后，细菌杀灭率接近90%，能够实现对图书消毒灭菌的目的[5]。

---

① 宋建杰、杨振嫒：《再谈公共图书馆的环境卫生与消毒措施》，《医学信息》2009年第7期，1190—1191页。
② 揭丽敏、徐丹：《图书除尘消毒工作探讨——以宜春学院图书馆为例》，《农业网络信息》2017年第4期，67—69页。
③ 龙堃、田周玲、易晓辉等：《紫外光对纸张性能的影响》，《纸和造纸》2019年第2期，21—24页。
④ 李宏卿：《试论图书馆消毒方案》，《中小学图书情报世界》2005年第7期，64—68页。
⑤ 刘根香：《纸制图书消毒的实践探索》，《农业图书情报学刊》2007年第2期，64—66页。

但是，该方法也具有一定的缺点：（1）微波对金属具有强烈的致热作用，对于金属装订的图书切不可微波处理，否则会造成图书自燃；（2）微波加热会使纸张老化进程加速，对古籍等珍贵藏品的寿命存在不可预知的威胁，应慎用；（3）微波批量处理图书需要较大的加热仓和处理场地，对于图书流通量大的图书馆，该方法局限性较大；（4）微波属于辐射波，对人体具有一定的健康危害，因此对设备的密闭性和安全性要求较高，在使用时也应注意做好人员的防护措施。

3. 环氧乙烷消毒法。环氧乙烷是一种广谱灭菌剂，可杀灭细菌、霉菌及真菌等，因此可用于一些不能耐受高温消毒的物品。其原理是环氧乙烷与蛋白质上的基团进行烷基化作用，阻碍蛋白质的正常化学反应和微生物的新陈代谢，进而杀死微生物。应用环氧乙烷处理图书，其优点是穿透性强，可以对图书的表面和内部进行同时消毒，且可以进行图书的批量处理。南京博物院藏的四万册殿本书经环氧乙烷处理后，其纸质和丝织品文物的物理性能基本没有变化[1]，说明对于图书耐久性而言，该方法是比较安全的。

环氧乙烷的使用也有一定的局限性，主要表现在：（1）环氧乙烷属于易燃易爆物质，操作现场应采取防火防爆措施，不得有明火作业和火花产生；（2）环氧乙烷对人体具有毒性，处理图书时，必须在密闭的专用灭菌器或灭菌室内进行；（3）环氧乙烷和水反应会生成具有一定毒性的乙二醇，因此需要注意高湿度下处理图书后的安全性评估等。

4. 臭氧熏蒸法。臭氧灭菌或抑菌作用，通常是物理、化学及生物学等方面的综合结果，属于广谱型消毒方法。对于病毒，臭氧可直接破坏核糖核酸或脱氧核酸，从而对其杀灭。对于细菌、霉菌类微生物，臭氧首先损伤其细胞膜，导致新陈代谢障碍并抑制其生长，进而继续渗透破坏膜内脂蛋白和脂多糖，改变细胞通透性，导致细胞溶解、死亡。臭氧消毒杀菌后，剩余的臭氧会自行分解为氧气，不产生有害残留，这一点是任何化学消毒灭菌剂所无法比拟的。与紫外线照射杀菌相比，臭氧杀菌时扩散性好，浓度均匀，消毒没有死角，且消毒速度快[2]。目前，固定式的臭氧消毒设备和可移动式臭氧消毒柜都已有应用[3]，可以较为便捷的对图书进行消毒，尤其是臭氧消毒房的使用，一次可消毒2000册图书。工作人员将收回的图书放在45 cm宽的网架上，启动电子消毒灭菌器消毒30分钟即可完成。有研究表明，在2%浓度的臭氧下，经过60分钟，档案表面霉菌杀灭率能达到94%，且经过30天处理的纸张物理性能未发现明显变化[4]，说明短期内臭氧消毒对图书的消极影响有限，可以应用于普通图书的消毒。但是，对于古籍善本等珍贵图书的消毒，在使用臭氧时还是应该慎重，因为臭氧本身具有强烈的氧化性能，理论上会加速纸张中纤维素

---

[1] 李晓华、凌波、李平：《南京博物院藏四万册殿本书的消毒保护》，《东南文化》2005年第4期，88—91页。
[2] 景正、景卫东：《臭氧保护档案图书文献的可比性探讨》，《光盘技术》2006年第3期，15—16页。
[3] 赵冬梅：《馆藏图书的隐性污染及其防治》，《办公室业务》2017年第19期，15—156页。
[4] 张美芳：《臭氧对档案灭菌效果及对纸张物理性能影响的研究》，《档案学研究》2002年第2期，61—62页。

的氧化降解，也会对易被氧化的字迹产生一定的损伤，这是使用臭氧消毒法潜在的风险。

5. 乙醇消毒灭菌法。乙醇又称酒精，是醇类消毒剂，可凝固蛋白质，导致微生物死亡，属于中效消毒剂，可杀灭细菌繁殖体，破坏多数亲脂性病毒。一般灭菌使用的是75%左右浓度的乙醇，这是因为，浓度过高，会在细菌表面形成一层保护膜，阻止其进入细菌体内，难以将细菌彻底杀死；浓度过低，虽可进入细菌，但不能将其体内的蛋白质凝固，同样也不能将细菌彻底杀死。日本国立国会图书馆在处理霉变图书时用到的就是70%—80% 浓度的乙醇。另一方面，对于发生霉变的图书，也可使用无水乙醇进行擦拭，例如擦拭长霉的古籍时，无水乙醇会对霉菌的菌丝体及其附着的纸张同时起到脱水作用，从而使霉菌细胞因缺水而死亡[1]。同时，乙醇易挥发，不残留，对于图书而言是一种相对安全和温和的处理方式。

但是，使用乙醇时也应注意：(1)仅适用于局部和轻度霉变的图书处理，大批量处理图书在操作上较难实现；(2)乙醇属于易燃物质，使用中需要注意防火防爆；(3)乙醇属于易挥发性物质，存放乙醇需要密封存储，且不可放置于火源和热源附近；(4)使用乙醇消毒灭菌时，应注意人员安全，短时间吸入高浓度乙醇会导致酒精中毒，应注意通风。

6. 其他消毒灭菌法。与环氧乙烷类似，甲醛和磷化氢也可以用作化学熏蒸剂，对图书实现密闭空间的熏蒸消毒，但是这些熏蒸剂对人体都有一定的伤害，尤其是甲醛。2017年世界卫生组织国际癌症研究机构公布的致癌物清单中，已经将甲醛放在一类致癌物列表中，其使用将受到较多的限制。

低温冷冻可以作为图书保护杀虫消毒方法之一，虽然该方法能够杀灭有害昆虫，但是无法完全杀灭细菌和霉菌，在升温后有些霉菌孢子会重新活化，从而危害图书。可以用低温冷冻结合化学试剂(如环氧乙烷)的方法对图书进行综合处理，可以达到杀虫和除霉除菌的效果。

综上可见，对图书的消毒灭菌方法众多，每种方法都有各自的优势和特点。但是，也要看到各种方法的局限性和缺点，如有些方法对人体具有危害，使用时要格外注意做好人员的防护，还有些方法有安全隐患，易燃易爆等，对于这些消毒方法，需要制定严格的管理和操作手册，使用时要注意做好安全风险评估。作为公共图书馆而言，应当努力将医用、工业和其他科技领域中新型、安全、高效的微生物防治方法进行改良和应用，结合图书等藏品载体的特点，开发更多的消毒灭菌方法，从而实现对馆藏文献进行更好的消毒灭菌和安全防护的目标。

原载《文津流觞》第一辑，广西师范大学出版社，2021年

---

[1] 丁丽萍：《浅谈古籍的防霉与除霉——以武汉大学图书馆为例》，《晋图学刊》2014年第1期，56—58页。

浅议图书馆水害后清理和消毒工作

闫智培

水管或暖通管道破裂、房屋漏雨、洪水都可能使图书馆遭遇水害。通常水害的最佳处理时间为受灾后的48小时，因为当室内物品和文献保持湿润超过48小时，就会开始发霉。霉菌会引起文献变色和加速老化，也会导致室内空气变得不健康，人们吸入霉菌会导致过敏等不良反应。此外，雨水和洪水中可能含有细菌、霉菌等微生物和有害化学物质，这些物质会随着水浸泡附着在图书馆水淹物品的表面，当水害过后进行清理时，这些物质可能会进入室内空气，威胁人类健康、缩短文献寿命。因此，水害后图书馆进行规范清理和消毒工作，有利于减少细菌、霉菌等微生物和有害化学物质对人类和文献的危害。

本文根据美国环保署对洪灾后室内物品消毒灭菌工作的规定和国内外常用的水浸文献处理办法，提出图书馆水害后室内物品清理消毒基本程序、室内物品清理和消毒建议和水浸文献处理方法。

一、室内物品清理和消毒基本程序

水害后首先要根据水害的来源对水污染程度进行分级，然后根据物品的易感染程度、感染情况和价值，对水浸室内物品进行分类清理和消毒。

1.确定水污染级别。在开始清理工作之前，首先必须确定水害的水源。一般水害的水源很少是干净的。需要确定是什么污染了水，污染是由管道腐蚀、洪水、泥浆造成，还是污水造成，然后根据水源的性质和污染级别制定清理和消毒方案。根据美国国家标准学会制定的《专业水污染和净化用标准和参考指南》（ANSI/IICRC S500-2006，下文简称为S500标准），将水依污染程度分为三类：第一类水来自卫生水源，不存在接触、摄入或吸入的重大风险。例如，自来水管破裂引起的水害。第二类水有明显的污染，如果被人类接触或饮用，可能会对健康造成危害。包括洗碗机或洗衣机溢出的水，没有排泄物的厕所反流水和水族馆的水。第三类水受到严重污染，可能含有病原体或毒素。任何接触或饮用第三类水的人都有影响健康的风险。第三类水包括来自海洋、河流或湖泊的污水和洪水。

2. 做好个人防护工作。由于吸入霉菌等污染物可能引起过敏反应，刺激呼吸道，在进入或检查一个可能发霉的室内环境前，一定要做好个人防护，避免暴露于霉菌和其他污染物。至少要戴上 N95 口罩、护目镜和防护手套。

3. 清除积水。雨水、洪水常与污水、污物或其他物质混合而将微生物和有害化学物质等污染物带入图书馆。微生物，如细菌，可以在静水中繁殖和生长。所以，应该尽快清除所有的积水。推荐用湿吸尘器吸走地板、地毯和硬物品表面的水。

4. 根据物品性质、受污染程度和价值清理物品。首先，基于吸湿性、干燥性及水分损伤敏感性进行物品分类。S500 标准根据吸湿性、干燥性以及对水分损伤的敏感性将材料分为三类：

（1）多孔材料：快速吸收液态水，蒸发干燥时间长。

（2）半多孔材料：缓慢吸收液态水，缓慢干燥。

（3）非多孔材料：完全不吸水或吸水率可以忽略不计。

表 1 为多孔、半多孔和非多孔材料的几个例子。

表 1　多孔、半多孔和非多孔材料举例

	多孔	半多孔	非多孔
家居用品	纤维织物、纺织品、家具衬垫、寝具、中密度纤维板	未抛光木制品、砂岩、胶合板、发泡聚苯乙烯	玻璃、大理石、花岗岩、金属和表面抛光木材
室内装修材料	石膏板、天花板、地毯、地毯垫料	未抛光的木材、镶板、木楼梯	所有面都抛光的木制品、陶瓷或塑料瓦、金属、玻璃
建筑材料	定向刨花板、水泥	未抛光木材、纤维水泥侧线	钢铁、铜、玻璃、瓷砖

通常，非多孔材料可用温水和洗涤剂清洗，然后晾干。半多孔材料可以用温水和洗涤剂清洗，然后晾干，再根据污染或物理损坏的程度，对该物品进行处理或采用 S500 标准下更详细的方法修复。多孔材料中，可完整清洗的织物和纺织品可以用温水和洗涤剂清洗；由多孔材料（如中密度纤维板）制成的家具可以清洗，除非它在物理上分解或暴露于第二类或第三类水；家具坐垫、石膏板、天花板砖、地毯和地毯衬垫、定向刨花板和石膏护套等一般建议更换。

此外需要注意，尽管许多由非多孔材料制成的大而暴露的物品表面易于清洁和干燥，但有些组件很难干燥，可能需要拆开进行清洁和干燥。例如，内置的橱柜和书架需要拆开，以暴露其背后和下面隐藏的表面。其他物品，如冰箱、炉具、电器固定装置、设备和电机，应该经过专业检查，并进行清洁、修理或更换。

其次，基于材料价值对不同物品进行分类。图书馆中的物品需根据其价值进行分类：一般物品可根据受损程度和修复成本综合考量，清洗、处理或更换；贵重物品，如古籍、字画，不管它们的状况如何，都要优先进行抢救。

最后，对不同物品进行分类处理。对于室内物品，一般建议移除和替换会吸收大量水分的多孔和半多孔材料，比如石膏板、地毯和天花板。清洗和干燥不吸水的非多孔材料，如金属书柜、玻璃和硬塑料。如果材料在清洗过程中会发生物理损坏，属于第三类，则忽略材料分类，推荐进行移除和更换。彻底清洁和干燥最好在48小时内完成。

图书馆中收藏着大量文献，往往还有许多古籍善本，为无价之宝。书籍容易吸水和生霉，对水分损伤敏感，需要尽快对其进行抢救。

二、室内物品清洁和消毒

1.清洁。室内物品清洁时首先必须把能看到的所有霉菌全部清除。但是需要注意，清洁时污染物品表面的颗粒物在受到吸尘器、抹布、刷子或拖把的干扰时，可能会重新悬浮；挥发性化合物可能通过洗涤剂和消毒剂释放到空气中。物品表面沉积的颗粒物和灰尘（可能包括细菌或真菌）再悬浮是室内环境污染物暴露的一个重要来源。因此，在除湿、打扫和除污时需要特别注意避免颗粒物再悬浮。如果使用清洁产品，不要混用不同清洁产品。应阅读并遵循产品标签上的说明并在通风良好的地方使用所有清洁产品。

要使沉积在物品表面的颗粒物从表面分离重新分散在空气中，必需有一种外力，类似于人类活动（如行走），或高空气流速（如通风管道中的流速）先作用于粘附在物品表面的颗粒物。因此，三个特别重要的与水害清理活动最相关的生物气溶胶来源包括：地板表面污染物再悬浮、通风管道污染物再悬浮、发霉建筑材料释放等。影响颗粒物从物品表面再悬浮速率的因素包括：空气速度（如高空速比低空速更能诱导再悬浮）、地表表面粗糙度等特征（如粗糙表面比光滑表面更容易引起再悬浮）、人类活动所产生的搅动程度（如快速走动比缓慢走动更易引起再悬浮）、环境条件（如温度、相对湿度）。由于颗粒物再悬浮是生物气溶胶暴露的重要来源，所以有必要在地板表面、暖通管道和其他建筑材料被水污染后进行深度清洁。此外，清洁时还应注意一些意图减少微生物污染的清洁活动，可能无意中（尽管是暂时的）增加生物气溶胶暴露水平。例如，高压力喷雾和洗涤器已被证明可以有效地清洁物品表面，但是高速度也可能使大量沉积在污染物品表面的颗粒物重新悬浮起来。

为降低清洁过程中的颗粒物再悬浮率，提出以下清洁建议：

（1）使用温和湿润的清洁方法（例如，用水和洗涤剂湿擦）收集地板和书柜等光滑表面的霉菌孢子，将其作为最初的清洁方法。避免使用干法（如刮削、砂磨、真空吸尘）作为初期清洁方法。因为只需要很少的干扰被霉菌覆盖的表面就会释放大量的霉菌孢子。

（2）在搬动家具或其他物品之前，或在拆除石膏板、镶板或胶合板之前，先用温和湿润的方法清洁发霉的表面。因为使用锤子、撬棒、钻头、砂纸和压力洗涤器会再悬浮大量的孢子和菌丝。

（3）使用水和洗涤剂进行清洁，而不是水和漂白剂。因为一些物体（包括许多青霉菌和曲霉菌）排斥水，使用表面活性剂（即洗涤剂）能更有效地收集疏水性颗粒物。

（4）在清洗阶段，避免使用高压清洁器。

2.消毒灭菌。消毒灭菌的目标是清除所有的微生物。首选方法是物理去除微生物污染的材料，同时对完整的结构和材料进行有效的清洗。如果谨慎和有控制地清除污染物足以解决问题，则不应考虑消毒灭菌。但是，在某些情况下消毒灭菌可能在恢复工作中发挥重要作用，例如污水回流到建筑物中的微生物污染。

（1）必要性评估。如果水害来源为第一类水，通常及时干燥水浸物品避免发霉即可。如果水源是第二类或第三类水，或者第一类水滞留时间过长变成第二类或第三类，同时有些受污染的物品无法物理移除、更换或者彻底清洗，或者清洁后干燥较慢时，需要对物品进行消毒灭菌处理。

（2）生物灭菌剂。表2列举了常见的生物灭菌剂的类型。使用气相杀菌剂时要小心，气相中的臭氧和二氧化氯都有技术要求和限制，以及人类暴露时会引起健康问题，这实际上排除了它们在常规情况下用于清理被污水破坏的房屋和其他室内环境中的污染物的可能。季铵盐化合物灭菌效果有限，酚类物质有毒，碘伏、戊二醛和过氧化氢价格高，均不适宜于图书馆大量使用。酒精无毒无害，但是易挥发易燃，可用于小件物品的擦拭消毒，不宜于大量使用。次氯酸盐（84消毒液主要成分）价格便宜、杀菌效果明显，是我国医疗部门常用的室内消毒剂。但是，次氯酸盐为含氯消毒剂，氯为挥发性气体。次氯酸盐型消毒液即使用水稀释也是一种腐蚀性的有害化学物质。暴露后会刺激眼睛、皮肤、鼻子和肺。它也会被有机物灭活，同时对金属有很强的腐蚀性。

表 2   来自《环境卫生期刊》的生物灭菌剂（例如消毒剂）的类型 [①]

消毒剂	使用浓度	作用	优势	劣势
醇（乙醇、异丙醇）	60%—90%	B,V,F	无污染 无刺激性	可被有机物灭活 高度易燃
季铵盐化合物	0.4%—1.6%	B*,V*,F	便宜	可被有机物灭活、效果有限
酚类物质	0.4%—5%	B,V,F,(T)	便宜，有残留效果	有毒、有刺激性、腐蚀性

① ［美］Terry B, Gene C, Brent S：《关于安全清洁、去污和重新使用被洪水破坏房屋指导文件向环保署的报告》，https://www.epa.gov/sites/production/files/2018-10/documents/flood-related_cleaning_contractor_report-final-508_8.31.18.pdf（2021.5.17 检索）。

续表

消毒剂	使用浓度	作用	优势	劣势
碘伏	75ppm	B,V,F,S**,T**	稳定,有残余效果	可被有机物失活、贵
戊二醛	2%	B,V,F,S**,T	不受有机物影响、无腐蚀性	有刺激性气味、贵
次氯酸盐	≥5,000 ppm 游离氯	B,V,F,S**,T	便宜	漂白剂、有毒、有腐蚀性、可被有机物灭活[1,2]
过氧化氢	3%	B,V,F,S**,T	相对稳定	有腐蚀性、贵[3]

　　缩写词:B 代表杀菌;V 代表杀病毒;F 代表杀霉菌;T 代表杀结核菌;S 代表杀孢子;* 代表效果有限;** 代表需要处理很长时间;( )代表不是所有配方;1 代表引起很多织物内部褪色;2 代表溶解蛋白(羊毛、丝绸);3 代表热或紫外线引起降解。

　　关于是否使用漂白水(主要成分为次氯酸盐和氯化钠)进行灭菌,美国多个规范要求不尽一致。美国环保署(EPA)关于洪水处理的规范没有特别提到漂白剂,但是警告不要使用杀菌剂。美国联邦应急管理局(FEMA)的卡特里娜飓风(Hurricane Katrina)恢复建议提到不要使用漂白剂。而美国疾控中心(CDC)建议用洗涤剂和水或每加仑水加1杯漂白剂的溶液清洗霉菌。健康住房中心(NCHH)指南建议在彻底清洁非多孔硬物品表面后使用稀释的家用漂白水处理。S500标准广泛讨论了生物杀菌剂的选择和使用,并采用了美国政府工业卫生学家会议(ACGIH)的政策,避免常规使用生物杀菌剂。

　　综上所述,次氯酸盐是一种便宜高效的消毒剂,可用于严重水污染物品表面的消毒。但是室内氯气浓度过高,会产生氯中毒,因此不可常规使用,且使用时要注意开窗通风。同时需要注意,不要将次氯酸盐型消毒剂与其他洗涤剂、消毒剂,尤其是氨水混合使用。因为次氯酸盐与许多其他化合物反应会产生有毒化合物。

三、水浸文献处理

　　图书馆的主要文献类型为书籍、缩微胶片、照片、光盘等,其中书籍、缩微胶片和照片均易生霉。从基质材料来看,纸为多孔性材料,吸水性强,易发生水分吸收相关的损伤。与室内物品处理相同,抢救水淹文献的最佳时间也是受灾后的48小时。超过此时间,文献会长出霉菌,甚至长出菌丝。

　　国内外对水浸文献紧急处置方法主要有空气干燥法、吸水纸加空气干燥法、真空冷冻干燥法、环氧乙烷消毒法。下文对这几种水浸文献紧急处置方法进行简要介绍。

　　1.空气干燥法。对轻微受潮的文献,将库房温度保持在22℃以下,并通过空调、去湿机、风扇和自然通风,控制库房的空气湿度,就可以抑制霉菌生长。

　　2.吸水纸加空气干燥法。对于古籍等珍贵文献或水浸严重的小批量一般文献,可将文献中的明水沥去，再采用吸水纸反复撤潮至文献半干，然后在控制好温湿度的环境中自然空气干燥[①]。在空气干燥的过程中，每天需翻动文献两次以上，还可以在文献中夹入吸水纸，并及时更换。这是一种无需特殊设备的传统水浸文献处理方法。对于水害后及时处理珍贵文献有很强的可操作性。

3. 真空冷冻干燥法。对于数量大或水浸严重，难以通过空气干燥法在48小时内干燥的文献（图书、电影胶片、缩微胶片等）或者已发霉的文献，在美国和加拿大都有采用真空冷冻干燥处理的案例。例如：1986年4月，美国加州洛杉矶公共图书馆因救火造成图书水淹，60万册图书采用真空冷冻干燥处理；1991年5月，加拿大一航空公司的85000卷飞机维修档案采用真空冷冻干燥处理；1995年9月，因火灾水淹，美国孔特拉科斯塔县法院计算机中心20万卷档案采用真空冷冻干燥处理；1996年11月，巴克斯特心血管中心因救火水淹，220万张不同规格的水浸缩微胶片采用真空冷冻干燥处理；1998年2月，因厄尔尼诺现象遭遇洪水，斯坦福大学图书馆的72000册水浸书籍和圣罗莎纪念医院的400立方英尺、12.5万张水浸X光检查胶片档案采用真空冷冻干燥处理；2003年5月，美国军队在巴格达伊拉克情报总部地下室发现已水浸霉变的27箱伊拉克籍犹太人档案，也是先经过真空冷冻干燥处理再进行修复[②]。

真空冷冻干燥处理的低温条件抑制了霉菌生长，为处理水浸文献赢得了可控制的处理时间。真空冷冻干燥处理是一种较优的大批量水浸文献处理方式[③]。但是，需要注意，真空冷冻干燥需要特定的真空冷冻脱水设备，如果没有该设备，并不主张将水浸文献放入冷库冷冻。这种情况下，最好将无法在48小时内干燥的水浸文献放入冷柜冷藏，减慢霉菌的生长速度。

4. 环氧乙烷消毒法。环氧乙烷是一种广谱灭菌剂，在常温下可杀灭各种微生物，包括细菌、病毒、真菌、芽孢、结核杆菌等。环氧乙烷杀菌是通过使细胞的蛋白质变形，从而使之失去生物活性。上世纪六十年代起，环氧乙烷开始被应用于档案、图书、文物的保护。法国图书馆采用环氧乙烷消毒法对档案文献进行处理，灭菌效果明显。上世纪八十年代，我国广泛应用环氧乙烷对一次性医疗用品进行灭菌。逐渐地，也有档案、文物保护单位采用此方法对纸质档案、文物进行保护性灭菌。

环氧乙烷穿透力强，熏蒸灭菌效果好。但是，环氧乙烷是易燃、易爆的有毒气体。因此，环氧乙烷处理必须严格按照技术安全规范作业。通常，环氧乙烷熏蒸采用环氧乙烷与其他气体的混合物（如40%环氧乙烷、60%二氧化碳）作为处理药剂提高处理的安全性，

---

① 陶琴、荆秀昆：《应对水淹纸质档案的抢救与保护对策》，《档案学研究》2006年第1期，50—53页。
② 马小彬：《水浸档案资料紧急处理原则及方法》，《四川档案》2008年第4期，43—45页。
③ 方志华：《真空冷冻干燥技术应用展望—探讨抢救水浸纸质档案的最佳途径》，《四川档案》2010年第4期，33—35页。

降低药剂残留。进行环氧乙烷熏蒸处理必须使用安全的密封设备，同时操作者必须做好防护，且必须严格按照规定程序操作[①]。此外，熏蒸结束后要保持较长时间通风让药剂充分挥发，直至检测达到安全指标后，文献方可入库。

虽然环氧乙烷熏蒸灭菌效果好，但是由于环氧乙烷有毒、易燃、易爆，熏蒸操作要求严格，很多国家在应用环氧乙烷对文献进行灭菌时都持审慎态度。对于化学方法处理易受损文献，应本着能不用尽量不用的原则，尽可能保护文献原件。

四、小结

物理去除受污染的材料，同时对完整的结构和材料进行有效的清洗，是图书馆水害后处理首选的方法。清洗时需避免出现颗粒物再悬浮形成生物气溶胶，造成室内空气污染。次氯酸盐是一种便宜高效的消毒剂，可用于严重水污染物品表面的消毒。空气干燥法、真空冷冻干燥法和环氧乙烷消毒法适用于大批量水浸文献紧急处置。但是，空气干燥法仅适用于轻微受潮文献，真空冷冻干燥法和环氧乙烷消毒法需要特定设备，必须提前准备，否则面对突发状况不一定能及时用上。吸水纸加空气干燥法是可操作性很强的及时处理水浸古籍等珍贵文献和小批量水浸文献的方法。

原载《文津流觞》第一辑，广西师范大学出版社，2021年

---

① 孙允明：《环氧乙烷灭菌在档案保护中的应用及安全防护》，《山东档案》2012年第6期，3—38页。

基于标准的图书害虫监测研究

任珊珊

图书害虫会取食、钻蛀和污染图书，与气体、光照、装具等诸多影响因素相比，对图书的危害最直接且不可逆。遭遇虫害的图书轻则字迹污损，无法阅读，重则存在大量蛀洞，严重影响纸张机械强度，失去应有的保存价值。而且多数种类的图书害虫主要在幼虫期为害，在成虫随处可见时，对图书的蛀食和污损已经完成。因此，在图书害虫防治工作中，"防"的重要性远胜于"治"。而预防虫害的发生，既要作好"冷冻杀虫"等预防性治理措施，又要形成完整的监测体系。

目前图书、档案、博物馆行业关于害虫监测标准的研究还不完善，只有 BS EN 16790:2016《文化遗产保存—文化遗产保护中的有害生物综合治理》[1]和《档案虫霉防治一般规则》（DA/T 35—2007）[2]有所涉及。其中前者为欧盟制定，英国等同采用的文化遗产保存系列标准之一，对有害生物综合治理的政策、制度，有害生物防治方案的制定及执行等进行了详细规定，适用于博物馆、档案馆、图书馆、历史建筑和房屋及其他文化遗产保存有关场所。后者则是侧重于虫害防治方法的国内档案行业标准，适用于纸质档案虫害防治。有鉴于此，本文参考国内外仓储、植物保护及出入境检验检疫行业中制定的害虫防治标准，对其中适宜图书害虫监测的制度、方法和流程进行了归纳。

一、监测制度

（一）制定图书害虫监测计划并执行

图书害虫监测应作为害虫防治体系中的重要一环，纳入图书管理和保护的常设项目，

---

[1] Conservation of cultural heritage-Integrated pest management (IPM) for protection of cultural heritage（《文化遗产保存—文化遗产保护中的有害生物综合治理》BS EN 16790:2016）。

[2] 《档案虫霉防治一般规则》（DA/T 35—2007）。

由政策批准并作为核心活动予以支持[①]。要做好监测工作，首先应制定严密的可操作的监测计划。主要方法为向书库管理人员及其他阅览、编目、保护和修复等相关工作人员了解图书及害虫发生的有关信息，如建筑平面图、图书分布情况、历史害虫发生情况、害虫发生规律及害虫形态特点等。据此将重点图书存放的书库和曾发生过虫害的书库标记为重点书库，其他书库、常设展览及开架阅览区标记为普通书库，其他图书流通环节如编目、修复和短期展览等标记为其他区域[②]，并确定害虫发病盛期。之后针对重点书库制定系统调查方案并执行，针对普通书库制定普查方案并执行，针对其他区域制定随机检查方案并执行。除定期调查之外，还应制定计划，在图书保存利用过程的特定阶段进行害虫检查，如在接收图书时，对新采入图书以及用于阅览、展览和修复等工作后归还的图书逐本检查害虫发生情况[③]。

（二）人员设置及培训

图书害虫监测工作应常设一名协调员，专门负责监测工作的计划、推动、预算执行和汇报工作。在监测工作具体开展时，应根据图书保管部门实际的藏书情况和人员设置，临时成立由协调员、图书保管人员、专项图书负责人员组成的工作小组。定期向有关人员提供培训，培训内容包括图书害虫监测工作性质、方法和常见图书害虫形态信息等初级内容，图书害虫分类及生活史和害虫专业鉴定方法等高级内容。除此之外，还应将职业健康和安全作为培训工作的一部分，让有关工作人员意识到图书害虫的健康危害，如过敏和感染等，并掌握安全操作和危害发生时的紧急处理办法[④]。

二、检查方法

具体执行图书害虫监测工作时，选择不同方法检查不同区域害虫发生情况。检查时，根据检查物的类别（如图书、装具或其他物品），使用合适的工具或器械，采取适当的方法。常使用观察搜索法、震落法等常规检查手段，也可根据具体情况采用胶粘法、仪器探测法和性信息素法等借助器械的检查方法[⑤]。检查过程中，详细记录监测时的环境数据、是否发现害虫、害虫为害部位及症状、害虫所处的生长阶段和害虫的密度等，为进行下一步害虫的准确鉴定和给出处理意见提供依据[⑥]。

[①] Buildings and structures for agriculture-Part 30: Code of practice for control of infestation（BS 5502-30:1992《农业建筑物和结构—第 30 部分：侵染控制操作规范》）。
[②] 《马铃薯甲虫疫情监测规程》（GB/T 23620—2009）。
[③] 《档案虫霉防治一般规则》（DA/T 35—2007）。
[④] Conservation of cultural heritage—Integrated pest management (IPM) for protection of cultural heritage（《文化遗产保存—文化遗产保护中的有害生物综合治理》BS EN 16790:2016）。
[⑤] 《档案虫霉防治一般规则》（DA/T 35—2007）。
[⑥] 《植物有害生物鉴定规范》（SN/T 1848—2006）。

（一）采 / 抽样调查方法

1. 系统调查

针对重点书库。每年固定调查3—6次。确定重点书库书架摆放形式，书库内藏书量。在每个书架中采用随机抽取方式抽取1—3排，每排随机抽取不少于10册（套）图书。记录调查过程中发现的害虫为害情况和害虫生存情况等内容。计算平均单册书害虫为害量[①]。

2. 普查

针对普通书库。每年害虫发生盛期调查1次或多次。确定普通书库书架摆放形式和书库内藏书量。在书库内采用平行线式或棋盘式取样方法，选取10行或10个区域进行取样，每行或每个区域内随机抽取不少于10册（套）图书。选取的行数或区域可覆盖书架分布50%的行数或面积[②]。记录调查过程中发现的害虫为害情况和害虫生存情况等内容。计算害虫密度和为害数量。

3. 随机检查

针对其他区域。其他区域均属于短期流通区域，工作人员在工作过程中随机翻阅图书，检查有无害虫为害情况，并做好记录即可。

（二）图书害虫检查方法

1. 常规方法

检查图书害虫的生长情况和为害情况，通常使用观察搜索法和震落法。即用肉眼或手持放大镜检查，或用挑检、抖动、击打、剖检、剥开等不同方法进行检查。检查时注意观察有无害虫及其为害情况，主要包括虫体、虫卵、蛹、残肢、虫洞、蛀孔和害虫的排泄物等。检查时应逐页翻查，并特别注意书籍、函套接缝和书盒角落等处，并衬以白色或黑色光滑背景，如纸张、瓷盘等，便于发现害虫。如检查的材料较厚，还应敲击材料听声音是否有空洞。首次检出和不能现场确定种类的害虫应保留好样品以待进一步鉴定和复核，其他活体昆虫也要采取灭活处理。检查过程中一定要避免发生害虫逃逸现象。主要用到的工具有手持放大镜、手电筒、毛刷、指形管、镊子、解剖针和白瓷盘等[③]。

2. 借助器械的检查方法

除常规昆虫检查方法外，还可根据常见昆虫发生种类选择借助器械的检查方法，如胶粘法、仪器探测法和性信息素法等。

目前标准中提到的胶粘法器具主要为粘蟑纸。具体操作方法为：在胶面规格为170mm×100mm的粘蟑纸中央放置2g新鲜面包屑作为诱饵，将其放置于蜚蠊经常栖息活

---

① 《烟草病虫害分级及调查方法》（GB/T 23222—2008）。
② 《马铃薯甲虫疫情监测规程》（GB/T 23620—2009）。
③ 《昆虫常规检疫规范》（SN/T 2959—2011）。

动的地点，每 15 ㎡房间放 1 张，不足 15 ㎡的单独房间按 15 ㎡计算，大于 15 ㎡的房间按 15 ㎡为 1 间计算。粘蟑纸放置 12h，晚放晨收。每次监测时，粘蟑纸都要更新[①]。粘蟑纸的选择应满足对 2 周龄—3 周龄成虫的德国小蠊或美洲大蠊的 24h 粘捕率大于等于 70%，且逃脱率小于等于 10%[②]。

农业部门为了快速检验谷物与豆类隐蔽性昆虫感染，制定了相关标准，规定可采用二氧化碳测定法、茚三酮法、整粒粮漂浮法、声音测定法和 X 射线法[③]。其中茚三酮法和整粒粮漂浮法需要毁坏检测样本，不适用于图书害虫检测。声音测定法不能测定卵和蛹的存在。二氧化碳测定法主要原理是检测样品内的害虫在一定时期内代谢所产生的二氧化碳量。X 射线法是利用样品在 X 光源与感光胶片之间曝光，冲洗后检验出样品中昆虫的存在情况。另外植物保护中也应用虫情测报灯[④]、频振式杀虫灯[⑤]和诱虫板[⑥]进行虫情监测。

必须注意到的是借助器械的检查方法较为快速，但应用时有非常大的局限性。如目前标准中涉及到的胶粘法器具祇有粘蟑纸，祇能监测蜚蠊的害情。市面上存在的其他粘虫板一方面并无标准可依，另一方面祇能监测少数几种虫情，远不能达到图书害虫监测的要求。使用仪器进行探测时效果较好的二氧化碳测定法和 X 射线法由于要利用红外和 X 射线检测设备，监测成本非常高。而虫情测报灯和频振式杀虫灯由于都使用了紫外光源，不建议应用于图书杀虫[⑦]。而性信息素检测法除了在个别标准中提到，其他标准均未给出具体操作方法。

三、害虫鉴定

（一）鉴定程序

根据害虫的形态、生理特性及为害情况，害虫鉴定主要分为如下程序：

1. 现场鉴定

检测人员在监测活动中如发现疑似害虫的成虫、蛹、幼虫及卵或其生活痕迹以及图书的受损情况，如根据自身专业能力，可利用简单设备，如手持式放大镜明确鉴定害虫种类的，可作出现场鉴定并采集样品[⑧]。

2. 实验室鉴定

---

① 《病媒生物密度监测方法蜚蠊》（GB/T 23795—2009）。
② 《卫生杀虫器械实验室效果测定及评价粘蟑纸》（GB/T 27787—2011）。
③ 《谷物与豆类隐蔽性昆虫感染的测定第 1 部分：总则》（GB/T 24534.1—2009）。
④ 《植物保护机械虫情测报灯》（GB/T 24689.1—2009）。
⑤ 《植物保护机械频振式杀虫灯》（GB/T 24689.2—2009）。
⑥ 《植物保护机械诱虫板》（GB/T 24689.4—2009）。
⑦ Buildings and structures for agriculture-Part 30: Code of practice for control of infestation（《农业建筑物和结构—第 30 部分：侵染控制操作规范》BS 5502-30:1992）。
⑧ 《马铃薯甲虫疫情监测规程》（GB/T 23620—2009）。

难以现场鉴定确定害虫种类的，应取样带回实验室进行分析鉴定。在这一过程中，必须做到防止害虫逃逸，将样品放入耐受性好、密闭、防渗漏、具有防交叉污染功能的样品袋中，在携带、传递过程中还应注意保持样品的完整性及稳定性。无法带走或无须带走的害虫应及时灭活[①]。

监测单位不能判断害虫种类时，也可以将样品送交专业昆虫实验室进行鉴定。鉴定时，既可根据实际情况，提交害虫图文信息；也可做好样品的密封保存工作，直接将样品送交专业实验室[②]。

3.结果复核

害虫如被鉴定到种，且该种属国内首次发现昆虫种类或属进境植物检疫危害性有害生物，应将害虫样品寄送国家检验检疫部门公布的"有害生物鉴定实验室或专家名单"中的重点实验室或专家进行复核[③]。监测单位对鉴定结果存疑时，也可根据情况，请第三方实验室复核害虫种类。

（二）鉴定内容

害虫鉴定的主要内容为确定害虫在生活史中所处的阶段、害虫密度和害虫的科、属、种分类地位及其他相关信息[④]。

（三）鉴定方法

害虫鉴定目前采用的最主要的方法为形态学方法，即采用肉眼、光学显微镜观察、电子显微镜观察等方法，观察害虫的主要形态特征，并根据采集到的害虫专业资料，确定害虫种类。如简单的形态学观察不能完成害虫鉴定工作时，还可采用血清学方法如 ELISA 和分子生物学方法如 DNA 测序等的一种或几种，结合形态学特征进行害虫种类鉴定[⑤]。这些方法由于涉及到的技术和设备较为复杂，可交由专业实验室合作完成。当收集到的害虫样品疑似为卵或幼虫时，应在取得其图像信息后，将适量样品放置在光照培养箱中，温度设置为25℃ 左右饲养一段时间，再进行常规鉴定[⑥]。在鉴定时涉及到的部分操作的具体要求如下：

1.图像摄取

害虫的形态学鉴定的关键一步是进行图像摄取，可采用具备照相机接口的显微镜、数码照相机或胶片照相机与扫描仪结合等设备。拍摄时，应尽量选择自然光充足的时间，色

---

① 《烟草病虫害分级及调查方法》（GB/T 23222—2008）。
② 《进境植物检疫截获有害生物鉴定复核规程》（GB/T 23632—2009）。
③ 《植物有害生物鉴定规范》（SN/T 1848—2006）。
④ 同上。
⑤ 《检出危害性有害生物种类确认原则》（SN/T 2962—2011）。
⑥ 《烟草病虫害分级及调查方法》（GB/T 23222—2008）。

温应接近5600K标准日光色温，如需要采用辅助光源的，色温应为2700K—3200K，根据情况设置白平衡，确保拍摄时不出现反光、阴影等情况，并避免使用闪光灯。拍摄时应放置标尺或使用设备内置的数码测微尺，便于根据图像确定害虫尺寸。

应尽量采用体躯完整、无污染的各发育时期、不同性别的害虫作为观察拍摄样品。拍照前，可对害虫进行必要的整形整姿。摄取的图像应能反应害虫特征的整体和不同部位，以及不同生长发育阶段，并在拍摄时对焦准确，优先保证特征部位落在景深范围内，确保获得完整的害虫图像信息。为达到要求，在拍摄害虫整体图像时，一般将其身体垂直摆放，拍摄俯视角度（背面）和仰视角度（腹面）。如样品为带尖端的长形虫卵，可将卵尖端向上，垂直摆放。一个视野放置一只。拍摄局部特征时，也应保证头部、胸部和腹部垂直向上摆放。如需拍摄触角、口器、翅、足等部位时，也可将其解剖制成玻片以便观察拍摄。

拍摄的图像要求特征清楚，形态、颜色不失真，且特征图占据整幅图像的三分之二。截取出的含标尺的正式图像一般要求长宽比例为4:3，水平方向为长轴。分辨率达到600dpi或3000像素，可满足各类使用需要。图像文件可保存为位图格式（bmp格式）或压缩格式（tif或jpg格式）。进行含有物种和拍摄信息的统一命名和保存。记录好附加信息，包括拍摄对象、时间、地点、拍摄人、采集工具、制备方法和图像说明等信息 [①]。

2. 信息采集

经过鉴定，得到害虫形态、生物学特性、遗传信息等数据后，要对照专业资料确定害虫种类及其他信息。专业资料的来源主要有：专著、期刊、学位论文、数据库、音像资料、网上资料数据、政府提交材料、国内基层报表和标准等。需从资料中采集的信息包括 [②]：

①名称。连带命名人一并采集害虫的学名。并以此为据，从期刊、专著中获取其英文俗名、异名和中文名。一些害虫可能出现多个名称，应依据科学、权威和普遍性原则确定采用的名称。

②分类地位。采集害虫"界门纲目科属种"的分类地位信息，有时为了更精确地表达分类地位，还应进一步加入总或亚等信息，如总目、亚目等。

③分布。根据害虫学名从各类信息源尤其是政府材料和科研报告中采集有害生物的分布信息。

④形态学特征、生物学特性及发生规律。主要利用专著、期刊等采集害虫在不同发育阶段的形态特征以及包括生活史、生活习性、种群分布等在内的生物学特性和发生规律。

---

① 《有害生物图像摄取操作规范》（SN/T 2340—2009）。
② 《植物有害生物鉴定规范》（SN/T 1848—2006）。

⑤其他信息。必要情况下，还应采集害虫的为害情况、传播途径和处理方法等信息。

3. 标本保存

鉴定复核后的害虫样本一般需制成标本保存1—2年以备复验。成虫一般采用针插法制成标本，即用合适的昆虫针插入昆虫体躯的适当部位，再用三级台确定保存位置。害虫的幼虫、蛹和虫卵则需煮到虫体硬直，冷却后投入保存液中以浸渍法制作标本。如需制成玻片的害虫部分器官，则应脱水后封片保存。害虫样品标本应由专人保管，注意防潮防虫，浸渍标本需经常观察，及时补充保存液[①]。

四、监测报告

（一）监测报告内容

图书害虫监测工作结束后，需对监测结果进行整理，形成报告。监测报告主要应包含以下内容[②]：

1. 监测时间、地点以及环境条件。

2. 描述使用的检测方法，如使用常规方法或借助器械的方法等。如果采集到害虫，应描述具体的采集方法。

3. 描述害虫为害情况，主要包括文献、装具或其他物品受害虫侵害后所表现出的症状、害虫发生范围及程度等。

4. 如监测过程中发现害虫，应描述害虫种类、形态、发育阶段、活性、鉴定时使用的方法以及生活史描述等内容。

5. 发现害虫后，采取的除虫措施。

6. 监测人、复核人及相关处理人等信息。

7. 其他在监测过程中发现的问题或认为应该报告的内容。

（二）监测报告上报

监测报告形成之后，根据主管部门和监测单位的具体要求，逐级上报。发现害虫大规模爆发时应立即上报，首先采取控制措施，再进行其他工作。

（三）监测报告的保存

监测单位应指派专人对监测报告、副本以及原始记录进行妥善保存以备查询。

---

① 《烟草病虫害分级及调查方法》（GB/T 23222—2008）。
② 《限定性有害生物检测与鉴定规程的编写规定》（GB/T 23635—2009）。

五、结语

在我国图书馆全面建成符合标准的图书库房，从根本上杜绝害虫生长环境之前，图书所面临的害虫损毁情况依然不容乐观。因此，有必要在图书馆行业内建立健全完善的害虫监测制度，对图书虫害早发现、早治理，降低害虫为害程度。

原载《文津学志》第十四辑，国家图书馆出版社，2020年

第八辑　文献保护新材料与新方法

浅议人工合成聚合物对纸质文物耐久性的影响

闫智培

　　随着人工合成聚合物生产技术的发展，其在文物保护领域的应用越来越广泛。有的人工合成聚合物本身就释放挥发性有机化合物（VOCs），有的人工合成聚合物老化降解后释放 VOCs。众所周知，空气污染物是导致古籍、碑帖、字画等纸质文物加速老化的关键影响因素之一。因此，VOCs 对纸质文物耐久性的影响是人工合成聚合物是否可用于文物长期保护的决定性因素。

　　纸质文物的基材是纸张。纸张主要由纤维素构成。纤维素是天然高分子化合物。在自然环境中纤维素可能会发生氧化降解、酸水解、碱水解、光降解等降解反应[①]，导致纤维素聚合度下降。纤维素聚合度下降的宏观表现为纸张机械强度变差，是纸质文物耐久性变差的内在原因。因此，纤维素聚合度可以用于指示纸质文物耐久性的变化。本文从人工合成聚合物在文物保护领域的应用、对纸质文物耐久性的影响和释放 VOCs 的种类及其与纤维素降解的关系三个方面，对常用人工合成聚合物进行简要介绍，以供纸质文物保护领域选用相关材料时参考。

一、聚烯烃

（一）在文物保护领域的应用

　　高密度聚乙烯（HDPE）常以 Volara®、Ethafoam® 进口珍珠棉，Tyvek® HDPE 合成纸等形式用于运输、展示和储存文物。聚丙烯（PP）主要以 Coroplast® 瓦楞板的形式用于构建包装箱和陈列架[②]。

---

① 闫智培、易晓辉、田周玲等：《影响纸张老化的因素及缓解措施初探》，《文物保护与考古科学》，2018 年第 2 期，110—120 页。
② Michael J.Samide, Gregory D.Smith. "Analysis and quantitation of volatile organic compounds emitted from plastics used in museum construction by evolved gas analysis-gas chromatography-mass spectrometry". *Journal of Chromatography A*, 2015, 1426: 201-208.

（二）对纸质文物耐久性的影响

1. 聚乙烯（PE）

大部分 PE 产品对纤维素降解无明显影响。然而也有 PE 产品会加速纤维素降解。例如，K.Curran 测试的 PE 玩具娃娃导致纤维素聚合度下降为对照样的67.0%[①]。值得注意的是，文物保护常用的防尘布 Tyvek®（HDPE）对纤维素降解有较大的影响，在其影响下纤维素聚合度下降为对照样的73.2%；PE 泡沫和 PE 斯图尔特的箱盖也对纤维素降解有显著影响（分别导致纤维素聚合度下降为对照样的41.4% 和44.9%）[②]。

2. 聚丙烯（PP）

大多数 PP 产品对纤维素降解无明显影响，但是有一种黑色 PP 塑料片引起纤维素聚合度降至对照样的50.6%[③]。

（三）老化过程中释放的 VOCs 及其与纤维素降解的关系

不同聚烯烃产品对纤维素降解的影响存在差别的原因应该是它们释放的 VOCs 有差异。研究发现，聚烯烃释放的 VOCs 中丰度最高的是线性和带支链的烷烃，它们对纤维素的降解无明显影响。

对纤维素降解存在加速影响的 PE 产品老化后除了释放烷烃外，Tyvek®HDPE 合成纸释放的 VOCs 还有乙酸、己醛和乙醛；上文提到的 PE 泡沫和 PE 斯图尔特箱盖，释放的 VOCs 包含有机酸（乙酸、丙酸和丁酸）和酮（2- 丁酮、2- 戊酮）。部分 PE 产品老化降解之前本身就释放低分子量有机酸，如 Tyvek®HDPE 合成纸在室温下释放乙酸，PE 斯图尔特箱盖在室温下释放少量乙酸、丙酸和丁酸[④]。纤维素对酸敏感，乙酸等挥发性有机酸能够加速纤维素的降解。结合 PE 对纤维素聚合度的影响可以推测，PE 产品对纤维素降解的影响与其是否释放乙酸等活性物质有关。

常用的 PP 产品（Coroplast® 瓦楞板）释放的 VOCs 主要为带支链的烷烃。还有一些 PP 产品释放的 VOCs 中检测到少量的苯甲醛、甲苯、苯甲酸和乙酰苯等[⑤]。但是，两款对纤维素降解造成明显差异的 PP 包装（黑色包装，纤维素聚合度为对照样的50.6%；白色包装，纤维素聚合度为对照样的104.8%）释放的 VOCs 差异在于环己烷和4- 甲基辛烷等烷烃，而它们和纤维素降解相关性很低。进一步分析发现，造成纤维素严重降解的黑色包装中含有

---

① Katherine Curran, Alenka Možir, Mark Underhill et al. "Cross-infection effect of polymers of historic and heritage significance on the degradation of a cellulose reference test material". *Polymer Degradation and Stability*, 2014, 107: 294-306.

② 同上。

③ 同上。

④ 同上。

⑤ Gemma Mitchell, Catherine Higgitt, Lorraine T.Gibson. "Emissions from polymeric materials: Characterised by thermal desorption-gas chromatography". *Polymer Degradation and Stability*, 2014, 107: 328-340.

阻燃剂[①]。阻燃剂的成分不详，但是反应型阻燃剂能够影响聚合物的化学稳定性。可能是阻燃剂促进了 PP 和（或）纤维素降解，导致该黑色包装比其他 PP 产品对纤维素降解影响更大。

综上所述，文物保护常用的聚烯烃类人工合成聚合物释放的 VOCs 主要为烷烃，烷烃不会引起纸质文物加速老化，但是由于配方差异，个别聚烯烃产品会释放乙酸等有机酸或者存在某种特定添加剂可能引起聚合物和（或）纸质文物加速老化，因此使用前需进行安全性测试。

二、聚苯乙烯树脂（PS）

（一）在文物保护领域的应用

PS 板，例如 Fome-Cor® 常在博物馆中用于制作展示柜、艺术品的背板，也用于储存和包装文物。

（二）对纸质文物耐久性的影响

大部分 PS 产品对纤维素降解的影响不太大，在其影响下纤维素聚合度均高于对照样的85%。但是有一种黑色的高抗冲聚苯乙烯（HIPS）样品导致纤维素聚合度下降至对照样的70.3%[②]。

（三）老化过程中释放的 VOCs 及其与纤维素降解的关系

PS 加速老化后释放的 VOCs 主要为芳香族化合物，例如苯乙烯、乙苯和对乙基甲苯[③]。乙苯是生产苯乙烯常用的原料。对乙基甲苯也是苯乙烯类聚合物释放的特异性 VOCs。此外，PS 释放的 VOCs 中还有其碎片化降解产物进一步氧化得到的苯甲醛、苯酚等。根据生产工艺的差异，PS 还可能释放2,4- 二叔丁基苯酚、2,5- 二叔戊基苯醌、正辛酸和正壬酸等[④]。

对纤维素降解影响差异较大的两种 PS 产品（黑色 HIPS，纤维素聚合度为对照样的70.3%；绿色塑料碗，纤维素聚合度为对照样的94.3%）释放的 VOCs 最显著的区别是：黑色 HIPS 样品释放乙酸，而绿色塑料碗没有释放乙酸。虽然含量很低但是该黑色 HIPS 样品在室温下也释放乙酸。这可能是因为该黑色 HIPS 样品是再生塑料制成，回收再利用的处理导致其释放的氧化性降解产物增加。此外，两者都释放芳香族化合物，例如苯乙烯、乙

---

① Katherine Curran, Alenka Možir, Mark Underhill et al. "Cross-infection effect of polymers of historic and heritage significance on the degradation of a cellulose reference test material" *Polymer Degradation and Stability*, 2014, 107: 294-306.
② 同上。
③ 同上。
④ Agnès Lattuati-Derieux, Céline Egasse, Sylvie Thao-Heuet al. "What do plastics emit? HS-SPME-GC/MS analyses of new standard plastics and plastic objects in museum collections" *Journal of Cultural Heritage*, 2013, 14(3): 238-247.

苯和对乙基甲苯。这也说明上述芳香族化合物对纤维素的稳定性无消极影响。进一步分析发现绿色塑料碗释放的总 VOCs 比黑色 HIPS 样品还多，这表明特定降解产物（如乙酸）而不是总 VOCs 释放量决定人工合成聚合物对于纸质文物的安全性[①]。

总之，PS 产品在大多数情况下不释放危害纤维素稳定性的 VOCs，但是由于配方差异或者回收利用等工艺的影响，释放乙酸等活性物质的 PS 产品会导致纤维素降解速率加快，因此使用前需进行安全性测试。

三、聚氨酯泡沫塑料

（一）在文物保护领域的应用

聚酯型聚氨酯泡沫塑料常用于文物和艺术品运输时的短期保护。此外，由于聚氨酯可应用性强，自 20 世纪 60 年代以来，聚氨酯常被艺术家、设计师用来创作雕塑作品、美术作品、家具和纺织品，有的作品被博物馆收为藏品。

（二）对纸质文物耐久性的影响

聚氨酯类聚合物对于纤维素降解有一定的影响，一种聚醚基聚氨酯泡沫导致纤维素聚合度降低至对照样的 81.1%；一种聚酯基聚氨酯泡沫导致纤维素的聚合度降低至对照样的 90.1%[②]。此外，生产聚氨酯泡沫塑料常用的催化剂烷基吗啉有可能在艺术品上残留透明污染物[③]。

（三）老化过程中释放的 VOCs 及其与纤维素降解的关系

上文提到的两种影响纤维素降解的聚氨酯产品，采用 SPME-GC/MS（固相微萃取气相色谱质谱法）没有检测出明显的释放，表明导致纤维素降解的活性物质通过该方法无法检测[④]。

通常，聚酯型聚氨酯的标记性挥发物为二甘醇的衍生物。二甘醇在生产聚氨酯时作为增量剂或多元醇用于聚酯合成。二甘醇对热老化敏感。老化时，二甘醇随着聚酯型聚氨酯的多元醇部分被水解而释放出来。聚醚型聚氨酯释放的 VOCs 为乙二醇、丙二醇、二丙

---

① Katherine Curran, Alenka Možir, Mark Underhill et al. "Cross-infection effect of polymers of historic and heritage significance on the degradation of a cellulose reference test material". *Polymer Degradation and Stability*, 2014, 107: 294-306.

② 同上。

③ Michael J.Samide, Gregory D. "Smith.Analysis and quantitation of volatile organic compounds emitted from plastics used in museum construction by evolved gas analysis-gas chromatography-mass spectrometry" *Journal of Chromatography A*, 2015, 1426: 201-208.

④ Katherine Curran, Alenka Možir, Mark Underhill et al. "Cross-infection effect of polymers of historic and heritage significance on the degradation of a cellulose reference test material" *Polymer Degradation and Stability*, 2014, 107: 294-306.

二醇、四聚 1,2– 丙二醇等乙二醇派生物，它们是聚醚型聚氨酯的多元醇部分光氧化降解的产物[①]。此外，聚氨酯泡沫在常温下还可能释放丁羟甲苯、邻苯二甲酸二乙酯、邻苯二甲酸二甲酯等添加剂和醛类物质（癸醛、壬醛），部分聚氨酯泡沫还会释放苯乙烯、柠檬烯。在高温下聚氨酯泡沫释放的 VOCs 种类更多，有可能释放苯酚、带支链的烷烃、乙酸等[②]。热解 –GC/MS 检测发现聚酯型聚氨酯泡沫的 VOCs 中还检测到 4– 癸基吗啉、4– 十二烷基吗啉和 4– 十四烷基吗啉等烷基吗啉类物质[③]。但是，上述物质与纤维素降解之间的关系尚待进一步研究。

总之，聚氨酯泡沫塑料有可能影响纤维素的降解，但是引起危害的物质种类仍不明确。此外，聚氨酯泡沫塑料有可能在文物上残留透明污染物。因此，要尽可能避免长期使用聚氨酯泡沫保护纸质文物。如果短期使用了聚氨酯泡沫塑料保护纸质文物，要及时拆除保护材料并将之与文物隔离。纸质文物要避免与含有聚氨酯的藏品混合保存。

四、丙烯酸树脂

（一）在文物保护领域的应用

丙烯酸树脂中最重要、应用最广泛的是聚甲基丙烯酸甲酯以及它的共聚物和共混物。聚甲基丙烯酸甲酯（PMMA），俗称亚克力、有机玻璃。PMMA 是高度透明、无毒无味的无定形热塑性树脂，它在所有塑料中透光性最好，可见光透过率达 92%。目前，PMMA 常用于制作文物展示用的盒罩或直接用于夹持文物[④]。

（二）对纸质文物耐久性的影响

PMMA 对纤维素降解无明显影响。丙烯酸树脂释放的芳香族化合物在博物馆环境中很少发现问题，但是电化学测试中 PLEXIGLAS[®] 有机玻璃发现较严重的铅块腐蚀[⑤]。

（三）老化过程中释放的 VOCs 及其与纤维素降解的关系

上述 PMMA 释放的 VOCs 有甲基丙烯酸甲酯、2– 丙烯酸乙酯、樟脑等[⑥]。PMMA 对纤

---

① Agnès Lattuati-Derieux, Céline Egasse, Sylvie Thao-Heuet al. "What do plastics emit? HS-SPME-GC/MS analyses of new standard plastics and plastic objects in museum collections". *Journal of Cultural Heritage*, 2013, 14(3): 238-247.

② Gemma Mitchell, Catherine Higgitt, Lorraine T.Gibson. "Emissions from polymeric materials: Characterised by thermal desorption-gas chromatography" *Polymer Degradation and Stability*, 2014, 107: 328-340.

③ Michael J.Samide, Gregory D.Smith. "Analysis and quantitation of volatile organic compounds emitted from plastics used in museum construction by evolved gas analysis-gas chromatography-mass spectrometry" *Journal of Chromatography A*, 2015, 1426: 201-208.

④ 王菊：《西部地区平面类糟朽丝织品文物的展示与保存》，《丝绸》2017 年第 9 期，14—19 页。

⑤ Katherine Curran, Alenka Možir, Mark Underhill et al. "Cross-infection effect of polymers of historic and heritage significance on the degradation of a cellulose reference test material" *Polymer Degradation and Stability*, 2014, 107: 294-306.

⑥ 同上。

维素降解无明显影响表明甲基丙烯酸甲酯、2– 丙烯酸乙酯、樟脑对纤维素降解无明显影响。但是，也有研究表明 PMMA 产品会释放正辛酸、正壬酸、正庚酸、己酸、丙烯酸乙酯、甲基丙烯酸甲酯等物质[①]。

一般而言，PMMA 是一种比较安全的文物保护用聚合物。不过，鉴于部分 PMMA 产品释放的 VOCs 包含有机酸，具体产品应用前最好进行安全性评估。

五、纤维素酯

（一）在文物保护领域的应用

20世纪中叶之前的照相底片和胶片都是由硝酸纤维素（CN）或醋酸纤维素（CA）制成，很多底片和胶片现在已成为珍贵文物收藏在博物馆、档案馆、图书馆。此外，19世纪和20世纪初的一些艺术品本身也是采用 CN 或 CA 制成。

（二）对纸质文物耐久性的影响

1.CN

所有的 CN 全部引起纤维素降解严重加剧，聚合度下降至对照样聚合度的6%—42%[②]。众所周知，CN 降解逸出 NO_2，转化为亚硝酸和硝酸，引起纤维素的葡萄糖苷键水解。

2.CA 及其派生物

两种 CA 对纤维素降解有明显的加速作用，而其余的 CA 或其派生物，如醋酸丙酸纤维素（CAP）和醋酸丁酸纤维素（CAB）对纤维素聚合度的影响很小[③]。

（三）老化过程中释放的 VOCs 及其与纤维素降解的关系

CN 除了释放 NO_2 外，还释放莰酮及少量的莰烯、案树脑和硝基甲烷。莰酮是最普遍的 CN 用塑化剂[④]。研究人员没有在 CN 释放莰酮的量与纤维素降解之间找到联系[⑤]，这表明

---

① Agnès Lattuati-Derieux, Céline Egasse, Sylvie Thao-Heuet al. "What do plastics emit? HS-SPME-GC/MS analyses of new standard plastics and plastic objects in museum collections".*Journal of Cultural Heritage*, 2013, 14(3): 238-247.

② Katherine Curran, Alenka Možir, Mark Underhill et al. "Cross-infection effect of polymers of historic and heritage significance on the degradation of a cellulose reference test material".*Polymer Degradation and Stability*, 2014, 107: 294-306.

③ 同上。

④ Agnès Lattuati-Derieux, Céline Egasse, Sylvie Thao-Heuet al. "What do plastics emit? HS-SPME-GC/MS analyses of new standard plastics and plastic objects in museum collections" *Journal of Cultural Heritage*, 2013, 14(3): 238-247. Shashoua Y, Bradley SM, Daniels VD.Degradation of cellulose nitrate adhesive.Stud Cons 1992:37.

⑤ Katherine Curran, Alenka Možir, Mark Underhill et al. "Cross-infection effect of polymers of historic and heritage significance on the degradation of a cellulose reference test material".*Polymer Degradation and Stability*, 2014, 107: 294-306.

莰酮不会引起纤维素显著降解。

不同 CA 产品对纤维素降解影响差异大,主要是由于它们释放的乙酸等有机酸的量差别大[①]。CA 除了释放乙酸外,根据其生产时使用的塑化剂种类,还会释放莰酮和相关萜烯或者邻苯二甲酸二乙酯[②]。

纤维素酯类产品如果释放危害纸质文物耐久性的物质,要尽可能避免用于纸质文物保存场所。纤维素酯类文物要和纸质文物隔离保存。但是,目前开发出一些 CA 类产品不释放乙酸[③],通过安全性评估后可以考虑用于纸质文物保护。

六、聚酯

(一)在文物保护领域的应用

聚酯,主要为对苯二甲酸乙二醇酯(PET),具有较高的拉伸强度、刚度和硬度,良好的耐磨性、耐蠕变性,且尺寸稳定性好、耐温性好,可用于制作包装材料、磁带、胶片以及照相底片。因此,文物库房中常有 PET 制成的磁带、胶片、底片等藏品。PET 也常用于文物加固和保护[④]。

(二)对纸质文物耐久性的影响

两种 PET 对纤维素的降解存在中等影响,在绿色 PET 玻璃纤维板和黄色 PET 不饱和聚酯手链的影响下,纤维素老化后聚合度分别降至对照样聚合度的 75.7% 和 82.0%;改性 PE/PET 透明包装对纤维素降解无影响[⑤]。

(三)老化过程中释放的 VOCs 及其与纤维素降解的关系

PET 老化过程中释放的 VOCs 主要为乙苯、二甲苯、正丙苯、氯苯等,也有部分 PET

---

① Katherine Curran, Alenka Možir, Mark Underhill et al."Cross-infection effect of polymers of historic and heritage significance on the degradation of a cellulose reference test material".*Polymer Degradation and Stability*, 2014, 107: 294-306.

② 参 Katherine Curran, Alenka Možir, Mark Underhill et al."Cross-infection effect of polymers of historic and heritage significance on the degradation of a cellulose reference test material".*Polymer Degradation and Stability*, 2014, 107: 294-306.Gemma Mitchell, Catherine Higgitt, Lorraine T.Gibson."Emissions from polymeric materials: Characterised by thermal desorption-gas chromatography".*Polymer Degradation and Stability*, 2014, 107: 328-340.

③ Katherine Curran, Alenka Možir, Mark Underhill et al."Cross-infection effect of polymers of historic and heritage significance on the degradation of a cellulose reference test material".*Polymer Degradation and Stability*, 2014, 107: 294-306.

④ 王菊:《西部地区平面类糟朽丝织品文物的展示与保存》,《丝绸》2017 年第 9 期,14—19 页。

⑤ Katherine Curran, Alenka Možir, Mark Underhill et al."Cross-infection effect of polymers of historic and heritage significance on the degradation of a cellulose reference test material".*Polymer Degradation and Stability*, 2014, 107: 294-306.

样品会释放乙酸①。分析上述三种 PET 释放的 VOCs 发现前两种释放乙酸，后一种没有。因此，可能是 PET 释放的乙酸引起纤维素加速降解。

综上所述，PET 能制成符合纸质文物长期保存要求的产品，但是也存在影响纸质文物耐久性的产品，使用前最好进行安全性评估。

七、聚碳酸酯（PC）

（一）在文物保护领域的应用

PC 透光率为 87%—91%，由于其兼具抗冲击性和耐热性，综合性能优于 PS 和 PMMA 等透明塑料。

（二）对纸质文物耐久性的影响

多数 PC 产品对纤维素降解的影响较小，有的 PC 产品还延缓了纤维素的降解，在 PC 的影响下纤维素聚合度为对照样的 105%—118%②。

（三）老化过程中释放的 VOCs 及其与纤维素降解的关系

PC 产品释放的 VOCs 很少，有的会释放四氢呋喃，有的释放庚烷、二氯甲烷和少量的苯乙烯、二甲苯和乙苯，有的只释放溶剂氯苯③，有的只释放少量的苯甲醛、乙酰苯、丁羟甲苯④，有的释放少量邻苯二甲酸二乙酯或醛类或乙酸⑤。可能是由于 VOCs 释放量少且不释放具有显著危害的化合物，因此没有发现 PC 加速纤维素降解的现象，是可接受的文物保护用材。

八、聚氯乙烯（PVC）

（一）在文物保护领域的应用

刚性 PVC 板（例如 Celtec，Sintra 和 EX-CEL FF）价格低廉、容易加工，常用于制造指示牌等产品。刚性 PVC 有时也出现在艺术品本身，例如装裱照片的背板。

（二）对纸质文物耐久性的影响

传统上不鼓励使用含氯的塑料，主要是担心它们降解释放氯化氢。然而，最近美国印

---

① Katherine Curran, Alenka Možir, Mark Underhill et al. "Cross-infection effect of polymers of historic and heritage significance on the degradation of a cellulose reference test material" *Polymer Degradation and Stability*, 2014, 107: 294-306.
② 同上。
③ 同上。
④ Gemma Mitchell, Catherine Higgitt, Lorraine T.Gibson. "Emissions from polymeric materials: Characterised by thermal desorption-gas chromatography" *Polymer Degradation and Stability*, 2014, 107: 328-340.
⑤ 同上。

第安纳波利斯艺术博物馆的 Oddy 测试结果没有显示出测试片的腐蚀，说明博物馆并非完全不可用 PVC 材料[①]。K.Curran 检测了 7 种 PVC 产品和 6 种 PVC/PVAc 产品对纤维素降解的影响，结果显示测试的 7 种 PVC 均没有对纤维素降解产生明显影响（纤维素聚合度为对照样的 96%—107%）；大多数的 PVC/PVAc 样品没有对纤维素降解产生明显影响（纤维素聚合度高于对照样的 86%），但是一种 PVC/PVAc 黑胶唱片严重加剧了纤维素的降解，纤维素聚合度降为初始聚合度的 13.4%[②]。该黑胶唱片与其他取自黑胶唱片样品的影响也具有显著差别。

此外，含有塑化剂的 PVC 产品容易随着塑化剂的迁移，引起临近塑料的软化，还有可能造成藏品粘连。

（三）老化过程中释放的 VOCs 及其与纤维素降解的关系

PVC 在热降解时很容易产生氯化氢，但是顶空固相萃取法不能检测氯化氢。从大多数测试的 PVC 产品对纤维素降解无明显影响来看，上述 PVC 塑料可能不释放或释放很少的氯化氢，这可能是现代 PVC 聚合物中添加的稳定剂明显减慢了 PVC 降解速度[③]。

PVC 粉末老化会释放 3- 壬烯、对乙基甲苯、α- 甲基苯乙烯、2,3,6,7- 四甲基辛烷、2,6- 二甲基辛烷、5- 乙基 -2,2,3- 三甲基庚烷、α,α- 二甲基苯醇[④]。塑化 PVC 还会释放邻苯二甲酸二甲酯、邻苯二甲酸二乙酯、异丁基辛基邻苯二甲酯等塑化剂[⑤]。有的 PVC 产品会释放 2- 乙基己醛、乙酸异辛酯、甲基丙烯酸甲酯、2- 甲基 -2- 丙酸丁酯等[⑥]。也有 PVC 产品释放的 VOCs 检测到十三烷、癸醛、壬醛、甲苯、壬酸、癸酸、苯酚、苯乙烯等[⑦]。还有 PVC 产品明显释放取代的芳香族化合物，如二甲苯、乙基甲苯和三甲苯。但是，上述芳香族化合物对纤维素降解无显著影响[⑧]。

① Michael J.Samide, Gregory D.Smith."Analysis and quantitation of volatile organic compounds emitted from plastics used in museum construction by evolved gas analysis-gas chromatography-mass spectrometry".*Journal of Chromatography A*, 2015, 1426: 201-208.

② Katherine Curran, Alenka Možir, Mark Underhill et al."Cross-infection effect of polymers of historic and heritage significance on the degradation of a cellulose reference test material".*Polymer Degradation and Stability*, 2014, 107: 294-306.

③ 同上。

④ Michael J.Samide, Gregory D.Smith."Analysis and quantitation of volatile organic compounds emitted from plastics used in museum construction by evolved gas analysis-gas chromatography-mass spectrometry".*Journal of Chromatography A*, 2015, 1426: 201-208.

⑤ 同上。

⑥ Katherine Curran, Alenka Možir, Mark Underhill et al."Cross-infection effect of polymers of historic and heritage significance on the degradation of a cellulose reference test material".*Polymer Degradation and Stability*, 2014, 107: 294-306.

⑦ Gemma Mitchell, Catherine Higgitt, Lorraine T.Gibson."Emissions from polymeric materials: Characterised by thermal desorption-gas chromatography".*Polymer Degradation and Stability*, 2014, 107: 328-340.

⑧ Katherine Curran, Alenka Možir, Mark Underhill et al."Cross-infection effect of polymers of historic and heritage significance on the degradation of a cellulose reference test material".*Polymer Degradation and Stability*, 2014, 107: 294-306.

造成纤维素降解严重加剧的 PVC/PVAc 黑胶唱片的 SPME-GC/MS 分析显示，其释放的 VOCs 为醋酸乙烯酯（VA）、三氯乙烯（TCE）和少量的乙酸，VA 和 TCE 很可能是制造黑胶片时残留的试剂，VA 是生产 PVAc 的单体单元，TCE 是生产 PVC 常用的溶剂和链转移剂[①]。但是 VA 和 TCE 的释放量和纤维素降解间无明显关系[②]。该黑胶唱片危害严重的原因不明确，怀疑与其释放的乙酸有关。

此外，虽然刚性 PVC 板主要由 PVC 组成（70%—95%），来自多个制造商的材料安全数据显示，其中还含有其他的有机和无机化合物，例如填充料、热稳定剂、爽滑剂、加工助剂、抗冲击改性剂和着色剂。这些添加剂的存在与否和相对含量会影响 PVC 在文物保护中的适用性[③]。

总之，PVC 由于容易释放氯化氢，传统上不推荐用于纸质文物保护。但是，随着工艺的改进，多种现代 PVC 产品已不会造成纤维素降解，不是完全不可用于文物保护。但仍需注意，释放氯化氢和（或）乙酸及含塑化剂等危害性添加剂的 PVC 产品须禁用于纸质文物保护。

九、结论

一般而言，聚烯烃、聚苯乙烯、丙烯酸树脂、聚酯、聚碳酸酯类文物保护用人工合成聚合物对纤维素降解影响较小，可以考虑用作纸质文物保护材料。传统的硝酸纤维素、乙酸纤维素、聚氯乙烯产品会释放酸性物质，加速纤维素降解，威胁纸质文物的安全，不可用于纸质文物保护。聚氨酯泡沫不可长期用于保护纸质文物。

特定挥发物而不是有机挥发物释放总量决定了人工合成聚合物对纸质文物的安全性。乙酸是最常见的人工合成聚合物释放的危害纸质文物安全的降解产物。人工合成聚合物安全性评估应重点关注乙酸释放。

阻燃剂、稳定剂和塑化剂等添加剂也会影响人工合成聚合物释放挥发性物质的种类和数量，进而影响其适用范围。

原载《文津学志》第十六辑，国家图书馆出版社，2021年

---

① Katherine Curran, Alenka Možir, Mark Underhill et al. "Cross-infection effect of polymers of historic and heritage significance on the degradation of a cellulose reference test material". *Polymer Degradation and Stability*, 2014, 107: 294-306.
② 同上。
③ Michael J.Samide, Gregory D.Smith. "Analysis and quantitation of volatile organic compounds emitted from plastics used in museum construction by evolved gas analysis-gas chromatography-mass spectrometry". *Journal of Chromatography A*, 2015, 1426: 201-208.

细菌纤维素在文献保护中的应用

张　铭

一、细菌纤维素的介绍与研究背景

我国是四大文明古国之一，传世的纸质文献卷帙浩繁、弥足珍贵，然而随着时间的推移，很多文献出现了发黄、变脆、破损、虫蛀等损毁现象。传统手工纸是古籍等纸质文献的主要载体，它以麻类、树皮、竹子等植物为原料，经过泡料、煮料、洗料、晒白等生产工序去除果胶、木素、半纤维素等杂质，再经抄造而成，其主要成分为纤维素，是由大量 β－葡萄糖分子脱水聚合形成的直链状高分子化合物。

传统纤维素主要来自植物，与此不同，细菌纤维素是一种由木醋杆菌等细菌发酵产生的纤维素，生产周期短、产量大，可利用广泛的原材料进行培养。细菌纤维素在分子结构上和植物纤维素一样，都是由 β－葡萄糖通过 β－1,4－葡萄糖苷键结合成的直链，但从性能来看，细菌纤维素具有更加优异的性质：①细菌纤维素具有高化学纯度，纤维素含量达到95%以上，而植物中棉花纤维素含量为90%左右；②细菌纤维素具有高聚合度，木醋杆菌纤维素的聚合度为16000，而优质棉纤维聚合度在13000—14000之间；③细菌纤维素具有高结晶度，结晶度可达95%以上，高于天然植物纤维；④细菌纤维素具有高抗张强度和弹性模量，其聚合度可通过生物合成时进行调控，有可能实现根据实际需求生产不同聚合度的纤维素[①]。

自然界中，能够产生细菌纤维素的菌属有很多，比如醋酸菌属、土壤杆菌属、假单细胞杆菌属、葡萄糖杆菌属等，其中醋酸菌属中的木醋杆菌是最早被发现能够产生细菌纤维素，同时也是目前研究最多的菌种[②]。

木醋杆菌培养过程较为简单，使用含有葡萄糖、蛋白胨、酵母粉、Na_2HPO_4等营养成

[①] 杨静：《细菌纤维素对长纤纸的增强及机理的研究》，齐鲁工业大学硕士学位论文，2016年，1—4页。
[②] 吕瑾：《细菌纤维素的分散及其在造纸中的应用研究》，陕西科技大学硕士学位论文，2012年，3—7页。

分和 pH 值调节材料的培养基即可。细菌纤维素的合成是在微生物体内进行的生物合成过程，需要在葡萄糖激酶、受异构酶、寡聚纤维素合成酶、纤维素合成酶等多种酶的作用下将培养基中葡萄糖分子转化为 β-1,4-D 葡聚糖链，再穿过细胞外膜分泌到胞外，形成大量宽度仅为 1.5nm 的亚小纤维，通过氢键结合成直径为 3—6nm 的微纤维，再经过微纤维排列和交织，形成具有长分子链和结晶度的纤维丝带，纤维丝带进一步交织生成超分子空间网络结构，如图 1 所示[①]。目前，细菌纤维素的培养方法主要有两种：静态培养和动态培养。在培养过程中，通过改变培养方

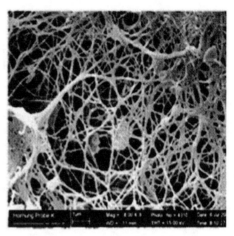

图 1　细菌纤维素扫描电镜图[④]

法或调节培养条件，即可得到性质不同的细菌纤维素。静态培养时，纤维丝带交织成网状多孔结构，在培养基的表面形成一层白色凝胶状菌膜；动态培养时，由于培养基摇晃，纤维丝带在剪切力的作用下形成的是规格不一的白色片状物[②]。

与传统植物纤维素相比，细菌纤维素是一种性能优异的新型材料，其纤维素纯度高、聚合度可调控，适用空间大；生产周期短、产量大、生产成本低，经济前景较好；使用细菌纤维素代替植物纤维素后，可减少对树木植物的砍伐，有利于保护绿水青山，推动生态文明建设和可持续发展。

近年来，国内外对细菌纤维素的研究越来越多，主要集中在食品和造纸等领域。由于细菌纤维素具有很强的亲水性、黏稠性和稳定性，可作为增稠剂应用于食品。造纸行业中，目前存在造纸原料不足、环境污染和破坏等问题，而细菌纤维素具有优异的机械性能和可抄造性能，既可作为主要原料制成特种功能纸，也可用作添加材料改善纸张的性能。但在文献保护领域中，研究人员对其关注相对较少。

二、细菌纤维素在文献保护领域的研究现状

由于细菌纤维素具有优异的机械强度和光学性能，可用于对破损纸张进行加固处理。

① 吕瑾：《细菌纤维素的分散及其在造纸中的应用研究》，陕西科技大学硕士学位论文，2012 年，3—7 页。
　　袁金霞、王婷、黄显南等：《细菌纤维素在造纸工业中的应用研究进展》，《纸和造纸》2016 年第 7 期，42—46 页。
② 袁金霞、王婷、黄显南等：《细菌纤维素在造纸工业中的应用研究进展》，《纸和造纸》2016 年第 7 期，42—46 页。
③ 袁金霞、王婷、黄显南等：《细菌纤维素在造纸工业中的应用研究进展》，《纸和造纸》2016 年第 7 期，42—46 页。
④ 徐千：《细菌纤维素纤维在造纸工业中的应用》，天津科技大学硕士学位论文，2010 年，10、13—15 页。

Sara M.Santos 等人对细菌纤维素进行了系统表征，并探索了其在纸张修复中的应用。他们认为细菌纤维素薄膜应用于文献保护有2种方式：①原位保护，即在待修复的纸张表面直接合成细菌纤维素；②异位合成细菌纤维素，再将其应用于纸张表面，从而达到保护目的。为比较2种方式的效果，采用2种不同的方法进行细菌纤维素的培养和纯化：前者采用不含乙醇的培养基并使用热处理进行纯化，后者采用含有1%乙醇的培养基并使用碱处理进行纯化。通过老化处理，研究细菌纤维素薄膜在撕裂指数、耐破指数、光学特性、SEM、X射线衍射、FTIR、聚合度、静态和动态接触角和压汞试验等方面的变化，他们发现：细菌纤维素薄膜具有较好的结晶度、机械性能和稳定性以及较低的内孔隙率，特别是经过碱处理提纯后的上述性能更为优异，如图2所示 [①]。

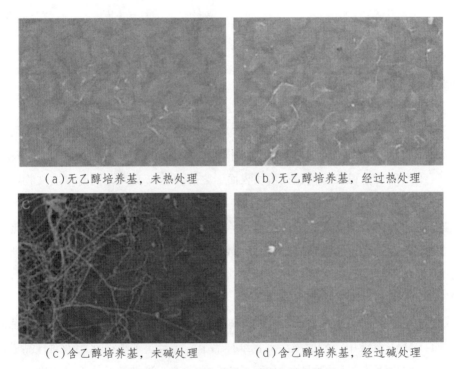

（a）无乙醇培养基，未热处理　　　　（b）无乙醇培养基，经过热处理

（c）含乙醇培养基，未碱处理　　　　（d）含乙醇培养基，经过碱处理

图2　细菌纤维素薄膜表面的扫描电镜图

Nuria Gómez 等人对比使用细菌纤维素与日本和纸进行托裱后打印纸张视觉外观的变化。他们发现：使用日本和纸托裱后，打印纸张的印刷密度和CIELAB值变化较明显；细菌纤维素会降低打印纸张的颜色强度，纸张光泽度波动变大。对上述样品老化处理后，细菌纤维素托裱的纸张色差变大 [②]。

① SANTOS S M,CARBAJO J M,QUINTANA E,etal."Characterization of purified bacterial cellulose focused on its use on paper restoration".*Carbohydr Polym*, 2015, 116:173-181.
② GÓMEZ N,SANTOS S M,CARBAJO J M,etal."Use of bacterial cellulose in degraded paper restoration:effect on visual appearance of printed paper".*Bioresources*, 2017,12(4):9130-9142.

Sara M.Santos 等人也做了类似研究，他们发现：使用细菌纤维素膜做衬纸的样品具有更高的光泽度和 B 值（CIE LAB 坐标中的黄蓝轴），而润湿性则明显下降[1]。他们在另一项研究中进一步将细菌纤维素用于已破损图书的修复，他们发现：细菌纤维素形成的衬纸可以达到与日本和纸同样的力学性能，而且细菌纤维素衬纸可以提供更好的光学性能，对书中的文字不会形成明显遮盖，如图3所示[2]。

图 3　图书的显微照片（左为原书；中为以细菌纤维素为衬纸的图书；右为以日本和纸为衬纸的图书）[4]

木材的主要成分也是纤维素，细菌纤维素在木质文物上的保护研究对纸张文物保护有一定的参考价值。周松峦、卫扬波等人尝试使用细菌纤维素对木质文物进行修复。将待修复的木质文物置于 Acetobacter sp.PDA 醋杆菌培养基中，通过扫描电镜发现，随着培养时间的延长，醋杆菌产生的细菌纤维素最初呈粉粒状覆盖在木块表面，之后覆盖量变大，同时木质文物的纤维间隙变小，这表明细菌纤维素对木质文物具有一定的修复效果。

张志惠使用细菌纤维素对档案纸张进行修复的研究，将细菌纤维素浆液均匀地刷涂在档案纸张表面，通过调节浆液浓度、打浆转数、涂布量、温度等因素，优化修复质量。他发现：涂覆细菌纤维素后纸张的撕裂度、抗张力、耐折度等机械指标均有所提升，充分证实了细菌纤维素用于文献保护的可行性[5]。

段大程进行了细菌纤维素对纸质文物加固处理的研究：将经过活化处理的细菌纤维素溶解在 Licl-DMAc 溶液中，然后喷涂到宣纸样品上，再经过 DMAc 水溶液对样品进行再生处理，在一定温度下干燥后即可完成加固过程。他发现：当细菌纤维素的浓度为 1.0% 时，即可明显提高纸张的拉力强度。此外，他还通过甘油对加固后的纸张进行塑化处理，进一

① SANTOS S M,CARBAJO J M,GÓMEZ N,etal."Use of bacterial cellulose in degraded paper restoration.Part I:application on model papers".*Journal of Materials Science*,2016,51(3):1541-1552.
② SANTOS S M,CARBAJO J M,GÓMEZ N,etal."Use of bacterial cellulose in degraded paper restoration. PartII:application on real samples" *Journal of Materials Science*,2016,51(3):1553-1561.
③ SANTOS S M,CARBAJO J M,GÓMEZ N,etal."Use of bacterial cellulose in degraded paper restoration. PartII:application on real samples" *Journal of Materials Science*,2016,51(3):1553-1561.
④ 卫扬波：《细菌纤维素保护修复木质文物的若干问题》，《中国文物科学研究》2014 年第 4 期，50—52、56 页。周松峦、卫扬波、李垚葳等：《细菌纤维素对木质文物修复的初步探索》，《文物保护与考古科学》2008 年第 3 期，55—57、76 页。
⑤ 张志惠：《细菌纤维素在纸质档案修复中的应用研究》，云南大学硕士学位论文，2015 年。

步改善了纸张的柔软性^①。

三、结论

细菌纤维素能够通过现代工业进行大规模生产，且合成工艺简单成熟，不需要砍伐树木植被，有利于环境保护。与常见的植物来源的纤维素相比，细菌纤维素具有更高的聚合度、结晶度以及更优异的机械性能，在纸张加固等纸质文献的保护领域有很大的应用前景。

原载《遗产与保护研究》2019年第10期

---

① 段大程：《细菌纤维素与壳聚糖在纸质文物修复加固与防霉保护中的应用研究》，辽宁大学硕士学位论文，2017年。

钢笔墨水字迹在不同老化条件下消褪实验研究

张　铭

一、引言

在悠久的人类文明史中，书写材料对于文明的传承与发展起到了不可磨的作用。伴随文明的不断发展，书写材料也在不断进步。就中华文明而言，先后出现了甲骨、竹简、缣帛、纸张等不同种类的文献载体，书写的颜料也由传统的墨碇、墨汁发展为钢笔墨水、圆珠笔油、中性笔墨水等。

钢笔墨水起源于国外。公元前1200年，埃及人从浆果、植物和矿物中提取天然染料制成墨水；后来，化学家发现树皮、五倍子等植物里含有的鞣酸与铁离子生成的黑色物质鞣酸铁可以牢牢地粘附在纸、布等纤维上形成字迹；1834年，英国的Stephens公司研制出世界上第一种蓝黑墨水，大受市场欢迎；1870年德国科研人员通过对天然没食子酸铁墨水进行研究，提出了新配方，随后便在全世界广泛使用。我国墨水制造业起步较晚。1913年上海华昌恩记墨水厂最早推出了国产自来水笔墨水；1925年上海民生工厂创立，开始从事现代墨水的研制和生产；碳素墨水的研究于20世纪60年代开始研究，70年代进入市场[1]。

在我国，从清末民国时期起，大量历史资料都是由钢笔墨水写成。然而，早期的钢笔墨水书写字迹很多都出现了洇化褪色等现象，而且会加速纸张酸化降解。上海档案局曾对市属各级档案馆馆藏中华人民共和国成立前后永久档案进行耐久性调查，结果发现蓝黑墨水、纯蓝墨水、红墨水书写的档案字迹均出现褪变失色的现象，其中蓝黑墨水褪变扩散的比例大约占到全部蓝黑墨水书写档案的54%[2]。国家图书馆历年接收了社会各界捐赠的大量名人手稿、书信等珍贵文献资料，其中部分文献由于在社会上流传时间久、保存状况复杂，其字迹已经出现消褪、洇化等现象，给读取和利用这些珍贵资料造成了极大困难，更

---

① 董川等：《墨水化学原理及应用》，科学出版社，2007年，4—5页。
② 宗培岭：《对纸质档案耐久性的调查与分析》，《档案学通讯》1998年第4期。

对它们的长期保存提出了挑战。因此，为了更好地保护这些文献资料，深入研究各类墨水褪色的过程就显得尤为重要。

二、实验方法及材料设备

（一）墨水样品制备

实验材料：英雄231高级红墨水、英雄232高级蓝黑墨水、英雄233高级纯蓝墨水和英雄234高级碳素墨水。这4种墨水在市场上占有率较高，容易获得，且具有一定的代表性。

样品制备：将70g/m^{2}胶版纸平置于桌面，正面朝上。用胶头滴管一次性吸取足量的待测墨水，滴3滴于纸面上。以载玻片的一条短边接触墨水，待墨水沿短边扩散并润湿载玻片后，将载玻片与纸面的角度保持30度左右，在纸张表面进行匀速、直线的涂布。当墨水不能覆盖载玻片宽度时停止涂布，让涂布样品在室温下自然充分干燥。

鉴于蓝黑墨水具有最初呈蓝色、伴随氧化逐渐变黑的特性，为了保证实验期间墨迹的稳定和可对比性，每种墨水的样品在制备完成后均于室温下避光保存至少3个月，之后再进行相应的老化和检测。

（二）仪器设备

采用国产NH310电脑色差仪，用于墨水样品的色差检测；美国Tenney试验箱作为干热老化箱；德国Memmert恒温恒湿箱作为湿热老化箱；美国Q-lab紫外老化试验箱作为紫外老化箱。

（三）老化处理

国内外对于钢笔墨水的老化处理尚无相应标准。本项目的老化方法参考了《档案字迹材料耐久性测试法》（DA/T 16—1995）、《纸和纸板的干热加速老化》（GB/T 464—2008）和《纸和纸板加速老化在80℃和65%相对湿度条件下的湿热处理》（GB/T 22894—2008）等相关标准，并结合现有实验条件，对老化处理条件设定如下：

干热老化处理：将样品置于干热老化箱中，温度为105℃±2℃，老化时间为3天、6天、12天和36天，每次老化完成后检测样品的色差。

湿热老化处理：将样品置于湿热老化箱中，温度为80℃±0.5℃、相对湿度为65%±2%，老化时间为3天、6天、12天和36天。

紫外老化处理：样品表面照度为0.68W/m^2，温度为60℃。老化时间为8小时、16小时、40小时和160小时。

（四）色差测试

墨迹色差的测试是按照《档案字迹材料耐久性测试法》（DA/T16—1995）的规定，首先以工作标准白板为基准值，分别测出加速老化前与工作标准白板之间的色差值△E_1和老化后与工作标准白板之间的色差值△E_2，然后计算老化前后出字迹的总色差△E，计算公式为：

$$△E = △E_1 - △E_2$$

每个色差样品测试10次，将得到的10个色差值取平均值，作为该样品的色差数据。为了便于比较，引入色差保持率的概念。一般情况下，墨水样品在经过老化处理后其色差值将会降低，降低后的色差值占原有色差值的比例，就是色差保持率，其计算公式为：

色差保持率 = 老化后色差值 ÷ 老化前色差值 × 100%

三、实验结果与讨论

（一）干热老化处理

经过36天干热老化处理后，胶版纸明显变黄。这是因为胶版纸主要用于印刷，多采用木浆、棉浆、草浆以及竹浆等原料，其浆料中含有木质素，在老化过程中会造成纸张变黄。

经过干热老化36天后，4种墨水均出现不同程度的褪色。红墨水墨迹颜色依然鲜艳，色泽好，与老化前相比变化不大；碳素墨水也是如此；而蓝黑墨水和纯蓝墨水则出现较明显的褪色。通过老化前后墨迹色差数据的对比，可以量化地表示出墨迹颜色的变化程度，如表1和图1所示。

表1　干热老化不同时间4种墨水色差数据[①]

色差值和保持率 墨水种类		干热老化时间				
		0天	3天	6天	12天	36天
红墨水	色差值	65.64	66.24	65.79	65.13	64.92
	保持率	100%	101%	100%	99%	99%
蓝黑墨水	色差值	62.24	50.55	49.78	49.08	47.94
	保持率	100%	81%	80%	79%	77%
纯蓝墨水	色差值	53.28	47.09	46.07	44.30	40.98
	保持率	100%	88%	86%	83%	77%
碳素墨水	色差值	66.51	62.40	60.53	60.51	61.22
	保持率	100%	94%	91%	91%	92%

---

① 表1中个别样品老化后色差保持率大于100%，这是因为色差测试时，每个样品的色差数据都是选了10个区域，再求平均值，所以可能会有细微误差。

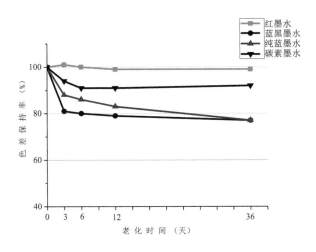

图1　干热老化不同时间4种墨水褪色情况

红墨水常用的红色染料有酸性大红G、曙光红、酸性品红等。曙光红和酸性大红G合并使用时，质量较稳定。实验中红墨水经过3、6、12和36天不同时间的干热老化处理后，色差值与老化前相比变化很小。其色差保持率很高，即使是干热老化36天后色差保持率依然在99%，说明红墨水在干热老化处理过程中性质稳定，其分子结构尤其是显色基团没有发生化学变化。

碳素墨水老化后色差值变化较小，色差保持率较高，说明碳素墨水在干热老化处理过程中，性质比较稳定。这是因为碳素墨水的主要色料是炭黑，有时也添加一些直接黑染料。炭黑主要成分是碳，化学性能稳定，与酸碱不发生化学反应，不溶于水和有机溶剂，有极高的遮盖力、着色力和耐光性，是理想的墨水着色剂。书写时，炭黑颗粒随着液体对纸张的浸润被携带到纸张纤维表面。由于炭黑的粒径较大，绝大部分无法进入纤维内部。伴随液体的挥发，虫胶等大分子有机物质就在字迹表面逐渐聚结形成皮膜，炭黑优异的化学稳定性以及其与纸张通过结膜结合的方式使得碳素墨水具有优异的耐久性。

蓝黑墨水和纯蓝墨水的色差在老化3天后就出现较明显下降，随着老化时间延长，色差下降越来越大。其色差保持率在老化36天后，下降到77%，墨迹出现较明显褪色。这说明墨水的化学成分出现明显变化。纯蓝墨水制作方法简单，通常是选用一种或几种染料，用热水充分溶解，再加入适当的助剂即可制成。常用的染料有酸性墨水蓝G、直接湖蓝5B、碱性艳蓝等。这些蓝色有机染料易受氧化剂和光的影响而发生褪色，遇水或潮湿空气易发生洇化扩散，在高温下会发生降解，从而导致纯蓝墨水耐久性较差。相比而言，蓝黑墨水的成色原理比较复杂。蓝黑墨水初始呈蓝色，这是因为其中含有上述的酸性墨水蓝等蓝色染料。之后随着鞣酸、没食子酸与亚铁盐生成无色的鞣酸亚铁和没食子酸亚铁，进而在空气中氧化变为黑色的鞣酸铁和没食子酸铁，字迹便由蓝变黑，这种黑色的字迹具有较好的耐久性，但是其中包含的蓝色染料成分容易发生降解。

（二）湿热老化处理

墨迹经过湿热老化36天后，颜色变化明显。红墨水墨迹和碳素墨水墨迹出现一定程度的褪色，而蓝黑墨水墨迹和纯蓝墨水墨迹出现变色，蓝黑墨水墨迹由黑色变为棕灰色，纯蓝墨水墨迹由蓝色变成青色。

表2　湿热老化不同时间4种墨水色差数据

墨水种类	色差值和保持率	湿热老化时间				
		0天	3天	6天	12天	36天
红墨水	色差值	65.64	65.97	64.86	64.14	60.88
	保持率	100%	101%	99%	98%	93%
蓝黑墨水	色差值	62.24	49.36	47.66	47.23	42.10
	保持率	100%	79%	77%	76%	68%
纯蓝墨水	色差值	53.28	32.70	28.46	25.09	23.14
	保持率	100%	61%	53%	47%	43%
碳素墨水	色差值	66.51	61.15	59.78	60.88	60.31
	保持率	100%	92%	90%	92%	91%

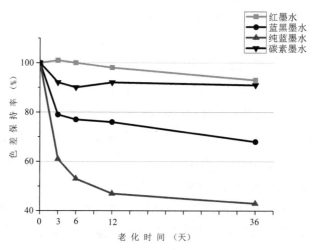

图2　湿热老化不同时间4种墨水褪色情况

由表2和图2可以直观地看出湿热老化前后墨迹样品颜色的变化情况。红墨水经过3、6、12和36天不同时间的湿热老化处理后，色差值与老化前相比变化很小，色差保持率很高。即使是干热老化36天后，色差保持率依然在93%，说明红墨水在湿热老化处理过程中，性质比较稳定。碳素墨水老化后色差值变化较小，色差保持率较高，说明碳素墨水在湿热老化处理过程中，性质也比较稳定。蓝黑墨水和纯蓝墨水在不同老化时间均出现明显的色差变化。尤其是老化36天后，出现了变色现象，色差分别变为68%和43%。说明墨迹的化学成分出现明显变化，这主要与酸性墨水蓝G等蓝色染料耐水性能差有关。

通过对比同种墨迹在干热老化和湿热老化相同老化时间下的色差变化，可以发现，墨迹在湿热老化条件下更容易发生颜色消褪的问题，而且消褪程度更大。说明对于自来水笔墨水，尤其是蓝黑墨水和纯蓝墨水的墨迹来说，湿度是其褪色的重要因素，在保存过程中应该注意控制湿度条件。

（三）紫外老化处理

表3　紫外老化不同时间4种墨水色差数据

墨水种类	色差值和保持率	紫外老化时间				
		0小时	8小时	16小时	40小时	160小时
红墨水	色差值	65.64	57.93	53.37	44.65	30.92
	保持率	100%	88%	81%	68%	47%
蓝黑墨水	色差值	62.24	56.76	54.62	53.07	50.18
	保持率	100%	91%	88%	85%	81%
纯蓝墨水	色差值	53.28	26.19	24.34	22.86	22.54
	保持率	100%	49%	46%	43%	42%
碳素墨水	色差值	66.51	61.57	61.55	62.12	60.31
	保持率	100%	93%	93%	93%	91%

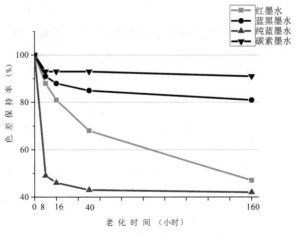

图3　紫外老化不同时间4种墨水褪色情况

由表3和图3可以直观地看出老化前后4种墨迹样品颜色的消褪情况。红墨水经过8小时、16小时、40小时和160小时不同时间的紫外老化处理后，每个阶段都出现明显的色差变化，其最终色差保持率仅为47%，褪色明显。这是因为曙光红A等红墨水染料耐光性能不佳，在紫外光照射下其发色基团被破坏。蓝黑墨水和碳素墨水老化后色差值变化较小，色差保持率较高，说明这两种墨水在紫外老化处理过程中性质相对比较稳定。其中碳素墨水稳定性更好。纯蓝墨水的色差保持率在紫外老化8小时后，色差就出现明显降低，已然降到49%。继续老化后其色差变化下降较小，最终色差保持率仅为42%，而其颜色几乎完全褪掉。说明纯蓝墨水对紫外线敏感，在紫外照射下很容易出现褪色现象，酸性墨水蓝G等染料的发色基团在紫外光照射下被迅速破坏。

四、结论

1. 根据实验结果发现：干热老化对红墨水和碳素墨水影响较小，对蓝黑墨水和纯蓝墨水具有一定影响；湿热老化对红墨水和碳素墨水影响较小，对蓝黑墨水具有一定影响，对纯蓝墨水影响很大；紫外老化对蓝黑墨水和碳素墨水影响较小，对红墨水和纯蓝墨水影响很大。

2. 通过研究可以知道，红墨水字迹在保存过程中最应该避免的因素是紫外照射，蓝黑墨水和纯蓝墨水最应避免的因素是高温、高湿和紫外照射。这个结论可以直接用于为不同墨水提供有针对性的保护措施。

3. 通过对比4种墨水发现，碳素墨水耐久性最好，纯蓝墨水耐久性最差，蓝黑墨水和红墨水介于两者之间。值得特别指出的是，本课题发现红墨水耐久性较好，这与其他学者的研究结果类似，其原因可能是曙光红分子的环状结构，其稳定性优于直接湖蓝5B等蓝色染料的链状结构[①]。

原载《文津学志》第十二辑，国家图书馆出版社，2019年

---

① 丁成谟等：《墨水制造》，上海科学技术出版社，1964年，53—58页。

纸质文献消褪字迹恢复方法研究

张　铭

一、背景介绍

所谓字迹，就是色素附着在纸上形成的信息符号。许多古籍传承千年，字迹墨色依然油亮，印章依然鲜红夺目；而有的文献存世短短几十年，就出现了字迹消褪、洇化、模糊的问题。以自来水笔墨水书写的文献为例，上海档案局曾对其市属各级档案馆馆藏的永久档案进行耐久性调查，结果发现蓝黑墨水、纯蓝墨水、红墨水书写的档案字迹均出现褪变失色的现象，其中一半左右以蓝黑墨水书写的档案出现了褪变扩散的问题[①]，极大地限制了读取和利用这些文献资料。因此，为了更好地保护与利用这些珍贵的纸质文献，研究消褪字迹的恢复方法迫在眉睫。

二、消褪字迹恢复方法介绍

目前，物证鉴定领域和文献保护领域对消褪字迹恢复问题关注较多，相关学者专家提出了很多种解决方法。这些字迹恢复方法按照原理不同可以分为化学方法、物理方法和计算机技术三大类。

（一）化学方法

使用化学方法对消褪字迹进行恢复，是通过加入适当的化学试剂与字迹的残留成分发生显色反应，从而达到字迹重现的目的。

蓝黑墨水是最常用的一种墨水，主要成分是鞣酸、没食子酸、亚铁盐（多为硫酸亚铁）及相应染料。蓝黑墨水字迹初始呈蓝色，慢慢地由蓝变黑。为了防止鞣酸亚铁水解产生沉

---

① 张美芳、唐跃进：《档案保护概论》，中国人民大学出版社，2013年。宗培岭：《对纸质档案耐久性的调查与分析》，《档案学通讯》1998年第4期，51—55页。

淀，墨水里必须加进少量硫酸，造成其 pH 值为2左右，过高的酸度会催化纸张的纤维素发生降解，造成档案、手稿等珍贵文献的破坏[1]。蓝黑墨水字迹属于耐久性字迹，但是在长期保存过程中也会出现褪色。墨水成分中的蓝色染料酸性墨水蓝 G 和直接湖蓝 5B，含有大量的共轭键，共轭键属于不饱和键，书写到纸张表面后容易被光和氧化剂氧化从而褪色；鞣酸铁和没食子酸铁的 Fe^{3+} 会被酸性还原剂还原成 Fe^{2+}；鞣酸和没食子酸分子结构中的三个酚羟基容易发生氧化反应，在空气中被氧化成邻醌结构，导致发色集团破坏，字迹出现褪色。虽然字迹已经消褪无法辨识，但是在字迹原位置处依然残留着 Fe^{2+} 和 Fe^{3+} 等成分，因此可以使用化学方法可以与残留物发生显色反应，从而达到字迹恢复的目的。常用的方法有以下几种：

1. 鞣酸字迹恢复法。鞣酸，又称单宁酸，是一类结构复杂的酚类化合物，在树皮中含量较多。蓝黑墨水的显色成分中就含有鞣酸铁和没食子酸铁，因此若纸张上残留有足够量的 Fe^{2+}，在空气环境中可以通过涂抹鞣酸实现蓝黑墨水字迹恢复，同理使用没食子酸亦可。

2. 黄血盐字迹恢复法。黄血盐，又称亚铁氰化钾 ($K_4Fe(CN)_6 \cdot 3H_2O$)，化学性质稳定，毒性低，可以与 Fe^{3+} 反应生成蓝色的亚铁氰化铁 ($Fe_4[Fe(CN)_6]_3$)。

3. 赤血盐字迹恢复法。赤血盐，又称铁氰化钾 ($K_3[Fe(CN)_6]$)，在化学检测中常用于 Fe^{2+} 的检测，可以与 Fe^{2+} 生成蓝色的滕氏蓝。

4. 硫氰酸字迹恢复法。硫氰酸根 (SCN^-) 可以与 Fe^{3+} 生成血红色的硫氰酸铁 ($Fe(SCN)_3$)，在化学检测中常用于 Fe^{3+} 的检测。可以使用5%的硫氰酸钾 (KSCN) 水溶液进行涂抹，也可以加热硫氰酸钾和硫酸氢钾 ($KHSO_4$) 的混合物，利用产生的硫氰酸蒸汽熏蒸褪色字迹，实现字迹显色。

5. 硫化物字迹恢复法。S^{2-} 离子能够与 Fe^{2+} 和 Fe^{3+} 反应，生成黑色的 FeS 和 Fe_2S_3。常用的硫化物有硫化钠 (Na_2S)、硫化铵 ($(NH_4)_2S$) 等。需要注意的是 FeS 化学性质不稳定，容易发生氧化反应，而且与酸接触，有可能产生 HS 气体或 SO_2 气体。因此，对于珍贵的档案、手稿等文献而言，这种字迹恢复方法并不适用。

除此之外，经常用于铁离子测定的二羟基苯甲酸、水杨酸、$\alpha, \alpha -$ 联吡啶、邻菲啰啉等物质由于能与铁离子生成显色的络合物，也有报道可用于字迹恢复[2]。

6. LC 显色固色剂恢复法。纯蓝墨水和蓝黑墨水之所以显蓝色，是因为其含有酸性墨水蓝、直接湖蓝等蓝色染料，其发色基团是染料分子中的芳基甲烷的醌式结构。当墨水书写到纸上后，染料分子的醌式结构转变为醇式结构，导致蓝色字迹消褪。LC 试剂中的磷酸、

---

[1] 董川、温建辉、双少敏等：《墨水化学原理及应用》，科学出版社，2007 年。

[2] 孙立业、张国民：《蓝黑墨水字迹褪色与显现研究》，《兰台世界》2014 年第 35 期，87—88 页。黄建同：《字迹消褪与显出现状及新技术研究》，《贵州警官职业学院学报》2004 年第 1 期，26—28 页。

磷钨酸成分通过调节纸张酸度，使醇式甲基蓝恢复原有蓝色发色基团，使字迹显色；再通过用氢氧化钡与其形成稳定的磷钨酸钡、磷酸钡沉淀，提高字迹耐光、耐水性，对字迹实现固色[①]。

又如李松英对档案褪变字迹进行的恢复与保护工作，选用了"LC 蓝墨水字迹显色固色剂"、"FWP 圆珠笔、复写纸字迹固色剂"、"FRB 工程字迹显色固定剂"三种药剂。他发现 LC 蓝墨水字迹显色固色剂对蓝墨水残留物聚合、异构，可以使蓝墨水字迹恢复显色，并将其转化为抗氧化、耐久、耐水的同色固体；FWP 圆珠笔、复写纸字迹固色剂可用在字迹上形成防氧化保护层；而 FRB 工程字迹显色固定剂实施过程不理想[②]。

（二）物理方法

人眼可感知的光线叫作可见光，可见光区范围较窄，波长范围大约为 400 纳米至 780 纳米。对于已经消褪的字迹，在正常可见光区已经无法识别，而通过加装滤色镜，可以改变入射光的光谱组成，只允许与滤色镜颜色相同的可见光通过而阻止或限制其他可见光通过，利用消褪字迹对不同颜色的敏感程度，实现对消褪字迹的识别。冯京敏介绍了使用字迹补色的滤色镜在可见光下对消褪字迹进行摄影恢复的方法，如对于消褪的白纸蓝字通过加装黄色滤色镜，使蓝字反射的蓝光无法通过滤色镜，因此无法在底片上感光，而白纸可以在底片上正常感光，通过这种方法加大了白纸和蓝字的反差，提高了消褪字迹的可识别能力[③]。

为了得到单一颜色的入射光线，除了对可见光加装滤色镜外，还可以使用激光技术。激光是某些晶体或者原子受到激发而产生的光，具有单色性纯、亮度高的特点，可以制造出单一颜色的光线。周崇云介绍了激光技术在古代文书消褪字迹检验中的应用，氩离子激光器能够产生从波长 4880Å 到 5145Å 的八条光谱线，利用字迹和纸张在激光作用下产生的不同的吸收、反射以及荧光现象，实现消褪字迹的辨识。如在蓝绿光的照射下，大多数书写材料可能在红外光区产生发光，而不含漂白剂以及荧光增白剂的传统手工纸几乎不产生荧光，利用字迹与纸张的颜色反差，可以辨识出消褪的字迹[④]。

（三）计算机方法

使用计算机技术恢复消褪字迹是指利用扫描或者数字摄影技术将纸质文献的内容转化为数字图像，然后利用光学字符识别 OCR（ Optical Character Recognition，简称 OCR ）技术、

---

① 马淑桂：《档案保护工程化科研成果实例展示》，中国档案学会：《创新：档案与文化强国建设——2014 年档案事业发展研究报告集》，中国档案学会，2014 年，42 页。
② 李松英：《对档案资料褪色字迹保护及数字化的认识》，《兰台世界》2009 年增刊第 2 期，38 页。
③ 冯京敏：《滤色镜可见光摄影法恢复字迹》，《机电兵船档案》2011 年第 4 期，42—43 页。
④ 周崇云：《档案文书检验中的激光技术及其应用》，《档案学通讯》2000 年第 3 期，61—63 页。

图像处理技术等手段改善图像显示效果，适用于已褪色扩散但轮廓清晰的字迹。

王新阳介绍了利用计算机技术对消褪字迹进行恢复处理的流程。首先，对文献进行除尘、平整、修复等初步处理；其次使用数码相机或者扫描仪进行数字化操作，得到数字图像；然后使用 Photoshop 图像处理软件对数字图像进行 RGB 图像模式转换、复制图层、增加对比度、提高亮度等操作；最终得到字迹辨识率较好的图像，达到字迹恢复的目的。使用计算机技术对消褪字迹进行恢复处理，操作简单、方便高效，只需要对纸质文献原件扫描一次，可以进行多次修复尝试，降低了原件的损毁风险[①]。

原载《兰台内外》2020 年第 3 期

---

① 王新阳：《基于计算机技术恢复灾害档案褪变字迹的研究》，《档案学通讯》2014 年第 6 期，66—69 页。

分析检测技术在朱砂印泥研究中的应用

张　铭

在我国古籍收藏史上，为藏书钤印的传统源远流长。藏书印记可以揭示古籍递藏、流传信息，是研究古籍递藏的重要依据，又可以体现藏家思想情感与个性情趣。通过鉴别印章还可以辨明真伪，为古籍鉴定提供帮助。

钤印离不开印泥，印泥是印章表达的媒介。正是印泥的存在使得藏书印记所包含的信息在一方方红白相间的钤印中流传下来。印泥起源于战国秦汉时期的"封泥"，封缄用泥，泥上盖印，因此叫作印泥。到南北朝时，随着纸的推广，人们已开始用朱砂印泥钤印，文献中开始出现"朱印"和"骑缝印"。隋唐时开始使用白芨水和蜂蜜调制出来的印泥，分别称为"水印"和"蜜印"；但无论是水印还是蜜印，都很难达到使印文字迹清晰、历时不晕的效果。元代出现了油调朱砂，并在明清时期成为了主流印泥。时至今日，印泥分为书画印泥和办公印泥两种。书画印泥是按照传统工艺制成，主要原料为朱砂、蓖麻油和艾绒，还可加入冰片、金箔、珍珠、麝香等药材。办公印泥不含朱砂成份，制作时将化工合成的大红粉等颜料和蓖麻油研细混合拌入海绵块或棉绒中。这种印泥不耐高温，时间久了易渗油变色。

传统工艺制成的书画印泥即朱砂印泥，顾名思义，其主要成分为朱砂。朱砂的化学名称是硫化汞（HgS），是一种天然的红色黄光六方晶体辰砂族矿石，耐久性较好。所以一些古籍、字画的纸张虽已明显老化变黄，但是上面的印章依然鲜红夺目。不过需要指出的是，印章的这种"鲜红夺目"只是相对已经老化发黄的纸张而言。实际上随着时间的延续，印章自钤到纸上开始，历经岁月沧桑，其颜色光泽也会发生变化，由鲜亮逐渐变得古朴厚重。除此之外，古籍中的部分印章由于岁月侵蚀、保存不当、翻阅磨损等原因，也会出现颜色变淡、字迹难以辨认等情况。还有部分印章由于所用的油料质量较差而出现油迹扩散、字口模糊、字迹洇化的问题[①]。

---

① 所桂萍：《印泥演变探究》，《档案》2001 年第 2 期，29—30 页。肖世孟：《朱砂入印泥考》，《湖北美术学院学报》2014 年第 3 期，14—16 页。彭森森等：《书画印泥漫谈》，《文物鉴定与鉴赏》2016 年第 7 期，48—51 页。

目前国内对于古籍钤印的研究多集中在文献学和历史学方向，运用科学手段鉴定检测印章印记的研究相对较少。而放眼国际，由于文化传统的差异，国外对印章的使用远不及国内普遍，他们对朱砂印泥的研究也较少。

古籍书画真伪鉴定是一项实践性很强的工作，需要长时间的经验积累和深入的研究。钤印作为古籍书画鉴定的重要依据，要求鉴定人员掌握篆刻刀法、印石材质、印泥种类、印文内容、钤印手法、时代流派特征乃至做旧制假手法等大量知识，若条件允许还需要同其他已知真迹正本上的印章相比对。传统鉴定工作具有较强的经验性和主观性。[①] 随着现代光学、化学、物理学和计算机技术的发展，现代检测技术在灵敏度、准确性、便捷性等方面取得了长足进步。与传统方法相比，现代检测技术准确、客观的优势越来越明显，逐渐成为文物保护、鉴定、研究工作中不可或缺的重要手段。目前印章印泥检测方法有红外光谱法、拉曼光谱法、X 射线衍射法、X 射线荧光光谱以及多种检测技术联用等。

一、红外光谱法

光谱学是光学领域的一个重要分支学科，主要通过研究物质发射、吸收或散射的光、声或粒子来分析物质。

红外光谱属于吸收光谱，物质在红外光区的吸收主要是由分子振动状态的变化产生的。当物质分子吸收光子后，根据光子能量的不同，分子的电子能级、振动能级和转动能级等运动状态在不同能级之间发生跃迁从而产生吸收谱线，也就是说红外吸收谱线取决于分子的内部结构，因此通过红外光谱可以研究分子结构并进行定性定量分析。红外光谱技术的优势在于绝大多数有机物在红外波段均有吸收，可以识别出有机物分子中化学键和官能团的振动信息，从而实现鉴别各种有机物质、研究样品成分以及含量的目的。

习惯上把红外光区分为三个区域：即波长 25000nm 至 1000μm，波数在 400cm^{-1}—10cm^{-1} 范围内的区域称作远红外区；波长 2500nm 至 25000nm，波数在 4000cm^{-1}—400cm^{-1} 范围内的区域称作中红外区；波长 780nm 至 2500nm，波数在 12800cm^{-1}—4000cm^{-1} 范围内的区域称作近红外区。

（一）中红外光谱法

绝大多数有机化合物和无机化合物的化学键振动的基频均出现在中红外区域。在红外光谱中，每个吸收峰都对应于分子中某个或某些基团的吸收，其中 4000cm^{-1}—1300cm^{-1} 的范围是官能区，能够反映官能团特征吸收，可以用来判断官能团的有无及其所处的化学环

---

① 郁青：《印章在中国画中的作用探析》，《北京印刷学院学报》2018 年第 1 期，42—44 页。杨艳燕：《古籍藏书印章的内容及价值》，《晋图学刊》2011 年第 3 期，57—60 页。

境；$1300cm^{-1}$—$670cm^{-1}$的区域称为指纹区，这个范围内出现的吸收峰数目不是很多，但具有很强的特征性，可以与红外光谱的标准谱图比较来鉴定化合物。

现阶段红外光谱检测仪器所用的中红外光谱基本上都属于傅里叶变换红外（Fourier transform infrared，FTIR）光谱即使用连续波长的光源对样品进行照射，其中一部分波长的光会被样品分子吸收，剩余的光通过检测器的模数转换，再经过傅里叶变换以及扣除环境背景后，从而得到样品的红外光谱[1]。图1[2]是朱砂的红外光谱，在$266cm^{-1}$和$338cm^{-1}$处有特征吸收峰，可以对朱砂进行鉴定分析[3]。

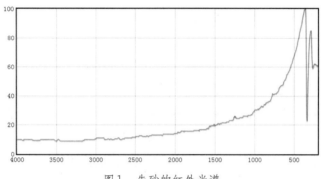

图1　朱砂的红外光谱

蓖麻油是朱砂印泥重要的调和剂，具有清亮无色、粘度适中、凝固点低、燃点高等优点，可以保证朱砂色泽鲜艳、印泥冬夏稠度变化小。邹宁、冯计民等通过傅里叶变换显微红外光谱法中的微区衰减全反射（Micro-ATR）附件对含有蓖麻油的印泥进行检测，他们发现红外光谱中$2927cm^{-1}$、$2855cm^{-1}$、$1738cm^{-1}$、$1178cm^{-1}$处吸收峰是蓖麻油的红外吸收。如图2所示，通过这些吸收峰可以判断印泥中是否含有蓖麻油[4]。

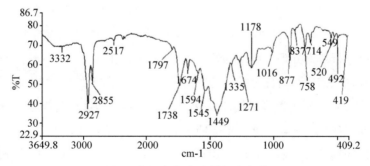

图2　印泥中蓖麻油的红外光谱

---

① 冯计民：《红外光谱在微量物证鉴定中的应用》，化学工业出版社，2010年，21—28页。
② 本文插图皆引自相关参考文献和资料。
③ 中国科学院上海有机化学研究所：化学专业数据库，http://www.organchem.csdb.cn，［1978-2018］［2018.12.10 检索］。
④ 邹宁：《傅立叶红外光谱法检验红色印泥的研究》，《中国化学会第二十五届学术年会论文摘要集（下册）》2006年。冯计民等：《纸张上油溶性红色印痕的FTIR-ATR检验》，《光谱仪器与分析》2003年第4期，7—9页。

分析红外光谱，可以通过吸收峰的位置对印泥中有机成分和无机成分进行鉴定，通过吸收峰的相对强度可以进一步分析出相应成分的组成比例。不过，对于钤盖在纸张上的印泥样品来说，由于纤维素在红外光区具有较强的荧光效应，可能会对印泥的红外光谱造成较大干扰。

（二）近红外光谱法

由于分子振动存在非谐振性现象，当近红外波长的光照射到样品时，分子振动从基态向高能级跃迁。近红外（Near-Infrared，NIR）光谱揭示的是分子中单个化学键基频振动的倍频和合频信息，测量的主要是含氢基团 X–H（X 为 C、O、N 元素）振动的倍频和合频吸收。有机物在近红外光照射形成的倍频与合频吸收的跃迁几率低，导致得到的光谱消光系数弱、谱带较宽、重叠严重，特征性不强，解析谱图难度很大。因此，近红外光谱主要通过计算机化学计量软件建立校正模型来对未知样品进行分析。近红外光谱法一般包括以下几个步骤：1. 对全部样品进行近红外光谱的采集；2. 根据实际情况，对全部样品进行理化指标的检测；3. 对样品的近红外光谱进行优化预处理，并通过合适的化学计量法与理化指标建立校正模型。化学计量法在近红外光谱研究中具有重要作用，常用的校正方法主要有多元线性回归（MLR）、主成分分析（PCA）、偏最小二乘法（PLS）、人工神经网络（ANN）和拓扑（Topological）方法等；4. 对未知样品进行近红外光谱采集，判断该光谱是否符合校正模型适用性，若符合则可对未知样品进行定性或定量分析[1]。

谷岸等采用近红外光谱对 14 种民国时期和当代生产的印泥进行检测，实现了对印泥生产年代与颜色的分类鉴别。他们对每个印泥样品分别选取 6 个位置进行近红外光谱检测，其中 5 个光谱用作建模样本数据，1 个光谱作为验证数据。实验结果发现，印泥的近红外光谱在 6000cm^{-1}—5300cm^{-1} 和 4750cm^{-1}—4110cm^{-1} 范围出现特征吸收峰（图 3），可作为特征谱段进行建模。由于印泥在 5000cm^{-1}—4400cm^{-1} 范围的近红外光谱与纸、绢等载体材料区别明显，以此进行差谱处理，可以排除载体材料对印泥的影响。再通过 TQ Analyst 光谱计量软件对近红外光谱进行对比分析，建立并验证模型。按照民国时期和当代对采集的印泥光谱进行类别计算，发现民国时期印泥和当代印泥的数据点距离较远，分类效果明显，可以有效判定印泥年代（图 4）。进一步按照朱砂、朱磦和大红等颜色进行类别计算，发现朱砂和朱磦马氏距离接近，而大红印泥距离较远（图 5），这与朱砂和朱磦印泥的化学成分同为硫化汞而大红印泥为四氧化三铅的情况相符。这种方法可以用于鉴定所用印泥是否为朱砂印泥[2]。

---

[1] 高荣强等：《现代近红外光谱分析技术的原理及应用》，《分析仪器》2002 年第 3 期，11—14 页。徐广通等：《现代近红外光谱技术及应用进展》，《光谱学与光谱分析》2000 年第 2 期，134—142 页。

[2] 谷岸等：《近红外光谱结合化学计量学无损鉴定书画印泥研究》，《文物保护与考古科学》2013 年第 2 期，59—64 页。

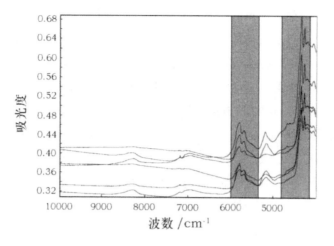

图3 部分印泥的近红外光谱及特征谱段

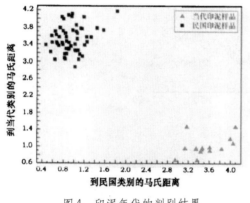

图4 印泥年代的判别结果

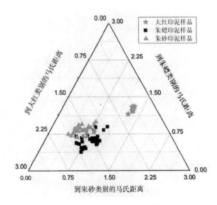

图5 印泥颜色的判别结果

朱砂印泥的主要成分硫化汞是无机物，虽然无机离子或无机微量元素在近红外光谱中一般没有响应，但是无机微量元素可以与被测样品中的有机物、金属或非金属形成螯合物或者络合物，利用组分间的相互作用或组分含量之间的相关性，通过多元校正方法可以实现微量组分或无光谱响应组分的定量分析。因此近红外光谱可以用于朱砂印泥的研究[1]。

二、拉曼光谱法

拉曼光谱是一种散射光谱，其信号来源是拉曼散射。光具有波粒二象性，当光照射到物质上发生非弹性散射时，光子与物质组成分子之间会发生碰撞。这种碰撞不仅改变了光

---

[1] 邵学广等：《近红外光谱在无机微量成分分析中的应用》，《化学学报》2012年第20期，2109—2114页。

子运动方向，同时也发生了能量的传递：光子的动能传递给分子，或者分子的振动和转动能量传递给光子。这种散射过程称为拉曼散射。每一种物质有自己的特征拉曼光谱，拉曼谱线的数目、位移以及谱带的强弱等特征由物质组成分子自身的振动和转动决定[1]。

朱砂是传统书画印泥的主要颜料，而大红粉、金光红是现代办公印泥的常见颜料，其中朱砂的拉曼光谱在163cm^{-1}、285cm^{-1}处产生较强的峰位，而大红粉和金光红在1600—1100cm^{-1}处有明显吸收峰（图6、7、8），因此可以使用拉曼光谱来区别朱砂印泥和非朱砂印泥。韩伟等将19种市面采购的印泥钤盖在空白纸上，并使用拉曼光谱对印章进行检测，通过对比吸收峰位置，可以有效地鉴别出朱砂印泥与非朱砂印泥[2]。

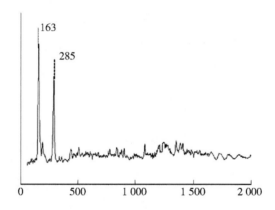

图6　朱砂的拉曼光谱

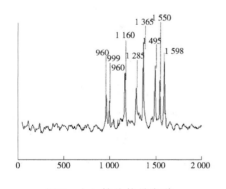

图7　大红粉的拉曼光谱

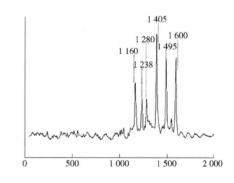

图8　金光红的拉曼光谱

① 田国辉等：《拉曼光谱的发展及应用》，《化学工程师》2008年第1期，34—36页。张延会等：《拉曼光谱技术应用进展》，《化学教学》2006年第4期，32—35页。
② 韩伟等：《利用拉曼光谱技术对印泥和印油种类的鉴别》，《中国人民公安大学学报（自然科学版）》2016年第2期，28—32页。

拉曼光谱和红外光谱虽然都可以用来对分子结构进行表征，但是两者的机理是完全不同的：在光的作用下，分子极化率发生变化，捕捉这一信息形成的光谱是拉曼光谱，而捕捉分子偶极矩变化的信息得到的光谱则是红外光谱。在物质结构分析中，拉曼光谱与红外光谱经常互补使用。拉曼光谱所需的样品量很少，对于样品制备没有特殊要求，对样品本身是无损检测，尤其适合于古籍善本等珍贵文物。

三、X射线荧光光谱法

处于稳定状态的原子被高能量的 X 射线照射时，原子吸收大量能量后变成不稳定的激发态。激发态持续时间很短，原子最终将跃迁回能量低的状态。在这个过程中将以辐射形式释放能量，从而产生 X 射线荧光，其能量大小等于原子两个状态能级之差。每种元素均具有不同波长的 X 射线荧光。利用这一特征，通过 X 射线荧光光谱法（X-ray Fluorescence Spectrometry，XRF）可以检测出样品中所含金属元素的种类和含量，在考古、土壤勘测、环境监测等领域有很大的应用空间[①]。

Sam van Schaik 等以大英图书馆馆藏的敦煌文献为研究对象，从中选取佛经、公函、唐卡等13件敦煌文献，通过技术手段对纸张、油墨和颜料进行了检测分析。其中编号为 IOL TIB J 1126 的吐蕃时期的信件，在其右下角处有一个印章（图9）。通过 XRF 检测，他们发现此印章主要元素成分为 S 和 Hg，并含有少量 Zn 和 Pb，这可以证明印章所用的颜料为天然朱砂。[②]

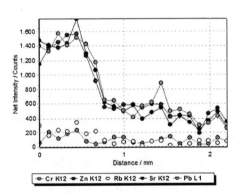

图9 敦煌文献中钤印和其 XRF 光谱

---

① 张泽南：《X 射线衍射在纳米材料物理性能测试中的应用》，《浙江工业大学学报》2002 年第 1 期，31—35 页；杨新萍：《X 射线衍射技术的发展和应用》，《山西师范大学学报（自然科学版）》2007 年第 1 期，72—76 页。赵晨：《X 射线荧光光谱仪原理与应用探讨》，《电子质量》2007 年第 2 期，4—7 页。
② Schaik S V, et al. "Writing, painting and sketching at Dunhuang: assessing the materiality and function of early Tibetan manuscripts and ritual items". *Journal of Archaeological Science*.2015（53），pp.110-132.

Desmond Durkin–Meistererns 等研究了 3 件出土于中国吐鲁番地区同一时期的写本，通过 XRF 检测分析了上面的红色印章（图 10），发现 3 个印章所用的颜料分别为朱砂、红铅（四氧化三铅）和赭石（氧化铁）[①]。

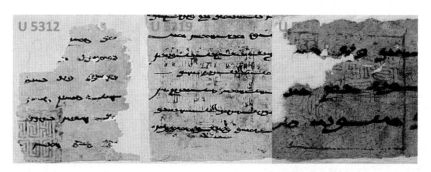

图 10　三件带钤印的吐鲁番地区写本样品

XRF 分析可以有效地检测出从铍（Be）到铀（U）的 90 余种元素，其准确度在很大程度上取决于样品的均匀程度、厚度以及矿物效应和颗粒度效应。对于印泥样品来说，XRF 分析可以快速地鉴定印泥中是否含有朱砂成分，但由于印泥表面粗糙、均匀度差，而且厚度较小，检测结果容易受到纸张基体的干扰，定量检测较难。

四、X 射线衍射法

X 射线衍射（X–ray diffraction，XRD）是无机物检测常用的手段，可以鉴定物质的化学组成以及微观结构信息。固体粉末是由大量原子、分子按照一定规律组合的晶体构成的，晶体中原子间距约为 1Å，与常用的 X 射线波长（2.5Å—0.5Å）接近，因此根据光波的衍射原理，X 射线沿着特定方向对晶体照射时形成的衍射峰与晶体结构密切相关。通过 X 射线衍射峰可以得到晶体的点阵结构、晶胞大小等信息，从而可以判定样品是否为朱砂（HgS）。下图 11 为 HgS 的 XRD 图谱[②]。

A.Duran 等研究了一件 15 世纪西班牙

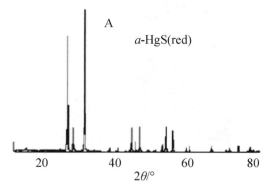

图 11　朱砂（HgS）的 X 射线单晶粉末（XRD）图谱

① Durkin-Meisterernst D, et al. "Scientific methods for philological scholarship: Pigment and paper analyses in the field of manuscriptology". *Journal of Cultural Heritage*.2016（17），pp.7-13.
② 陈萍等：《朱砂中 HgS 含量、形态和晶形研究》，《中国实验方剂学杂志》2012 年第 6 期，116—118 页。

皇室档案，材质为羊皮纸，其上绘有彩色的图案和花纹。他们通过现代检测技术对图案进行了检测。首先通过 XRF 确认其中的红色颜料（图12中14和15位置处）的组成成分为 S 元素和 Hg 元素，进一步通过 XRD 证明颜料以 HgS 晶相的形式存在，从而验证档案所用的红色颜料为朱砂[①]。

图12　羊皮纸样品的检测位置示意图

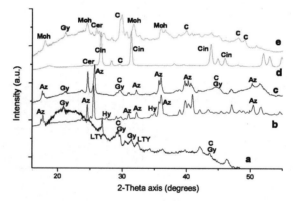

图13　不同颜料的 XRD 图谱（d 为红色颜料，Cin 为朱砂英文缩写）

五、多种检测技术联用法

袁友方等采用气相色谱—质谱联用法、显微红外光谱法和扫描电镜—能谱法对20种书画印泥进行了检测。首先使用正己烷、乙酸乙酯等有机溶剂溶解印泥，离心处理取其上清液进行气相色谱—质谱联用法检测。他们发现检出物质主要是印泥中的稀释剂和添加辅料（图14）；进一步通过对钤在纸上的印章进行显微红外光谱法检测，得到的红外光谱区别明显（图15），这暗示印泥的成分有所区别；再通过能谱检测发现正常朱砂印泥中应以 S 和 Hg 元素为主，然而部分印泥中除了 C 元素外，只含有 O 元素和 Fe 元素，表明这款印泥的显色物质为铁氧化物；部分印泥中不含 S 和 Hg 等元素，表明其显色物质为有机颜料[②]。

① Duran A, et al. "Analysis of a royal 15th century illuminated parchment using a portable XRF-XRD system and micro-invasive techniques". *Journal of Archaeological Science*.2014（45），pp.52-58.
② 袁友方等：《多技术联用检验书画印泥》，《云南警官学院学报》2017 年第 6 期，111—115 页。

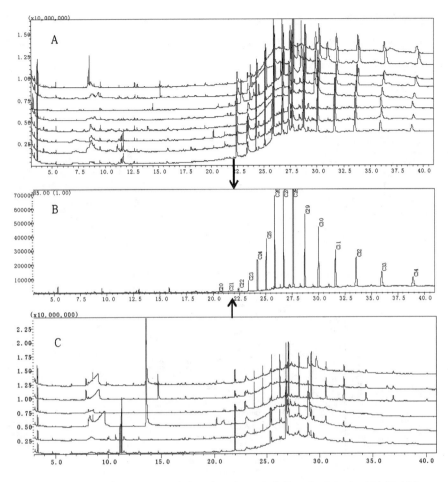

图14 部分样品的 GCMS 总离子流图（A、C）和提取离子（m/z=85）图（B）

那娜等使用傅里叶变换红外—衰减全反射（FTIR-ATR）光谱和近红外傅里叶变换拉曼（NIR FT-Raman）光谱法两种技术，对欧阳中石书画作品的真迹与两幅赝品中的印章（图16）进行检测，发现在真迹的拉曼光谱（图17中拉曼光谱 a）有两组特征峰，分别在 $3349cm^{-1}$、$2733cm^{-1}$ 处，以及 $342cm^{-1}$、$286cm^{-1}$、$253cm^{-1}$ 处。而第一件赝品（图17中拉曼光谱 b）出现了 $1600—600cm^{-1}$ 处指纹峰，同时缺少了 $3349cm^{-1}$ 和 $2733cm^{-1}$ 处的特征峰；第二件赝品（图17中拉曼光谱 c）虽然光谱形态与真迹相似，但是额外出现了 $1600cm^{-1}$—$1100cm^{-1}$ 处吸收峰。这些吸收峰的不同均表明真假字画所用印泥不同。在红外光谱中，他们认为赝品的印章光谱（图17中红外光谱 c）在 $1150—1100cm^{-1}$、$1050—100cm^{-1}$、$850—700cm^{-1}$ 波数处吸收峰与真迹所用印泥的红外光谱（图17中红外光谱 a、b 光谱）区别较明显[1]。

---

[1] 那娜等：《傅里叶变换红外光谱和近红外傅里叶变换拉曼光谱法无损鉴定中国字画》，《光谱学与光谱分析》2004 年第 11 期，1327—1330 页。

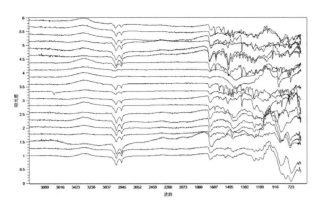

图15　印泥印章的显微红外光谱图

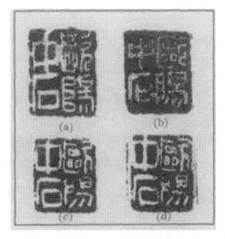

图16　印章的照片（其中 a、b 为真迹钤印，c、d 为赝品钤印）

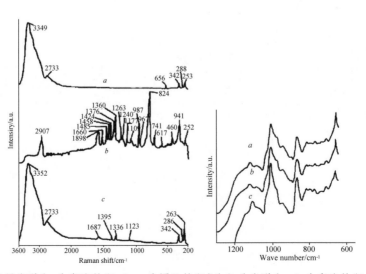

图17　钤印的拉曼光谱（a 为真迹钤印，b、c 为赝品钤印）和红外光谱（a、b 为真迹钤印，c 为赝品钤印）

综上所述，红外光谱、拉曼光谱、XRD、XRF 等技术手段能够实现对印泥成分的鉴定，辨别出所用印泥是否为朱砂印泥，而且检测过程快速准确，对纸张和钤印也可以做到基本无损。并且通过使用近红外光谱等技术，可以实现对印泥制作时间的测定，在大量检测形成有效数据库后，依据印章的钤盖时间辅助古籍书画鉴定。

原载《文津学志》第十四辑，国家图书馆出版社，2020 年

成像材料的保存与保护

闫智培

自从19世纪40年代成像技术发明以来，由于形象、客观、便利等优势，照片和胶片成为重要的记录和图示材料。发展至今，已经有大量记录了重要历史瞬间的照片和胶片成为珍贵文物。目前，很多图书馆、博物馆和档案馆中都收藏着众多历史照片和胶片。随着缩微复制技术的发展，大量古籍善本、民国时期图书、新中国成立前后的报纸、期刊等各类文献也都制成了缩微胶卷。截至2017年底，全国图书馆缩微文献复制中心各成员馆共拍摄各类文献179539种。但是，随着时间的推移，有些照片和胶片开始出现褪色、变色等老化现象，一些缩微胶片也开始出现胶片酸化、粘连、影像变色等病害现象[1]。

照片及胶片均为多种材料构成的多层复合结构。他们的老化速率比纸本古籍更快，老化原理比纸本古籍更复杂。要更好地保存和保护成像材料，必须深入了解不同成像材料构成物质的特性。因此，本文拟先介绍不同成像材料的组成和特点，然后总结不同成像材料适宜的保存环境温湿度及装具要求。

一、成像材料的组成和特点

虽然照片和胶片等成像材料的组成和成像原理有多种，但是其结构都大致相同，主要由基材和影像层构成。因此，基材和影像材料的性质决定了成像材料的老化特点。下文分别对不同基材和影像材料的特点进行简要介绍。

（一）基材

纸自成像技术发明以来就作为照片基材。20世纪20年代以后人们采用富含 α - 纤维素的纸为照片基材，20世纪60年代开始使用纸和两边涂布不渗水的聚乙烯层的聚乙烯涂

---

[1] 黄国平等：《从胶片的化学组成谈胶片档案的保护》，《档案学研究》2008 年第 3 期。

布纸基（RC 纸基）[①]。胶片是以硝酸纤维素、醋酸纤维素或聚酯为基材。全国图书馆缩微文献复制中心母片库早期收藏的缩微胶片为醋酸纤维素片基。自90年代中期起，入藏的缩微胶片逐渐由聚酯胶片取代醋酸纤维素胶片。迄今全部为聚酯片基胶片，但是库存胶片约有二分之一为醋酸纤维素片基胶片[②]。

不同基材的生产和使用年代及特点见表1。从表1可见，上述基材中，硝酸纤维素易燃、易爆，且老化过程中会释放强酸（硝酸）促进老化，其已于1951年停止生产；醋酸纤维素无安全隐患，但是稳定性不高，且老化过程中会释放醋酸，加速基材自身和影像层老化；其余基材的稳定性较好，不是成像材料寿命的限制因素。

表1　不同基材的使用情况和特点[③]

片基		生产及使用年代	特点
纤维素纸基		19世纪40年代以来	长期稳定性好
涂塑纸基（RC纸基）		20世纪60年代以来	湿强度高，不易卷曲
硝酸纤维素		1889—1951年生产，从1900年开始使用	易分解易燃易爆；常出现片基卷曲破裂、影像变色
醋酸纤维素	二醋酸纤维素	1910年开始使用	不太稳定，老化速度快，易产生醋酸综合症；燃点高，易萎缩，吸湿性低
	三醋酸纤维素	1939年取代二醋酸纤维素	
聚酯	聚对苯二甲酸乙二醇酯（涤纶）	20世纪50年代至今	化学稳定性、透明度、韧性、耐寒性好于纤维素酯；易产生静电，易吸附灰尘，易划伤影像面，价格昂贵，对碱稳定性低、氮对它影响大，片基与感光层结合困难，需用接片胶或超声波接片机接片
	聚碳酸酯		

（二）影像材料

影像层是照片和胶片的核心，其稳定性直接关乎成像材料的寿命。根据感光材料的差异主要分为黑白银盐影像、银盐彩色染料影像和非银盐影像。接下来分类介绍不同影像材

---

① ISO18929:2012, Imaging materials-wet –processed silver-gelatin type black-and-white photographic reflection prints-specifications for dark storage（成像材料 - 湿处理银胶式黑白摄影反射光印片 - 避光储存规范）。
② 黄国平等：《从胶片的化学组成谈胶片档案的保护》，《档案学研究》2008 年第 3 期。
③ 据张美芳、杨和平：《电影胶片保护》，国家图书馆出版社，2011 年，27—29 页。ISO18929:2012, Imaging materials-wet –processed silver-gelatin type black-and-white photographic reflection prints-specifications for dark storage（成像材料 - 湿处理银胶式黑白摄影反射光印片 - 避光储存规范）。

料的特点。

1. 黑白银盐影像

黑白银盐影像是最早发明的印相工艺（表2）。最初的黑白银盐工艺是用卤化物（NaX）擦纸，再涂布 $AgNO_3$ 经曝光形成银影像的盐纸印相；然后在此基础上发明以鸡蛋蛋白和食盐的溶液涂布基材，再放入 $AgNO_3$ 溶液的蛋白银盐工艺；19世纪80年代后期推出以明胶和卤化物的水溶液，再加入 $AgNO_3$，搅拌后倾倒在相纸上形成涂层的明胶银盐工艺。上述黑白银盐影像均由金属银形成，在适宜的保存环境中非常稳定。但是随保存时间延长或者保存不当老化后也可能出现银镜、影像变黄、影像消褪、氧化还原斑等老化现象。此外，由于分别含有蛋白和明胶，蛋白银盐影像和明胶银盐影像的老化特点又有所差别。

表2 黑白银盐影像的使用情况及特点[①]

印相工艺	发明及使用年代	影像特点	老化特点
银盐	1840—1855	表面粗糙，无光泽，影像物质浸入纸张纤维里	—
蛋白银盐	1855—1895主要使用	纸面有光泽，表面有纹理，影像悬浮在纸基上，影像精确清晰	变黄、蛋白褪色、整体发棕或高光区黄色污点、表面裂缝
明胶银盐	19世纪80年代后期推出，20世纪占主导地位	表面光滑，有一层明胶附在纸张表面，明胶将影像包裹在里面	影像模糊、裂纹、乳剂层酥粉脱落、粘连

蛋白银盐影像，由于蛋白中含有糖、硫（S）和蛋白大分子，它们能够形成发色基团、束缚未曝光的银造成定影不完全而导致影像变色等老化问题；同时，蛋白的膨胀和收缩程度比一般材料大得多，当环境温湿度发生改变时，蛋白的膨胀和收缩速率差异引起影像表面产生裂缝。因此，大约85%的蛋白照片在白色和高光区域显示出容易辨认的黄色或黄－棕污点，现存所有蛋白照片都有一定程度的裂缝。蛋白照片是最不稳定的黑白银盐照片。

明胶的稳定性较蛋白好。但是明胶吸湿性较强，随环境温湿度变化，会发生膨胀—收缩—膨胀的循环变化，使乳剂层上出现微孔，形成一种"空气、空隙—粒子、间隔"界面，导致对光的散射现象，使影像模糊不清。明胶在适宜的温度和湿度条件下还会滋生霉菌，使照片表面粗糙不平，失去原有的光泽，使影像清晰度下降。此外，发霉严重者伴随明胶酶解有粘性物析出，还会引起照片粘连变质。

---

① 乔治·伊斯曼之家，摄影的发明，http://www.360doc.com/content/16/1102/21/ 36235679_603487279.shtml （2017.5.3 检索）

2. 银盐彩色染料影像

人们对彩色影像的追求推动相关技术的发展。商业上取得巨大成功的以银盐为感光材料的彩色影像主要有彩屏法、染料浸液法、染料扩散法、显色型染料法和银染料漂白法等[①]。

表 3　银盐彩色染料影像的使用情况及特点[②]

成像方法	发明及使用年代	代表性产品	显色原理	稳定性
彩屏	1907—1940	奥托克罗姆微粒彩屏干板、杜菲彩色反转片、波拉克罗姆幻灯片	彩色屏滤光	较稳定
染料浸液	1927—1980	染料转印和特艺色染法	染料转移	较稳定
染料扩散	1963年发明	一步成像彩色胶片	染料扩散转移	差
显色型染料	1935年—2009年，使用最多	柯达克罗姆彩色反转片、柯达彩色负片、爱克塔克罗姆彩色胶片、爱克塔彩色相纸	染料生成	较差
银染料漂白	1942至今	汽巴克罗姆胶片和相纸	染料破坏	较稳定

彩屏法和染料浸液法是采用加色混合原理生成新色光影像。彩屏法是使用红、绿、蓝三色镶嵌而成的彩屏形成分色影像[③]。染料转印法是用一张正片制作三张分色片。分色片经曝光、显影，未曝光部分的明胶被洗掉，形成一张类似浅浮雕式的胶片。三张分色片分别浸入青、黄、品红染料中，然后将染料转印在特制的相纸上。染料转印法得到的影像耐久性强。由于该工艺的色彩是分三次叠加上去，色彩极为纯正鲜亮，能够最大程度地保留影调和色彩的微妙变化。20世纪80年代，随着柯达公司相关材料的停产，且该工艺制作难度较大、成本较高，这种彩色影像制作工艺逐渐消失[④]。

染料扩散法用于不需暗室加工的一步成像彩色印相胶片[⑤]，是通过染料扩散和接收形成

---

① P.Krause 著，聂曼影译：《彩色照片的性能和稳定性》，《浙江档案》1991 年第 9 期。
② 姚荣国：《在卤化银感光材料中应用的染料（三）》，《感光材料》1986 年第 2 期。
③ 李铭：《彩色电影发展简史》，《影视技术》1995 年第 6 期。
④ 姜纬：《大师的彩色照片彩色摄影的前世今生》，《数码摄影》2017 年第 03 期。
⑤ 乔治·伊斯曼之家，摄影的发明，http://www.360doc.com/content/16/1102/21/ 36235679_603487279.shtml (2017.5.3 检索)

彩色影像[①]。基于该原理制成的胶片在感红＼绿＼蓝乳剂层之间又加入了三层带有补色染料和显影剂的乳剂层。既是染料，又是显影剂[②]，因为它不用经过暗室加工，曝光、定影、显影都在很短的时间内完成，成像效果没有显色型染料法好、影像的稳定性也比较差。一般来说，一步成像彩色成像材料其保存时间不到10年[③]。

显色型染料法是通过曝光的卤化银与彩色显影剂反应生成中性银和彩显剂的氧化产物，氧化产物再与成色剂偶合形成彩色染料影像[④]。现在以胶片为媒体的彩色电影，基本上都是以内偶显色型染料法制作[⑤]。以偶氮甲碱染料为基础的显色型彩色片，在光照和黑暗条件下都容易褪色[⑥]。早期显色型胶片在严格的保存条件下，也只能保存10年左右[⑦]。上世纪80年代以来，一些改进的内偶法显色型成像材料，在适宜的保存条件下，颜色在50年内可无明显变化。

银染料漂白法是经曝光，黑白显影后得到黑白银影像，在酸性很强的漂白液中，影像中的银和染料进行氧化还原反应，部分染料被还原分解，分解产物溶解于溶液中，部分染料不被破坏而留在乳剂层中形成彩色影像。银染料漂白法所获得的彩色影像色彩鲜艳，色牢度好，但不适宜用来制作大量发行拷贝。这种方法最终未能在电影上得到应用，但在照相、放大、制版、广告和彩色缩微领域得到了成功的应用[⑧]。一般来说，银染料漂白法彩色成像材料可以达到200年不褪色，它的预期寿命超过了任何传统的彩色成像材料，因此是长期保存首选的彩色成像材料。

综上所述，虽然上述彩色影像都是由彩色染料形成，但是影像的稳定性差异很大。一般而言，染料浸液法和银染料漂白法制作的彩色照片／胶片的预期寿命比显色型染料法成像材料长。一步成像法得到的彩色影像稳定性最差。

3. 非银盐影像

除了银盐影像之外，19世纪还发明了铂金印相、树胶重铬酸盐印相、碳素印相、碳溴印相和重氮盐印相等工艺，详见表4。

① 李路海等：《一步成像彩色胶片用染料释放化合物进展》，《影像技术》1997年第1期。
② 乔治·伊斯曼之家，摄影的发明，http://www.360doc.com/content/16/1102/21/ 36235679_603487279.shtml（2017.5.3检索）
③ 向丽：《比较常规彩色感光材料与非常规彩色感光材料的性能特点》，《影像技术》2005年增刊第2期。
④ 向丽：《试论摄影用彩色感光材料的性能特点》，《绵阳师范学院学报》2007年第12期。
⑤ 姚荣国：《在卤化银感光材料中应用的染料（三）》，《感光材料》1986年第2期。
⑥ Meyer Armin 著，刘廷家译：《银染料漂白法彩色缩微胶片》，《感光材料》1985年第1期。
⑦ 乔治·伊斯曼之家，摄影的发明，http://www.360doc.com/content/16/1102/21/ 36235679_603487279.shtml（2017.5.3检索）
⑧ 姚荣国：《在卤化银感光材料中应用的染料（三）》，《感光材料》1986年第2期。

表4　非银盐影像的使用情况及特点[1]

印相工艺	发明及使用年代	影像特点	感光材料	影像材料	稳定性
铂金	1873年发明，一战时消失	哑光质感，有笔刷的痕迹，影像渗透入纸里，黄色高光	铂金盐	铂金	永不褪色
树脂重铬酸盐	1855年前后	有凹凸感	铬盐	染料	较稳定
碳素	1863年左右发明至今仍用	黑色连续色调影像	铬盐	碳素	永久
碳溴	流行于20世纪三四十年代	彩色	铬盐	颜料	较稳定
重氮	1890	黑白、彩色	重氮盐	偶氮染料	差
微泡	1952	黑白	重氮盐	微泡	差

铂金印相是把铂金盐刷涂在相纸上，该工艺开始于蛋白照片工艺获得商业成功的时期，其具有最宽广的色调，且影像持久、永不褪色，堪称摄影印相之王，但是该工艺在一战时消失。

树胶重铬酸盐印相是基于铬的光敏反应，把染料放入胶类（例如阿拉伯树胶）中。然后再和铬盐混合后对其进行感光，涂抹在纸上，再将底片放在上述相纸上进行曝光。被光照射的胶体会变硬并保留在纸张上，这就是暗色染料的区域，没有被光照射到的区域会被热水熔化并露出纸张的白色。

此后，约瑟夫在树胶重铬酸盐印相的基础上进行完善和优化，发明了碳素印相工艺。其本质就是一张涂着含有碳素的明胶的纸（称为转印纸）被铬盐敏化，将其与底片接触经过光线照射，明胶会根据底片密度而变硬；将转印纸放入冷水中，并且和第二张涂有干净明胶的纸进行接触；然后将它们放入热水中，没有变硬的明胶碳素从边缘渗出，最初的转印纸被剥离下来；用热水将不需要的黑色冲洗掉，得到一张连续色调的照片。碳素照片的影像非常永久，该工艺至今仍被使用。

碳溴印相（carbo）是使用分色拍摄的底片分别制作多张不同的黑白照片，然后将照片的凝胶乳剂薄膜从照片上剥离下来，分别染成青色、品红色、黄色，再叠合在一张白纸上，最终形成一张彩色照片。20世纪三四十年代的很多照片都是使用carbo工艺制成[2]。

此外，重氮盐感光胶片是一类重要的非银盐感光材料。重氮盐感光胶片成本低、解像力

① 李铭：《彩色电影发展简史》，《影视技术》1995年第6期。
② 杨小军：《彩色摄影的历程(2)》，《中国摄影家》2011年第4期。

高、成像简单。重氮盐感光胶片分为重氮胶片和微泡胶片，它们都是以重氮盐为感光材料。区别在于，重氮胶片的影像由偶氮染料形成，微泡胶片的影像由微泡形成[1]。重氮胶片上由偶氮染料分子形成的影像远不如银盐胶片上金属银影像那么稳定，长期保存会逐渐褪色，特别是在光照条件下，衰退得更快。微泡片由微小气泡组成影像，其稳定性更差。树脂层内的微小气泡受环境温度的影响最大，高温条件下，气泡会逐渐陷缩和消失。高压力的作用，也会使影像遭到破坏。因此微泡片一般不能用于永久或长期保存，目前主要用作使用片[2]。

二、不同成像材料适宜的保存环境温湿度

成像材料由基材、影像材料等多种材料构成，最终寿命由其中最不耐久的成分决定。所以，不同成像材料保存环境温湿度的选择也应以可延缓最不耐久材料的老化为依据。下文拟分析总结国内外成像材料保存标准中对不同基材及影像材料保存环境的规定（表5）。

表5　不同成像材料适宜的保存环境温湿度[3]

影像材料	基材	中期（10年）		长期	
		温度℃	湿度%	温度℃	湿度%
－	硝基纤维素	25	25—50	2	20—30
黑白银盐明胶	醋酸纤维素	－	－	2	20—50
				5	20—40
				7	20—30
黑白银盐明胶	聚酯	－	－	21	20—50
热或已处理银					
微泡					
银染料漂白					
彩色染料	醋酸纤维素	－	－	－10	20—50
				－3	20—40
重氮	聚酯	－	－	2	20—30

※注：表格左侧"安全胶片"跨行标注于"黑白银盐明胶（聚酯）"至"重氮"各行。

---

[1] 张建华：《浅论重氮盐胶片的分类命名》，《缩微技术》1999年第4期。
[2] 裴兆云：《缩微品的保存性能及条件》，《感光材料》1993年第6期。
[3] 据《Cinematography - Storage and handling of nitrate-base motion-picture films》（ISO 10356:1997）（电影摄影术.硝酸盐基电影胶片的储存和搬运）；《Imaging materials-processed safety photographic films-storage practices》（ISO18911:2010）（成像材料.加工的安全性摄影胶片.储存实施规程）；《照片档案管理规范》（GB/T 11821—2002）；《Imaging materials-Reflection prints-Storage practices》（ISO 18920:2011）（成像材料.映像打印.保存方法）；《已加工安全照相胶片储存》（GB/T 18444—2001）；《缩微摄影技术银-明胶型缩微品的冲洗与保存》（GB/T 15737—2005）。

续表

影像材料		基材	中期（10年）		长期	
			温度℃	湿度%	温度℃	湿度%
反射片	黑白银盐	纤维纸基涂塑纸基聚酯醋酸纤维素织物	25	20—50	16	30—50
	颜料（碳素，碳溴）					
	染料浸液（染料转移）					
	银染料漂白					
	染料扩散					
	重氮					
	电镀					
	热转印（染料升华）	同上	25	20—50	2	30—50
	显色型染料				5	30—40
	喷墨打印					
照片	黑白银盐	—	25	20—50	18	30—50
	彩色银盐	—	25	20—50	2	30—40
底片	黑白银盐	—	25	20—50	21	20—30
					15	20—40
					10	20—50
	彩色银盐	—	25	20—50	2	20—30
					−3	20—40
					−10	20—50
缩微胶卷	黑白银盐	纤维素酯	25	20—50	2	20—50
					5	20—40
					7	20—30
		聚酯	25	20—50	21	20—50

由表5可知，不同成像材料的中期保存（超过10年）温湿度条件基本一致：温度低于25℃，相对湿度在20%—50%之间（硝基纤维素为25%—50%），但是不同成像材料的长期保存环境温湿度条件有较大的差别。由于硝酸纤维素易燃、易爆、易分解且释放强酸性气体，所有以其为基材的胶片都应该独立存放于符合易燃易爆品相关规定的库房中，且推

荐在低温低湿（温度低于2℃，相对湿度20%—30%）条件下永久保存[①]。《成像材料 - 加工的安全性摄影胶片 - 储存实施规程》（ISO 18911:2010）推荐用于保存的安全胶片的永久保存（超过500年）温湿度条件为：在暗保存的前提下，黑白银盐明胶法、热或已处理银法、微泡法、银染料漂白法形成的影像与稳定基材（聚酯）构成的安全胶片在室温条件（温度低于21℃，相对湿度20%—50%）下保存；稳定影像（黑白银盐）与不稳定基材（醋酸纤维素）构成的安全胶片在低温（温度低于2℃，相对湿度20%—50%或在进一步降低相对湿度前提下的稍高温度）下保存；不稳定影像（重氮）与稳定基材（聚酯）构成的安全胶片在低温低湿条件（温度低于2℃，相对湿度20%—30%）下保存；不稳定影像（显色型染料）与不稳定基材（醋酸纤维素）构成的安全胶片冷冻保存（温度低于 –10℃、相对湿度20%—50%或温度低于 –2℃、相对湿度20%—40%）保存；显色型染料影像与稳定基材构成的胶片应在推荐的相对湿度和低于2℃的低温下保存。根据 ISO18920:2011《成像材料映像打印 . 保存方法》[②]，影像稳定和较稳定的映像打印片可以在温度低于16℃，相对湿度30%—50%的环境中保存，而影像不稳定（热转印（染料升华）、显色染料、喷墨打印）的映像打印片需要在低温下（低于2℃，相对湿度30%—50%）保存。类似地，《照片档案管理规范》（GB/T 11821–2002）[③]规定黑白照片应在温度低于18℃、相对湿度30%—50% 条件下保存；彩色照片应在温度低于2℃，相对湿度30%—40% 条件下保存；而底片应在更严格的对应条件下保存。《已加工安全照相胶片储存》（GB/T 18444–2001）规定黑白胶片应根据胶片价值、储存条件等综合选择温度低于21℃ 或低于15℃、相对湿度20%—50%、20%—40% 或20—50% 的条件下保存；彩色胶片应在温度低于2℃ 的低温条件下保存[④]。

由此可见，不稳定的成像材料（以显色型染料法彩色照片、胶片为代表）应该在低温甚至冷冻条件下保存；稳定的成像材料可以在室温条件下保存。但是，在实践过程中，要长期稳定地保持低温和冷冻条件有很多困难。中国电影资料馆西安库是按照彩色影片素材和档案彩色拷贝的保存条件为温度5℃±1℃、相对湿度为45%±5%；安全黑白素材温度10℃±1℃、相对湿度65%±5%，硝酸纤维素胶片则是在温度10℃±1℃、相对湿度65%±5% 的标准运行[⑤]。但是，降低温度是最有效的延长照片和胶片寿命的方法。中国电影资料馆北京库规定黑白影片的长期保存温度范围为5℃±1℃、相对湿度20%—50%，彩色影片的长期保存温度范围为1℃±1℃、相对湿度20%—40%；西安库新建的4号地下库则是按温度 –1℃±1℃、湿度45%±5% 的标准进行设计运行[⑥]。因此，照片和胶片保存单

① 《Cinematography - Storage and handling of nitrate-base motion-picture films》（ISO 10356:1997）（电影摄影术 . 硝酸盐基电影胶片的储存和搬运）。
② 《Imaging materials-Reflection prints-Storage practices》（ISO 18920:2011）（成像材料 - 映像打印 - 保存方法）。
③ 《照片档案管理规范》（GB/T 11821—2002）。
④ 《已加工安全照相胶片储存》（GB/T 18444—2001）。
⑤ 《缩微摄影技术银 - 明胶型缩微品的冲洗与保存》（GB/T15737—2005）。
⑥ 张美芳、杨和平：《电影胶片保护》，国家图书馆出版社，2011 年，27—29 页。

位应根据自身条件和藏品的价值尽可能严格控制照片和胶片的环境温湿度条件。

需要注意的是，成像材料放入低温低湿的保存环境前或者离开该保存环境去使用前均需先进行预适应，使成像材料缓慢适应温湿度条件的改变，切不可将其快速置于差异过大的温湿度环境中。一般而言，湿度适应比温度适应需要的时间更长。具体温湿度适应所需时间与胶片形式（卷式还是薄片状）、堆积密度和薄片状胶片堆积体积 / 胶卷的卷绕数、装具材料或 / 和容器的水分渗透性、起初和最终期望的照片 / 胶片水分含量差值、温度适应时的温度均有关。这些因素综合能延长适应时间，也可能影响低湿保存的效率[①]。

成像材料对光照、空气质量、微生物等方面保存环境的要求与纸本古籍类似，此处不再赘述。需要特别注意，本质上会释放酸性气体的胶片，例如硝酸纤维素胶片、醋酸纤维素胶片和微泡胶片，应放于单独的保存室。胶卷有任何化学降解的迹象，例如酸性烟气，应放于有独立空气循环系统的独立保存室[②]。此外，成像材料的装具与纸本古籍差异较大，接下来简要介绍成像材料装具的要求。

三、装具

照片、薄片式 / 幻灯片式胶片常用照片袋、照片册、胶片袋、胶片册、相框保存，这类成像材料最好竖直放置，尽量不要叠放。卷式胶片（简称胶卷）可用胶卷袋、金属罐等装具保护。彩色、重氮和热处理银盐胶卷应保存在密闭、不透明的装具中。金属容器对环境气体的屏蔽作用最好，但自身易从容器内部被酸性气体腐蚀，可用外套进行保护[③]。此外，长期保存的胶片不可装在纸箱中；不同类型的胶片不应归入同一档案，也不应有物理接触[④]。

照片和胶片常用的装具——照片袋、照片册、胶片袋、胶片册、相框和金属罐等制作材料包含纸、纸板、塑料、金属、框、粘合剂等。上述装具的制作材料均需满足ISO18916:2007《成像材料 – 处理过的成像材料 – 密封材料的摄影活性试验》[⑤]的要求，此外不同材料还有具体要求如下：

（一）纸和纸板

除蛋白照片必须使用中性纸和纸板[⑥]外，其余类型的成像材料保护用装具制作使用的

[①]　《Imaging materials-processed safety photographic films-storage practices》（ISO 18911:2010（成像材料 - 加工的安全性摄影胶片 - 储存实施规程）。

[②]　同上。

[③]　同上。

[④]　同上。

[⑤]　杨静：《影像档案保存与维护浅谈》，《现代电影技术》2013 年第 3 期。

[⑥]　《Imaging materials - Processed imaging materials - photographic activity test for enclosure materials》（ISO 18916:2007）（成像材料 . 处理过的成像材料 . 密封材料的摄影活性试验）。

纸和纸板必须无酸（pH$_水$ –0.5<pH<10.0）；碱保留量 >20%CaCO$_3$；应尽可能地少使用施胶化学品（如果用要选择中性或碱性施胶剂）；卡伯值不高于7.0；染色用的染料或颜料与白色铜版纸直接接触，在蒸馏水中泡24小时，不转移，不渗色[①]。

（二）塑料

合适的塑料类型为聚酯、聚苯乙烯、聚乙烯、聚丙烯、纺粘聚烯烃等。不可用氯化、硝化或乙酸纤维素基塑料制品，例如 PVC、硝酸纤维素、乙酸纤维素。含塑化剂或涂层的塑料也不可用，会造成图像转移、粘连或图像表面改变[②]。

（三）金属

制作胶片装具用的金属表面处理须符合 ISO18916，且无腐蚀性、无反应活性。阳极氧化铝、不锈钢，粉末涂层、镀锡或其他抗腐蚀表面处理保护表面的钢可以使用。漆或搪瓷因为会释放反应活性气体、过氧化氢或渗出物不可用于金属装具表面处理[③]。

（四）粘合剂

粘合剂必须无酸；照片级明胶、改性和照片惰性的淀粉，一些丙烯酸（腈纶、亚克力）、聚乙酸乙烯酯、甲基纤维素可用于制作装具；橡胶基产品（如橡胶胶水）因为含有有害溶剂、乳化剂、有害物质硫不可用于成像材料装具制作，橡胶胶带也不可用于固定永久保存的胶片；水基粘合剂因为可能引起图像渗色，不可直接用于无树脂涂层的染料喷墨打印产品；大多数压敏粘合剂符合上述要求，但是仍需注意不可含过氧化氢，且用时不可与成像材料接触，也有些压敏胶直接用于染料喷墨打印品上会引起纸和 / 或粘合剂变黄。对于高价值藏品，不用粘合剂，或只用已知对该类产品匹配的粘合剂。此外，需要注意，压敏粘合剂会随时间延长扩大或随升温扩大，当压敏胶用于照片背面时，需避免照片与照片直接接触；为保证标签是惰性的，印刷和粘合面都要达到 ISO18916:2007《成像材料—处理过的成像材料 – 密封材料的摄影活性试验》要求[④]。

（五）框

相框的框可以用多种材料制成，包括木材、金属、塑料等。金属、塑料需满足各自上述的要求，其他材料，如木材也可能使用，但它们对被框照片的影响未知，所以框的包装

---

① 闫智培：《不同类型文物照片的保存与保护》，《遗产与保护研究》2018 年第 5 期。
② 《Imaging materials-Processed photographic matrerials-Albums, framing and storage materials》ISO18902:2013（成像材料 - 已加工的成像材料 - 相册、框架和存储材料）。
③ 同上。
④ 同上。

（釉、垫、背板）应用镀铝的聚酯胶带（或其他不渗透性的障碍物）沿边缘密封[①]。

四、结论

照片和胶片等成像材料结构类似，主要由基材和影像材料构成。

照片的基材为纤维素纸基或涂塑纸基，均较稳定，一般不是照片寿命的限制因素。胶片的基材为硝酸纤维素、醋酸纤维素和聚酯，其中硝酸纤维素易燃易爆；醋酸纤维素无安全隐患，但是不稳定且分解会释放乙酸加速基材自身材料老化，醋酸纤维素胶片的醋酸综合症已经引起了广泛关注；聚酯稳定，一般不是胶片寿命的限制因素。

照片和胶片的影像材料大致可分为黑白银盐影像、银盐彩色染料影像和非银盐影像三类。黑白银盐影像稳定性好；银盐彩色染料影像稳定性较差，但是根据成像原理的不同，稳定性也有差异，其中染料浸液法和银染料漂白法得到的彩色影像稳定性较好；以铂金盐和铬盐为感光材料的几种成像方法得到的影像稳定性较好，而重氮盐法胶片稳定性较差。

不同成像材料的中期保存（超过10年）温湿度条件基本一致：温度低于25℃，相对湿度在20%—50%之间（硝基纤维素为25%—50%）。但是，不同成像材料的长期保存环境温湿度条件有较大的差别。一般而言，稳定的成像材料可以在室温条件（低于21℃）下保存，而不稳定的成像材料（以显色型染料法彩色照片、胶片为代表）应该在低温（低于2℃）甚至冷冻条件下保存。

原载《文津学志》第十二辑，国家图书馆出版社，2019年

---

① 《Imaging materials-Processed photographic matrerials-Albums, framing and storage materials》ISO18902: 2013（成像材料 - 已加工的成像材料 - 相册、框架和存储材料）。

图书在版编目(CIP)数据

芸编焕彩：古籍保护修复新探索 / 陈红彦，刘波主
编；田周玲，胡泊副主编. -- 上海：上海书画出版社，
2025. 5. -- ISBN 978-7-5479-3582-8

Ⅰ. G253.6-53

中国国家版本馆CIP数据核字第2025P7W271号

芸编焕彩：古籍保护修复新探索

陈红彦　刘　波　主　编
田周玲　胡　泊　副主编

责任编辑	郭时羽　张曦文
装帧设计	陈绿竞
技术编辑	顾　杰

出版发行	上 海 世 纪 出 版 集 团 ⑨ 上海书画出版社
地址	上海市闵行区号景路159弄A座4楼
邮政编码	201101
网址	www.shshuhua.com
E-mail	shuhua@shshuhua.com
制版	上海商务数码图像技术有限公司
印刷	上海丽佳制版印刷有限公司
经销	各地新华书店
开本	787×1092　1/16
印张	25
版次	2025年6月第1版　2025年6月第1次印刷
书号	ISBN 978-7-5479-3582-8
定价	138.00元

若有印刷、装订质量问题，请与承印厂联系